LUMINAIRE
光启

守望思想　逐光启航

到冬宫去

俄国君主制的登场与落幕 1754—1917

Staging and Consuming Russia's Monarchy 1754–1917

[美] 苏珊·P. 麦卡弗里 著

高领亚 译

WINTER PALACE AND THE PEOPLE

上海人民出版社　LUMINAIRE BOOKS 光启书局

目　录

图片目录

致　谢

承蒙多人及一众机构在智力、精神和经济上的支持，我深表谢意。虽然历史学仍是一个特别强调个人独特性的领域，但任何一本书的问世，都离不开多方面的帮助。首先我要感谢两个机构——位于圣彼得堡的国立艾尔米塔什博物馆（the State Museum of the Hermitage）和俄罗斯国家历史档案馆（the Russian State Historical Archive）。这两个机构凝结的不止一代的俄罗斯档案管理员和博物馆专业人员的心血，对我的研究给予了启发和帮助。

我还在美国国会图书馆欧洲阅览室、纽约公共图书馆珍藏室、波兰国家图书馆手稿部、北卡罗来纳大学戴维斯图书馆以及无与伦比的伊利诺伊大学主图书馆，度过了不止一次的暑期科研实验室之旅，真是让人心满意足的时光，其间收获可谓颇丰。

这些图书馆的工作人员不仅称职能干，还乐于助人。感恩他们，三生有幸。此外，我要感谢纳税人，没有他们，这些图书馆将难以为继。我还要感谢美国俄语教师理事会，感谢其为圣彼得堡之行提供的后勤支持。我还要感谢北卡罗来纳大学威尔明顿分校兰道尔图书馆的流通人员，尤其是负责馆际互借服务的克里斯托弗·马尔帕斯（Christopher Malpass）和伊丽莎白·豪兰（Elisabeth Howland），要没有他们设法弄到的数百件鲜为人知的书籍和缩微胶卷，我不可能在威尔明顿写出此书。

我要特别感谢国立艾尔米塔什博物馆允许我对他们馆藏的部分画作和照片进行复制，并向阿纳斯塔西娅·米科利耶娃给予的帮助表达由衷的谢意。同样感谢《俄罗斯述评》（*Russian Review*）和《加拿大美国斯拉夫研究》（*Canadian American Slavic Studies*）的编辑允许我使用曾在他们的杂志上发表过的一些材料。

谨此欣然感谢我所在的机构——北卡罗来纳大学威尔明顿分校的财政支持，其中包括教务处（Academic Affairs）颁发的卡希尔奖，文理学院院长给予的教研调派补助和其他支持，历史系数次颁发的莫斯利奖，以及国际项目办公室拨给的经费。这一项目从我的同事鲍勃·阿根布赖特（Bob Argenbright）、琳恩·莫勒诺（Lynn Mollenauer）、丽萨·波拉德（Lisa Pollard）、保罗·汤恩德（Paul Townend）、马克·斯波尔丁（Mark Spaulding）、迈克尔·赛德曼（Michael Seidman）、塔米·戈登（Tammy Gordon）以及肯·舍夫西克（Ken Shefsiek）的想法和见解中受益匪浅。感谢我在北卡罗来纳大学威尔明顿分校历史系的其他志同道合的伙伴们，大家相处融洽的氛围，使得教书和写作成为乐事。

当然还要感谢斯拉夫研究南方协会这个充满活力的团体，这些想法大多是在这个协会第一次被公开，特别感谢克里斯·埃利（Chris Ely）、科拉姆·莱基（Colum Lecky）、乔治·芒罗（George Munro）、苏珊·史密斯–彼得（Susan Smith-Peter）以及弗兰克·韦斯洛（Frank Wcislo）在会上提出的意见和学术性建议。我非常感谢伊芙·莱文（Eve Levin）、克里斯蒂娜·沃罗贝克（Christine Worobec）以及本书手稿的两位匿名读者，感谢他们在不同阶段帮我厘清思路，对终稿的改善起到了很大的作用。2016年，华沙皇家城堡举办了盛大的权力仪式的专题讨论会，让我有机会介绍我的研究。和许多其他的俄罗斯史专家一样，我非常感谢埃米·法兰特（Amy Farranto）和北伊利诺伊大学出版社，因为他们继承了玛丽（和布鲁斯）·林肯（Mary [and Bruce] Lincoln）的传统，将我们的作品如此出色地展示给更广阔的世界。至于研究协助这一方面，我必须感谢北卡罗来纳大学威尔明顿分校历史系的学生凯蒂·奥尔布里顿（Katie Albritton）和肖恩·金（Sean King）。感谢珊妮和鲍勃·穆尔曼（Shannie and Bob Moorman）、帕蒂和乔·尼霍夫（Patti and Joe Neuhof）、娜塔莎·奥洛娃（Natasha Orlova）、罗莎·斯塔洛杜布特塞娃（Roza Starodubtseva）以及艾达·祖科夫斯基（Aida Zukowski）在多次研究旅行期间的细心关怀和餐饮照顾。这些同事和朋友均让此作得到改进，剩下的事实或解释性的错误完全是我一人之责。

回到家庭，我无时无刻不对我的丈夫博（Beau）铭感于心，他在自己退休的第一年里，每逢周二和周四都会十分安静，好让我与同僚艾迪·麦卡弗里（Eddie McCaffray）长谈。同样感谢梅根·维克斯（Meghan Vicks）的精神支持，她对这一项目不仅给予了帮助，同时还在酝酿更多的项目，此外还要感谢马拉·麦卡弗里（Mara McCaffray），虽然她现在依然对历史不太感冒。

最后我要感谢曾是北卡罗来纳大学威尔明顿分校非传统学生的迈克·贾雷尔（Mike Jarrell），经过努力，他终于在第二次申请时获得了历史学学位。在飓风“弗兰”过后重建屋顶中途休息的一个下午，迈克显露了他众多鲜为人知的兴趣之一——18世纪和19世纪俄罗斯的家具。他把自己庞大的私人藏书中的大部头带了过来，激起了我对装潢沙皇冬宫的俄罗斯工匠的兴趣。他多年前种下的念头，如今成长为此书。这只是我对过去 30 年与我共度大半光阴的人所欠下的最为明显的感激，因此，我把此书献给我的学生们。

引　言 xiii

在一个阴沉的三月下午，正值列宁格勒这个名字存在的最后十年之初，我和其他游客一起从涅瓦河河堤上的入口排队进入冬宫。登上华丽的约旦楼梯，进入上面如迷宫般壮观的展厅和房间，我上了我人生中第一堂有关冬宫的课：如果络绎不绝的国际游客挡住了你的导游所指，只需向上看，你就可能会看到色彩缤纷的天花板，上面描绘着经典寓言；向下看，你就可以近距离观察由伟大的拉斯特雷利（Rastrelli）亲自设计的拼花地板。即使在单调乏味的苏联时期的列宁格勒，冬宫里也总有美丽的东西可看。

回望那段灰暗的日子，尽管泥泞不堪，干渴难耐，且处处不便，却可能会让人对那座失落的城市产生某种类似怀念的感觉。就是那次初遇，我还亲眼看见了在过去三十年所有兴衰沉浮中经久不变的东西：女性导游的端庄和干练。这些严肃认真的女性显然很想确保自己带领的那群惊叹不已的外国人看到最好的风景，她们用手肘挤过他人，到这个伦勃朗或那个达芬奇，这个“弗拉芒画派”的牌子或那个“意大利派”的标签前占地儿，用艺术史的精髓，让那些因展厅里回荡的各种不同语言而听不清的听众大饱眼福。在冬宫辉煌时期居住在这里的罗曼诺夫王朝的统治者以及仆从的生活八卦很符合我的口味，但我们的导游则甚少提及，她更多的是自豪地讲解从纳粹空袭中拯救冬宫和毗连的艾尔米塔什博物馆所付出的非凡努力。第一次参观之旅我就意识到，这些年轻的苏联女士如何成为这座沙皇宫殿的绘画和装潢专家本身就是一个值得叙述的故事。

16 年后，在圣彼得堡，我和两个朋友参观了美丽的尤苏波夫宫（Iussupov Palace）。我们同意筋疲力尽的导游用俄语带我们参观，最终得到丰厚的回报。这名导游最后感谢我们没有问及与这一宫殿有关的最著名事件——拉斯普京（Rasputin）谋杀案的任何问题。我们四人在尤苏波夫宫高雅的剧院中伸着懒腰，任由我们这位导游讲述着关于拥有这座宫殿的新潮贵族夫妇的故事，并与她有一搭没一搭地闲聊，此时我突然灵光一现。

xiv 这些建筑遗迹都有着久已失落且并不完全令人痛惜的过去，它们的故事不仅仅是建造者的故事，或许甚至大部分都不是。它们的故事是那些让它们得以延续的人的故事，包括其间的几代人，他们把时间、金钱和才华投入其中，并以复杂的方式珍视它们。宫殿慢慢地融入了城市的生活，否则会难以为继。

这种想法最终生成一种挥之不去的欲望，总想着要为这座位于俄罗斯帝都中心的壮观建筑说些有价值的东西。有人嫌其艳俗，有人觉其美丽，但大多数游客和居民都明白它是圣彼得堡的标志。由于我的专业知识仅限于俄罗斯帝国时期的历史，脑海里形成的方案重点正是始建于 1754 年并于 1917 年转到新统治者手里的冬宫。接下来便是对冬宫的皇室贵族与各种群体之间的互动的描述，这些群体不仅为冬宫效力，也为它的气派所着迷：建筑工人、差役仆从、家具制造者、警卫看守、解甲老兵、商贩、艺术家、博物馆专家，以及聚集在它面前广场上的圣彼得堡人民。在这些互动之中，有着揭示“君主制”在俄罗斯帝国时期含义的重要线索。

所有日期均是采用了十月革命之前俄罗斯普遍使用的儒略历，除非另有说明。俄语词汇和人名采用的则是美国国会图书馆的音译规则，除了一些已成习用的名人译名。若无特别标注，所有翻译均出自我手。

绪　论

圣彼得堡的冬宫曾是俄罗斯专制政府的至高建筑象征。19 至 20 3
世纪初，它逐渐成为圣彼得堡本身的象征。1917 年俄国革命之时，俄罗斯的统治者实际上已不在此居住，至于民众，他们最易进入这一恢宏建筑的地方则是其附属的皇家艾尔米塔什艺术博物馆。这座宫殿的事迹诉说着俄罗斯君主制存续的最后 150 年间沙皇与都城之间的故事。事实证明，冬宫是君主制的绝妙舞台，是统治者和被统治者交锋的场所。如果我们对冬宫的生活体验进行细致研究，势必会对俄罗斯君主制统治民众的权力范围和局限有进一步的了解。我们还可以追踪 19 世纪末冬宫、艾尔米塔什以及它们的珍宝所吸引的受众由君主本身转向都城百姓的渐进过程。这种对这一位于涅瓦河河堤上的建筑群的微妙篡夺，是君主制开始瓦解的众多线索之一。

君主制给现代世界留下大量遗产。① 无论是在俄罗斯，还是在其他地方，这一遗产首先包括一个中央集权政体的理念和实施，以及一个文化实践和相关机构形成的牢不可破的网络。俄罗斯君民一起

① 君主制在欧洲九个国家存续至今，这些国家均为宪政国家。在今天的亚洲和非洲，也有几个君主制国家，有些已实行宪政，有些仍是专制国家。然而，几乎所有现代的民族国家都有着一段君主制的历史。

创建国家社稷，构建民族观念，进行文化传承，尽管他们并不是平等的合作伙伴。统治者恩威并济笼络下属，但君主专制政体却是一个双向道。在这种政府体系中，君主统治着一个等级森严的社会，并
4 “向”及“为”其代表民众福祉。无论是男性还是女性，君主的第一职能都是政府首脑，并依赖于贵族和由文职人员及军事部属组成的军队。本书的核心是君主的第二职能，即象征和仪式性地代表其统治的国家和人民。头戴王冠的统治者在此同样扮演着主角，在一众“舞台工作人员”和“配角”的协助下，向国内观众展演着君主制。精彩的表演让这些看客们看得津津有味。君主虽只有一个，但君主制却是集体而为。理查德·沃特曼（Richard Wortman）写了一本关于君主制在圣彼得堡乃至整个帝国的礼仪和仪式的杰出著作。[①] 本书在借鉴他的著作的同时，旨在阐明君主与皇室家眷以及首都京城内的“配角”之间的互动。尽管这样的项目有着诸多困难和局限，但对于罗曼诺夫王朝权力展演的观众来说，试着去了解事情可能的面目却很有必要。

与欧洲其他君主专制国家相比，俄罗斯罗曼诺夫王朝覆灭的时间稍晚，但其君主制并非一成不变。直到 20 世纪初，俄罗斯的统治者还在对宪政和革命进行抵抗，早在 17 世纪，英国斯图亚特王朝就屈从了前者，后者在 18 世纪则将法国波旁王朝扫进了历史

---

① Richard S. Wortman, *Scenarios of Power: Myth and Ceremony in Russian Monarchy*, vol. 1, *From Peter the Great to the Death of Nicholas I* (Princeton, NJ: Princeton University Press, 1995); Richard S. Wortman, *Scenarios of Power: Myth and Ceremony in Russian Monarchy*, vol. 2, *From Alexander II to the Abdication of Nicholas II* (Princeton, NJ: Princeton University Press, 2000); and the combined, abridged edition, Richard S. Wortman, *Scenarios of Power: Myth and Ceremony in Russian Monarchy, from Peter the Great to the Abdication of Nicholas II* (Princeton, NJ: Princeton University Press, 2006) . 若无特别注释，以下引用均指合并版。

尘埃。[①] 可以确定的是，在俄罗斯专制政体最后的150年间，帝国政府变得越来越严密，越来越高压，越来越高效，助它延续至20世纪。但是君主制的仪式展演效果如何？在漫长的19世纪，统治者要展示什么？向谁展示？他们这方面的观念发生了怎样的变化？在俄罗斯君主制漫长的收场过程中，这一展示又有何改变？是否有办法评估这一展演对亲身目睹的人们所产生的影响？这些问题的答案有助于理解君主们和他们治下的百姓之间的关系，从而为揭示俄罗斯帝国时期君主制的效用投入一道光芒。

虽然君主和平民身处的世界截然不同，大体上相互分离，但要想对君主制及其在当代俄罗斯的遗留问题有令人满意的理解，就需关注两者交汇之处以及连接他们的中介。在18世纪及19世纪的俄罗斯，这些接触最有可能发生的地方正是首都圣彼得堡，纵观欧洲实行君主制的国家，圣彼得堡与其统治者之间的关系可谓独具一格。圣彼得堡并非古都，而是由彼得大帝于1703年创建，唯一目的是规划俄罗斯的新理念。彼得大帝1709年下旨圣彼得堡此后将代替莫斯科成为俄

---

① 研究欧洲君主制的史学著作汗牛充栋，丰富有趣。最具代表性的包括较为基础的 Ernst Kantorowicz, *The King's Two Bodies: A Study in Mediaeval Political Theology* (Princeton, NJ: Princeton University Press, 1957); Paul Kléber Monod, *The Power of Kings: Monarchy and Religion in Europe, 1589—1715* (New Haven: Yale University Press, 1999); Jeroen Deploige and Gita Deneckere, eds., *Mystifying the Monarch. Studies on Discourse, Power and History* (Amsterdam: Amsterdam University Press, 2006)。涉及现代君主制仪式和礼仪的作用的开创性著作是 David Cannadine, "The Context, Performance and Meaning of Ritual: The British Monarchy and the 'Invention of Tradition,' c. 1820—1977," in *The Invention of Tradition,* ed. E. J. Hobsbawm and Terence Ranger (Cambridge: Cambridge University Press, 1983), 101—164; Lynn Hunt, *The Family Romance of the French Revolution* (Berkeley: University of California Press, 1992); John Plunkett, *Queen Victoria: First Media Monarch* (Oxford: Oxford University Press, 2003); Simon Schama, "The Domestication of Majesty: Royal Family Portraiture, 1500—1850," *Journal of Interdisciplinary History* 17, no. 1 (Summer 1986) : 155—183; Sean Wilentz, ed., *Rites of Power: Symbolism, Ritual, and Politics since the Middle Ages* (Philadelphia: University of Pennsylvania Press, 1985)。

5 罗斯首都之时，这座城市便获得了专为其打造的使命，即成为代表俄罗斯理念的君主政体的中心。每一个前来这一新兴城市的人，总是以某种方式，为专制君主效劳，前后几乎跨越了两代。[①]

那么，圣彼得堡人民是如何参与其统治者君主制展演以及君主制与城市之间的变化关系的呢？本书的目的是研究俄罗斯帝国时期君主制思想的登场以及大众对其的观赏，因此重点将是君主制的主要舞台——圣彼得堡的冬宫以及冬宫广场。[②]冬宫由彼得大帝之女伊丽莎白及其宫廷建筑师弗朗西斯科·拉斯特雷利（Francesco Rastrelli）于1754年至1762年间所建，在1917年俄国革命之前，一直是罗曼诺夫王朝的主要住所。[③]

圣彼得堡的冬宫是最后一座建在欧洲主要首都中心位置的皇家住

---

① 朝廷是君主制庞大的中介机构，也可以说是环环相扣的机构网络。它也有大量的文献资料，下面我们在讨论俄罗斯朝廷本身时，将会引用到其中具有代表性的例子。

② 通过重要建筑的事迹来研究历史的想法并非没有先例。最近的一些例子包括 Catherine Merridale 的 *Red Fortress: History and Illusion in the Kremlin* (New York: Metropolitan Books, 2013)；以及由 Konstantin Akinsha 等人所写的有关莫斯科基督救世主大教堂及遗址的辉煌历史的著作 *The Holy Place: Architecture, Ideology, and History in Russia* (New Haven: Yale University Press, 2007)。再一个与此相关的想法就是研究卓越的公共艺术，比如 Alexander M. Schenker, *The Bronze Horseman: Falconet's Monument to Peter the Great* (New Haven: Yale University Press, 2003)。

③ 关于冬宫的建筑历史及其主要居住者生活的文献十分丰富，语种众多。其中大部分由国立艾尔米塔什博物馆制作，并配有精美插图。后面的章节及参考书目引用了许多这些著作，主要作品包括 V. I. Piliavskii, *Zimnii dvorets* (Leningrad: Gosud. Izd. Lit. po stroitel'stvu, 1960); V. I. Piliavskii and V. F. Levinson-Lessing, eds., *Ermitazh. Istoriia i arkhitektura zdanii* (Leningrad: Izd. Avrora, 1974); M. B. Piotrovskii et al., *Ermitazh: Istoriia zdanii i kollektsii* (St. Petersburg: Gosud. Ermitazh, 2001); Igor' Zimin, *Zimnii dvorets. Liudi i steny. Istoriia imperatorskoi rezidentsii, 1762—1917* (Moscow: Tsentrpoligraf, 2012); Gosudarstvennyi Ermitazh, *Zimnii dvorets: ocherki zhizni imperatorskoi rezidentsii,* vol. 1 (St. Petersburg: Liki Rossii, 2000); N. Iu. Guseva, "Zimnii dvorets." *Tri veka Sankt-Peterburga. Entsiklopediia v trekh tomakh* (St. Petersburg: St. Petersburg State University, 2003), 1: 379—381; Emmanuel Ducamp, ed., *The Winter Palace, St. Petersburg* (St. Petersburg: State Hermitage Museum, 1995)。

宅，而它所处的首都也仅有 50 年历史。作为向外宾和朝臣展示财富、权力和优雅的场所，罗曼诺夫王朝的冬宫几无对手。但事实证明，城市与宫殿的共生关系才是关键。历史学家布鲁斯·林肯（Bruce Lincoln）认为：“欧洲众王，无论男女，其宫殿给人们的气氛和意义，均与冬宫无法比拟。”如果此言不虚，这些气氛和意义更多的则是与冬宫与其城市环境的契合方式有关，它的窗户可以让统治者与被统治者近距相望。①

当然，在支撑朝廷和皇室方面，在一年的大部分时间里，冬宫与维也纳的霍夫堡皇宫、巴黎的凡尔赛宫以及伦敦的白金汉宫等其他宫殿并无二致。但不同之处却更为显著。霍夫堡皇宫建于 1279 年，是中世纪一个公国的城堡，城市围其发展而成。相比之下，冬宫则是在圣彼得堡兴建半代时间内修建的，它的广场成为都城的中心，市民的聚集之地。凡尔赛宫完工于 1682 年，是一座位于城郊的宫殿，欧洲各地有很多这样的皇家离宫，君主们可以此避开低等小民的审视。俄罗斯统治者也在城郊修建了壮观的宫殿，但直到 19 世纪末叶，他们一年中的大部分时间都居住在冬宫，留意他们日常来往的市民可近距离观察。这一罗曼诺夫王朝宫殿与白金汉宫更是不同，白金汉宫于 19 世纪从一位贵族手中购得，前有护着宫殿前宽阔庭院的大铁门。

冬宫在建筑上则是表达了一种更加大胆明显的政治主张：俄罗斯君主制选择此地是有意为之，罗曼诺夫家族视圣彼得堡为己有。圣 6

① W. Bruce Lincoln, *Sunlight at Midnight: St. Petersburg and the Rise of Modern Russia* (New York: Basic Books, 2002), 81.

彼得堡城环绕着冬宫，将其围得严严实实，人们可以直接站到它的阴影之中，没有公园、花园或者前院把他们与宫殿的墙壁隔开。居住在此的皇室成员可私下使用一个大型的内院，后来还有一个空中花园。但如果他们想穿过宫门进入城中，所有人都可以看到他们的这一举动。

冬宫总是意味着，也确实就是某种相遇的空间，皇家展演的观众闯入其中，他们各怀己见地进入皇室居所，带着轶闻与观察离开。当彼得大帝把他的朝臣"快乐剧团"安置在一座位于涅瓦河畔的崭新城市时，他把圣彼得堡变成了一座公司城镇，照顾和供养朝廷成了这一城市的主要任务。他女儿的冬宫后来成为这一公司的具体中心，成千上万的人在自己的生活中跨过了城市和宫殿的边界。皇宫和城市在此相遇，并在设计繁丽的舞台上，一起合作上演着一幕幕精心编排的剧情。

统治者与被统治者在这个舞台上的互动，揭示了君主制关于其统治的是何种帝国以及居住于此的是何种人群的观念的变化。同时，在更为有限的程度上，这些互动也可让我们一窥城中各色人等对君主制展演的反应。与重现差役仆从、富商巨贾、贩夫工匠、东正教信徒以及现役士兵等可进入冬宫者的行动相比，重构他们的想法更为不易，更不用说那些聚集在广场上的广大市民了。尽管如此，描述君主与民众的互动，至少可以让我们了解圣彼得堡人民如何看待君主制。

面对变幻莫测的政治风云，俄罗斯统治者确实在不停地修改自己的统治方案。仅是表现风格的变化，并不能解释专制"独裁"（autocratic）的罗曼诺夫王朝国祚绵长的原因，但这种变化的确承认了正在进行的文化民主化，甚至让人意识到俄罗斯政府的政治基础正沿着社会阶梯下移。① 面临这样的挑战，俄罗斯的君主们慢慢地将他们的皇室和国家展演的对象从朝臣和外国政要转向了国内民众。这一调整并不包括宪政或分权。相反，罗曼诺夫王朝的沙皇们试图将自己重塑为一个忠诚、顺从和神圣的民族的代表，对愿意接受他们统治的人民施以仁政的君主。

仔细研究冬宫的生活体验，我们还可以看出，俄罗斯君主制在这 7
一个半世纪间吸引着一群可被称为拥趸的人。我们在这里需要小心求证，因为农奴制、征兵制以及政治不自由给许多在冬宫服役和参观的人施加了强烈的胁迫因素。然而，在这些限制条件下，人们明显想要从与皇室和朝廷互动中谋求就业保障、教育培训、子孙差事、社会流动及利益好处等。依附于冬宫并从中多少获利的人中，有建筑工、承包商、设计师、城市商人、办事员、来自俄罗斯西北地区的季节工、仆役、厨师、浣衣女工、富商及其妻女、退伍军人、艺术爱好者、艺术专家、文物保护者以及在冬宫河堤和广场上欣赏皇家恢弘展演的市

---

① “autocratic”（译者注：俄语罗马化写法是 samoderzhavnyii）一词通常用于俄罗斯的专制主义。该词最早用于莫斯科时期（译者注：原文用词 Muscovite，在西方历史学中，俄罗斯历史有 Muscovite period，时间跨度为 15 世纪至 17 世纪，也就是在彼得大帝迁都之前，国内通常所说的沙俄时期即伊凡四世成为首位沙皇至彼得大帝升格为皇帝这段时期，包含在这一时期内。但也有人认为沙俄时期也包括俄罗斯帝国时期，因为俄罗斯虽正式成为帝国，但他们一般沿用沙皇、沙皇俄国作为俄罗斯帝国君主和国家的称呼。此处译者按照原文说法，将这段时间直译为莫斯科时期，也就是彼得大帝迁都之前的俄罗斯时期）的俄罗斯，主要指沙皇宣称君权源于自我权威，而非受命于教会等外部机构。在俄罗斯帝国时期，这一词语仍然存在，但含义却发生了些微变化，以强调俄罗斯皇帝（彼得大帝将其添置到包括“沙皇”在内的一串头衔之中，成为使用这一称号的第一人）不再受制于行会、城市之类的独立团体或阶层的独立性。这一词语恰如其分地强调了俄罗斯帝国统治者政治权力的高度集中，但到了 18 世纪，它却将这种与欧洲其他君主专制在功能上并无二致的政府制度弄得异国情调化了。因此，除相关的例外情况外，本作将使用“absolutism”（译者注：本译本根据情况将其译作“专制制度”或“专制政体”）一词。

民人群。

1754年至1917年间，俄罗斯和整个世界都发生了很多变化，这些变化很难被简化或概括为对圣彼得堡冬宫的生活和时代的研究。俄罗斯在欧洲的地位、圣彼得堡人口的膨胀速度、工业化的挑战、受过教育并有参与感的市民的崛起，以及很多人对宪政和政治现代化愿望的受挫，构成了俄罗斯君主制的大背景，冬宫的生活在其中展开。所有这些问题都引起了一代又一代能人学者应有的关注，他们的努力在此不再赘述。这些研究清楚地表明，俄罗斯帝国晚期的政府呈现出一幅改革与镇压并存的图画。然而，我们对该政府的展演生活和亲身目睹的观众思考得较少。对统治者与被统治者在冬宫这一象征性舞台上的接触进行仔细研究，还可以得出俄罗斯君主制国祚绵长以及最终消亡的一些线索：这一在惨败之前长盛不衰的代议执政制度的灵活性和耐久性。

本书通过对皇家冬宫与围其而建的城市之间关系的研究，得出了四个重要结论：首先，很明显，正如最初设想的那样，这座建筑对朝廷君主制的展现比俄罗斯统治者到当时为止所能做到的更加宏伟壮丽。这座宫殿的构思和设计是为了给外国全权大使和本国达官贵人留下印象。18世纪中期，这两股势力联合起来可以将倒霉的统治者拉下
8 王座。纵观欧洲大陆，皇家建筑的目的普遍如此，但伊丽莎白女皇将自己的宏伟宫殿建在都城中心而非郊区的决定显得不那么典型。通过此举，她和她的建筑师弗朗西斯科·拉斯特雷利最终为这座年轻的城市留下了一个无可争议的中心。女皇和她的建筑师当时并没有这样的想法，但冬宫最终确实成了新的城市中心，君主与民众在此面对面相遇。叶卡捷琳娜大帝和她的继任者们对冬宫广场进行了美化，将以朝廷为中心的展演和偶尔向聚集在边缘观看表演的市民点头示意融合在

了一起。

其次，在欧洲革命时期，俄罗斯的君主们逐渐意识到君主制展演的主要观众已发生了变化。因此，他们的统治展演不再专门面向俄罗斯高级朝臣以及外国使节，且更加有意地将普通士兵和首都居民作为了观众。他们做出了更大的努力，来教化在宫中服务的人们，并向整个城市树立模范家庭的形象。事实证明，冬宫和广场非常适合这一新用途。

这种敏感的高潮出现在众所周知的专制统治鼎盛时期。19 世纪中叶，尼古拉一世努力重塑俄罗斯君主政体，使之建立在神圣的天意和民众自愿服从的双重基础之上，但结果却喜忧参半。他没有推行打心底就排斥的现代宪政，而是努力将正统、专制和民族的统治模式融入了自己的君主统治实践之中。他竭力统御宫廷内眷，并通过冬宫与广场上的视觉呈现将沙皇和军队的关系具像化。

第三，尼古拉一世做出的重要决定于 1852 年初取得成果，他对外开放了皇家艾尔米塔什艺术博物馆，邀请城市民众的“先行部队”到他的地盘上欣赏皇家艺术收藏绽放的夺目光彩。在这一点上，同样，俄罗斯君主做了其他国家君主也在做的事情——向民众开放自己的艺术收藏，但却有一个重大的不同之处。新博物馆坐落在城市中心，毗邻皇家宫苑，是统治者做出的待客姿态，好像是要邀请人们进入自己的家中一样。这一姿态显示了皇宫与城市之间关系留下的最大遗产。在 19 世纪剩下的岁月里，越来越多的美术专家和能工巧匠逐渐成为这批由叶卡捷琳娜大帝开始的欧洲艺术收藏的主人。越来越多
的市民涌向与冬宫毗邻的博物馆建筑。他们参观博物馆之时，已跨越 9
皇家和公共空间界限，经过圣彼得堡文化主管部门的认真经营，这一

界限慢慢变得模糊不清。①

最后，俄罗斯君主制这场大戏的高潮在冬宫和冬宫广场上演，表明冬宫在君主制时代已成为圣彼得堡市民生活的焦点。19 世纪下半叶，冬宫是君主制主要舞台的事实，让其成为政权敌人的靶子。亚历山大二世遇刺后，他的继任者搬出冬宫，宫殿广场的皇家大戏就此落幕。但随着沙皇的退出，民众占据了这一城市中心的空间。这一空间至此开始具有双重的中心地位，其象征意义受到质疑。冬宫和冬宫广场不再只是君主制展演的重要舞台，还成了上演帝国民众生活的关键场地。彼得格勒的人民最终摒弃君主制，但之后也没能接受 1917 年在冬宫取而代之的临时政府，他们坚定地认为，冬宫及其藏品，以及广场，均具有公共性。这一趋势分析跨越时间之长，足以说明冬宫和广场所附着的公民意义正逐渐变多，政治合法性从君主制向民众逐步转移也因此得以证明。到了 20 世纪，这一中心空间不再是君主制的象征，它代表的是公民国家。

中心的政治角色

阐明俄罗斯政治史的工作促生了很多方法。近年来，学者们对俄

---

① 欧洲所有伟大的皇家艺术收藏品最终都成为公共财产，其中一些目前仍陈列在皇家宫殿里。腓力二世（1556 年—1598 年在位）的埃斯科里亚尔修道院，实为一座围着乡下修道院的宫殿建筑群，里面珍藏了一批绘画名作，虽然这些名作几百年间并未向民众开放。弗朗西斯一世（1515 年—1547 年在位）为了重新控制巴黎，定居在老旧的卢浮宫。他开始往卢浮宫里收藏杰作，把这座宫殿打造成了法国学院派艺术和宫廷艺术的殿堂，即使是路易斯十四迁居凡尔赛宫之时，依然如此。路易十六的王室建筑总管安琪维勒（Argiviller）伯爵曾计划在卢浮宫大画廊里创建一座公共博物馆，但直到法国大革命之前都没能实现。皇家艾尔米塔什博物馆则很独特，它位于俄罗斯最大城市的中心，毗邻该国君主的主要正式住所。

罗斯帝国进行了很早就该做的研究。由于位于广袤无垠的欧亚平原的西部边缘，俄罗斯君主的建国方案里，势必要涉及征服极其复杂、说着不同语言的异教民族群体。在俄罗斯，国家的概念和帝国的概念基本上同时出现，从而形成了帝国国家的形象。一个俄罗斯内核在合并自己的同时，也确立了其对其他从属核心的优先地位。挖掘被以圣彼得堡为中心的政治实体正式吞并的欧亚大陆各民族、国家和地区之间相互关联的历史的研究方兴未艾，但已有硕果。从某种稍微不同的角度来看，也出现了一批研究俄罗斯地区的重要著作。①

本研究涉及的是一个不同但相关的问题：俄罗斯帝国如何在首都 10
内部投放力量，而非从其向外部署？这是一个重要的问题，因为，随着俄罗斯君主治理大国的欲望不断膨胀，维护国家核心权力的必要性势必日益增强。可以说，俄罗斯政府统治如此广袤领土的主要战略是加强中央的“技术”，包括帝国都城居民的政治忠诚。18 世纪至 19 世纪，俄罗斯君主统御的政府日益强化。一排排崭新的办公建筑在他们正式的城中住所周围拔地而起，政府规模的增长速度惊人。

俄罗斯地方经常被描述为受政府控制，但圣彼得堡从未被这样说过。在圣彼得堡，权力高度集中。君主权力有效地集中在中央，并在地方复制，至少足以满足当时的需要。地方政府的权力实际上来自首都，他们有义务访问首都，而且可能还会在冬宫接受君主的亲自接见。邀请地方官员、显贵以及商人入宫的目的就是要让他们得到熏

---

① 这些方法的例子分别包括 Jane Burbank et al., *Russian Empire: Space, People, Power, 1700—1930* (Bloomington: Indiana University Press, 2007); Olga Maiorova, *From the Shadow of Empire: Defining the Russian Nation through Cultural Mythology, 1855—1870* (Madison: University of Wisconsin Press, 2010); Catherine Evtuhov, *Portrait of a Russian Province: Economy, Society, Civilization in Nineteenth-Century Nizhnii Novgorod* (Pittsburgh: University of Pittsburgh Press, 2011)。Francis W. Wcislo, *Tales of Imperial Russia: The Life and Times of Sergei Witte, 1849—1915* (New York: Oxford University Press, 2011).

陶，他们会在宫里亲眼看到有关财富、品位、体贴周到的服务、家庭秩序以及自信威望等的众多事例，就好像短暂接近权力的中心，就能让他们在回到自己城市和岗位时得到提升。冬宫里的观众传递出的权威是中央集权君主制的权威，威严之强，即使在铁路和照片出现之前，在千里之外也能感受得到。①

虽然俄罗斯统治者在地方复制中央权威的过程中开发了这种技能，但在1789年后，更为紧要的技能是罗曼诺夫王朝在中央维持秩序的能力。路易十六令人震惊的命运显然影响了沙皇的想象，保罗皇帝以及他的两个上台执政的儿子都对路易的错误进行了思考。②他们得出结论，巴黎的人群中到处都是无业游民，以及不明智地被迫离开对人有益的牧区的人们。他们为人臣民和父母的责任因此而松懈。③对此，尼古拉一世采取了一个充满活力的方案：在冬宫正面，甚至冬宫长廊内，为市民树立并展示模范家庭的榜样。

如果冬宫没有吸引市民的注意，它就不会被证明是一个有用的投射经验教训的舞台。冬宫以及最终在其南侧形成的冬宫广场，一步
11 步成为圣彼得堡市民生活的中心。统治者们在管理这一空间上的努力遭遇挑战，广场偶尔会成为民众抗议的场地。但更多的时候，这里上演的是季节性的庆祝活动和特别的表演。随着时间的推移，无论是圣

---

① 在对17世纪至18世纪的农民起义的研究中，保罗·阿维里奇指出，1607年至1774年间，每一次连续爆发民起义，叛军被拿下的地点都会离中央更远，这表明君主有效控制的区域在稳步扩大。参见 *Paul Avrich, Russian Rebels, 1600—1800* (New York: Norton, 1976)。

② 法国国王遭到处决的场景对亚力山大一世的影响程度在其于1814年的一场祈祷中可见一斑，参见 Wortman, *Scenarios of Power,* 113。

③ 西欧城市中危险的流浪现象在两位沙皇顾问的分析报告中经常被提及，可谓比比皆是。比如参见 Nikolai S. Mordvinov, "Osvobozhenie ot zavisimosti," *Arkhiv Grafov Mordvinovykh,* ed. V. A. Bil'basov (St. Petersburg, 1901—1903), 5: 145。

彼得堡人民个人还是共同的经历，都强化了广场在城市生活中的意义，并创造了统治者和被统治者可能会就其意义和用途相互抗争的可能性。

亨利·列斐伏尔认为，社会塑造公共空间，以支持其经济运行和社会关系再生产。① 他强调有意义空间的物质性，这种强调可以有效地用于俄罗斯帝国的君主中心。像圣彼得堡这样以宫廷为中心的大都城，逐渐吸取了各种地方资源，就像火焰吸引飞蛾一样。然而，许多迁居至这些中心的人，并不是崇拜火焰，而是为了享受它的温暖。这些人发现自己每天都在人们口中的冬宫的影子下忙碌。圣彼得堡人往往都有着多少与朝廷有关的工作，或者说他们也希望如此。镶饰在冬宫之上的层层怀恋、记忆和意义，根植着一代又一代人的生活经历，他们有人在宫中工作，有人在宫中交易，也有人是去参观，还有人是因为日常生活需求，不得不经过宫墙，穿过广场，偶尔也会带着公民意愿聚集于此。

俄罗斯帝国时期冬宫的故事讲述的是“国家级演员”和不断扩张的城市之间发生变化的关系的故事，“国家级演员”控制着冬宫，城市包围并渗透着冬宫。俄国的君主们在抵制政治现代化的过程中，声称专制君主制的古老结构在现代仍能发挥作用。为了推进这一主张，他们努力将君主权力的仪式化展演从朝臣转向城市民众。他们对冬宫大舞台进行了改造，上演了文化民主化和军事纪念的壮举。在冬宫广

① 正如在绪论中他用最简洁的语言所说：“(社会)空间是一种(社会)产品。” Henri Lefebvre, *The Production of Space*, trans. Donald Nicholson-Smith (Oxford: Basil Blackwell, 1991), 30. 德洛丽丝·海登对列斐伏尔关于“空间生产”如何将“地点感”与“政治经济的内部运行”联系起来的概念的意义进行了充实。参见 Delores Hayden, *The Power of Place: Urban Landscapes as Public History* (Cambridge, MA: MIT Press, 1995), 18—19。

场上，他们纪念沙皇、军队和人民之间的纽带，统治者在此为城市民众举行公民仪式。在国家进入紧急状态或取得胜利时，市民会聚集在冬宫前，祈盼君主现身阳台。俄罗斯 19 世纪的统治者和圣彼得堡的民众成功将冬宫及其广场打造成了该城市的市民空间中心。但罗曼诺夫家族不可能永远抑制住参政的需求。当革命者加入这场战斗时，皇室成为他们的目标，而所在地众所周知，长达数十年的争夺战就此开
12 启，以争夺这唯一可以体现俄罗斯主权的舞台的控制权。这一个圣彼得堡人民搭建、打理并参与的舞台，最后，被他们所继承。

关于资料来源的说明

专家们已经怀疑进行这项研究的主要困难。当我们试图理解强者和弱者之间的关系时，情况总是如此：就算是回顾过去，强者也是处于主要地位，因为他们的文献遗产可谓有着压倒性的优势。本卷的长篇书目并没有开始全面列举俄罗斯皇帝和女皇们庞大宫廷记录以及关于他们的档案和会议资料。为了在各角色之间寻求平衡，我把重点放在了阐明公开展演时刻的君臣的资料上。其中包括冬宫官方在我们这个时期保存的《宫廷仪式日志》(*Kamer-fur'erskie tseremonial'nye zhurnaly*)、保存在俄罗斯国家历史档案馆的冬宫内务和工作人员的记录、法律、某些政府报告以及皇室及其亲信的回忆录和信件。令人失望的是，现存的伊丽莎白女皇和弗朗西斯科·拉斯特雷利之间的信件非常匮乏，但我在波兰国家图书馆看到了拉斯特雷利档案。

地位低下的劳工、包工头、仆役以及城市旅客等如何与君主互动的故事，则更难以捉摸。为此，我翻阅了 18 世纪和 19 世纪半官方报

纸《圣彼得堡公报》、[1] 记录在内务档案里的宫廷仆人的小传，以及由国立艾尔米塔什博物馆出版的类似各级宫廷人员的传记。事实上，如果没有国立艾尔米塔什博物馆不断努力将其丰富的历史公之于众，这项研究不可能完成。较为知名的人物留下了回忆录。最好的金块有些或多或少是靠运气挖掘出来的——我不仅参考了 P. A. 扎伊翁契科夫斯基在其有关革命前俄罗斯绝无仅有的书目所编纂的个人记忆库，还借鉴了学者同行们的发现。[2]

失衡状况非常明显。上层社会的文化人士告诉我们他们的所思所感，他们解释，或者至少是描绘，他们的意图和印象。劳动阶层的人们——几乎没有闲暇，大多没有文化，且无论如何都会发誓绝对保密且谨慎行事——肯定不会留下任何这样的记录。这是一个至少从 20
世纪 60 年代以来就一直困扰历史学家的老问题。那个时候，第一批 13
历史学家正试图背弃精英阶层。在某种程度上，我使用了当时的技术：如果我们不能引用工人回忆录的话，就让我们试着重现他或她如何度过一天，他或她住在哪里，有多少钱可花。根据这类材料对他或她的思想进行推断，不一定稳妥，但未必比断定女皇或皇后们写进日记和书信里的都是实话差多少。

今天，旧的社会历史策略就算不幼稚，也显得有些古怪，而且我已转向（和其他遵循文化分析的人一样）上流社会和下层社会的符号、语言和标志，只要这些可以被发掘出来。这种项目让我开始关注绘画的内容、画廊的装饰、精美家居的供应商、制服的设计以及纪念

---

① 原文为俄语拉丁化写法 Sankt-Peterburgskie vedomosti，此处根据英文释义翻译。——译者注

② *Istoriia dorevoliutsionnoi Rossii v dnevnikakh i vospominaniiakh,* 5 vols. in 13, ed. and intro. P. A. Zaionchkovskii (Moscow: Kniga, 1976—1989).

碑的结构。我不太确定用这种材料推断是否安全得多，但像这样的东西有一个好处，就是它们同时被上流人士和底层人民看过。

这一分析的结果是，我们希望了解更多宫廷仆人和城市居民对君主和冬宫的看法。但是，将现有的这些硬性数据与我们能找到的个人印象结合起来，就会使我们尽可能地接近离我们遥远的生活。最后，我希望人们能像我曾在卡罗来纳海岸漫步时看到的著名墓志铭那样来看这本书：“她尽了她所能。”

第一部分

君主制表演的新舞台

1 “一个不同的冬宫” 17

君主先统御宫廷，后经纶天下，宫廷才是君主制原本的舞台。近代早期统治者的宫廷各方权贵齐聚，关系环环相扣：君主家眷，包括皇亲国戚及相关支脉、近侍仆从；司法大臣和财政官员；以及君主需要笼络和招安的豪门贵族。启蒙时代为这些宫廷权贵增加了一系列文化机构，比如科学院和艺术院等。在学习统御宫廷之际，统治者们获得了成为一国政府首脑的技巧和资源。[1] 长久以来，宫廷一直处于流动状态，但至中世纪末，王庭逐渐稳定下来。君主在历史悠久且具有特殊意义的城市安家落户，并最终掌握了中央管理的艺术。这些艺术包括执政设想的展示和宣传。

在主要城市或“都城”内建立统治者的宫廷，对于建立中央集权的民族国家事宜至关重要。君主因此有了独立于自己或敌对家族领

---

[1] 宫廷制度和惯例已成为一项大型史学研究的主题，诺贝特·埃利亚斯（Norbert Elias）则被公认为是这项研究的开山鼻祖。参见 Norbert Elias, *The Court Society* (New York: Pantheon Books, 1983)。欧洲一众宫廷，资料文献均卷帙浩繁，总结起来十分困难。参见杰罗恩·杜因达姆（Jeroen Duindam）在自己书中写的具有阐明性质的引论：*Vienna and Versailles: The Courts of Europe's Dynastic Rivals, 1550—1780* (Cambridge: Cambridge University Press, 2003), 3—20。杜因达姆对君主家眷与宫中较为公共的团体分离过程的开端进行了追溯，这一过程在18世纪前还未真正开始。

土主张的居住地，同时还可以将一国之主需要同时掌控的权力集于一手：皇室统辖、行政命令、军事指挥、教会控制，最终是商业财富。即使是志在统治大国领土的中央集权君主，也要处理统御宫廷这一传统事务。到了 18 世纪，豪门贵族争斗不断，外国常驻使节插手国内政变，宫廷政治风云变幻。君主为了统治，有时为了保命，不得不牢牢掌控皇亲国戚、官员大臣、豪门贵族。宫廷权贵齐聚都城，这事就
18 变得更加好办。

彼得大帝面临许多这样的挑战，而他的应对策略与其兄弟君主并没太大不同。但他在 18 世纪初为俄罗斯建立新都，将王座从莫斯科搬至圣彼得堡，确实前所未有。通过此举，他想让众人明白，他正对该国进行彻底改革，重中之重是把它改造成帝国，并宣称其本身就具欧洲特征，要亲手为其打造新中心。① 彼得大帝这盘棋中最险的一招便是试图将莫斯科宫廷移出这一古老城市。他成功了，王国头面人物被迫在涅瓦河畔勉强称得上是城市的地方修建新宅，但怨气却挥之不去。事实证明，与其他君主相比，彼得的继任者们更有必要向一众不安分的朝臣展示帝王手腕，这些臣子曾想尽办法把几任俄罗斯君主拉下王座，有时还借助了外国势力。因此，18 世纪俄罗斯君主制这场

---

① 我所思考的中央集权包括行政、政治和财政等层面。新的政治中心并非俄罗斯的地理中心，这一事实在 19 世纪引起越来越多的关注。利奥尼德·戈里佐托夫（Leonid Gorizontov）曾提及圣彼得堡与老首都莫斯科的关系，并考虑到圣彼得堡位于非俄罗斯族人口的中间的事实。参见 Leonid Gorizontov, “The ‘Great Circle’ of Interior Russia: Representations of the Imperial Center in the Nineteenth and Early Twentieth Centuries,” in Burbank et al., *Russian Empire,* 67—93。关于迁都，参见 Olga Gritsai and Herman van der Wusten, “Moscow and St. Petersburg, a Sequence of Capitals, a Tale of Two Cities,” *GeoJournal* 51 (2000): 33—45；Alexander Shevyrev, “The Axis Petersburg-Moscow: Outward and Inward Russian Capitals,” Journal of Urban History 30, no. 1 (Nov. 2003): 70—84。詹姆斯·克拉夫特（James Cracraft）将创建圣彼得堡定性为彼得大帝“革命”的核心特征，参见 *The Revolution of Peter the Great* (Cambridge, MA: Harvard University Press, 2003)。

戏，主要的目标观众是本国宫廷的王公贵族和外国使节。舞台中心就是圣彼得堡这座专门作为首都而建的晚期巴洛克风格的城市。就此而论，圣彼得堡最初百年的发展，与不断壮大的罗曼诺夫宫廷的维护建设息息相关，城市与君主制因此更加唇齿相依。

但实际上，圣彼得堡与老牌首都大同小异。彼得及其继任者所掌握的集权手腕意味着，无论俄罗斯有多大，都日益被其首都代表。① 这些首都容纳着不断膨胀的国家机关，比如办公室、阅兵场、军营和马厩等，此外还有用于展示君主宫廷仪式的场所，诸如宏伟的教堂、华丽的宫殿及宽阔的公共广场等。这些都城的设计或翻新，在仪式意义上，是为了庄严展示代表它们的所谓至高无上的君主制国家。

如果说彼得留下的是圣彼得堡的骨架，那么给予它华丽肉体的则是他的女儿伊丽莎白（1741 年—1761 年在位）。伊丽莎白・彼得罗夫娜女皇处于 18 世纪俄罗斯两位伟大君主在位秉政之间，其长达 20 年的统治开始受到学术界的关注。女皇本人经常被贴上爱慕虚荣、贪图享乐、挥霍无度的标签，最近的研究证实其宫廷开支非常庞大。② 然

---

① 刘易斯・芒福德描述了这样一个自相矛盾的过程：尽管国家越来越大，中心之外的领土在政治及（通常是）经济层面的意义却在减弱。参见 Lewis Mumford, *The City in History* (New York: Harcourt, Brace Jovanovich, 1961)。

② 比如，保罗・米留可夫曾描绘说，与其父相比，伊丽莎白女皇不太会受到司法的残酷对待，除非她“美女声名”系于一线。参见米留可夫在书中对女皇国内及国际主要成就的记述：Paul Miliukov et al., *History of Russia,* vol. 2, *The Successors of Peter the Great: From Catherine I to Nicholas I,* trans. Charles Lam Markmann (New York: Funk and Wagnalls, 1968), 32。关于膨胀的开支，参见 O. G. Ageeva, *Imperatorskii dvor Rossii 1700—1796 gg.* (Moscow: Nauka, 2008), 134—136。关于伊丽莎白的统治和宫廷，参见 Evgeny V. Anisimov, *Rossiia v seredine XVIII veka. Borba za nasledie Petra* (Moscow, 1986)，该书的英文翻译版本名为 *Empress Elizabeth; Her Reign and Her Russia, 1741—1761*，由约翰・T. 亚历山大（John T. Alexander）翻译 (Gulf Breeze, FL; Academic International Press, 1995); Paul Keenan, *St. Petersburg and the Russian Court, 1703—1761* (Basingstoke; Palgrave Macmillan, 2013); Konstantin Pisarenko, （转下页）

19 而，伊丽莎白在圣彼得堡留下的印记却不可估量。她父亲所建的城市将会成为欧式君主宫廷的一个舞台背景，这一宫廷的优雅和财富甚至可能胜过其他众廷。

伊丽莎白打造俄罗斯帝都的重要辅臣是其御用首席建筑师巴尔托洛梅奥·弗朗西斯科·德·拉斯特雷利（Bartolomeo Francesco de Rastrelli）。1753 年 1 月 1 日，伊丽莎白下旨于涅瓦河畔建造新的“御冬之所”，拉斯特雷利接到他漫长而辉煌的职业生涯中最为重要的委托。伊丽莎白此举为 18 世纪晚期及 19 世纪的俄罗斯君主制增添了一抹独特的风采：在大多数其他欧洲宫廷躲往城郊之时，罗曼诺夫王朝主要正式的住所却将矗立于城市的心脏地带，且没有防着路人的护栏或花园。女皇和她的建筑师打算将朝廷设在新宫殿之内，并在此主持朝廷事宜，他们这一伟大的工程同时也让俄罗斯君主制牢固地扎根于繁荣都城的中心位置。①

他们合作的结果为 18 世纪晚期俄罗斯以宫廷为本的君主制提供

（接上页）*Povsednevnaia zhizn'russkogo dvora tsartvovanie Elizavety Petrovny* (Moscow; Molodaia Gvardiia, 2003); Konstantin Pisarenko, *Elizaveta Petrovna* (Moscow; Molodaia gvardiia, 2014)。更多关于俄罗斯宫廷的综合研究包括 L. E. Shepelev, *Chinovnyi mir Rossii XVIII—nachalo XX v.* (St. Petersburg, 1999); N. E. Volkhov, *Dvor russkikh imperatorov v ego proshlom i nastoiashchem* (St.Petersburg: P. Golike, 1900)；以及最近出版的高度原创的文集 Andreas Schönle et al., eds., *The Europeanized Elite in Russia, 1762—1825* (DeKalb: Northern Illinois University Press, 2016)。

① 王室躲往城郊最为著名的例子便是路易十四的凡尔赛宫。凡尔赛宫建于 1682 年，位于巴黎郊外 20 公里处的一块珍贵的皇家猎场之上。凡尔赛宫与其他流动的君主夏季狩猎行宫很是不同，路易将其作为自己主要的正式住所，并说服其重要朝臣在这一乡间田园定居。玛利亚·特蕾莎 18 世纪四五十年代营建美泉宫时，奥地利哈布斯堡王朝也在郊外猎场之上建造了一座宏伟宫殿。但它一直是座夏季行宫，哈布斯堡家族每年冬季基本都会回到维也纳狭窄的霍夫堡皇宫。彼得、伊丽莎白以及他们的继任者们在彼得霍夫和沙皇村等地建造了一些美丽的城郊宫殿，并在其间辗转搬迁，尤其是在夏天。然而，圣彼得堡的冬宫则是他们一年中大部分时间的主要皇家住所，除了依旧在莫斯科克里姆林宫举行的加冕礼，其他重要的宫廷仪式均在此举办。

了一个大舞台。关于如何处理冬宫南侧那块未开发之地，他们争论不休，最终悬而未决。他们并未清楚地预见到，这不经意间竟为新的重要城市中心——冬宫广场奠定了基础。对于 18 世纪的俄罗斯君主来说，“人民”仍是背景，在主要面向朝臣和外邦的展演中扮演着配角。事实证明，他们搭建的中央舞台也适应于 19 世纪俄罗斯面向城中百姓的君主制，正如叶卡捷琳娜大帝在位末期所指。①

建造巴洛克城市

伊丽莎白年轻时貌美倾城，如今却因品味奢华被人铭记。她为自己的衣柜一掷千金，在一个接一个的建筑工程上面尤其挥金如土。伊丽莎白喜好奢华豪宅，与她父亲相对简朴的住所对比鲜明。他们的品位虽大相径庭，但伊丽莎白开基立业，大兴土木，却和曾经的彼得如出一辙。她在莫斯科投资兴建皇家住所，并于 1775 年在莫斯科主持建立了俄罗斯第一所大学。女皇还在俄罗斯各地城镇广建学校以及艺术学院。然而，圣彼得堡及其周边地区占据了她大部分的注意力和资金，比如，1757 年她在此创建了帝国艺术学院（Imperial Academy 20
of Arts）。伊丽莎白的品位和政治思想最持久的印记，便承载于她在这座都城委托修建的建筑之中。尽管伊丽莎白没有她父亲的雄才大略，但却有着同样建立象征权力之建筑的天赋。18 世纪前 75 年间，

① 参见威廉·克拉夫特·布伦菲尔德总结的伊丽莎白圣彼得堡建筑项目综述：William Craft Brumfield, “St. Petersburg and the Art of Survival,” in *Preserving Petersburg: History, Memory, Nostalgia,* ed. Helena Goscilo and Stephen M. Norris (Bloomington: Indiana University Press, 2008), 5—8。

这种建筑风格是实打实的巴洛克风。

“巴洛克”是一个欧洲人造词汇，意指风格多变，但又十分统一。圣彼得堡本身就有两座所谓的巴洛克建筑，它们隔涅瓦河相望，诠释着这一概念。其中一座是荷兰风格的彼得保罗大教堂，其尖塔矗立在同名要塞之上；另一座就是拉斯特雷利的杰作——冬宫。这些建筑代表了设计师们不同的民族传统，也代表了不同的时期，但却有着共同的巴洛克风格最根本的用途，也是雄心勃勃的国家统治者的目的，即通过城市设计和建筑展示军事、政治和文化力量。

建筑史学家维克多-L. 塔皮耶（Victor-L. Tapié）认为，特伦特会议（the Council of Trent，1545—1563）之后，文艺复兴时期的原则被一种新的趋势所取代。天主教会通过自身改革迎来复苏，教会领袖在罗马城当地发起巨大变革。“教宗决心要赋予她尊严，使其配得上庇护五世 1565 年‘天下基督教众共有之国’的言辞。”① 这座永恒之城的新石头上书写的胜利主义宣言“更多的是对战胜异端的庆祝，而不再是忏悔和冥想”。② 罗马长期以来一直是欧洲建筑的滥觞，也是整个欧洲大陆建筑设计师的灵感来源。罗马后来把建筑师派往欧洲各地，为取得胜利的集权君主建造威武的纪念碑。

刘易斯·芒福德认为，巴洛克风格的城市源于两个相互交叠的趋势。一是集权君主日渐成功，他们稳定下来的宫廷在“纯粹的”（absolute）都城中扎根。这些“纯粹的”都城对商业、工艺和财富有着巨大的吸引力，从而抑制了地方城市的增加。第二种趋势与第一种趋势密切相关：职业常备军规模的稳步扩大。他们的大炮终结了独立

---

① Victor-L. Tapié, *The Age of Grandeur: Baroque Art and Architecture,* trans. A. Ross Williamson (New York: Frederick A. Praeger, 1960), 15.

② Tapié, *The Age of Grandeur,* 39.

城市能够抵御王室进攻的时代。到了 18 世纪，支持君主集权制的军队已非常庞大，都城内需要设立兵营、兵工厂以及巨大的阅兵场。①巴洛克城不仅传达了专制政权的象征意义，还在空间上容纳了权力机构。伊丽莎白的圣彼得堡正是巴洛克城市规划和设计的经典范例之一。

伊丽莎白 1741 年掌权后，选择留用拉斯特雷利担任俄罗斯宫廷
的首席建筑师，延续了该国聘请意大利建筑大师的传统。事实上，欧 21
洲各国宫廷早在中世纪后期就已开始聘请意大利建筑师。15 世纪的莫斯科公国与文艺复兴时期的意大利联系尤其紧密。1475 年至 1539 年间，意大利大师们在俄罗斯的工作从未间断，对俄罗斯建筑进行了“革命”。②15 世纪 70 年代，亚里士多德·菲奥拉凡蒂（Aristotele Fioravanti）营建克里姆林宫圣母升天大教堂（the Kremlin Cathedral of the Assumption）。伦巴第兄弟马克和昂顿·弗里亚津（Marco and Onton Fryazin）则在莫斯科堡垒（或称为克里姆林）的城墙内修了新碉堡。多棱宫（the Palace of Facets）是现存的、能够展现意大利大师们对莫斯科公国产生影响的最大建筑。该宫是彼得罗·安东尼奥·索拉里（Pietro Antonio Solari）和马可·鲁福（Marco Ruffo）于 15 世纪 80 年代晚期为伊凡三世所修宫殿群的全部遗迹。③

和他同时代的人一样，彼得大帝也聘请了来自欧洲各地的建筑师。瑞士籍意大利人多美尼科·特列吉尼（Domenico Trezzini）经哥

---

① Lewis Mumford, *The Culture of Cities* (New York: Harcourt, Brace Jovanovich) , 80—88. See also Mumford, *The City in History,* 375—382.

② Dmitry Shvidkovsky, *Russian Architecture and the West,* trans. Antony Wood (New Haven: Yale University Press, 2007), 76.

③ Shvidkovsky, *Russian Architecture,* 93—97. 虽然该宫殿内部设计完全是俄罗斯风格，但其外观在“俄罗斯建筑中可谓前所未有”，让人联想到威尼斯和乌尔比诺的同时代建筑（96—97）。

本哈根来到俄罗斯，彼得征其为圣彼得堡首席建筑师。特列吉尼负责修建了一些彼得时代的主要建筑，比如彼得保罗大教堂、彼得夏宫及十二院等。①1715年，路易十四辞世，太阳王宫中当差的能工巧匠得以解放，彼得趁此时机，把他们征召过来。其中让-巴蒂斯特·亚历山大·勒布隆（Jean-Baptiste Alexandre Le Blond）最为著名，他是一名建筑师和园林设计师，可谓声名在外。勒布隆1716年抵达圣彼得堡，彼得授其宫廷首席建筑师的新头衔。勒布隆去世前三年制定了不少城市设计方案，但最终无一获批。

勒布隆抵达圣彼得堡数月前，另一名法国宫廷流亡者早已走马上任。他就是佛罗伦萨雕塑家巴尔托洛梅奥·卡洛·德·拉斯特雷利（Bartolomeo Carlo de Rastrelli）。卡洛·拉斯特雷利年少时受到巴洛克罗马之美的启发，但在那里却无法找到足够的工作，后举家搬往巴黎，进入路易十四宫廷当差。1700年，他的儿子巴尔托洛梅奥·弗朗西斯科（Bartolomeo Francesco）在巴黎出生。②1716年，卡洛·德·拉斯特雷利接受彼得代理人邀请，带着他十几岁的儿子前往圣彼得堡，老拉斯特雷利希望自己在那里出人头地。有位学者认为老拉斯特雷利

① Shvidkovsky, *Russian Architecture,* 198—200. 虽然特列吉尼有意大利血统，但学者大多认为他的影响主要源自丹麦和荷兰。

② 巴尔托洛梅奥·拉斯特雷利的出生日期有1699年和1700年两种不同的说法。P. N. 彼得罗夫（P. N. Petrov）引用拉斯特雷利父亲的信件，将其定为1700年。P. N. Petrov, "Materialy dlia biografii grafa Rastrelli," *Zodchii: Arkhitekturnyi i khudozhestvenno-tekhnicheskii zhurnal* (1876): 55. 不仅这位伟大建筑师的出生日期有争议，他的名字也叫法不一。苏联和俄罗斯学者通常称他为Bartolomeo Francesco，或Bartolomeo Bartolomeevich（在音译俄语中分别读作V. F. 或V. V.），有时第一名和中间名会反过来。按照惯例，儿子被称为Francesco，父亲被称为Carlo (Karlo)。在大多数情况下，俄罗斯学者把这对父子称为“父亲拉斯特雷利”和“儿子拉斯特雷利”。建筑师本人在这点上并没有提供多少帮助，因为他通常只会在自己留下的很多图纸上简单签上“德·拉斯特雷利（de Rastrelli）”。

不过是铅刀驽马，他“在巴黎购买了伯爵头衔”，勒布隆远比他更有才华，他在圣彼得堡的所作所为打乱了勒布隆的设计方案。①如果勒布隆之名将会永远与一套（从未实施的）以瓦西里岛为中心建设都城的方案联系在一起，那么拉斯特雷利这一名字将会与最终成为都城中心的地方密不可分。这一中心便是海军部岛（Admiralty Island）面向涅瓦河的那片区域，人们简称其为宫殿岸堤（the palace embankment）。在他儿子的杰作在这一区域问世之前，老拉斯特雷利参与修建了该区域里的两座建筑。

对于彼得大帝来说，他这座新城的中心由水构成：即由彼得保罗要塞、瓦西里岛长滩以及海军部岛（及其繁忙的造船码头）围成的 22
巨大涅瓦河水面“广场”。把文化建筑和政府建筑建在何处，彼得看似犹豫不决，我们现在回头可以更清楚地看出，这在他那个时代，是对这一城市沿海特征的专注和坚持。因此，最初的两个机构——彼得保罗要塞和海军部大楼——隔着时可行船、时会冰封的广阔水域相望。沙皇以及他的城市规划师认为瓦西里岛岬角是观赏这两座建筑杰作的最佳位置，他们在此启动了一系列重要工程，其中包括用于办公的十二院的建筑，以及用于存放沙皇科学艺术收藏的珍奇博物馆（the Kunstkamera）。圣彼得堡市长和事务总管 A. D. 缅希科夫伯爵（Prince A. D. Menshikov）在附近修建了自家宅邸——一座面向涅瓦河的荷兰巴洛克风宫殿，非常美丽宜人。

彼得本人在涅瓦河两岸都建有住处。他的第一个住所——据说也是圣彼得堡修建的第一座房子——是一所位于彼得堡堤岸（the

① Petrov, “Materialy dlia biografii,” 55. See also Iu. Ovsiannikov, *Franchesko Bartolomeo Rastrelli* (Leningrad: Isskustvo, 1982), 5—10.

Petrograd embankment）的木屋（外表涂漆，看似砖砌）。彼得格勒堤岸就在彼得保罗要塞附近，也被称为“市区”。早在1703年，沙皇在此定居，住宅建筑因此在彼得堡岛繁衍开来，尤其是为那些大量聚集于这一新城的工人和工匠而建。然而，时至1708年，彼得显然得出结论，每年涅瓦河冰融两季，工人与海军部岛就会分开，十分不便。彼得决定在南岸修建工人住处，他自己也在海军部岛那边建了一座御冬之所。这座建筑已不复存在，它是第一座御冬之所，或者冬宫前身，位置大约就在拉斯特雷利后来建冬宫的地方。①沙皇御冬之所把造船工人住处与海军高级军官与沙皇幕僚宅邸分隔开来，位于涅瓦河和莫伊卡河（或米亚河）之间的最窄处，也就是今天冬季运河所在。

事实很快证明，住在海军部附近非常方便。于是，彼得1708年委托特列吉尼在稍东一些、正沿河而建的时尚夏园内为其兴建夏宫。这座雅致建筑依然健在。它有一个供屋内用水的自来水系统，还有一个新式排水系统。像欧亚大陆其他显贵一样，彼得也可拥有冬夏两季的住处。夏宫用于暮春至中秋居住，因此可用稍薄的墙壁和单层玻璃窗建造。即使是平民百姓，如有能力，也会搬至夏季住所，因为夏季
23 住所没有巨大的取暖炉，与冬季住所相比，室内会更加干净宽敞。尽管俄罗斯统治者的清洁人员众多，处理烟尘损害不在话下，但他们都更喜欢在夏宫中消夏，这里设有花园、露台和游廊，通风良好，且房间内没有突兀的火炉。彼得夏宫还因其新颖的水暖系统而闻名，是同类建筑中的首创。②

彼得的家庭日益壮大，他很快便又需要一个新的御冬之所。1711

---

① G. V. Mikhailov, “Zimnie dvortsy Petra I,” *Tri veka Sankt-Peterburga,* 366.

② 见 http://rusmuseum.ru/eng/museum/complex/let_sad/let_palace/。

年，沙皇命缅希科夫将其较小的御冬之所搬至涅瓦河对岸的彼得格勒区。同年4月，彼得委托特列吉尼在第一座御冬之所原址上营建新冬宫。① 这一决定，加上彼得新夏宫的修建，是圣彼得堡设计的重要一刻。三个岛屿围成的分叉水域依然是圣彼得堡的商业中心，风景独好。但此后，所有的俄罗斯帝国统治者均在涅瓦河南岸的“宫殿”岸堤或附近修建了正式官邸。彼得已认识到通过陆路往返的实用性，沿着莫斯科大街不仅可前往郊外行宫，还可以到更远的乡野。彼得为后世子孙留下的是一个街区，而非宫殿本身。此后几十年间，统治者们沿着这一著名码头不停拆建，工程浩大。

正是弗朗西斯科·德·拉斯特雷利与彼得女儿的长期合作，塑造了圣彼得堡市中心的建成环境，这一点可谓无人能及。弗朗西斯科1716年随父首访俄罗斯后，接下来的十几年间定期来俄，但主要在巴黎和意大利学习。② 与父亲一起进行的几个项目让这位年轻大师跻身高级设计师行列。③ 弗朗西斯科应该是在1782年至1730年间某个时候返回俄罗斯永久定居的，因为这期间他和父亲收到的委托的数量在稳步增加。④ 皇帝彼得二世在此期间把宫廷迁回莫斯科，拉斯特雷利在那里从事项目设计工作，其中包括多尔戈鲁基亲王的一座宫殿。L.

---

① 1712年，彼得在此与叶卡捷琳娜·阿列克谢耶芙娜喜结连理，叶卡捷琳娜后为其生下两个女儿。

② 参见 Piotrovskii et al., *Ermitazh,* 8。

③ 比如，1725年，冬宫指挥部办公室（宫廷内务总管）令建筑师M.泽姆佐夫于涅瓦河岸沙菲洛夫家中考察“拉斯特雷利父子”的作品，或许就是看是否要予其皇差。参见 “Hof-intendant. Kontor. Min. Imp. Dvora,” 文件，RGIA, f. 470, op. 5, d. 22 (1725), l. 122。

④ 年轻的拉斯特雷利17世纪20年代末的确切行程已不可考。很多评论家都曾记述，拉斯特雷利1727年至1730年间人在意大利。但奥夫谢尼科夫（Ovsiannikov）颇具说服力地指出，拉斯特雷利列出的这些年间的活动清单表明他一直在俄罗斯工作。参见 Ovsiannikov, *Rastrelli,* 21—22。

E. 托尔希纳认为，拉斯特雷利在故都度过的时光，可能还包括他青年时期的一段时间，这段时间对年轻的拉斯特雷利逐渐创造出极具俄罗斯风的巴洛克至关重要。①

1730 年，安娜·约阿诺夫娜（Anna Ioanovna）上台，拉斯特雷利家族在政变中幸免于难。他们翌年便接到女皇修建新克里姆林宫的命令，即位于莫斯科郊外列福尔托沃（Lefortovo）的安娜霍夫冬宫
24 （Winter Annenhof）和安娜霍夫夏宫（Summer Annenhof）。安娜女皇加冕后，把宫廷再度迁至圣彼得堡。拉斯特雷利父子在此很快便投入修建位于涅瓦大街后的皇家驯马场（即“马涅什”）② 的工作之中。对于他们父子这些年间的确切职位，我们知之甚少，但父子二人的职业生涯互为一体，这点班班可考。奥夫谢尼科夫（Iu. Ovsiannikov）断定，卡洛·拉斯特雷利 1730 年 11 月成为首席建筑师，并在其去世之前，由他的儿子于 1736 年接过这一职位。③

1732 年，小拉斯特雷利成婚，接下来的几年，三个孩子相继出

---

① 关于拉斯特雷利的生平细节，我们只能通过波兰国家图书馆（以下简称 NLP）特藏部保存的一小部分他自己的信件和文件来了解：Wil. Kat. Akc. 2189/66e；还有现存于华沙的图纸，现已有电子版，最近还出版了俄文版：Zigmunt Batowski, *Arkhitektor Rastrelli o svoikh tvoreniiakh. Materialy deiatel'nosti mastera s 65 illiustratsiiami. Pervoe russkoe izdanie* (St. Petersburg: GMZ "Tsarskoe Selo," 2000)。该卷是巴托夫斯基从 1939 年便在波兰出版的俄文版。叶卡捷琳娜执政初期，拉斯特雷利被免，此后其文件命运可谓匪夷所思，编辑注释对此有所讲述。显然一位波托茨基伯爵（CountPotocki）购买了一批拉斯特雷利的图纸，还有一些笔记和信件。它们最终进入波兰国家图书馆，纳粹移至柏林后又被归还。这些华沙文件作为科妮莉亚·斯柯达克（CorneliaSkodock）专著附录出版：Cornelia Skodock, *Barock in Russland: Zum Oeuvre des Hofarchitekten Francesco Bartolomeo Rastrelli* (Wiesbaden: Harrassowitz Verlag, 2006)。同时参见 Iu. Denisov and A. Petrov, *Zodchii Rastrelli. Materialy k izucheniiu tvorchestva* (Leningrad: Gosud. Izd. Lit. po Stroitel'stvu Arkhitekture i Stroitel'nym Materialam, 1963)。拉斯特雷利生平事迹有诸多不详，职业生涯很多也难以明确。

② “马涅什”为俄语“驯马场”之音译。——译者注

③ Ovsiannikov，*Rastrelli,* 30. 现存文献记录不甚清晰，但他的推论也算言之有理。

生。可观收入变得十分必要，但贵族甚至是皇家提供的差事并不能一直保证其收入不菲。女皇宠臣恩斯特·约翰·冯·比龙（Ernst Johann von Biron）雇其在库尔兰公国修建宫殿，小拉斯特雷利最终获得展示自己独创能力的机会。弗朗西斯科·拉斯特雷利独当一面设计的第一座宫殿是伦达尔宫，包括其地道的法式花园以及圆形露天剧场，均由拉斯特雷利直接监造。这一成就得到认可，因为他显然开始领取官俸。直到伊丽莎白女皇去世，小拉斯特雷利一直持有首席建筑师的头衔。

小拉斯特雷利在库尔兰当差之际，他和父亲还被安排在涅瓦河堤岸上为安娜·约阿诺夫娜修建新冬宫。[①]18世纪中叶，这片广阔河岸的拆建热潮几近疯狂，为何如此，值得深思。坊间常有断言，圣彼得堡是“最具有策划性的城市”，但这块地方的历史则另有天地。[②]短短30年间，俄罗斯统治者发现四项事宜很有必要：第一，在涅瓦河南岸定居，此为无奈之举，因为河上没有永久性桥梁，春融秋冻之间，来回移动几无可能；第二，在朝向这座沿海城市新兴中心的地方，修建冬夏两宫；第三，重建冬宫，以适应成年沙皇最终接受的更为传统的家庭生活；第四，按照彼得遗孀的品位对其进行大规模改造。

18世纪30年代，修建更为现代气派的宫殿的时机到来，皇室当时刚好继承了圣彼得堡公认的最美宫殿，这一宫殿原属海军部部长

---

① Ovsiannikov, *Rastrelli,* 202—204. 我们很难弄清，两位拉斯特雷利伯爵中，到底是谁在这一建筑营建事宜中起了主导作用。弗朗西斯科后来指出，他1734年至1736年间曾在此项目中协助过父亲。他在别处写到，他从库尔兰甫一归来，女皇便指示他为其修建大型石制冬宫。讨论见于 Iu. M. Denisov, “Zimnii dom Anny Ioannovny,” *Tri veka Sankt-Peterburga,* 1: 372。

② 这一说法源于 Feodor Dostoevsky, *Notes from the Underground,* 并进入乔治·E. 芒罗的书名 George E. Munro, *The Most Intentional City: St. Petersburg in the Reign of Catherine the Great* (Madison, NJ: Fairleigh Dickinson University Press, 2008)。芒罗承认圣彼得堡建城之时做过策划这一事实，但他在书中表明：“策划城市结果并不总是如其所愿。”参见 *Most Intentional City,* 17。

兼爱沙尼亚及卡累利阿总督费多尔·阿普拉克辛伯爵（Count Fedor Apraksin），正位于冬宫以西，一切可谓得天独厚。① 少数显贵彼得时代就在该堤岸上修宫建殿，阿普拉克辛伯爵宅邸由勒布隆于1717年
25 设计，“是当时所有贵族宫殿中最宏伟的建筑。它正对着涅瓦河，建有露台，长300多英尺，立在两排柱子之上，上面设有遮阳棚，由帆布而制，五彩斑斓”。②

安娜·约阿诺夫娜登基后不久，便委托特列吉尼改造阿普拉克辛宅邸，将其作为自己在圣彼得堡的主要住所。本次改造规模空前，据特列吉尼汇报，仅木匠就有100人。③ 然而，不久以后，女皇便发现有必要在这个地方修建一个更加辉煌的建筑，将海军部纳入隔壁现有的皇家冬宫。1732年1月，皇宫续订155000块砖，拉斯特雷利父子4月接管了这一项目。他们需要雇用50多名砖瓦工，还要为数百名工匠提供工具，这让他们在召集必需的能工巧匠以及物资材料方面的经验受到考验。安娜·约阿诺夫娜要求项目全速推进，1732年5月至11月，建筑沿着河边拔地而起。拉斯特雷利的作品作为统治者的正式冬宫使用了20年之久，人们称其巧夺天工，格调却有失高雅。④ 这一建筑由宫廷建筑天才们用不同部件组成，然安娜天性最不安分，对其装饰改造可谓无休无止。⑤

伊丽莎白1741年继位之时，不停翻新已成传统。然而，新女皇对皇权威严的认识远不止改造河堤上的皇家住宅。伊丽莎白·彼得罗

---

① 阿普拉克辛一生无子，将其家宅遗赠给了彼得二世。

② Petrov, “Materialy dlia biografii,” 55.

③ Denisov, “Zimnii dom Anny Ioannovny,” 371.

④ 据拉斯特雷利日记所述，该版冬宫房间超过200间，不算仆役住所。参见 Piliavskii, *Zimnii dvorets,* 14。

⑤ Denisov, “Zimnii dom Anny Ioannovny,” 371—373.

夫娜在位期间，国际局势风云变幻。就在她登基的同时，腓特烈二世登上普鲁士王位，18 世纪中期欧洲国际关系的稳定遭到严重破坏。伊丽莎白下定决心，拒不放弃她的父亲夺取的波罗的海地区。执政的头两年间，她反击瑞典的军事行动，扩大俄罗斯的西北边界，最后几乎囊括了整个芬兰。奥地利王位继承战争纷繁复杂，18 世纪 40 年代的大部分时间被其占据。这些年间，俄罗斯军队从拉脱维亚达到荷兰，武力在国外当者披靡。① 而在国内，俄罗斯复杂的外交政策在圣彼得堡则引发了一系列宫廷纠葛和外交阴谋。

在宫廷政变时代，要想保住皇位，伊丽莎白需要向由俄罗斯卫兵和外国使节共同组成的观众展示皇权君恩。外国使节往往因私人关系、商业利益或风流韵事与俄罗斯朝臣纠缠不清。因此，伊丽莎白打造更复杂宫廷的举措近乎是一项政治策略。18 世纪的君主宫廷是一个属于自己的社会和政治世界，是一个庞大的官僚结构，管理着统治者的家务和财 26
产，同时也是一个文化机构网络。宫廷仪式浩大，生活奢华，锦衣华服，应有尽有，是欧洲统治者的工具，对外进行国际外交，对内实施皇权。伊丽莎白非常清楚，俄罗斯需要一个宏伟宫廷，全面超过她继承的那座。她在各方面都进行了扩展：更多华服，更多美酒，更多殿堂，更多仆人。她重新调整了宫廷等级，并对仪式进行了规范。②

伟大君主的宫廷，也需展示文化修养。伊丽莎白秉政期间，将其宫廷与新设重要教育艺术机构联系在一起。和其他统治者一样，伊丽莎白特别看重戏剧，对伟大的剧作家亚历山大·苏马罗科夫的悲剧作品进行了资助。戏剧是贵族活动，在 18 世纪专制统治者的宫廷里，

---

① Anisimov, *Empress Elizabeth,* 83—109.

② Volkhov, *Dvor russkikh,* 15—16.

是展示和衡量君权的中心环节。① 伊丽莎白展示君主制的主要对象是俄罗斯大贵族和外国使节，戏剧则是其核心所在。伊丽莎白宫廷赞助建立艺术学院、教育机构和剧场戏院也延伸至圣彼得堡市井。这些朝廷机构需要发现和培养有才之人，他们有时也会欢迎民众作为观众，这些人接受过教育，人数相对较少，而且主要是上层人士。通过这种针对朝臣演出的赞助，伊丽莎白的宫廷得以成为圣彼得堡文化生活的中心。②

总之，伊丽莎白选择通过自己对巴洛克教堂、花园和宫殿的巨大投资来彰显君主制。展示权力就像是一场戏，而戏院则需要舞台。伊丽莎白将建设工程交给从先皇们那里继承下来的宫廷建筑师，主持建造了数量极大的纪念碑，以彰显彼得大帝的帝国想要在欧洲发挥的影响力。通过石头、砖块和工艺的语言，俄罗斯君主意欲证明俄罗斯的强大，它支撑着一个雄伟壮观的都城，而都城这个华丽舞台又反过来展示着俄罗斯专制君主无所不包的权力。宫廷文化机构需要很多人手共同努力，同时也会吸引所在城市的注意，其建筑项目更是如此。

富有成果的伙伴关系

1742 年，伊丽莎白加冕，并在莫斯科暂居。1743 年，伊丽莎白

---

① Kirill Ospovat, *Terror and Pity: Aleksandr Sumarokov and the Theater of Power in Elizabethan Russia* (Boston: Academic Studies Press, 2016), xi. 奥司波瓦特认为悲剧尤其适合讨论君主和朝臣之间的关系，因为这种关系中的权力不仅表现为和谐的画面，还有“由持续不断且大多蔚为壮观的司法恐怖铸造之恐惧”的场景（xiii）。

② Keenan, *St. Petersburg*, 60. 同时参见 Richard Stites, *Serfdom, Society, and the Arts in Imperial Russia: The Pleasure and the Power* (New Haven: Yale University Press, 2005)。

住进安娜·约阿诺夫娜位于堤岸之上的御冬之所，一排排的大厅挤满 27
了前来观看各种仪式的客人。1744 年，伊丽莎白返回莫斯科居住了大半年。她指示小拉斯特雷利对涅瓦宫进行了大规模改造，以便容纳新的艺术品和雕塑，以及更加华贵的飞檐和壁龛装饰，其中使用了琥珀和舶来镜，还有从比龙的库尔兰宫殿敲出来的拼花地板。最后，拉斯特雷利被要求为这一建筑再建两座翼楼。除了这些翻新和扩建，伊丽莎白执政头十年间将就住进先皇的冬宫。先皇当年迅速行动，重建了主要住所，伊丽莎白此举也许正是为了和其形成对比。和当时很多人一样，这位俄罗斯女皇一年四季会在不同离宫间辗转搬迁。与涅瓦河畔修补而成的宫殿相比，她貌似更喜欢位于皇村（Tsarskoe Selo）和彼得霍夫（Peterhof）的两个主要郊区住所。

拉斯特雷利对这一时期自己主要作品的总结表明，伊丽莎白委托他翻修位于彼得霍夫的彼得宫（1747—1752），因为“女皇决定仲夏时节住在一周固定两次能看到该国所有外交官员和权臣显贵的地方”。①1749 年，他开始在沙皇村修建“伊丽莎白女皇最喜欢的宫殿”，命名为叶卡捷琳娜宫，以纪念她的母亲。经过反复讨论，建筑师和他的赞助人达成创新设计，要求沿着一个超长主立面，镶嵌两层柱子，使这座宫殿成为这个时代少数几个没有借鉴凡尔赛宫模式的伟大宫殿之一。②这些年间，拉斯特雷利在圣彼得堡也有一些来自皇家和贵族的重要委托，比如伊丽莎白的新夏宫（1741），位于涅瓦大街（Nevskii Prospekt）的沃

---

① Francesco Rastrelli, “Relation générale de tous les edifices, palais et jardins, que moy Comte de Rastrelli, Ober-Architecte de la Cour, a fait construire pendant tout le temps que j'ai eu l'honneur d'etre au service d Leurs Majestés Imperiales, de toutes les Russies, à commencer depuis l'année 1716 *jusqu'à cette année* 1764” (NLP Special Collections, Wil. Kat. akc. 2189/66e) , 3.

② Rastrelli, “Relation générale,” 关于伊丽莎白关注每个项目的风格的广泛讨论参见 Pisarenko, Elizaveta Petrovna, 388—395。

龙佐夫宫和斯特罗加诺夫宫（1749，1752），斯莫尔尼修道院和教堂（1751 年开工）等，他还做了一个商场（*gostinyi dvor*）的计划，但最终未能建成。[①]18 世纪四五十年代，“俄式巴洛克”在这位意籍建筑师思想和作品中得到充分绽放。他一生都在为罗曼诺夫王朝服务。

1752 年伊始，战事暂歇。正是在这一喘息期间，伊丽莎白找到拉斯特雷利，希望建造一座全新的冬宫，不再不停翻新安娜·约阿诺夫娜的住宅。1753 年 1 月 1 日，启动这一项目的诏书下达，就其目的记述如下：“朕之圣彼得堡冬宫，不足以接待外交大臣及外国使节……也难以展示与朕之帝国职责相称之威仪，朕需奴仆无处可住，朕需物件无地可藏；故朕欲建一新冬宫，长宽高均会大幅延伸。”[②]

伊丽莎白早已发现，在重大的宫廷场合，老冬宫根本不足以同时
28 容纳所有国内外来宾。她可能想到了 1745 年 8 月围绕她的侄子兼继承人——未来的彼得三世大婚而举行的宫廷庆典，新娘是未来的叶卡捷琳娜二世。拉斯特雷利的笔记表明，他受到女皇委托，为大婚仪式装饰老冬宫大厅，以让婚礼“气派配得上皇家脸面”。[③]为此，拉斯特雷利在画廊四个角落安装了瀑布喷泉，此外还装有寓言雕像以及装饰华丽的花瓶，以及一个橘树凉亭。在新年招待会上，伊丽莎白希望接待整个宫廷和所有外国大使及随从人员，此时老冬宫容量不足的问题也暴露了出来。宫廷纪要上说，她十一时接见本国要人，中午接见外国显贵，但由于宫里地方不够，一些次要的客人会在舒瓦洛夫伯爵

---

① Ovsiannikov, *Rastrelli,* 206—208. 奥夫谢尼科夫讨论了拉斯特雷利的商场 *gostinnyi dvor* (159)。虽然女皇批准了他的设计，但是商人为建筑费用买单，他们显然认为拉斯特雷利的方案太过奢侈昂贵。1761 年，他们同意了德拉模特按照“新法式风格”即古典主义设计的方案——这一决定表明拉斯特雷利的地位即将下降，巴洛克建筑在都城也将终结。

② T. L. Pashkova, “Bolshoi Zimnii dvorets,” *Tri veka Sankt-Peterburga,* 1: 375.

③ Rastrelli, “Relation générale,” 5.

(Count Shuvalov)家里被接待。这些情况都表明，伊丽莎白主要希望为外国使节和本国显要等传统观众举办更加盛大奢华的宫廷表演，涅瓦河畔的现有冬宫已不太可能满足。

更大的会客厅是伊丽莎白的构想之本，然而仆人队伍不断壮大，为他们提供住宿对她建造“新冬宫”决心的影响可能更甚。18 世纪 50 年代中期，她的皇宫人员规模与她的前任在位时的规模相比有了明显扩大。O. G. 艾吉耶娃（O. G. Ageeva）引用 1756 年的记录表明，大小皇宫（即伊丽莎白宫廷及其继任皇宫）之间，当时由宫廷拨款所养的工作人员超过 1390 人，而在伊丽莎白登基之时，两个皇宫均有 968 人。[①] 十五年间，皇宫人员增加 50%，伊丽莎白的官员们为此感到不安，并于 1755 年 3 月呈上一份开支增长概要。[②] 如果这份报告让女皇犹豫片刻，她也未让其阻止自己正顺利进行的建设计划。她十分在乎众多工作人员的住宿问题，这也体现在她对拉斯特雷利关于此事的提议上。

伊丽莎白建筑构想中最引人注目的特点，也许是她明显不愿将其美丽的郊外行宫之一变成全年的皇室居所。虽然夏天几个月里她会在彼得霍夫或沙皇村主持朝廷事宜，但很显然，她并不想全年都待在离城约 15 英里之处。法国和其他很多皇室一年之中越来越多的时间会离开都城，伊丽莎白此时却决心加强宫廷和帝都之间的联系。[③] 她意

---

① Ageeva, *Imperatorskii dvor Rossii,* 137，引自 RGIA, f. 466, op. 1, d. 91, ll. 16—39。这些数字不包括“办公人员”，但包括“接受部分资助的 73 人”。

② 1738 年，即伊丽莎白登基前一年，宫廷人员房间、膳食和制服的总费用为 112899 卢布，“算是仆从要求的额外金额”，这笔钱目前已涨至 171177 卢布。Ageeva, *Imperatorskii dvor Rossii,* 137, 引自 RGIA, f. 466, op. 1, d. 89, ll. 81 ob., 86 ob., 90, 94 ob., 95。

③ 路易十四撤至凡尔赛宫，奥地利宫廷 18 世纪中叶后也放弃了维也纳的霍夫堡，一年之中大部分时间会待在改造过的郊外夏宫——美泉宫。年轻的莫扎特曾在此弹过钢琴，维

欲表现的君主制，根植于其父于涅瓦河之畔所建之城。俄罗斯对欧洲
29 显赫地位之索求，也正是在这样的背景之下得以展现。俄罗斯君主需要一个位于圣彼得堡中心的舞台。

因此，18 世纪 50 年代进行的大量城市建设项目中，又增加了新冬宫的建设。其他项目包括：圣尼古拉海员主教座堂、第一座圣以撒主教座堂、伊斯梅洛夫斯基桥、墙纸工厂以及彼得保罗要塞教堂火灾后的重建，此外还有涅瓦河河湾附近宏伟的斯莫尔尼修道院和教堂。这些项目均方兴未艾，施工噪音响彻大小河流，以及各个运河。施工用火产生的烟雾充满城市大街小巷，让居民喘不过气。①

拉斯特雷利面临的问题中，最重要的便是冬宫朝向。在彼得时代，涅瓦河畔的建筑正面似乎都会朝向河流，对岸矗立着所有支持君主权力的建筑。唯一的例外是毗邻的海军部及其工作码头，三面由护城河围着。阿普拉克辛伯爵将海军上将宅邸遗赠给安娜·约阿诺夫娜
30 之时，不仅提高了该堤岸上建筑富丽堂皇的标准，而且还为冬宫打开了一扇新的大门，现在看来，它可能朝西，正面向海军部。拉斯特雷利决定在冬宫该侧建一雄伟入口，作为受邀参加舞会或招待会的贵客的主要通道。然而，更具挑战性的问题是如何处理冬宫的“背面”，即朝南的那面。当时，这里为侍从②和其他侍臣提供了一个有门的入口。③

也纳会议也曾在此舞动，查理一世也是在此终结了奥匈帝国君主统治。

① P. N. Petrov, *Istoriia Sankt-Peterburga s osnovaniia goroda do vvedeniia v deistvie vybornago gorodskago upravleniia,* 1703—1782 (St. Petersburg: Izd. Glazunova, 1885), 401.

② 原文为 pages，意为正在接受训练成为骑士的侍从。——译者注

③ Pisarenko, *Povsednevnaia zhizhn',* 21.

图 1.1：涅瓦河及两岸建筑①

正如伊丽莎白建筑项目通常的情况，在她批准最终设计之前，材料组装和首要步骤就已开始。1753 年，在工人们为新南墙打桩之时，拉斯特雷利仍在起草供皇家批准的意见。起初，他打算将经过大量修缮的冬宫和毗邻的几所大型贵族住宅（当时已归伊丽莎白所有）合并。但建筑大臣 V. V. 菲默（V. V. Fermor）中将 1754 年 1 月突然下令停止施工，因为首席建筑师又想出了一个全新的设计。

伊丽莎白女皇与其宫廷建筑师私人关系如何，我们无法得知。不过通过 1754 年初所制图纸记录或可窥见一斑。②女皇迫不及待，想快

① 该地图依据克里 · E. 斯托林斯基于帝国科学院 1753 年所制地图绘制。资料来源：大卫 · 拉姆齐地图中心（davidrumsey.com）。

② Piliavskii and Levinson-Lessing, *Ermitazh,* 39—44. 根据现存图纸对设计过程进行了权威描述。

点看到这一伟大工程开工。拉斯特雷利还未决定最终方案，她已说服元老院开始为初步建设提供资金，当时她自己也还未批准拉斯特雷利的任何设计。经过将近一年的前期工作，拉斯特雷利才把全新的建议摆在其赞助人面前，菲默意识到他的人此时不得不停工，其挫败感可想而知。1754 年初，拉斯特雷利似乎决定，最简单且最省钱的方法是清理整个场地，从头开建一座全新的宫殿。他要求拆掉所有矗立在堤岸上的老建筑，还有位于其后、宫殿以南“草坪”上的旧房屋。① 新的冬宫将在清理干净的堤岸上拔地而起，从海军部一直延伸至冬季运河。伊丽莎白最初否决了这一计划，原因不详。在接下来的几个月里，两人似乎一直争执不下。她表示将恢复最初建议，翻修第三座冬宫，并在海军部草坪上增建一座小小的仆人侧楼。而拉斯特雷利正忙于修改他的新构想，以便赢得伊丽莎白的批准。6 月，他目的达到。伊丽莎白同意了冬宫的最终设计。

31 康斯但丁·皮萨连科（Konstantin Pisarenko）认为，拉斯特雷利和伊丽莎白改建叶卡捷琳娜宫的合作，启发了这一新涅瓦河畔住所的最终设计。除了两排长得离谱的柱子，叶卡捷琳娜宫与当时凡尔赛风格宫殿的主要区别是，其主楼周边未建突出来的侧楼。② 新冬宫呈矩

---

① Piliavskii and Levinson-Lessing, *Ermitazh,* 40. 很明显，拉斯特雷利建议拆掉的建筑中，至少有一座，他本人就是建造者。这座建筑便是安娜女皇的冬宫，于 1764 年修建，位于 G. P. 切尔内绍夫将军府邸与海军部草地（现为冬宫广场）之间。See the drawings in Gosudarstvennyi Muzei Istorii S.-Peterburga, *Katalog, Franchesko Bartolomeo Rastrelli: Arkhitekturnye proekty iz sobraniia,* comp. G. B. Vasil’ev et al. (St. Petersburg, Gosud. Muz. Ist. S.-Peterburga, 2000), 49.

② 有一点必须指出，拉斯特雷利在夏园为其建成的夏宫，确实遵循了凡尔赛方案。Pisarenko, *Elizaveta Petrovna,* 388—395，对伊丽莎白关心每个宫殿委托项目建筑的细微差别有着广泛讨论。拉斯特雷利现在提议细化双柱主立面，并在此摒弃侧楼。

形，四面将围出一个中央庭院，外围无法窥见。

拉斯特雷利设法保留了其新奇想法的核心，新宫殿将在堤岸上从头开建，现有结构全被清除，包括已建宫殿。但拉斯特雷利欲于宫 32
殿南部海军部草坪之上修建的大型院落则从其早期计划中删去，说明这正是伊丽莎白反对的核心。①最终，拉斯特雷利和伊丽莎白并没有解决如何处理各自觉得重要的一处空间的问题，尽管拉斯特雷利的图纸对君主和执行建筑师产生了强烈影响。这一点我们在后面将会看到。

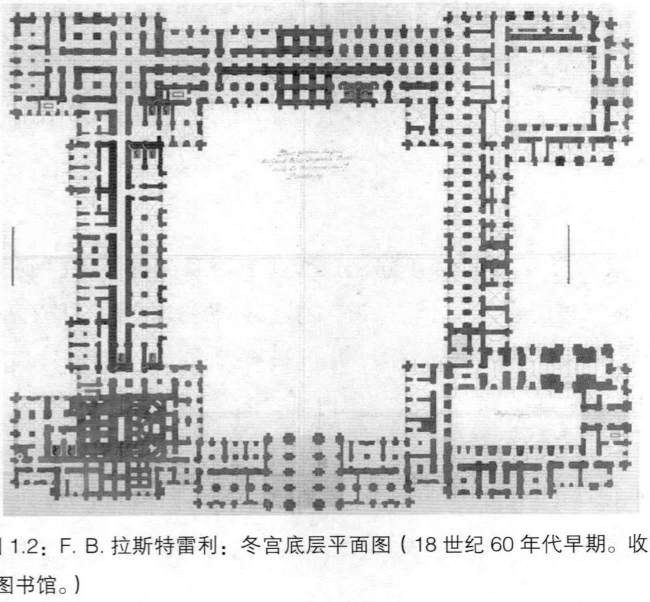

图 1.2：F. B. 拉斯特雷利：冬宫底层平面图（18 世纪 60 年代早期。收藏于波兰国家图书馆。）

① Piliavskii and Levinson-Lessing, *Ermitazh,* 41; Ovsiannikov, *Rastrelli,* 155.

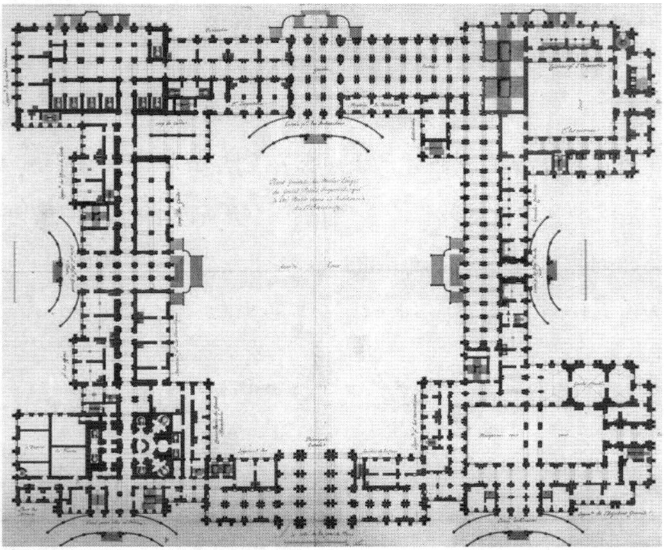

图 1.3：F. B. 拉斯特雷利：冬宫展览层平面图（18 世纪 60 年代早期。收藏于波兰国家图书馆。）

菲默 1753 年至 1754 年间已监督所有准备工作，但直到 1755 年某个时候，拉斯特雷利才记录道：“我已开始修建一座三层石制皇宫，规模可谓宏大，有四个外立面，中间设有大院，外加两个小院……于一长外立面远端，可以看到一个巨大空间，那里将有一座大型剧院，有三层包厢，均为石制；……这座宏伟建筑已建两载，完工还需三
33 年。”① 这一小小提示表明，1755 年标志着这一工程的重要转折点：女皇与其宫廷建筑师达成共识。1755 年 3 月，伊丽莎白令元老院为该工

① Francesco Rastrelli, “Bâtiments et edifices construits sous le regne de l’Impératrice Elisabeth” (NLP Special Collections, Wil. Kat. akc. 2189/66e) , 11.

程拨款 859555 卢布。[①]1755 年夏，工人拆掉沿堤坝而建的亚古任斯基伯爵（Count Iaguzhinskii）和拉古任斯基伯爵的大房子，开始在该处加固地基。

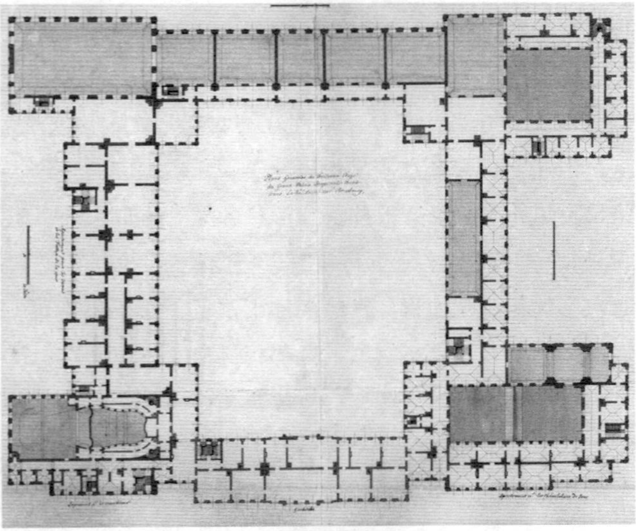

图 1.4：F. B. 拉斯特雷利：冬宫顶层平面图（18 世纪 60 年代早期。收藏于波兰国家图书馆。）

拉斯特雷利最终建成的建筑，南北主立面长近 244 米，东西两侧宽近 183 米，共有三层，设有大型中央庭院，外加两个小院，除去内

① 该项目还未完工，所花费用已超这一数目的三倍。这一记录大多引自 Petrov, *Istoriia Sankt-Peterburga*, 385—493。据彼得罗夫所述，尼古拉一世令 19 世纪 30 年代爱国作家涅斯托尔 · V. 库科尔尼克（Nestor V. Kukol'nik）撰写冬宫史。库科尔尼克做了采访，但并未完成这项工作，因为“不可能收集到所有必要的材料”。*Istoriia Sankt-Peterburga,* 644—45n653. 1837 年的大火或已将这段历史所依据的大部分材料付之一炬，但库科尔尼克部分笔记通过“内务总管办公室未遭损毁的资料”（645）到了彼得罗夫之手。

34 部庭院，窗户共有700扇。最初房间有460间，包括四间面向涅瓦河的接待大厅，还有位于主层（所谓的展览层）紧挨着的正式房间。①冬宫大教堂穹顶东南而立，西南处有一座歌剧院，内设四个皇家包厢。伊丽莎白、其侄彼得及其侄媳的私人房间将会设在展览一层。冬宫修建极尽奢华，可谓穷极想象，虽然早些年间，炉子未能为大厅充足供暖。底层专门用于家政事务，三楼是侍臣与仆从的住所。②

冬宫外观光彩夺目，尤其是从涅瓦河对岸观之，让人难以忘怀。地势稍低，但非常长，冬宫俯瞰堤岸，给人无尽宽广的印象。拉斯特雷利的洛可可风格包括250根柱子和形状各异的窗户边饰，建筑史学家无一例外地称其赋予这一不朽建筑以“韵律”。拉斯特雷利最大的特点是对色彩的运用；他将冬宫涂成沙褐浅黄，柱子和装饰一律为白色。从城市一侧来看，这座宫殿的气势稍逊，它的正面被建筑师设计的三道大门和有顶的门廊所打破，门廊上方有一个灯笼状的阳台。③

拉斯特雷利在监管这一伟大工程的同时，还修建了一座临时木

---

① 与其他欧洲人一样，俄罗斯人计算多层建筑楼层的方式与美国人不同。笔者在此采用俄罗斯方法，认为冬宫有底层（a ground floor）（实际上通过一小段楼梯即可进入，通常被用来作为服务层）、“展览”层（a “parade” floor）（美国人会称其为二楼，沿着约旦楼梯或其他楼梯进入，所有大型公共画廊、王座厅和皇家住所都位于这一层）以及二（对美国人来说，是三）楼等。

② Piliavskii, *Zimnii dvorets,* 28—33; William Craft Brumfield, *A History of Russian Architecture* (Cambridge: Cambridge University Press, 1993), 247.

③ 像所有伟大建筑一样，冬宫同样也引起建筑评论家各抒己见。威廉·布鲁姆菲尔德（William Brumfield）总结道：“无论冬宫缺点如何，它都代表了圣彼得堡不朽风格的精髓，是以一种独特的俄罗斯方式和规模对西方理念的吸收。” Brumfield, *Russian Architecture,* 248—249. 约翰·萨默林认为冬宫长度和壮观“在西欧任何地方都不可能”，但却达到了俄罗斯统治者所需要的，“一种绝对、严肃且冷漠的统治效果”。John Summerlin, *The Architecture of the Eighteenth Century* (London: Thames and Hudson, 1986), 34. 布鲁斯·林肯认为，冬宫“或是俄罗斯18世纪最令人惊叹的建筑作品”。Lincoln, *Sunlight at Midnight,* 40.

制宫殿，供伊丽莎白施工期间居住。这座建筑建在涅瓦大街（Nevskii Prospekt）上，位于莫斯卡亚大街（Great Morskaia Street）和莫斯卡亚小巷（Small Morskaia Street）之间。这座注定要成为伊丽莎白最后的家的建筑，装饰同样奢华。她于1754年11月搬入，然后开始焦急等待拉斯特雷利最后的杰作完工。

1756年9月初，伊丽莎白对普鲁士宣战，回应腓特烈入侵萨克森，俄罗斯战事再起。七年战争爆发，俄罗斯这段时期的遭遇显示其军备不佳，女皇不舍得军费。[①]战争影响了伊丽莎白的土木之工，尤其是冬宫。1756年至1757年初，由于军队挪用资金，建设进度减缓。但通过帝国国库，俄罗斯纳税人继续支持了这两项工程，拉斯特雷利建设因此得以推进。

给予这一皇家项目支持的不仅是纳税人。这一宏大工程对远离城市的地方也产生了影响，从俄罗斯西北部每个角落吸收着人力和自然资源。

---

① Anisimov, *Empress Elizabeth,* 114—117.

35

2 砖木结构的宫殿

得益于先皇们几十年对基础设施的经营，伊丽莎白·彼得罗夫娜统治的城市即将腾飞。作为宫廷及君主制有形的中心，冬宫每一块砖都焕发出光彩，宫廷及君主的凝聚力无论在象征意义还是实际意义上都得到增强。1754 年至 1762 年间，大批民众来到圣彼得堡，帮助修建这座伟大建筑，或迎合其承包商与供应商所需。反过来，数百万卢布又回至其被提取的国家。对于所有为此项目作出贡献的外国设计师和工匠来说，圣彼得堡冬宫最终还是由俄罗斯人花费建成。冬宫项目对劳工、承包商、工厂主以及其他支撑俄罗斯西北地区经济的人影响可谓巨大。

1754 年始建的巨大冬宫，以最快的速度完工。圣彼得堡建成 50 年后，俄罗斯西北地区交通动脉交错纵横，木材、黏土、沙子和石头沿其流向都城。监督承包商和供应商的官僚机构也已成形。然而，如何吸引有足够熟练工的劳动力仍然是一个挑战，朝廷需要统御一个由义务人、合同工和自由工组成的复杂社会。

18 世纪 50 年代后半叶，修建冬宫让劳力和材料市场趋紧，国家与其主要支持者——贵族和商人公开争夺资源。宫廷对砖块、木板和劳工的需求刺激了私营建筑商。朝廷行使特权，重拳出击，将货物和劳力充公，将政府控制的所有人力资源召集到冬宫堤岸之上。与此同时，伊丽莎白宫廷加快了与建筑和装饰密切相关的贸易、工艺和投资的步伐。 36

建设都城及其宏伟宫殿的先决条件之一是拉多加运河（Ladoga Canal）。该运河是18世纪欧洲最重要的工程项目之一。这条运河始于彼得时代，绕过波涛汹涌的拉多加湖（Lake Ladoga）南岸，连接圣彼得堡和俄罗斯北部水系，为涅瓦河和沃尔霍夫河（Volkhov River）之间的交通提供了便利。运河首段于1731年春开通，几十年后政府仍在扩建。沿此运河，锯木厂和采石场相继开张，圣彼得堡建筑工人获得利用国家资源的机会。冬宫开建之时，朝廷扩大了这一交通网络。1755年，菲默中将把拨给冬宫的部分资金用于内陆基础设施建设，比如新建沃尔霍夫河和涅瓦河支流大桥、开凿拉多加运河等，便于彼得堡物资运送。

在为新修宫殿调动资源方面，宣传宫廷需求的媒介也同样重要。建筑部寻求材料劳力供应投标时，会在半官方报纸《圣彼得堡公报》（*Sankt Peterburgskie vedomosti*）封底发布公告。从18世纪20年代开始，至18世纪50年代，该报每周出版两次，刊登国内外新闻。每版还登有宫廷和私人广告、公告和招标等信息。除私人音乐晚会邀请、公共和私人工厂燃料供应需求以及外国居民来往公告，还有朝廷之求，比如皇家餐桌所需食物、皇室马厩所用干草燕麦、冬宫和其他土木工程所需的建筑用材。①18世纪50年代，伴随着宫廷最大的建筑项目的推进，该报公告版块也在稳步扩大，发行量也因冬宫攀升，至1759

① 该报最初由外交学院（the College of Foreign Affairs）制作，用德语刊印。18世纪20年代末，新成立的科学院接管该报出版，并开始发行俄文版。18世纪40年代末，著名院士罗蒙诺索夫成为第一任俄罗斯编辑，该报名声渐盛。参见 Dmitrii Iu. Sherikh, *Golos rodnogo goroda: ocherk istorii gazety "Sankt-Peterburgskie vedomosti"* (St. Petersburg: Lenizdat, 2001), 13—38。

年，已达1000份，每周两次。其实，18世纪50年代末冬宫建设至鼎盛时期，该报发行量也达到顶峰，直到18世纪70年代初才再次出现这样的发行量。①

很多朝廷招标令在《圣彼得堡公报》上反复刊登，说明冬宫建设对有限资源造成压力。1754年后，圣彼得堡新兴城市氛围越来越浓。同时，斯特雷纳宫即将完工，涅夫斯基大街的临时宫殿也已动土。新
37 冬宫项目与其重叠，所需货物清单与日俱增，数量惊人。工厂规模不断扩大，对建筑材料和燃料的需求增加，比如竭尽全力完成朝廷订单的国有砖厂，朝廷马厩建设及其他需求也无休无止。上述朝廷工程与这些需求对《圣彼得堡公报》招标版块展开争夺。②

1754年，当拉斯特雷利与伊丽莎白女皇就是否从头开建新宫争论不休时，建筑部已开始收集材料。在组织女皇各种项目方面，建筑部经验丰富，负责人菲默将军为人干练，是土耳其战争和瑞典战争的英雄。当年夏天，建设冬宫事务管理局成立，隶属于朝廷建筑部。菲默将军等待最终蓝图期间，已动手置办大量木材、砖块和石头等。

置办砖木

1754年1月底，宫廷所属纳任斯基锯木厂（Nazinskii sawmill）需要两万棵松树，需高21—28英尺，周长14—18英寸，适合切割成板

① Sherikh, Golos, 41, 47.

② 米留可夫断言，伊丽莎白宫廷使得马匹资源严重紧张。她来往莫斯科与圣彼得堡之间，总会带上大部分日用物什，这些旅行“至少需两千马匹”。参见 Miliukov, *History of Russia,* 2: 31。

材和方梁。准备按照规定价格供应这些松树的承包商须在一周内到建筑部报到。①2月，《圣彼得堡公报》征召“提供大量松木刨花板材和各种尺寸方木”者。②7月，该报开始招标较小板材和横梁，并告知承包商三天后到建筑部报到。③手工砍削木材的传统做法在俄罗斯长期占据主导地位，刨花木材生产相对来说是一种新兴事物。从彼得时代起，官方就已努力增加锯木厂数量，因为与斧劈相比，将树木锯成木板，对木材的利用率更高。随着造船及其他项目需求激增，海军部等国家机关建立了自己的木材厂。彼得忠实信徒 A. D. 缅希科夫伯爵在伊佐尔斯克（Izhorsk）创建了一家锯木厂，后被纳入海军部，搬至圣彼得堡近郊，18 世纪 20 年代末得以扩建。④这一“纳任斯基”工厂是冬宫项目刨花板材的重要来源。

18 世纪 40 年代，伊丽莎白政府开始对西北森林枯竭感到担忧。
船只码头建设、出口需求、圣彼得堡及其郊区大规模建设项目，给西 38
北森林带来的压力与日俱增。1748 年，伊丽莎白颁布法令，日后造船，须用刨花木板，砍削板材将被禁用。翌年，这一规定扩至住宅建筑，政府要求私营水力和风力锯木厂扩大规模，以便更广泛地获取刨

---

① *Sankt-Peterburgskie vedomosti* (hereafter SPV) , no. 6 (Jan. 21, 1754). 直径不超过 14 英寸的树木售价为百棵 29.50 卢布，16—18 英寸百棵 49.90 卢布。

② *SPV,* no. 16 (Feb. 25, 1754).

③ *SPV,* no. 54 (July 8, 1754). 在俄罗斯准确测量切割木材充满挑战，拉斯特雷利曾对此做出评论。他指出，俄罗斯气候极端，至冷至热，木材较易胀缩。拉斯特雷利发现，俄罗斯建筑施工季节非常之短，令人沮丧，尤其是还要在春夏时节修复前一年冬天对施工造成的损害。参见 Francesco Rastrelli, “Reflexions sur la maniere et les difficultés qu’ il y a en Russie pour bâtir avec la même exacitude et perfection comme dans les autres pais de l’Europe” (NLP, Special Collections, Wil. Kat. akc. 2189/66e), 13。

④ L. D. Burim et al., “*Odin otvetstvovat’ dolzhen...*”*: Ocherki o direktorakh Izhorskikh zavodov* (*St. Petersburg: OAO* “*Izhorskie zavody,*” 2001), 4.

花板材。当木材厂如雨后春笋般兴建，砍削板材却只准销售五年。18世纪50年代中期，木制和砖制冬宫建设很可能促成了1756年、1757年和1758年延长砍削板材临时销售的法令，尽管1758年法律明文规定，禁止将砍削板材沿河运至圣彼得堡，“因为有可能被没收”，而且没有办法进入拉多加运河。① 翌年，伊丽莎白开始关注圣彼得堡工厂的木柴供应，她下令，消耗大量燃料的工厂如玻璃厂和制砖工厂，应建在市区之外，以分散都城附近森林的压力。② 因冬宫项目，建筑部有机会支持政府林业政策，并鼓励私营锯木厂扩张。③

随着冬宫雏形已具，木板和横梁木材的招标每年都会出现几次，既用于临时宫殿，也用于冬宫本身。1756年初，政府严禁商人和厂主经纳尔瓦港出口任何木材，无论是否经过碾磨。这些木材留着以备圣彼得堡、喀琅施塔得（Kronstedt）及周边地区公共建筑项目使用，根据合同准备出口木材者，则被邀请将货物售给女王陛下的政府。④ 1758年，松木板材订单再次增加。1759年，建设办公室寻求“几千板材，要已加工，干燥性好，经过碾磨，无节疤裂缝，没有阴影”。⑤

---

① P. G. Liubomirov, “Iz istorii lesopil’ nogo proizvodstva v Rossii v XVII, XVIII i nachale XIX vv.,” *Istoricheskie zapiski* (Moscow: Ak. Nauka, 1941), 222—249. 柳波米洛夫（Liubomirov）表明，俄罗斯木材加工工业发展相对较晚，直到17世纪，大多数建筑还依赖于斧劈木材。18世纪之交，木材出口需求增加，促使一些贵族地主和企业家在纳尔瓦（Narva）和阿尔汉格尔（Archangel）附近建立了锯木厂。圣彼得堡造船业对刨花板材的需求不断增加，彼得政府在该市西南伊佐尔地区修建了工厂，主管是一名荷兰人，治下有135名师傅，以及他们的学徒，每年生产板材达两万块。冬宫内部装修对成品和半成品松木板材有了新的需求。*SPV,* no. 41 (May 22, 1758), no. 51 (June 26, 1758).

② 几年后，叶卡捷琳娜二世颁布了类似法令，但这两项法令似乎都没有得到执行。See Munro, *Most Intentional City,* 203, 324n.

③ Liubomirov, “Iz istorii lesopil’ nogo proizvodstva,” 222—249.

④ *SPV,* no. 22 (Mar. 15, 1756).

⑤ *SPV,* no. 6 (Jan. 19, 1759).

伊丽莎白最终决定在从头修建新宫时颁布法令，彰显其为启动自己的伟大工程而准备施加的强制程度。该法令于 1755 年 3 月 7 日颁布，次日递交元老院，允许菲默征收沃尔霍夫河（Volkhov）、拉多加河、涅瓦河、姆斯塔河（注：原文为 Mst，应为 Msta）、斯维里河及夏西河河岸的木材，无论是谁拥有，只要能顺流而下运往圣彼得堡。[1] 幸运的业主，被允许保留自己的建筑材料，他们的木材需要拖到上游。冬宫建造期间，只有海军部可以继续消耗木材，用于造船。3 月 4 日，《圣彼得堡公报》刊登这一公告，其反响不难想象。[2] 元老院当时颁布的法规，几乎禁止了都城其他建筑项目使用木材。

征集“几千块”砖，首次出现于 1754 年 9 月。圣彼得堡大多所 39
谓石制建筑均是砖制。新设建设冬宫事务管理局先从各地国有砖厂下手，征集“白砖”，即一种由硅酸盐制成的砖。[3] 拉斯特雷利更喜欢硅酸盐砖，他认为其强度优于法国生产的砖。[4] 自 18 世纪 50 年代起，伊丽莎白政府全力发展位于圣彼得堡上游的老牌国营砖厂，包括纳夫斯基（Nevskii）、托森斯基（Tosenskii）及伊林斯基（Ilynskii）等工厂，因为私营企业产量无法满足其多个建设工程的需求。无论是国营还是私有，一家砖厂至少要有一名熟练砖匠（*obzhigal' shchik*），他知道如何在窑里烘烤成形且干燥的砖块。在这名熟练工人周围，还有许多

---

① *Polnoe sobranie zakonov Rossiiskoi Imperii 1649—1913,* 40 vols. (St. Petersburg: Gos. Tip., 1830—1916 [hereafter *PSZ*]), 14, no. 10369 (March 7, 1755), and *PSZ* 14, no. 10373 (March 9, 1755). 这些法令尤其涉及资金划拨，只要菲默要求，即可拨款。

② *SPV,* no. 21 (March 14, 1755): 2—4; Petrov, *Istoriia Sankt-Peterburga,* 385—386.

③ *SPV,* no. 71 (Sept. 6, 1754). 硅酸盐由沙子和石灰混合而成，而非红砖所使用黏土。与黏土砖相比，其生产成本低，承重力强，而且不会像不同批次陶瓷砖那样产生各种颜色。然而，硅酸盐不能用于烟囱内部或有水的地方。

④ Rastrelli, “Reflexions sur la maniere et les difficulties,” 12.

人从事技术含量较低的工作，如挖掘搬运黏土，或制砖晒砖等。整个18世纪，扩大圣彼得堡砖块生产的关键在于吸引或迫使砖匠来到这一城市安家落户。

在彼得大帝时代，他迫使皇室及寺院农民、城镇颇沙德人、① 新兵及罪犯学习制砖，每年付给他们相当于8—10卢布的酬劳，大多是食物和其他生活必需品。②1710年，在为建设新都及邻近要塞每年征召的四万四千名工人中，砖匠整整占四分之一。③ 尽管如此，砖匠和砖瓦工的数量依然不足。1714年，彼得因此颁布著名法令，俄罗斯其他地方禁止用砖建房。这项法律吸引了独立承包商来到圣彼得堡，还有农民和熟练砖瓦工，他们得到在圣彼得堡附近永久定居的许可。1720年，政府雇用的上游砖匠约有1500人，据说他们每年生产300万块瓷砖、1200万块砖。④

劳工挑战

因此，彼得政府已意识到，砖头生产的主要瓶颈是熟练砖匠不足，未经训练的砖匠短缺。奥尔加·科舍列娃（Ol’ga Kosheleva）对彼得吸引劳工来其新都的举措进行了编年记录。她的论证令人信服，早期定居者

---

① 原文为Posad people，Posad是沙俄帝国时期特有的定居点，通常由城墙或护城河环绕，居民多为商人和匠人，与附近城市隔开，是一个独立社区。——译者注

② 颇沙德人是居住在城镇中的小商人和工匠，需要纳税。

③ N. V. Voronov, “O rynke rabochei sily v rossii v XVIII v.: po materialam kirpichnoi promyshlennosti,” *Voprosii istorii* 3 (1955): 95.

④ S. P. Luppov, *Istoriia stroitel’stva Peterburga v pervoi chetverti XVIII v.* (Leningrad: Izd. Akademii Nauk SSSR, 1957), 100—101. 因为需要大量木头作为燃料，存在火灾风险，砖厂一般位于城市郊外。

几乎都是各色百姓，比如士兵、仆佣、工人、商贩及工匠，甚至是企 40
业家，或是来自老城镇的自由纳税人（颇沙德人），或来自国有工厂。然而有一群体在圣彼得堡却不多见：私人地主的农奴。[1]彼得渴望迫使或吸引有必要技能和庞大家庭的勤劳工人来新都定居。无法逃避命令而迁往芬兰湾者，为圣彼得堡提供了一条滋养源泉。同时，科舍列娃表明，北部其他有进取心者，经常自寻门路，来到圣彼得堡。他们最终融入圣彼得堡原有居民，成为另一支流。科舍列娃总结说，早期定居模式造成“创造‘西化’城市与其农民人口自发涌入之间的矛盾”。[2]

这种模式一直延续到伊丽莎白时代。俄罗斯君主保留了强制皇室农奴和士兵为城市项目工作的权力，但他们也试图吸引有技术的人到其都城工作，以现行标准支付工资，并授予首都合法居民的潜在优势地位。至 18 世纪 40 年代，圣彼得堡制砖业结合了强制和激励两种因素。公营工厂使用沃罗涅日军团士兵，但在 18 世纪 50 年代，主持宫廷大型建筑者最终得出结论，自由雇佣的劳工，比征召非生产性的士兵更为可取。1756 年，国营砖厂厂主欲从“偏远地区”雇佣 600 名合同工，但他们最终从圣彼得堡当地雇佣了很多，这里劳动力供应更加充足。[3]有人估计，18 世纪末，圣彼得堡石匠和砖瓦工增至约 5000 人，尽管像大多建筑工人一样，真正在警方登记的很少。[4]无论是公

---

① Ol’ga Kosheleva, *Liudi Sankt-Peterburgskogo ostrova Petrovskogo vremeni* (Moscow: OGI, 2004), 96—97.

② Kosheleva, *Liudi,* 427. 她亦得出结论，18 世纪前 25 年间，外国劳工只占劳动人口的一小部分，尽管西方品位在这一北方都城已盛。

③ V. M. Paneiakh, “Masterovye i rabotnye liudi vo vtoroi polovine XVIII v.,” in *Istoriia rabochikh Leningrada,* vol. 1, ed. S. N. Valk et al. (Leningrad: Izd. “Nauka,” 1972), 50.

④ G. E. Kochin, “Naselenie Peterburga v 60—90-kh godakah XVIII v.,” in *Ocherki istorii Leningrada* vol. 1 (Moscow-Leningrad: Institut Istorii, Ak. Nauk SSSR, 1955), 301.

营，还是私营，技术娴熟的造砖师傅均是砖厂组织的核心，他们很多人在当时吃上了皇粮。政府将工厂出租给这些师傅，他们每年按合同供应一定数量砖块，并自行租借和销售剩余产品。然而，这些师傅型承包商本身并无投资经营的动机，因为其合同允许政府随时收回工厂，承包商重回监工地位。18 世纪 40 年代初，圣彼得堡这样的砖厂有 19 个，经营着 30 座窑炉。此外，还有 11 家砖厂，经营着 32 座窑炉。①18 世纪中叶，不同砖厂多到需要制造商开始在砖上做标记。②

有人抱怨，建筑部拿走地方所有砖块和其他建筑材料的供应，凡
41 进入市场，价格均被推高，建筑部的人对此很是敏感。1755 年 4 月，《圣彼得堡公报》刊登了一份冗长的朝廷公告，声称其上月关于砖块和其他材料的法令被曲解：

> 建筑部注意到，有人向民众披露了有关砖制品和其他制造材料毫无根据的信息，大意是说，因建筑部禁令，百姓将不再能用砖块、石灰石、木材或木头进行私人建筑，价格并因此明显上涨。然而，无论去年，1754 年，还是今年，1755 年，建筑部均无此禁令，砖块和其他货物可自由买卖，仅限量需 200 万块砖，用于今夏重建女皇陛下的冬宫。然而，除国营工厂，其他制造商去年即 1754 年，可在其工厂生产砖块多达 800 万块，如果他们能在今年生产同样数量的砖，那么对于其他公共和私人建筑来说，仍有 600 万块砖可供出售……；至于木材，和去年情况一

---

① Voronov, “O rynke,” 96.

② “Brick Works,” *St. Petersburg Encyclopedia,* ed. the Committee of Culture of St. Petersburg. http://encspb.ru/object/2855710245?lc=en.

样，除了玻璃厂的采购以外，均可向民众出售。①

按照以往传统，宫廷项目完全依赖国营工厂所生产的砖块，但冬宫建设最初几年，建筑部显然使用了私人生产的砖，数量达四分之一。至 1757 年中期，冬宫共使用 1600 万块砖，似乎吸收了 1755 年至 1757 年间地方所产大部分砖块，尽管不乏反对之声。最终，砖需求下降，1757 年，宫廷建设办公室贴出通知，未来一年，办公室不再从私营砖厂购买砖块，私人可购买此类材料，没有禁令。此外，涅夫斯基砖瓦厂办公室书面证明，砖价并无上涨。②1757 年，七八月间，朝廷向民众保证，地方制砖业本年度会生产 500 万块砖，冬宫仅消耗其中 400 万块，且“价格公道”，留有足够数量，用于其他建筑项目，无论公私。③ 圣彼得堡制砖产能在 1755 年至 1757 年间明显下降，原因至今不明，也有可能在七年战争最初几年，因供应军队，造成劳动力短缺。④

劳动力短缺是俄罗斯历史一大主题。冬宫的修建，让我们得以 42
一瞥 18 世纪中叶圣彼得堡地区的劳动力资源。女皇所有臣民均按劳动和税收易感性进行分类，至少 200 年来都是如此。“国家供养

---

① *SPV*, no. 29 (April 11, 1755).

② *SPV*, no. 15 (Feb. 21, 1757). 同时，办公室通知，欲购“地板用碎砖”者，可向宫廷建设办公室提出申请。

③ *SPV*, no. 59 (July 25, 1757). 然而，芒罗认为，作为主要的砖头生产商，政府本身也希望维持有利可图的砖价。See Munro, *Most Intentional City*, 323n15.

④ 甚至在战争爆发之前，俄罗斯 1755 年 9 月底与英国签订条约，须向其提供五万五千名士兵和四十艘战舰，换取每年一百英镑的补贴。虽然，战争爆发后，法国向俄罗斯提供了这笔补贴，而非英国。俄罗斯也向法国提供了士兵。See Daniel Marston, *The Seven Years' War* (Oxford: Osprey Publishing, 2001), 15. 然而，从长远来看，砖的数量在增长。至 18 世纪 80 年代，圣彼得堡地区砖窑每年生产的砖头达 1500 万块。See Munro, *Most Intentional City*, 323n15.

（kazennye）”和“自由受雇（vol’nye）”人员之间的区别，是宫廷文件最常提到的区别之一。所谓的财政人员，指的是拿国家工资的人，隶属于全国各地各级政府，包括成千上万的士兵和水兵。在彼得时代，全国各省都被要求为大城市建设派遣力役，但由于长期无法完成定额，这一义务被转换为货币税。①

彼得时代的建筑官员让继任者确信：由于乡村地方上没有派遣最好的工人，所征皇室、寺院和私人农民往往素质低下，且大多在到达都城之前就已流失。因此，彼得政府自 1721 年起，转向雇用来自附近“非黑土地带”省份的雇佣工人，这些省份农业生产率普遍较低，地主允许农民持临时护照，前往都城打工挣钱。尽管建筑部依然使用罪犯、士兵和战俘，但圣彼得堡逐渐成为“全国大量寻找工作之人的聚集之地”。②

因此，“自由雇佣”的人受到青睐，但他们也有各种类别。1710 年，彼得颁布法令，规定一定数量的能工巧匠携家人到圣彼得堡永久定居。他们每年可以得到 22 卢布，其中大约一半是实物。但这一要求遭到强烈抵制，至 1712 年，接到命令的 4700 人，大约仅有半数搬至圣彼得堡。此后，彼得创造“自由木匠（soslovie）”这一新的社会类别，每名工匠可得 20 卢布，妻子 10 卢布，每个孩子根据性别 5 至 10 卢布不等。他们首个项目便是为木匠们建房造屋。③在圣彼得堡获得

---

① Luppov, *Istoriia stroitel’stva,* 71. 卢波夫称，1706 年，政府要求各省出四万名工人，建设纳尔瓦（Narva）圣彼得堡。他们须自费前往，只能步行，为期两月。他们每月获得面包和 50 戈比报酬，这些钱由那些没有派人的家庭提供。然而，按照征收标准，实际到达的工人数量通常不超过三万四千人。See Luppov, *Istoriia stroitel’stva,* 78.

② Luppov, *Istoriia stroitel’stva,* 90.

③ Luppov, *Istoriia stroitel’stva,* 87.

永久居民身份的移民中，还有国家农民、私人农奴（须持有主人无限期护照）以及附属于海军部等政府机构的工匠。新木匠中有很大一部分是逃跑的农奴，尽管官方采取措施，将他们送回到主人身边，他们的老板往往会为他们打掩护，许多人设法继续隐藏于众目睽睽之下。①

18 世纪 40 年代，伊丽莎白官员欲重启徭役，但正如其前任一样， 43
他们发现，新征人员往往缺乏资质。② 冬宫项目清楚地表明，女皇可以在不同部门间调派公共财政支付工资的人员，把士兵分配至其城市建设项目，但寻找称职人才的挑战依然存在。

部分财政人员被列入 raznochintsy，即“杂色阶层”。自圣彼得堡帝国早期，将沙皇子民按登记和纳税状况分类之法律，就用这一名称来称呼“基层公务员、政府部门行政人员以及朝廷和马厩雇员”。③ 很多都跟各种形式的国家服务有关，比如士兵子嗣及运河挖掘工人等，他们占据着城市最底层中的一层。④ 这些人可以被分配到与建造冬宫有关的各种工作。

1755 年 3 月，女皇正式宣布修建新御冬之所计划时，声称其建筑部将组建一支军队，由技术工匠和政府支付工资的非技术工人组成，

---

① Luppov, *Istoriia stroitel'stva,* 89. 卢波夫驳斥了外国研究者经常重复的论点：圣彼得堡最初建设者死亡者众；在没有书面证据的情况下，他估计有数千人死于疾病和饥饿，并非经常被提到但并无引证的数万人。

② V. S. Diakin et al., Istoriia rabochikh Leningrada: 1703—1965 (Leningrad: Izd. “Nauka,” 1972), 1: 27. 比如，18 世纪 80 年代初，政府从雅罗斯拉夫（Iaroslavl）、科斯特罗马（Kostroma）及诺夫哥罗德（Novgorod）等地征派力役 700 名，重建彼得保罗要塞。然而，1742 年，有官员抱怨称，这批人随后被派往喀琅施塔得运河工作，他们此时发现，仅有 136 人具有必需技能和经验。其余“只是一种不能结出果实的人类负担”。See *PSZ* 11, no. 8744, 1st ser.

③ Elise Kimerling Wirtschafter, *Structures of Society: Imperial Russia's “People of Various Ranks”* (DeKalb: Northern Illinois University Press, 1994), 21.

④ Wirtschafter, *Structures of Society,* 19—26. 关于士兵及其子嗣被委以这些工作，参见 Kochin, “Naselenie Peterburga,” 307。

包括：

> 优秀砖瓦工、木匠、铁匠、锁匠、细木工、铜匠、铸造工、嵌缝工、石匠、镀金工、油漆工（zhivopistsov）、框架工、抹灰工及陶工，只要是财政人员，即：军事学院或海军学院登记在册，或在喀琅施塔得运河工作，或由奥赫塔检查站（Okhta Inspection）派遣，或在图拉（Tula）和谢斯特拉河装备工厂工作，或在炮兵、野战和卫戍团服役；所有这些人等都要移交给建筑部。①

她还命令“从全团抽调”三千人，派遣十名参谋和十名军士，“负责监管所有工作，管理公共资金和所有材料，并确保这些事项在不同地方均能得到良好管理”，项目不间断进行。劳动力中的军事成分，则是“来自东部地区驻军学校士兵的儿子”，有一百名，他们被培训成了各种工匠。此外，“建筑部可以要求任何学院、官署或行省提供任何形式的修订或援助，不得拖延，也不需进一步的书面指示”。②

但是，伊丽莎白也打算利用“受雇工作的自由人，那些不是来自
44 商行或杂色阶层（raznochintsy）的人”。③这些人出身自由，可以用劳动换取食宿及微薄报酬，比如城镇居民（meshchane），雅罗斯拉夫及科斯特罗马（Kostroma）尤甚；代役租（obrok）④的农奴，他们经主人许可，可前往都城，做季节工或临时工；以及无护照之人，他们或许是逃亡者，不明来历，时而会被忽视。1754年10月，建设冬宫事务管理局发布了一份典型的《圣彼得堡公报》公告，寻求“来年，即

---

①②③ *SPV,* no. 21 (Mar. 14, 1755).

④ 代役租即农民向地主支付一定钱款，就可以脱离庄园，到别处谋生。obrok这个词是马克思按照俄语发音用拉丁字母拼写而成。——译者注

1755年，可提供砖瓦工者”。①

承包商（podriachiki）是一种特殊的俄罗斯企业家，擅长在朝廷建筑官僚机构与劳动力供应长期稀缺之间调解。这一群体本就出身各异，来自他们试图招募的农民和城市居民的混合群体：商人、厂主、政府人员、农民，甚至是农奴。这些人承担的工作分量微小，比如修建窗框、造手推车等。② 关于承包商的档案资料寥寥可数，但均表明，在很多情况下，他们只是代表某种工人的发言人，这种工人愿意承担特定的工作，比如砍柴、拉柴或砌砖等，前提是时间合适且价格公道。时间一长，承包成了承包商自有专长。毫无疑问，有能力交付稳重可靠工人者，更受朝廷官员偏爱。政府承包商通常会收到大笔预付款，久而久之，为保护建筑部不受承包商破产影响，各种法规层出不穷。③

冬宫建设期间，建筑部通过承包商招募了数千工人。女皇最初对利用雇佣劳力的兴趣或于1756年至1762年间变浓，因为七年战争抽走数万名军人和新兵。④ 无论如何，正是在18世纪50年代，建筑部和国营砖厂都公开倾向于雇用合同工，不再使用生产率相对较低的士兵，且后者本身人数越来越少。显然，即使代役租农奴也开始被认为不如可以按照合同雇用的人，因为这种农奴只能在主人允许时间内留在城市。观其聘用机制，建筑部及建设冬宫事务管理局指派承包商，有效担任其招聘人员，在西北地区寻找可靠的能工巧匠，执行女皇认

---

① *SPV,* no. 81 (Oct. 11, 1754).

② Luppov, *Istoriia stroitel'stva,* 72—73; Kochin, “Naselenie Peterburga,” 310.

③ Luppov, *Istoriia stroitel'stva,* 74—75.

④ 1756年10月颁布的一项法令宣布，新征兵税特别豁免涅尔琴斯克（Nerchinsk）（译者注：多译作尼布楚，俄罗斯称其为涅尔琴斯克）及克雷万沃斯克列先斯克（Kolyvanovoskresensk）工厂的技术工人和劳工。*SPV,* no. 83 (Oct. 15, 1756).

为符合圣意的法规。建筑部与承包商或工人组织（artely）① 负责人谈判协商，他们提供工人，并监管其具体情况，包括支付工资（从他们在建筑部的获取中辟出）等。

45 在《圣彼得堡公报》中，有迹象表明，对于遵守护照规定的要求，朝廷时紧时松，这实际上是对农奴制最基本根基的破坏。建设办公室三年多来征集了大量熟练砖瓦工，后于 1758 年 11 月首次明确要求招募“有书面护照的熟练砖瓦工”。② 建设办公室对冬宫建筑工人的需求巨大，且持续不断，当时正值七年战争，且朝廷与其他建筑商直接竞争。朝廷对自己开采资源超过其公平份额的指控十分敏感，因此偶尔会公开展示，会遵守自己制定的规则。不过，在早期圣彼得堡新兴城市氛围中，背景不明之人也有机会找到工作，如果知道如何砌砖，机会则会更多。

值得注意的是，来自皇家村庄或庄园的人——他们所谓的宫廷农民——没有被召去建造冬宫，后来也没有被召去冬宫当差，几乎无一例外。朝廷确实与附近省份村庄的农民签订了伐木和各种短期工作的合同，但没有迹象表明，这些劳工来自罗曼诺夫家族的庄园，至少是按合同服务的有偿工人。③ 此等劳务关系反映了这样一个事实：监管都城及京畿地区日益增多的皇家住宅并非封地司（the Department of Appanages），而是皇家内部成员，最终是于 19 世纪初成立的宫廷部（the Ministry of the Imperial Court）。冬宫是皇家住宅，具有宫廷用途；

---

① artely 一词是用拉丁字母写成的俄语词汇，原意为劳动组合。——译者注

② *SPV*, no. 91 (Nov. 13, 1758) and no. 103 (Dec. 25, 1758).

③ “O vyvoze zhelaiushchikh na postavku chernorabochikh liudei,” RGIA, f. 469, op. 14, d. 142 (May 1826) 记载了一场这样的冗长谈判，对象是雅罗斯拉夫的农民。这份合同清楚地表明，农民冬季为冬宫伐木的协议由来已久。

并非罗曼诺夫家族遗产。

建筑部征用了所有能征用的砖瓦工，其中两千人来自科斯特罗马和雅罗斯拉夫。1755 年春夏，冬宫正式开建。[①]然而，在尊重“自由受雇”者的地位方面，朝廷似乎并未完全按良心和道德原则办事，比如，伊丽莎白当时下令，将莫斯科工匠遣至圣彼得堡，且不准返乡，“尤其是来自雅罗斯拉夫和科斯特罗马的砖瓦工，今年 3 月，显然，正需要他们”。[②]850 多名科斯特罗马石匠很快便开始建造底座，也称墙基，由切割石块组成，有 400 平方臂展（sazhen）。这项工作直到 10 月初才完成。[③]与此同时，工人开始建造南墙。冬季来临，一年工作就会放缓，而在此之前，工人已完成底层（the ground floor），并临时加盖了屋顶，以便各种工匠在室内工作。鼎盛时期，冬宫建设项目雇用工人约有四千人，其中包括士兵和学徒。 46
他们大都暂住在工地旁边广阔的海军部草坪上，有些则在城郊村落住下。[④]1755 年春，正当朝廷觉得有必要为其砖块消费辩护之时，又

---

① 自彼得建立新都，雅罗斯拉夫省及其首府雅罗斯拉夫市，就一直为圣彼得堡输送熟练工匠，以及未经训练的工人，备其城市修建和人员配置等。对这一现象的全面分析见 Evel G. Economakis, “Patterns of Migration and Settlement in Prerevolutionary St. Petersburg: Peasants from Iaroslavl and Tver Provinces,” *Russian Review* 56, no. 1 (Jan. 1997): 8—24。诸如雅罗斯拉夫省谢列梅特夫大家族等大地主，鼓励男性农民按季或半永久地外出工作，只要这些外迁者支付护照费和每年的代役租。See Tracy Dennison, The Institutional Framework of Russian Serfdom (New York: Cambridge University Press, 2011).

② *SPV,* no. 21 (Mar. 14, 1755).

③ Petrov, Istoriia Sankt-Peterburga, 387. 一臂展（*sazhen*）约等于 7 英尺。（臂展是沙俄时期使用的长度单位，目前已弃用。——译者注）Gosudarstvennyi Muzei Istorii S.-Peterburga, *Katalog,* 58—59 中，有一份拉斯特雷利为这项基础工程绘制的图纸副本，图中显示，长木桩打入倾斜的河堤，裸露的上部周围填充着切割石块。该地基支撑着冬宫本身的砖制地基，据说，石头价格为 6500 卢布。

④ Piliavskii, *Zimnii dvorets,* 20.

不得不解释其雇佣方式：

关于砖瓦工木匠等技术人员，坊间近来传闻，据女皇陛下1755年3月7日法令，这些人自行前来圣彼得堡，寻求工作，且自由雇佣，将被派去建造女皇陛下之冬宫，圣彼得堡其他公私建筑需求，仅其他工人可供满足。这一传闻完全是空穴来风。因为为了建造上述宫殿，招募和引进此等技工，建筑部特意派出皇家近卫骑兵团参谋。①

表1　为建造冬宫，《圣彼得堡公报》所征工人

	1755年	3000名士兵 100名士兵子嗣当学徒 2000名砖瓦工 / 石匠
	1756年	1000名砖瓦工 2000名砖瓦工
	1757年	大批自由打桩工 填土及垃圾运输工 运输工，负责今冬从工厂运砖 2000名砖瓦工，供明年所需
	1758年	运输工，负责把砖块运到工地 清理工，海军部草坪部分房屋及废墟清理工 600名“持有书面护照的自由熟练砖瓦工”
47	1759年	运输工，负责把砖块运到工地
	1760年	负责室内工作的“熟练框架工”，人数不详 700名砖瓦工 100名制炉工
	1761年	黄铜工，负责制作栏杆、花瓶以及主楼梯事宜，人数不详 雕工和金匠，薪酬低于6436卢布

① *SPV*, no. 29 (April 11, 1755).

此后数年，建筑部仍在寻找愿意且能够提供大量砖瓦工和石匠的承包商，此外，建筑部也在寻找将砖块或沙子从砖厂运至冬宫建设工地以及把女皇最终同意拆掉的建筑拖走的人。建筑部还定期宣称，朝廷愿与他人分享技术工人。比如，建筑部 1761 年就宣布，不会阻碍建设冬宫事务管理局所雇陶工为私人买卖提供瓷砖。①

刺激企业和制造业

对具有创业精神的承包商来说，冬宫建设可谓福音。他们可以从海内外运输供应石材、雪花石膏以及其他重型货物。比如，1757 年 2 月，建筑部寻求“愿用私船运输砖头、瓷砖、黏土和石板等货物者，方式手段自定”。② 当时，私人航运基础设施已很发达。圣彼得堡建成早期，在进入都城的所有商业航运中，为国家机构提供服务的承包商，就已占到三分之一以上。③ 也有很多工作需要砖块、木板、填土和垃圾运输工。项目后期，建筑部希望有人能从里加（Riga）运送两万普特④ 石膏石，用于涂墙泥。⑤ 1761 年 6 月，有人受邀搬运沙子和

① *SPV,* no. 84 (Oct. 19, 1761).

② *SPV,* no. 15 (Feb. 21, 1757).

③ A. L. Shapiro, “O roli Peterburga v razvitii vserossiiskogo rynka v XVIII-pervoi polovine XIX v.,” *Goroda feodal’noi Rossii: Sbornik statei v pamiati N. V. Ustiugova,* ed. V. I. Shurikov (Moscow: Nauka, 1966), 394.

④ pood，俄罗斯重量单位，1 普特等于 16.38 公斤。——译者注

⑤ *SPV,* no. 39 (May 15, 1761)：1 普特等于 36.11 磅，因此约有 722200 磅石头。

其他填料，整理宫殿南部的草坪。①

冬宫建设期间，对既能供应又能运输装饰性石材和玻璃者的需求量同样巨大。比如，1754 年 1 月，建筑部寻求平板玻璃，次月又筹集“喀山或外国雪花石膏”。② 当年秋天，《圣彼得堡公报》首次征召普蒂洛夫石供应商。普蒂洛夫石是彼得堡建筑材料，非常有名，用于覆盖砖墙下部，既有装饰作用，又可用来防水。③ 此后，对普蒂洛夫石的征集不断，此外，也征集木板、铁钉、砖块、黏土、野生石和白色大理石。项目最后几年里，承包商被邀请提供大量鱼胶和成品木材，以供家具制作所用。1757 年，元老院拨款 3340 卢布，用于装饰镀金。1760 年，冬宫进行的金饰工作，需要运来“巴黎涂金胶料”“法国白垩”以及雌黄等，雌黄是一种硫化砷，可用作金色涂料。当年晚些时
48 候，建筑部又在征购曲形饰条、法国及波希米亚玻璃、门头气窗、镶木地板、英国铜制和铁制锁具、35 个特质铜炉挡板，以及起居区所用的铜炉腿，1000 个镀金，600 个非镀金。④

事实证明，建设冬宫对一些现有和新兴工厂大有益处。建筑部不停寻求能够提供特制门窗、镶板和檐口的橱柜承包商。壁纸制造业得到重振，尤其是英国人马丁·巴特勒（Martin Butler）的公司。马丁·巴特勒与乔治·汤普森在莫斯科合作办厂，并于 1751 年获得元

① *SPV,* no. 51 (June 26, 1761).

② *SPV,* no. 6 (Jan. 21, 1754) and no. 9 (Feb. 1, 1754).

③ *SPV,* no. 86 (Oct. 28, 1754). 即使到了 18 世纪 60 年代，普蒂洛夫石的需求依然存在。

④ Petrov, *Istoriia Sankt-Peterburga,* 408; *SPV,* no. 15 (Feb. 22, 1760), no. 23 (Mar. 21, 1760), no. 38 (May 11, 1761), no. 92 (Nov. 16, 1761), no. 97 (Dec. 1761).

老院授予的十年垄断权。1755年，政府重申这一章程，同时也重申了英国壁纸的进口关税。巴特勒的工厂可以生产亚麻布壁纸和廉价纸张，这是英国人首先掌握的工艺。① 元老院还批准了萨克森壁纸制造商约翰·弗里德里希·莱曼（Johann Friedrich Leman）在圣彼得堡建厂的请求，并预付1000卢布。莱曼因此便可完成其承担的冬宫任务。莱曼在瓦西里岛上建立一家国有工厂，雇用10名学徒，并按照元老院合同对他们进行培训。② 很明显，朝廷在购买外国产品的同时，也有意培养本土技术人才。

伊丽莎白项目相互交叠，给财政和资源管理均带来压力，冬宫建设因此减缓，女皇有些沮丧。战争爆发之初，菲默被召回现役部队。1758年中期，冬宫还远未完工，伊丽莎白越来越不耐烦，并颁布了一系列旨在加快进度的新法令。她任命丹能伯格（Dannenbeng）准将为冬宫事宜总负责人，后者曾成功建造伊兹梅洛夫斯基警卫团兵营。③

1761年底，这座宏伟建筑已成涅瓦河左岸亮点，面对着彼得曾设想成为城市中心的水域。覆盖在砖块上的灰泥采用了圣彼得堡巴洛

---

① *SPV,* no. 27 (Apr. 4, 1755); Anthony G. Cross, "By the Banks of the Neva" : Chapters from the *Lives and Careers of the British in Eighteenth-Century Russia* (Cambridge: Cambridge University Press, 2007), 70—71. 这些现代壁纸，比法国哥白林风挂毯便宜，成为另一个选择，尽管冬宫两种墙面覆料都有所使用。彼得大帝曾与法国师傅签订合同，建立皇家壁纸厂，并于1722年要求该厂挑选10名有前途的俄罗斯学徒进行培训。在贝格尔（Begal）的监督下，最终在哥白林制造领域取得卓越成就的俄罗斯大师有菲拉特·卡德舍夫（Filat Kadyshev）、伊万·科比利亚特尼科夫（Ivan Kobyliatnikov）以及米哈伊洛·阿赫曼诺夫（Mikhailo Akhmanov）等。Galina Dregulias, "Shpalernaia manufaktura v Sankt-Peterburge. http://opeterburge.ru/history_142_158.html.

②③ Petrov, *Istoriia Sankt-Peterburga,* 408—410.

克风的主流色调——黄赭色，柱子和建筑细节则用白色突出。① 从涅瓦河上一排排宽阔窗户中的一扇望去，游客可以欣赏到这个城市最有趣、最美丽的风景。缅希科夫优雅的荷兰巴洛克风宫殿就矗立在下游对岸，附近还有十二院以及圣彼得堡珍奇博物馆等建筑。彼得格勒一侧，稍靠右些，就是彼得保罗要塞，其优雅尖顶高耸头顶，十分壮观。

在木匠、粉刷工、金匠、玻璃工、黄铜工以及为冬宫创造卓越镶木地板的人，都努力完成内部装修之时，宫殿主人已不耐烦地等了七
49 载。拉斯特雷利设想不断变化却一丝不苟，女皇决策速度端庄稳重，坚持同时建造一座临时宫殿，七年战争需大量财力和人力，这些都减缓了冬宫建设的步伐，尽管其底层于 1755 年底就已完成。不过，至 1761 年 12 月圣尼古拉节，女皇家眷即可预见不久就要搬入新宫。伊丽莎白是否在当年最后几周参观了这栋建筑，我们不得而知。不过，这种参观如果成行，应该会在历史中留下一笔，因为她在 12 月 25 日死于涅瓦大街上临时木质宫殿。

冬宫首主

结果，彼得三世虽然短命，却是入住拉斯特雷利巴洛克杰作的首位俄罗斯统治者。彼得在位共有半年，一切遵从先皇，并主持冬季和

---

① 拉斯特雷利最初将冬宫涂成一种带有黄色或“赭色”的沙色，在细节上，则将奢华的洛可可风格装饰和柱子涂成白色。1786 年，冬宫首次全面重新粉刷。19 世纪，又重新粉刷了几次。尽管这些年间，颜料发生些微变化，但颜色基本保持不变，直到 1901 年发生重大变化，外立面和柱子都被刷成了深红色。关于冬宫颜色，有很多说法，非常混乱，最终说法参见 e Igor’Zimin, *Zimnii dvorets: liudi i steny: istoriia imperatorskoi rezidentsii, 1762—1917* (Moscow-St. Petersburg: Tsentropoligraf, 2012), 465—469。

早春仪式，比如外国显贵和王公大臣新年接待，在涅瓦大街木制宫殿举行圣水仪式。[①] 和先皇一样，彼得渴望搬入这座富丽堂皇的宫殿，他敦促工人抓紧布置，以便赶上复活节。于是，1 月份，更多炉子和挡板被订购；2 月份，则是平板玻璃以及“低于定价的大理石桌，桌腿经过雕刻，并饰有黄金”；3 月份，官员们紧急清理宫殿南面草坪上多年堆积的建筑垃圾。[②] 50

图 2.1：约瑟夫 · 查理曼（Joseph Charlemagne）：《涅瓦河上看冬宫》（1853 年。收藏于圣彼得堡，国立艾尔米塔什博物馆，帕维尔 · 德米多夫［Pawel Demidov］摄。）

---

① 此处的水指莫伊卡河。自从 4 世纪以来，东方教会主显节重要庆典是 1 月 5 日晚上举行的圣水仪式，此仪式是为了纪念耶稣在约旦河受洗圣事。——译者注

② *SPV*, no. 5 (Jan. 15, 1762), no. 7 (Jan. 22, 1762), no. 16 (Feb. 22, 1762), no. 23 (Mar. 19, 1762). 早在 1760 年，伊丽莎白就命令警察安排，以公平价格将剩余建筑材料出售给“可敬诚实的人”。参见 Petrov, *Istoriia Sankt-Peterburga,* 410。

3月19日，《圣彼得堡公报》刊登通知，指示有兴趣从草坪两旁的建筑“克鲁伊斯（Kruys）、奥尔苏夫埃夫（Olsuf'ev）、穆辛·普希金（Musin Pushkin）及萨尔特科夫（Saltykov）等公共庭院”清除垃圾者，至朝廷总官署办理申请。但复活节来临之际，这位新主失去了耐心。据朝臣安德烈·博洛托夫（Andrei Bolotov）回忆，彼得三世命令圣彼得堡警察挨家挨户向本市最穷居民宣布，欢迎他们到冬宫南部草坪免费弄走他们能带走的东西。他晚年时回忆，1762年，巨大的“海军部草坪”“凌乱不堪，到处都是棚屋、小屋、披棚和帐篷，所有建造冬宫的大师都住在里面，材料也是在这里准备和制作。此外，还有堆积如山的木屑、石膏碎片、半成品砖块、瓦砾碎石，以及其他垃圾等”。① 市民几小时内便清除了这一空间所有的木棍、木板和碎砖，据称，彼得三世从冬宫某扇窗户观看这一场景时，发出咯咯笑声。②

1762年4月6日，周六上午，主教公会（the Holy Synod）成员聚在冬宫大教堂参加仪式。仪式上，诺夫哥罗德（Novgorod）大主教德米特里（Dmitri）将冬宫大教堂奉为主复活教堂。③ 中午时分，彼得三世从涅瓦大街的木制宫殿列队出发，向“新建的石制冬宫”行进，过程需六个小时，两个要塞鸣放21响礼炮。翌日，复活节周日，沙皇从午夜开始接待男女权贵，一直至清晨六时，陪他们走过冬宫展览层的正式房间。其后，他带领众宾客进入冬宫教堂参加晨祷。祈祷结

---

① Andrei Bolotov, *Zhizn'i prikliucheniia Andreia Bolotova,* vol. 2, 1760—1771 (Moscow Leningrad: Akademiia, 1931), 109.

② Bolotov, *Zhizn'i prikliucheniia,* 110.

③ 1763年，为纪念《非人手所绘的救世主》，叶卡捷琳娜大帝将该教堂重新奉圣。参见 Simon Dixon, “Religious Ritual at the Russian Court,” in *Monarchy and Religion: The Transformation of Royal Culture in Eighteenth-Century Europe,* ed. Michael Schaich (Oxford: Oxford University Press, 2007), 226 n45。

束时，他在复活节礼拜仪式前用手问候每位客人。神圣仪式结束后，彼得返回迎接新到宾客——荷尔斯泰因（Holstein）公主。在公主的陪伴下，彼得与“106名凭票入场的男女宾客”共餐。[①] 意大利音乐家和歌唱家为用餐者助兴，礼炮鸣响，祝君主身体安康。关于彼得的妻子凯瑟琳和儿子保罗是否参加此次复活节庆祝活动，官方记录并未提及。51

《圣彼得堡公报》用了两个版面描述冬宫教堂祝圣礼和复活节庆祝活动。而彼得三世在冬宫举行的第二场也即最后一场正式娱乐活动却占据了两倍多的篇幅。这场活动是为了庆祝与普鲁士签订的和平条约，时间为当年6月9日。彼得忠于荷尔斯泰因，实行亲普鲁士的外交政策，这是越来越多的朝臣和禁军军官对其不满的主要原因。但他出入还是令200名显贵和普列奥勃拉任斯基近卫军军团（Preobrazhenskii Regiment）军官簇拥，带领他们穿越一排排大厅和长廊，至冬宫教堂举行礼拜仪式和感恩祈祷。仪式结束后，彼得和他的妻子叶卡捷琳娜，接受了市民和司祭的问候，后者在冬宫前面的草坪上列队，阅兵兵团步枪齐射，彼得亲自下场指挥。

这些市民和军事仪式举行的场所，有朝一日将会成为冬宫广场。此后的宴会则在冬宫展览层的大画廊举行，彼得和叶卡捷琳娜在此接待了腓特烈大帝和他的妻子。90位宾客陪同两位君主坐于主席，440位朝臣、官员和外国政要则在其他长廊就座。酒过三巡，音乐停歇，帝王夫妻回到彼得私人住所，叶卡捷琳娜在此看着丈夫为其宠臣授予军功。首个被授勋的便是彼得的情妇伊丽莎白·沃龙佐夫（Elizabeth Vorontsov），她获得圣凯瑟琳勋章。翌日，庆祝活动继续进行，依然由彼得、叶卡捷琳娜和普鲁士君主夫妇主持，他们再次于冬宫画廊享

① *SPV*, no. 29 (Apr. 9, 1762).

用大餐，90 人作陪主席，140 人在其他桌就座。饭后，众人走到前厅窗前，观看盛大的烟花表演。烟花表演横跨涅瓦河，寓意俄普友谊长存。晚会则在礼炮声和合唱团的歌声中结束。①

彼得三世执政仅有半年，而在此期间，他赋予了这座美丽新冬宫及其数千建筑者应有的尊严：这是一座旨在容纳欧洲一流王朝的宏伟建筑。对于多年来为美化圣彼得堡而辛苦工作的宫廷建筑师，② 他授予了圣安娜勋章和少将军衔。当年 5 月，拉斯特雷利收到三千卢布酬金。③

在其继承的这座建筑里，彼得三世塞满了重要外宾、俄罗斯贵族男女以及他喜欢和有所畏惧（差不多可以肯定）的近卫军军官。他开
52 创了接下来一个半世纪在华丽房间举办盛大宴会和娱乐活动的先河。然而，彼得统治朝廷十分不易，在这一政治领域，不仅男人对其极不信任，且还有一个比其精明的女人。《圣彼得堡公报》刊登庆祝和约报道一周后，叶卡捷琳娜及其盟友废黜了沙皇，几个月后，彼得三世去世。

新冬宫并未给伊丽莎白及其后任君主带来好运。但对于数以千计的砖匠、伐木工、砖瓦工和工匠来说，冬宫项目可谓是一种让他们不

---

① *SPV*, no. 50 (June 21, 1762). 自彼得时代起，烟花即常用于皇室庆典。和欧洲其他地方一样，烟花彰显着科学和文学修养。安娜·约阿诺夫娜曾下令定期燃放烟花，以庆其生辰、命名日以及加冕纪念日，还有新年。1732 年，穆尼奇男爵（Baron Munnich）在瓦西里岛上建了一座永久性的“烟花剧院”。See Simon Werrett, *Fireworks: Pyrotechnic Arts and Sciences in European History* (Chicago: University of Chicago Press, 2010), 114—115. 2016 年，权力仪式学会在华沙举行，安德烈·科斯京（Andrei Kostin）指出，只有位于冬宫堤岸或从冬宫窗户向外观看的人，才能真正看到烟花产生的图像寓意。为了解释复杂的象征形象，对烟花的描述，在真正引爆前，就已写出印好，但做出的效果与事先精心设计和报道的东西往往出入甚大。

② 指拉斯特雷利。——译者注

③ Skodock, *Barock in Russland,* 78.

顾一切的机会，18 世纪整个欧洲的人们都想抓住这种机会。冬宫建设者或从遥远的主人身边溜走，或忍受公职人员的羞辱，他们从事的工作薪水很低，但也有一线希望：他们有可能从朝廷阶梯最底层开始往上爬。对于俄罗斯西北地区的很多人来说，冬宫项目意味着有可能赚取季节性报酬，然后返乡。对其他人而言，冬宫项目则意味着留在圣彼得堡，成为城市居民。这些人发现他们居住的城市越来越被自己出力建立的帝国舞台所定义。

53

3　新城市中心

工人们被朝廷宏伟的建筑项目吸引至圣彼得堡，当他们到达那里时，却几乎找不到住处。他们在圣彼得堡的很多岛屿上修房建屋，工作地点步行可达。彼得大帝打算让大多数人在瓦西里岛定居，但正如乔治·芒罗所写："规划城市结果并不总是如其所规划。"① 事实上，至 1720 年，圣彼得堡大部分人口都居住在海军部一侧，聚集在涅瓦河南岸上堤周围。② 这种向南的拉扯结果是永久性的，就像彼得的子民拒绝接受任何更大的不便一样。③ 涅瓦河南岸人口稳定增长，对于城市百姓来说，海军部护城河南侧及面向涅瓦河的皇室和贵族宫殿后面的开放公地的价值变高了。与此同时，朝廷决定在涅瓦河南岸建立滩头阵地，这一草皮因此被赋予了仪式意义。因此，所谓的海军部草

---

① Munro, *Most Intentional City,* 17.

② Luppov, *Istoriia stroitel'stva,* 33. 这种定居模式持续存在：1762 年人口普查数据表明，圣彼得堡 55% 的居民居住在海军部、莫斯科夫斯基（Moskovskii,）以及利特尼（Liteinyi）等区域，也就是涅瓦河以南地区。参见 Petrov, *Istoriia Sankt-Peterburga,* 463—464。然而，彼得格勒一侧也一直吸引着大量劳动人民。

③ Luppov, *Istoriia stroitel'stva,* 54. 迫于这一现实，官员于 1725 年启动在那里为船夫修建几十座房屋的计划。几年后，新规划要修建新街道，这些房屋要被拆掉，船夫及其家人就不走运了。

坪正是朝廷和城市的交界。这一空间成为冬宫广场，未来的皇权演示中心，最终的城市生活中心，或多或少是一个偶然的过程。

圣彼得堡建成头50年间，海军部后有一片广阔公地，一直向东延伸至河边宫殿之后。这片空地的状况随季节而变。春秋，这里是一片无法通行的沼泽；冬天，这里是一片白雪皑皑的荒原；夏季，这里是一片干燥广阔的尘雾。这一空间被皇家忽视，却吸引着汇集在这一新兴都城的工人和寻求财富的人。他们搭建各种木屋，擅自在此住下，官方不得不定期下令，清理此地所有建筑。①

18世纪30年代末，圣彼得堡发生毁灭性火灾。安娜女皇指示新 54
的建筑委员会负责街道和广场规划。② 为了解决未开发的海军部草坪问题，该委员会下令沿着大草坪街种植树木，大草坪街环绕滨海广场整个南端，而滨海广场则从安娜宫殿直至海军部西端。该委员会还呼吁沿着这条边界开凿一条运河，并由栏杆和格栅或树木保护。③ 帝国特权开始一点点蚕食城市公地。

组织宫廷空间

伊丽莎白执政头十年间，勉强翻修了前任的御冬之所。在此期间，支持这一君主制的城市人口不断增加，他们正在附近沿着海军部

---

① V. I. Piliavskii, *Dvortsovaia ploshchad'* (Leningrad-Moscow: Isskustvo, 1958), 11.

② 有助于理解18世纪圣彼得堡社会和法律环境重建的有 A. V. Darinskii and V. I. Startsev, *Istoriia Sankt-Peterburga: XVIII—XX vv.* (St. Petersburg: Glagol, 2000); *Tri veka Sankt-Peterburga*, 1: 366—381; P. G. Ryndziunskii, *Gorodskoe grazhdanstvo doreformennoi Rossii* (Moscow: Ak. Nauk, 1958); B. N. Mironov, *Russkii gorod v 1740—1860 gg.* (Leningrad: Nauka, 1990)。

③ Piliavskii, *Dvortsovaia ploshchad'*, 12.

区域的河流和运河挖掘。建设最密集的地区是后来被称为冬宫堤岸的地方，位于皇家御冬之所东边。大贵族海滨住宅后面，出现了一个拥挤街区。这一街区居住着国内外工人，最初被称为德国人定居点（the German Settlement）。这里有条小巷当初被称为德国街（即后来的米里纳亚［Millionnaia］），巷子很短，从君主御冬之所延伸至察里津草坪（Tsaritsyn Meadow）。[1] 18 世纪 40 年代，这条短巷内的建筑已是位于海军部和丰坦卡河之间的涅瓦大街的两倍。至伊丽莎白时代，建筑队已让位于医生、厨师、政客、商贾、经纪人和少数高官，换句话说，也就是当时为女皇及其家眷服务的商人和宫廷雇员。[2] 此时，莫伊卡河上还没有桥，从南边进入海军部草坪依然十分不便。[3]

伊丽莎白执政伊始，便试图控制米里纳亚及冬宫之后的草坪，但其举措均徒劳无功。伊丽莎白和其朝臣可以在不断扩大的夏园里沿莫伊卡河漫步，平头百姓则不许靠近，而是聚集在因靠近闪亮宫廷而不断获得光泽的辖区。[4] 海军部草坪空间辽阔，一直是忏悔节和其他季节举行公共节日庆典的地方，平时则吸引着聚集
55 在附近的劳动阶层，吸引他们光顾非正式的食品店、街头小贩和

---

① E. Iu. Baryshnikova et al., *Panorama Millionoi ulitsy serediny XVIII v.* (St. Petersburg: Vsemirnyi Klub Peterburzhtsev, 2002), 24. 这项杰出研究再现了瑞典人弗朗茨·威廉·冯·伯格霍茨 18 世纪上半叶收集的堤岸和米里纳亚建筑图纸。这些图纸被与 I. B. 冯·齐克海姆（I. B. von Zicheim）1738 年所作地图记录的有关建筑业主和居民的现有数据进行了匹配。

② Baryshnikova, *Panorama,* 8.

③ Pisarenko, *Povsednevnaia zhizn',* 18.

④ 参见 Paul Keenan, "The Summer Gardens in the Social Life of St. Petersburg 1725—1761," *Slavonic and East European Review 88,* nos. 1—2 (2010): 134—155；他记述道，伊丽莎白秉政期间，被定期允许进入夏园的其他城市居民逐渐增加，但奴仆佣人或劳动人民则绝对不许入内。同时参见 M. I. Pyliaev, *Staryi Peterburg. Razskazy iz byloi zhizny stolitsy* (St. Petersburg: Suvorin, 1887), 67—68 记述的轶事。

小酒馆。[①] 这些正是伊丽莎白试图规范的活动，一如她试图约束冬宫辖区内的民众行为。

1742年末的一项法令要求清除都城主要街道上的酒馆和饭店，此等种种都必须搬到指定地点和市场。水果商店和酒铺（*pogreby*）都要从街上搬进院子。伊丽莎白要求拆除主要街道的招牌。然而，这些法律却证明了君主专制政体面对持续的城市生活模式时的局限性。十年后，伊丽莎白颁布新法令，重申1742年法律所有条款，并愤慨地记录了这样一个事实："米里纳亚大街上，正对老冬宫，直至莫伊卡，均有酒馆，和以前一样，可从街上进入。"[②] 她要求警方传播这些规定，元老院也要严格执行。

伊丽莎白最终默许拉斯特雷利的计划，让新皇家冬宫转向城市。这一默许最终决定了未来冬宫广场的命运。早在18世纪30年代，拉斯特雷利父子为安娜·约阿诺夫娜拼凑宫殿之时，已面向海军部开了一个仪式性入口，将冬宫"正面"从涅瓦河转了过来。他们还将宫殿南侧另作他用，因为面向广阔海军部草坪的入口，为当时来来往往的大量近侍仆从提供了通道。[③] 也许他们的主人并未注意，但这一皇家住宅正慢慢转向正在发展的城市，转向其南面开阔区域。伊丽莎白最终批准的新冬宫设计，使这一改动成为永久。

冬宫重新定向，皇家注意力因此聚集在杂乱的海军部草坪。该草

---

① 博洛托夫在 *Zhizn' i prikliucheniia*, 2: 108 中描述了1762年初期海军部草坪的范围。也可参见马卡耶夫（Makhaev）1753年绘制的圣彼得堡地图，网址为 http://rumsey.geogarage.com/maps/g5669010.html。

② *PSZ* 13, no. 10032, 1st ser. (Oct. 14, 1752): 707—708. 第二年，同样的法令再次得到重申。参见 *PSZ* 13, no. 10145 (Oct. 19, 1753): 921。

③ Iu. M. Denisov, "Zimnii dvorets Rastrelli," in ed. Piliavskii and Levinson-Lessing, Ermitazh, 26—27. 杰尼索夫（Denisov）指出，冬宫背向涅瓦河打破了圣彼得堡传统。

坪从冬宫正面向南，延至莫伊卡河和涅瓦大街交汇而成的三角地带。拉斯特雷利和伊丽莎白貌似都认为这一空间需要好好设计，但两人并未达成一致意见。为满足这一大主顾，拉斯特雷利对“圆形广场”的想法进行了多次修改，每张图纸都打开了面向冬宫南侧的远景，并进行了简化。[①] 随着想法的不断改进，拉斯特雷利渐渐意识到在宫殿南侧开一正式入口的必要性。虽然涅瓦河一面将会承担宫殿重要的仪式功能，但拉斯特雷利此时已开始将其设想为一座面向美丽广场或公园的宏伟建筑。他将女皇住处及宏伟的宫殿教堂和剧院安置于此。

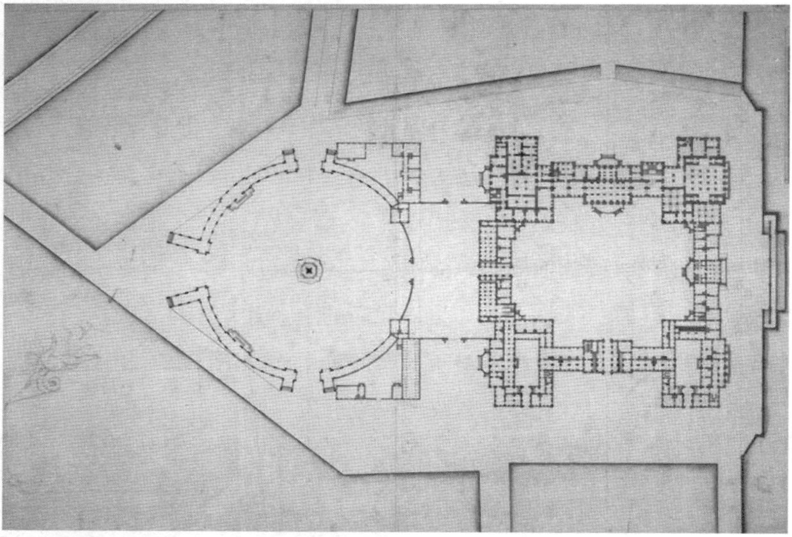

图 3.1：F. B. 拉斯特雷利：冬宫扩建平面图（保留第三座冬宫及 F. M. 阿普拉克辛宅邸。备案 B，1753 年。收藏于波兰国家图书馆。）

① Denisov, “Zimnii dvorets Rastrelli,” 40.

在波兰国家图书馆保存的拉斯特雷利草图和笔记中，冬宫广场平 56
面图不止一幅。一个版本详细说明拆除“舍甫列夫（Shepelev）将军、
戈洛文（Golovin）及克里乌斯（Krius）”宅邸的操作，这些宅邸位
于计划中的广场各处。在三角地带末端，拉斯特雷利要求建起“仆
从住所，奥尔苏夫耶夫宫，老冬宫、木制冬宫及尼曼宫（the Neiman
Palace）”，以代替这些建筑。老冬宫等几个建筑将被从涅瓦堤岸移
走，因为它们对广阔的新皇宫有妨碍。① 在另一版本中，只有一座圆
形剧场和些许小型服务设施，并无大型建筑。圆形广场北端，最靠近
宫殿处，被这些设施分隔开来。②

经过多次修改和考虑，女皇允许拉斯特雷利清理冬宫南部草坪，
以便在该新建筑南侧建一座大型广场。③ 尽管伊丽莎白给予拉斯特
雷利自由，允其从头开始建冬宫，并正面朝南，清理前面的广阔空
间，但她依然不赞成拉斯特雷利设想的庞大庭园和花园系统。④ 然而，
1753 年至 1755 年间，伊丽莎白确实逐渐接受了拉斯特雷利改造海军 57
部草坪的部分设想。她尤其赞同拉斯特雷利的这一想法：在宫殿南侧
开建圆形广场，中心矗立彼得大帝骑马纪念雕像，并出自拉斯特雷利
父亲之手。⑤

---

① Batowski, *Arkhitektor Rastrelli,* 38n1. 事实上，奥尔苏夫耶夫宫直至 1770 年修建大艾尔米塔什时才拆除，舍甫列夫宅邸则于 1839 年修建新艾尔米塔什时拆除。

② Batowski, *Arkhitektor Rastrelli,* 102 转载了拉斯特雷利的广场草图，上有其提议的圆形剧场和骑马雕像。

③ Denisov, “Zimnii dvorets Rastrelli,” 40. 参见 Gosudarstvennyi Muzei Istorii S.-Peterburga, *Katalog,* 49 中的草图。

④ Denisov, “Zimnii dvorets Rastrelli,” 41; Ovsiannikov, *Rastrelli,* 155.

⑤ 该平面图草图出现于 Gosudarstvennyi Muzei Istorii S.-Peterburga, *Katalog,* 56—57. 目录说明，伊丽莎白于 1753 年 7 月批准了这一方案。

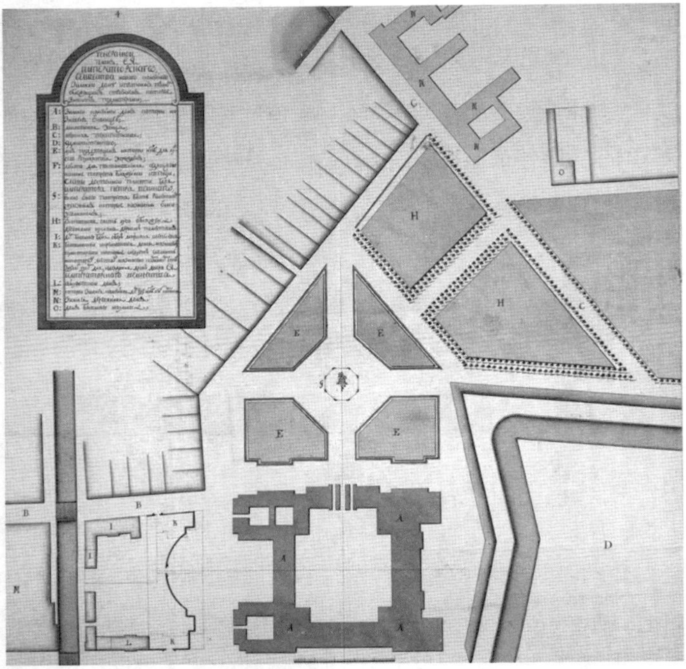

图 3.2：F. B. 拉斯特雷利：冬宫广场及周围建筑总图（1761 年—1762 年备案。收藏于波兰国家图书馆。）

拉斯特雷利认为，这一半圆空间应可容纳大批民众，并提供一合
58 适角度观看新宫南侧。他似乎受到自己这一想法的启发，应该是第一个提出，堤岸之上的宏伟皇宫应该面向“背后”或多或少自发而生的城市。至于拉斯特雷利认为什么样的人可聚于这一空间，我们无法完全得知。1754 年初，伊丽莎白否决了冬宫广场的一个特殊版本。该版本欲建造一个比现在大得多的广场，其中心大约在今天总参谋部大楼的位置。在这个版本中，广场最南端是一弯曲的圆形剧场，给整个广场和宫殿带来一种 18 世纪乡村庄园之感。正如建筑历史学家 N. 维

内特（N. Veinert）所述，在这种布局下，与其说冬宫“是城市的一部分，倒不如说城市成了冬宫庭院的一部分，是一座类似皇村皇宫公园的大型前院（cour d'honneur）”。①

也许，伊丽莎白所设想的宫廷空间，更加面向民众，适合向更广阔的人群，包括城市居民，展示军事和文化表演。如果是这样，这也是圣彼得堡18世纪上半叶大体所缺的东西。基南（Keenan）记述了这一位于圣彼得堡的宫廷在该时期逐渐成为俄罗斯代表性文化的过程，这一过程需要偶尔召集城市居民来分享和观看宫廷表演。18世纪中叶，宫廷展示范围已超过涅瓦大街或彼得格勒区三一广场的可用区域。②涅瓦河只有在结冰时，才能用于举行军事或宫廷庆典。③基南注意到，宫廷举办的公共庆典大多是为了纪念教会日历上的事件，但在伊丽莎白时代，这些庆祝活动开始具有明显的公民甚至军事色彩。④也许，她感到需要一个公共广场，用来常年举行更大型的演出。无论如何，如何处理草坪/广场还未有所结论，伊丽莎白便撒手人寰，也未对拉斯特雷利的任何图纸给予最终批准。

尽管伊丽莎白拒绝了拉斯特雷利的想法，拉斯特雷利对这一空间的影响却很深远。莫伊卡河从冬季运河斜向涅瓦大街，为解决这一方向问题，拉斯特雷利提出圆形方案。后来的建筑师们都保留了这一方

---

① N. Veinert, *Rossi* (Moscow: Gosud. Izd. Iskusstvo, 1939), 86; Viktor Buzinov, *Dvortsovaia ploshchad'. Neformal'nyi putevoditel'* (St. Petersburg: Izd. Ostrov, 2001), 36—37.

② Keenan, *St. Petersburg,* 60.

③ 比如，参见 Ministerstvo Imperatorskogo Dvora, *Kamer-fur'erskii Tseremonial'nyi zhurnal* (*KfTsZh*), Jan. 1, 1737。该书指出，安娜女皇庆祝元旦的礼炮就是由“女皇陛下宫殿对面涅瓦河冰面上排列的大炮”发出。

④ Keenan, *St. Petersburg,* 68—69. 基南在书中列出了具有“东正教基础”、18世纪的女皇们又赋予其公民意义的节日。

案，现在的冬宫广场对此亦有所反映。但最为重要的是，在设计这一广场的过程中，拉斯特雷利改变了冬宫的方向，使得南面比涅瓦河及海军部等侧更为重要，让其朝向了圣彼得堡人口最稠密的区域。他让宫殿大门和二楼观景台都朝向这一区域。

59

设想冬宫广场

如何使用这一广场，决定权落在了伊丽莎白继任者手上。不过，伊丽莎白已确定君民将在此近距离（有控制地）相互致意。市民起义推翻法国专制政体，而早在30年前，俄罗斯统治者已巩固了其对首都心脏的控制。随后百年间，罗曼诺夫王朝没有受到来自圣彼得堡人民的威胁。圣彼得堡的人们可以观察罗曼诺夫家族进出冬宫，且距离近得惊人。即便如此，广场上建筑整体的真实形状也只是慢慢才浮现出来。如何安排这一关键空间，想法酝酿了几十年。悬而未决或可表明存有微妙阻力。首先，草坪上的建筑并非都归朝廷所有。事实证明，要让民众遵守元老院规定十分困难。再者，到底如何使用这一广场，统治者们似乎也很难准确地设想。如何展示皇家主要住宅背风处的城市空间，18世纪的俄罗斯女皇并无模式可循。

叶卡捷琳娜二世在位（1762—1796）长达数十年，功绩显赫。在此期间，她主持了多项美化首都工程。不过，执政头15年间，叶卡捷琳娜二世军事及内政事务繁重，城市改革事宜因此被推迟。叶卡捷琳娜二世即位初期，启动了一项改造俄罗斯法律及司法体系的大工程，此后不久，她便发现自己因此陷入了一场与奥斯曼帝国的长期战争。战争期间，莫斯科爆发鼠疫。叶卡捷琳娜二世还远赴帝国前哨巡访。她在位期间，最严重的民众起义也发生于18世纪70年代初期，数百万伏尔加河流域的农民加入叶梅利安·普加乔夫（Emelian Pugachev）的起义。

因此，尽管叶卡捷琳娜二世甫一上台，便部署城市规划和美化工程，但直到18世纪70年代，她才拨出资金完成这些项目。[1] 1764年，叶卡捷琳娜二世同意城市设计师阿列克谢·克瓦索夫（Aleksei Kvasov）对未完工的冬宫广场的设想，保留了拉斯特雷利的圆形设计。克瓦索夫方案要求拆除广场西侧部分建筑，朝廷可在此为受青睐的机构和宠臣修建一系列新宅。1766年，自由经济协会办公室（the Free Economic Society office）在广场和涅瓦大街交叉口成立。与此同时，朝廷逐渐获得广场米里纳亚东侧的房产。当时，这个空间拥有几座私人住宅，从冬宫可以看到面向莫伊卡河的住宅后院。[2] 叶卡捷琳
娜二世统治期间，宫廷建立了对整个广场的特权，最终获得所有私有 60
建筑，并将其中多数夷为平地。叶卡捷琳娜二世以一种典型的世袭方式对这一靠近冬宫的宝贵资源进行了部署：将宅邸赐予宠臣、官僚和情人。她和她的幕僚均未将该广场设想为一个真正的公共空间，所以否决了用相互搭配的建筑群使广场成为一体的举措。比如，伊丽莎白的临时木制冬宫在广场三角地带远端矗立多年，年久失修，摇摇欲

---

① 芒罗在 *Most Intentional City* 一书中充分回顾了叶卡捷琳娜二世的城市规划，尤其是第八章。叶卡捷琳娜非常不喜欢莫斯科，但她也在旧都启动了城市改革和基础设施项目。关于此全面信息参见 Alexander M. Martin, *Enlightened Metropolis: Constructing Imperial Moscow, 1762—1855* (Oxford: Oxford University Press, 2013)。

② 这些都是重要人物的宅邸，包括雕塑家约翰-戈特利布·施瓦茨（Johann-Gotlieb Shwarts）及女伯爵亚历山德拉·斯特罗加诺娃（原姓戈利岑），前者是冬宫大理石装饰的主要创造者之一。我们或可从一幅1810年的画作对此有所了解，即 "Dvortsovaia ploshad'," by I. V. Bart. http://walkspb.ru/zd/gl_shtab.html (accessed July 1, 2015)。

坠，直至 1767 年才被拆除。这一年，叶卡捷琳娜把旧地方夷为平地，并将其交给警察局长 N. I. 契切林（N. I. Chicherin）。①

经过十年战乱、瘟疫和叛乱之后，叶卡捷琳娜二世终于将注意力转向广场，指示艺术学院（the Academy of Arts）举办为该空间寻求设计的竞赛。拉斯特雷利首席学徒尤里·费尔滕（Yury Felten），又称格奥尔格·威尔德顿（Georg Veldton），他采用了师父的半圆方案，提议建造三座配套建筑，用拱门连接形成半圆形，门户则由一系列多立克柱组成。② 叶卡捷琳娜建造了这些建筑，并将其中一座赐予了圣彼得堡时任总督布里乌斯伯爵（Count Brius）。另一座送给了她年轻的宠臣——副官亚历山大·兰斯科伊（Alexander Lanskoi）。③

这一广阔地带位于涅瓦河畔宫殿群之后，曾长期被忽略，处于半乡村状态。叶卡捷琳娜强加秩序和优雅于它，其时也正在规划其京都，为其庄严祖先的边城打造真正的仪式中心。当冬宫朝向这一镰形广场之时，这一地带便失去了乡村特色，车夫和其他贱民仍然占据这冬宫广场及其周边地区。19 世纪的城市历史学家米哈伊尔·皮里耶夫（Mikhail Pyliaev）记录了由叶卡捷琳娜敕令建造的铁制“取暖站”，这

---

① Pyliaev, *Staryi Peterburg,* 202—203. 位于这一角落的莫伊卡河上的桥，此后便被称为警察桥。

② P. N. Petrov, *Sbornik materialov dlia istorii Imperatorskoi Sanktpeterburgskoi Akademii Khudozhestv za sto let eia sushchestvovaniia* (St. Petersburg: Tipografiia Kommisionera Imp. Akademii Khudozhestv Gogenfel'da,1864), 1: 237—238: Pyliaev,*Staryi Peterburg,* 204. 竞赛于 1778 年举行。

③ 这样的广场存在时间很短，但我们可以从网站 http://walkspb.ru/zd/gl_shtab.html 了解到关于它的一些情况。参见 I. G. Maier 的油画“Razvod karaula na Dvortsovoi ploshchadi”（1796 年至 1803 年）。几十年后，卡尔·罗西（Carl Rossi）接受亚历山大一世委托，在此处建造著名的总参谋部大楼，他保留了这些建筑的规模和轮廓，并将其中很多元素融入他的新作品中，且保存至今。在 I.V. 巴特的油画中，我们可以一瞥 1810 年左右广场东侧的景色，网址为 http://walkspb.ru/component/option.com_lightgallery/act.photos/cid.2112/Itemid.218/。

些铁制“取暖站”位于冬宫“四周”，构造为圆形，呈开放状态，人们可以在里面围炉取暖。①德国画家克里斯蒂安·盖斯勒（Christian Geisler）18世纪末曾描绘过其中一个铁制“取暖站”。在他的画中，大约十几个不同等级的人，包括车夫、工人和军官，聚在一个冒烟的小火炉旁谈天说地。②叶卡捷琳娜对辛勤工作的车夫（izvozshchiki）关怀十分恰当，因为他们渐渐成为将这一不断扩张的城市凝聚在一起的黏合剂。

事实上，叶卡捷琳娜于1762年中期开始统治的这座城市正以惊
人的速度发展。冬宫及其他皇家建筑项目吸引了成千上万的人，他
们最终在这座城市永久定居。1750年至1784年间，圣彼得堡人口翻
了一番多，从95000人增至192000人。③18世纪60年代，男性在城 61
中已具绝对优势，占所有居民的60%以上。距冬宫最近的海军部三
区人口最多，虽然这些中心城区居住着圣彼得堡最富有的贵族和商
人，但同时也居住着大量的仆人、建筑工人和其他劳动者，他们经常
在大房子地下室或在建的建筑底层栖身。随着人口不断增长（1800年
达22万，1825年达42.5万），工人们在离工作地点更近的偏远地区定
居，那里租金更加便宜。④因此，圣彼得堡不断增长的人口多聚在市
中心南部，彼得格勒区和瓦西里岛的人也不少。 62

---

① Pyliaev, *Staryi Peterburg,* 204.

② Pyliaev, *Staryi Peterburg,* 175.

③ Kochin, “Naselenie Peterburga,” 294.

④ Kochin, “Naselenie Peterburga,” 294; A. G. Rashin, *Naselenie Rossii za 100 let, 1811—1913 gg. ; Statisticheskie ocherki* (Moscow: Gos. Stat. Izd., 1956), 111.

图 3.3：克里斯蒂安・盖斯勒：冬宫外一取暖站（18 世纪晚期）①

与中心城区相比，圣彼得堡外围区域吸引的警察审查更少，这也意味着行为监管不足，对清洁及卫生状况的关注也不够。18 世纪—19 世纪期间，圣彼得堡的社区因职业不同而日益隔离，并形成了独特的传统，通常以一座主要的教堂或广场为中心。劳动人民难得闲暇，然后聚集在这些地方庆祝生日，享受彼此的陪伴。但若遇重大的王朝和公民庆典，或大斋期前一周的忏悔节，以及君主有其他要求，成千上万的市民

① M. I. Pyliaev, *Staryi Peterburg* (1887), 167.

都会前往广场。他们来到冬宫广场，便会发现自己处在一座旨在从四面八方征服观者的建筑物的背风处。冬宫呈稻草色，长度超乎所料，从涅瓦河对岸更能将其尽收眼底，但站在它的阴影下，另有一番景色。18—19世纪，人们看到的是一幢非常长但并不很高的淡黄色建筑，柱子一排一排地排列着，建筑细部被涂成白色。几十座石雕环绕宫殿屋顶。①

人们有时会聚在毗邻海军部一侧的入口，只为观看进宫参加朝廷活动之前聚集在此的显要人物。据说，每当这种时候，警察便很难在现场维持秩序。皮里耶夫坚称，朝廷举办大型活动时，广场上会停满贵客的大马车。不过，那些试图从西向入口进宫的衣着光鲜的显贵，不得不穿过“聚集在广场上、只为一瞥到来的达官贵族的无数人群。警察挥舞警棍，履行职责”，迫使围观群众为被邀请的客人让出一条路。客人们在冬宫内的楼梯上走得也不轻松，因为“仆从可谓成群结队”。②

叶卡捷琳娜是如何使用在她任内不断翻新的冬宫广场的？她对广场的使用又表明了她什么样的君主制理念？最令人难忘的例子来自其执政初期，在一场融合宫廷和公共意义的表演中，出现了教化开明和帝国君主制共存的局面，③也就是所谓的骑兵竞技锦标赛，1766年在广场上上演了一场模拟中世纪的比武。经过一年准备，叶卡捷琳娜开启这场壮观表演，宫廷女官坐上战车，绅士跨上战马，组成四队或“方阵”，代表四种不同文明：斯拉夫人、罗马人、印度人和土耳其人。这一表演在1766年夏天共举办两次，分别在6月16日和 63

① 1837年大火后，这些山花石雕被一种更轻便的材料复制。

② Pyliaev, *Staryi Peterburg,* 208.

③ 维拉·普洛斯库丽娜（Vera Proskurina）将这一独特事件解释为叶卡捷琳娜的帝国虚荣，且证明，对诸如诗人V. P. 彼得罗夫（V. P. Petrov）的同时代人来说，这是类似亚马逊族女战士一样的女骑士比武。参见Vera Proskurina, *Mify imperii. Literatura i vlast'v epokhu Ekateriny II* (Moscow: Novoe Literaturnoe Obozrenie, 2006), 11—18。

7月11日。仪式由P. A.戈利岑亲王主持，他负责监督在冬宫广场建造一座临时圆形剧场，长约165米，宽约201米，由朝廷官员检票，只允许购买门票的人进入。① 他首先把票分发给“男女权贵，包括军队和公务员所有级别，以及所有穿着得体者”。② 如果这一描述正确，这些群体所代表的社会等级范围可谓显著，因为最低级文职或军职与圣彼得堡大商人和贵族之间存在着巨大的难以逾越的鸿沟。对着装的关注表明，官员们不仅对整洁有序的高素质人群感兴趣，还对为这一盛会创造华丽背景饶有兴致。但也有大批其他人前往围观，他们在广场周围的街道上排起长队。女皇及其子保罗隔着竞技场，面对面坐于特制包厢内。

观众看到的是一系列具有欧洲风情的男女比赛，比如赛跑和投掷标枪，以及由朝臣穿着得体戏服表演的四种不同的舞蹈，“戏服均源自新旧历史真实记载”。③ 民众庆祝活动结束后，表演者前往夏宫，叶卡捷琳娜在此为各种竞赛的获胜者颁发镶有钻石的奖品。

叶卡捷琳娜选择在其礼仪性住所墙外举办这场盛会，为新冬宫以及崭露头角的广场增添了光彩。大量圣彼得堡官员被安排当观众，坐在一个临时露天剧院里。该剧场四面均设有六排升高座位，最低一排离地约有八英尺。这一位置极佳，在约4.5米宽的路上上演的盛会可尽收眼底。骑兵竞技锦标赛场面盛大，是典型的宫廷庆典，但在人口稠密的都城中心上演。虽然市民观众从高耸的圆形剧场之后不太可能

---

① 参见英国目击者托马斯·纽贝里（Thomas Newberry）信中详述，该信转载于“Professor Thomas Newberry's Letter from St. Petersburg, 1766, on the Grand Carousel and Other Matters,” *Slavonic and East European Review 76,* no. 3 (July 1998): 490; Ol'ga Eliseeva, *Povsednevnaia zhiznn'blagorodnogo sosloviia v zolotoi vek Ekateriny* (Moscow: Molodaia Gvardiia, 2008), 201—210。

② Pyliaev, *Staryi Peterburg,* 205; Munro, *Most Intentional City,* 80.

③ Pyliaev, *Staryi Peterburga,* 205.

看到很多表演，但毫无疑问，他们肯定看到过四个不同方阵从驻扎之地出发游行，方阵“驻扎地多达数个，分别位于圣彼得堡东西各处”。每个方阵游行都有乐队开道，演奏着该国之乐。① 如果叶卡捷琳娜不想让百姓看到，她可以在沙皇村或彼得霍夫举行这一活动，但在都城中心，在圣彼得堡白夜节的节日气氛之中，② 女皇可以命其新潮朝臣参与表演。这一俄罗斯表演具有欧洲风情，且趣味横生，圣彼得堡劳动阶层至少可观一二。叶卡捷琳娜让挤在边缘之人尝到启蒙滋味，其中至少 64
有些是为他们而演。通过这场演出，都城人民或可对历史、现代管弦乐、高雅娱乐以及作为女皇宫廷背景的得体举止有所感知。

涅瓦河一面

当叶卡捷琳娜尝试将冬宫广场用于公共用途之时，她也扩展了其他侧翼的传统用途，包括面向海军部和涅瓦河的侧面。圣彼得堡并没有放弃其海洋特色，在温暖的月份，人们可站于三岛面向涅瓦河的岸边，观看由彼得保罗要塞和海军部进行的礼炮和烟花表演。直到20世纪初，才有固定的冬宫桥。当时人们可乘坐渡船或小船以及通过季节性的浮桥过河。冬天，河水结冰，显然是在这座被水环绕的城市中行动最为方便的季节。不仅宫殿岸堤上开辟了一条横跨涅瓦河的常规冰路，涅瓦河本身也成了市民的游乐场。他们到此玩起冰滑梯及其他游乐设施，这些设施通常由朝廷出资建造。人们不禁会想象冬宫主人

① Cross, “Professor Thomas Newberry’s Letter,” 491.

② 夏至节日在圣彼得堡又称“白夜节”，以后几天，圣彼得堡一天有23个小时白昼，夕阳西下与旭日东升之间的短暂瞬间几乎让人无法分辨。——译者注

和宾客从节庆画廊的窗户凝望外面的场景——在这种情况下，他们自己便成了百姓欢庆活动的隔离观众。

到那时为止，冬宫西面和涅瓦河一面在君主制时代最为著名的公共用途是一年一度的主显节圣水仪式。这一仪式在所有帝王仪式中最具有可塑性，其起源于16世纪的莫斯科，至19世纪中叶，变化可谓巨大。1月6日是纪念耶稣受洗的节日。这一天，东正教司祭有一古老习俗，神圣仪式结束后，他们会与教区居民一起走出教堂，来到河岸或湖边，对水祈福。祈祷结束后，人们会收集几瓶圣水带回家中。至少从伊凡雷帝时代起，莫斯科沙皇就已公开举行这种仪式。[1] 在16世纪，这已是一个半公共仪式，有些是在克里姆林宫墙外冰冻的莫斯科河上举行，市民作为次要角色也会参与其中。最重要的祝福在一个经过装饰的冰上小洞处举行，这个地方被称作“约旦”——意指约旦河。久而久之，这个仪式强调的不再是统治者的谦逊，而是其权力。[2] 以虔诚著称的沙皇阿列克谢对此进行了创
65 新，在游行路线上增加了数百名火枪手。[3] 保罗·布什科维奇（Paul Bushkovitch）认为，至1715年，彼得大帝已在圣彼得堡举行过一次公开的主显节仪式。[4]

所有以圣彼得堡为都的俄罗斯君主都延续了圣水仪式这一经典的教堂—宫廷—民众仪式，它在空间上与君主自己的家庭相连。《圣彼得堡公报》曾报道，1765年1月，伊丽莎白“以惯常方式”庆祝了圣

---

① Paul A. Bushkovitch, “The Epiphany Ceremony of the Russian Court in the Sixteenth and Seventeenth Centuries,” *Russian Review* 49, no. 1 (Jan. 1990): 1.

② Bushkovitch, “The Epiphany Ceremony,” 9.

③ Wortman, *Scenarios of Power,* 15—17.

④ Bushkovitch, “The Epiphany Ceremony,” 16—17.

水仪式，司祭们从新落成的临时宫殿前往附近的莫伊卡河河岸，禁军部队和卫戍团列队参加队旗和军旗祝福仪式。彼得保罗要塞和海军部响起排排枪声，军队射出三轮空弹。① 彼得三世在位时间很短，其间仅有一次主显节。彼得三世照搬了前任的仪式，但也在其中加入了男性元素，亲自视察了集结在临时宫殿对面的军队。圣水仪式也是在莫伊卡河进行，士兵列队两岸。②

叶卡捷琳娜入主新冬宫后，开始在海军部运河举行圣水仪式。当时海军部运河位于冬宫和西边临近建筑之间。游行队伍排成十字，从冬宫大教堂出发，穿过冬宫后宫区域，来到广场，行至海军部一侧入口附近的已备场地。③ 叶卡捷琳娜在位期间，圣水仪式一直如此，但她有时会缺席室外部分，因为极寒天气往往会让妇女免于参加。④

叶卡捷琳娜之子保罗未对仪式地点做出改变，但在圣水仪式中加入了他亲自主持的正式阅兵。若天气允许，保罗会要求他的妻子和年长的孩子一起前往海军部护城河，表明这名军人也是一位父亲。⑤ 保罗之子亚历山大保留了阅兵仪式，但将主显节仪式挪至冬宫涅瓦河一侧，以便让更多市民参与其中。从此，观众可聚在冰面，或从瓦西里岛或彼得格勒一侧观看。

亚历山大让禁军和圣彼得堡军队在宫殿岸堤上集结，就在艾尔

---

① *SPV,* no. 3, Jan. 9, 1756.

② *SPV,* no. 4, Jan. 11, 1762.

③ See, for example, *Kf TsZh,* Jan. 6, 1778.

④ 西蒙·狄克逊（Simon Dixon）认为，1766 年后，叶卡捷琳娜再也没有参加过仪式的室外部分，她更喜欢只参加室内游行，然后从窗户里观看。See Dixon, “Religious Ritual,” in Shaich, *Monarchy and Religion,* 238.

⑤ See Kf TsZh, Jan. 6, 1797.

米塔什餐厅之外。冰上仪式完毕，阅兵过后，皇帝会为所有在寒风中参加仪式的军官提供宫廷早餐，其中有伏特加和葡萄酒。① 这一仪式逐渐具有公共性质，但在 19 世纪初，圣水仪式仍是所有外国外交使团必须参加的重要宫廷仪式之一。约翰·昆西·亚当斯（John Quincy
66 Adams）1809 年至 1814 年任美国驻俄全权公使。1812 年 1 月，他勉强出席约旦仪式，并记录了他的印象。他对前几年冗长且寒冷刺骨的活动心有余悸，当 1812 年的仪式因为极寒而取消时，他甚是高兴。当他 1 月 25 日（新历）进宫庆祝女皇生日之时，却沮丧地发现朝廷没有举办生日宴会，而是举行圣水仪式“最让人不开心且最危险的环节”，“我一直庆幸今年我们会躲过这一关”。②

外交使团从冬宫涅瓦河一面的展览层画廊处，观看部队沿岸堤行进。亚历山大本人一整天都在外面检阅部队。虽然气温只有华氏十度左右，当皇后、太后裹着皮草出现，就有必要跟着她们走上阳台，“光着头，身上无皮外衣，脚上只有丝袜和夹鞋”。③ 皇后和太后敦促衣着不得体的外交官回到前厅，那里也不太暖和。整个阅兵历时一个小时，最为坚韧的朝臣才能坚持到底，但亚当斯认为“作为一名共和主义者，我的特权便是我［没有坚持］的理由”。④

---

① *Kf TsZh,* Jan. 6, 1803. Adam Czartoryski, *Memoirs of Prince Adam Czartoryski and His Correspondence with Alexander I,* ed. Adam Gielgud (Orono, ME: Academic International, 1968), 1: 150—151 对保罗皇帝举行的一次以阅兵为特色的主显节仪式进行了描述。

② John Quincy Adams, *Memoirs,* ed. Charles Francis Adams (New York: AMS Press, 1970), 2: 334.

③ Adams, *Memoirs,* 2: 334.

④ Adams, *Memoirs,* 2: 335. 恰尔托雷斯基曾记述自己几年前在这一仪式上因冻疮造成了永久性损伤。

新兴公共空间

海军部前面十分狭窄，涅瓦河一侧具有季节性，这意味着，只有从南边最易走进冬宫。从叶卡捷琳娜统治后期开始，冬宫广场作为规划的皇家空间，继续发展成形。尽管如此，除了冬宫本身，广场仍可从四面八方进入，依然是商业和行政生活的中心，走路或坐车经常可穿越的地方。禁军营房环抱这一城区，广场不适喧嚣。每当聚在广场观看大典或朝廷活动时，人们会发现有大量警察和军队存在。俄罗斯民众特别缺乏集会自由，希望组织集会的群体需获得警察许可，但警察很少批准。尽管如此，市民在此散步和社交时，并未把这一空间完全让给宫廷或官场。有一次，心怀不满的人们占领广场，“直接”与他们的君主展开对话。

此事发生于 1787 年夏末。约有 4000 名农民为一个名叫多尔戈 67
夫（Dolgov）的承包商工作，他们沿着丰坦卡河和叶卡捷琳娜运河修建新的花岗岩堤坝。他们罢工抗议工资低、待遇差。官员竭力让农民回去工作，麻烦持续数周之久。两名代表跋涉前往沙皇村希望面见女皇，结果被捕，问题变得更加尖锐。当他们得知女皇结束旅居回到冬宫，他们便决定将自己的情况在此反映给她。1787 年 8 月 7 日，他们从中选出 400 人，游行至冬宫广场，要求与叶卡捷琳娜本人会面。他们一上午都待在广场，井然有序，试图通过冬宫窗户引起君主注意。每当看到皇室内出现女人，他们都会“深深鞠躬，挥舞他们的请愿书”。[①] 正如叶卡捷琳娜第二天下旨所述：“朕亲眼所见，丰坦卡河

① John T. Alexander, *Catherine the Great, Life and Legend* (New York: Oxford University Press, 1989), 261.

及叶卡捷琳娜运河做工之人，罢工聚于广场，欲呈与其承包商有关的请求。”① 叶卡捷琳娜没有屈尊会见这些工人，卫兵最终逮捕了其中17人，并将他们驱散。在随后的法律程序中，叶卡捷琳娜出面干预，17人迅速获释，并最终迫使多尔戈夫满足他们的要求。不过，她还是将非法示威归咎于警方，重申官员须防止今后发生此类集会。② 工人们，以及围观他们的人，对他们大胆示威的结果可能会比较满意，但同时也得出结论，示威十分危险，这种方式不可再用。然而，这次会面最引人注目的是，全俄罗斯的女皇与她最卑微的臣民之间缝隙的可渗透性：他们通过位于都城中心的冬宫的窗户来估量对方。法国大革命前两年，君主制对圣彼得堡季节工来说并不抽象。就女皇而言，她通过窗户观察臣民，凭直觉判断如何化解局势。

这一城市中心为叶卡捷琳娜提供了一个新舞台。执政后期，叶卡捷琳娜召集民众与其一起庆祝对瑞典人的军事胜利，以一种全新的方式对这一中心进行了部署。叶卡捷琳娜在女性统治的政治方面驾轻就熟，她没有利用冬宫广场进行军演。③ 19世纪，宫殿外墙与广场组团展示军事力量的奇迹，纪念俄罗斯的胜利，但叶卡捷琳娜庆祝军事胜利更多的表现是举国欢腾，而不是展示军事力量。1792年，俄瑞战争以俄罗斯胜利结束。女皇下令在宫殿广场中间建造两个大平台。上
68 有堆积如山的食物，内部管道流淌着红白美酒。市民被召，经女皇示意，喷泉淙淙，老百姓大快朵颐，吃着君主所供肉肴、水果及蔬菜，

---

① *PSZ* 22, no. 16561, 1st ser. (Aug. 8, 1787).

② Munro, *Most Intentional City*, 229—230.

③ 在叶卡捷琳娜时代，阅兵在几个街区外的察里津草坪（即后来的战神广场）举行。她的丈夫曾在新冬宫前检阅过禁军，但是其儿孙巩固了她之后罗曼诺夫王朝君主制的男性垄断。他们检阅数千部队之时，在冬宫广场上策划了一些最为著名的民众表演。

以示皇恩浩荡及赫赫战功。① 君主在此直接为人民表演，而不是像在专为朝臣或外国使节设计的表演中，让他们坐在后排。她把人们吸引到庆祝帝国军事胜利的庆典之中，预示着她的子孙将会如此利用这一可塑性强的空间。

18 世纪下半叶，圣彼得堡人是如何体验冬宫广场的？他们中很多人一定经历过帝国的侵占，蒙受过损失。曾为临时居所提供免费场地的公地受到警察和警卫的监视。无论何时何地，在很多穷人身上都发生过这种事，富人“清理”的冲动意味着拆迁。一般而言，欲继续住在圣彼得堡中心的贫苦工人、工匠和奴仆，须搬离广场和米里纳亚，住进同区其他地方的地下室。市民的确会与试图执行皇家法令的警察发生些许摩擦。酒商和酒馆老板拒绝从公共街道上撤下招牌，不满的工人手拿帽子走近冬宫宫墙。车夫和士兵聚在取暖炉周围。宫廷活动期间，好奇观众聚在广场，一睹另一半世界的风采。当局对此部分听之任之。广场是一个有得有失的地方，虽然参与者的地位天上地下。

然而，18 世纪末，圣彼得堡居民在一些场合亲历了君主和臣民之间更多的节日互动。朝廷官员并未限制在冬宫广场举行忏悔节传统庆典，还为其建造展台，给予时间狂欢。君主时不时会直接款待圣彼得堡市民，或表演奇怪的历史戏剧，或提供食物和酒饮。在这种情况下，能在这样一个辉煌舞台附近谋生，俄帝国都城百姓可能会感到幸运万分。

---

① Munro, *Most Intentional City*, 80.

69 4 展演君主制

冬宫外墙是一个开放的公共舞台，但巴洛克式宫殿的内部，却很有潜力成为皇家与被选臣民接触相遇的空间。圣彼得堡之冬宫作为俄罗斯皇家正式住所有一个半世纪之久，在此期间，它又不只是统治者家人居住之地。它是传递权力信息的绝佳舞台，这些信息具有吸引力，而非惩罚性。地位不同，等级各异，人们在济济一堂的氛围中，优雅地展示着财富、权力和品位，这一展演可谓冬宫内的经典相遇。展演对着装和举止有无数要求，观众受到这些经验的训练。这种训练的目的是陶冶，通过优雅榜样来教化提高观众。

这些均为面向宫廷的展示，而非面向民众的展示。纵观 18 世纪，俄罗斯皇室以各种方式扩张。皇室搬入冬宫后，君主展演以及配角阵容的豪华程度，更是达到前所未有的水平。百年间，宫廷雇员从约 350 人增至近 3000 人。经过仔细计算，彼得大帝宫廷开支每年达 6.1 万卢布。叶卡捷琳娜在位期间，这个数字升至一百多万卢布。对于认为只有通过宫廷的“财富和奢侈”，才能“恰当地向外界展示他们的国家”①

① Ageeva, *Imperatorskii dvor Rossii,* 360. 艾吉娃对彼得时代宫廷总署（Dvortsovaia Kantseliariia）以及后来的内务部（Pridvornaia Kontora）的零散数字进行了详细挖掘，进一步发现，如果把 18 世纪末所有宫廷机构（比如宫廷马厩）都算在内，这个数字将升至 300 万卢布（见第六章“宫中侍从的生活”）。

的君主来说，这看似很有必要。

手拿朝廷薪俸的人很多是宫中近侍：他们本是贵族，被安置在冬宫或其他宫廷建筑，亲自“侍奉”君主。从这个意义上讲，近侍并不 70
执行实际工作，比如看管衣服，照顾主人等，他们仅仅通过形成一个精心装扮的圈子，围绕着她，来增强和突出统治者的典雅。穿着制服的屋内侍从也是展演的一部分。① 人们认为，美丽和良好品位乃天生瑰宝，向有权势的俄罗斯领主和重要的外国使节展示是朝廷和冬宫的主要目的。

由此可见，叶卡捷琳娜在位期间，宫廷座上宾多为外国人和俄罗斯显贵。然而，有两个群体显示了 18 世纪末俄罗斯宫廷展示君主制的圈子在扩大，他们便是圣彼得堡的大商人以及最有才华的工匠。这两个不断扩大的圣彼得堡居民群体按照一定的规律跨越了冬宫和城市的边界。通过他们的眼睛，我们可以一瞥叶卡捷琳娜试图向其臣民（并代表他们）展示的俄罗斯形象：一个重视商业的国家，还有资助艺术和工艺的朝廷。我们还可瞥见商贾和工匠对其剧本的反应。

宫中商贾

君主制鼎盛时期，最为家喻户晓的宫廷场合是元旦左右在冬宫举行的“民众”化装舞会。这些活动，以及秋冬季节举行的其他一些舞

---

① 18 世纪初，穿制服的侍从，如听差跟班等，来自小贵族阶层。但 18 世纪中后期，以及 19 世纪早期，侍从服务需求增加，皇室宝宝出生数量变多，意味着出身更低的人也可进入这一行业。穿着类似戏服的制服，不仅是一种要求，也是一种福利，因为他们会得到制服津贴，来购买制服。

会，被指定为“民众”活动，意味着符合条件的人，包括小贵族和大商人，可以在内务部获得免费门票并参加。所谓的民众化装舞会相对较少，与之相比，正式的宫廷舞会、晚宴、招待会、礼拜和家宴等的数量要多得多，高级朝臣必须定期参加。① 18 世纪的宾客，穿上华丽戏服，戴着宫廷所发面具，参加元旦民众化装舞会。这是当年在冬宫举行的最大活动。叶卡捷琳娜二世至其孙子尼古拉一世执政期间，参加的人数稳步上升。②

在回忆录文献中，这种舞会经常被描述为“包含各界人士”，外国观察员描述，君主在一群“平民”间来回走动。③ 然而，宫廷日志以及《圣彼得堡公报》所保存的记录清楚地表明，受邀参加的人只有
71 两类：贵族和商贾，以及他们的妻子和成年子女。虽然这份宾客名单可能会让现代观察家觉得不太民主，但确实代表了君主款待的延伸，已比通常宫廷宾客名单低了许多社会等级。宫廷宾客名单通常仅

① 冬宫内以宫廷为中心的娱乐活动大多不受民众监督，1790 年在艾尔米塔什举行的一场化装舞会就是最为显著的例子。在这次舞会上，叶卡捷琳娜让人们女扮男装，男扮女装。为了这个场合，所有窗户都挂上了特制窗帘，“尤其是面向前面的窗户”，这样外面的人就看不见发生了什么。See Proskurina, *Mify imperii,* 55.

② 这些公共活动的前身可追溯至彼得大帝，一般是为了纪念军事胜利，且在大街和广场上举行。伊丽莎白大大增加了在宫中举行“化装舞会”的数量。这些化装舞会发展成为精心制作的宫廷戏剧，朝臣们穿着戏服，参与歌颂女皇美德。有些朝臣采用欧洲狂欢节传统，穿上黑色“连帽斗篷（domino）”，即覆盖整个衣服的缎子长袍，有些则为了这一场合定制了专门的服装。关于“化装舞会”的传统以及它是如何在伊丽莎白统治时期传入俄罗斯的，参见 Jelena Pogosjan, “Masks and Masquerades at the Court of Elizabeth Petrovna (1741—1742),” in *Russian and Soviet History from the Time of Troubles to the Collapse of the Soviet Union,* ed. Steven A. Usitalo and William Benton Whisenhunt (Lanham, MD: Rowman and Littlefield, 2008), 34—50。

③ 比如，1784 年，撒丁王国大使就对叶卡捷琳娜新年舞会期间在一群“平民”中穿过宫殿留下深刻印象。See David M. Griffiths, “Catherine II: The Republican Empress,” *Jahrbücher für Geschichte Osteuropas* 21, no. 3 (1973): 340.

限官秩表（the official Table of Ranks）或“宫廷”前四级别的绅士淑女以及外国权贵。[①] 拥有正式贵族（*dvorianin*）级别的人成千上万，他们往往手头拮据，可能实际上在政府当差，主要靠公务员工资生活。虽然这些人属于俄罗斯社会的特权阶层，但他们绝不是君主宫廷的常客。[②]

很多传记作家对平民参加这些新年舞会感到震惊。因为记录显示只有贵族或富商巨贾受到邀请，就会有这么一个问题：低层行会的商人或更低层的城镇居民（*meshchane*）是否有参加？18 世纪 70 年代，叶卡捷琳娜明确了三个商人行会各自的特权和义务，并大大减少了占据其中最底层的人数。虽然帝国所有登记商人的数量从 1762 年的 214000 人降至 1775 年的 24470 人，但所有人当时都被免除了义务服役和人头税。前两个行会还被免于肉刑，可以换取免服兵役、乘坐马车、佩剑、进宫等权利。[③] 最富有的或第一行会的商人与贵族显贵几乎没有区别，但即使是那些财富较少、第二和第三行会的商人，也能享受到比城镇居民和其他圣彼得堡居民更高的特权和等级。[④]

---

① 关于官秩表以及对其的全面讨论见于 Shepelev, *Chinovnyi mir Rossii,* 131—138。共有三套平行等级——文官、武官以及内官等级，每套等级都具有对等职位。从彼得大帝开始，每套等级中，最低为十四品，最高为一品。内官等级前四级别总是会出现在重要的社会或仪式中，包括 *kamerher, hof-meister, hof-marshal, shtalmeister, egermeister, obertseremoniimeister, ober-kamerher, ober-hofmeister, ober-hofmarshal, ober-shenk, ober-shtalmeister, ober-egemeister*。宫廷女官权力级别包括 *shtatsdam, kamerfreilin, pridvornyi freilin* 和 *hof meisterina*。

② 关于这些城市阶层的讨论，参见 Munro, *Most Intentional City,* 61。

③ Robert E. Jones, *Bread upon the Waters: The St. Petersburg Grain Trade and the Russian Economy, 1703—1811* (Pittsburgh: Pittsburgh University Press, 2013), 127.

④ 关于圣彼得堡社会阶层及其于对叶卡捷琳娜于 1775 年至 1785 年间省级及镇级立法的影响的更全面讨论，参见 Janet Hartley, “Governing the City: St. Petersburg and Catherine II’s Reforms,” *St. Petersburg,* 1703—1825, ed. Anthony Cross (Basingstoke: Palgrave Macmillan, 2003), 99—118。

参加新年化装舞会的商人是否包括最低阶层的行会成员，这一点尚不清楚。比如，1777 年，所有贵族和富商巨贾（znatoe kupechestvo）均受到邀请，并可携带家眷。叶卡捷琳娜在位期间，无佩剑权的第三行会商人，似乎不太可能被邀参加民众舞会，尤其是 1778 年以后。就在这一年，叶卡捷琳娜发布新年化装舞会公告，首次明确要求佩戴“刀剑、匕首或其他武器”，或许是为了帮警卫辨别应该允许谁进入。①

如果说第三行会商人被邀请似乎不太可能，那么更可以肯定的是，被归类为城镇居民的首都百姓不会被邀请，因为宫廷日志提到，房间只分配给贵族和商人。然而，外国回忆录作家经常会提到遇到不同等级的城市居民。英国观察家威廉·考克斯（William Coxe）在 18 世纪晚期记录道，有一专门大厅，专供未被允许进宫之人跳舞，他把
72 这些人称为“市民（burghers）等等”。最近一部俄罗斯作品将考克斯的“市民”翻译成“城镇居民（*meshchane*）”，部分学者得出结论，城镇居民和下层行会商人参加了最大规模的化装舞会。②

G. N. 科米洛娃为这个难题提出了一个能解释得通的解决方案：城镇居民没有收到邀请，但往往还是能设法参加。冬宫舞会规模庞大，令人神往。市民自然对冬宫内部的样子感到好奇，决心在某个新年或其他民众化装舞会期间进去的人往往可以做到。科米洛娃指出，

---

① *Kf TsZh*, Jan. 11, 1778. 这与伊丽莎白女皇的命令形成对比。伊丽莎白女皇于 1755 年下旨，与莫斯科或圣彼得堡举行的其他民众化装舞会不同，她不准许“伤风败俗的服饰、军刀、匕首……类似钻石和其他宝石的水晶”以及一般的“粗俗”行为。*Kf TsZh*, Jan. 9, 1755.

② See William Coxe, *Travels in Poland, Russia, Sweden and Denmark* (London: T. Cadell and W. Davies, 1802), 139；Guseva, “Zimnii dvorets,” 380. 外国人可能不了解市民之间的微妙区别。除此之外，问题的一部分可能是，城镇居民和下层行会商人之间的界限直到叶卡捷琳娜统治后期才变得坚固，且艺术家属于城镇居民阶层。See G. N. Komelova, “Pridvornye publichnye maskarady v Zimnem dvortse,” Gosudarstvennii Ermitazh, *Zimnii dvorets: ocherki zhizni imperatorskoi rezidentsii* (St. Petersburg: Liki Rossii, 2000), 1: 136.

18世纪每份邀请人们买票的新闻公告都会再三发出极其严厉的警告，没有资格参加的人——比如“绅士的仆人”“教师”“没有官级者”以及“被禁止进入者”——如果闯入将会被罚款，以及被警卫押送出去。每次公告都需要重复这一连串内容，表明不断有漏网之鱼。① 虽然在门口必须摘下面具，但每个人都身着某种戏服，且很快就会戴上宫廷发放的面具。此后，盛大活动摩肩接踵的快乐会让不声不响的闯入者得以享受当晚，回忆录作家证实，在为不同阶层的人安排的各个房间之间走动并不困难。

唯一要求是持有内务部签发的门票，而这些门票似乎也在圣彼得堡城中自由流通。回忆录作家乔瓦尼·卡扎诺瓦（Giovanni Cazanova）记录说，1764年12月，他下榻的一家小旅馆的老板鼓励他参加当晚的冬宫舞会。卡扎诺瓦反对，称其没有收到邀请，旅馆老板拿出一张票，说舞会上有六千人，他进去不会有任何问题。于是卡扎诺瓦“穿上连帽斗篷”，登上冬宫台阶，欣赏着周围美景，品尝着美味小吃，女皇近在咫尺，令人震动。② 无论参加冬宫新年晚会的人确切的社会构成如何，有一点很明显，那就是参加人数与日俱增，至尼古拉一世以民众为导向的统治时期，这一数字可谓巨大。

1755年，伊丽莎白所举行的舞会，是拆除旧冬宫之前的最后一次。自此起，《圣彼得堡公报》会在活动前两天发布公开的书面通知，召集宾客参加民众化装舞会。他们来到冬宫海军部一侧入口附近的内务部申请门票。最初，潜在客人以署名形式申请门票，并指定所需门

① Komelova, “Pridvornye publichnye maskarady,” 139. 毫无疑问，在规模较小、数量更多的只为高级朝臣举办的舞会上，警卫更容易将不请自来者排除在外；这些活动对服装要求严格，以及男士需佩剑或匕首，都有助揭开闯入者的身份。

② Komelova, “Pridvornye publichnye maskarady,” 140.

73 表2 参加冬宫新年化装舞会的客人数量（单位：人）

年份	贵族	商人	总数
1755			767
1777	2806	309	3115
1778	2525	390	2915
1779	2950	460	3410
1781	2603	445	3050
1803	7912	2416	10328
1810			15270
1812	10296	2954	13250
1817	14216	3113	17329
1830			22000
1832			22364
1839			30000

来 源：1777—1817, *Kf TsZh* entries for early January of each year; 1832: "Imperator Nikolai Pavlovich v ego pis'makh k Kniaziu Paskevich," *Russkii arkhiv*, no. 1（Jan. 1897）6; I. I. Pushkarev, *Opisanie Sanktpeterburga i uezdnykh gorodov S. Peterburgskoi gubernii*, vol. 3（St. Petersburg: 1839—1841）, 134.

注：1839 年的数字指发放的门票数量。

票数量，以便办事人员为预计的客人数量做好准备。拿了票却没有出现的人会被警告罚款。① 要求提前购票的传统开始生根，但后来没有提及对不到场之人的罚款；事实上，现有数据表明，在叶卡捷琳娜时代，买票的贵族出席率大概为 37%—40%，商人出席率略低。在她的孙子亚历山大和尼古拉在位期间，购买门票者的真实出席率貌似变高了。

① *SPV*, Jan. 9, 1755.

出席者无需付费，但确实需要穿着得体。[1] 出于安全考虑，宫廷官员为客人提供了面具，禁止自带面具，这种做法也节省了客人购买面具的费用。客人要在化装舞会开始的几个小时前到达，然后被带进指定大厅，戴上面具，等待他们的皇室主人的到来，随后进入指定舞厅。晚会的主要娱乐活动包括跳舞和打牌。女皇和客人们招呼致意，有时会和警卫一起打牌，然后提前离开，和经过更精选的宾客在其私人房间共进晚餐。在她不在的情况下，化装舞会一直持续至凌晨。

叶卡捷琳娜效仿先皇，但对如何举行这一伟大的“民众”庆典也 74
有自己的想法。1779 年 1 月 2 日的舞会十分典型，所有贵族，以及俄罗斯和外国商贾均在下午五点开始受到欢迎。宫廷仆人将贵族商贾迎进主层的独立套房。在叶卡捷琳娜时代，商人和市民会占据涅瓦河一侧的长廊和西北区，那里有里纳尔迪设计的椭圆形阿波罗大厅，此外还有几个接待厅。贵族们聚集在东侧的一套房间里，在两个主要楼梯之间，靠近叶卡捷琳娜的私人房间，向外可以看到内部庭院。[2] 在各自指定位置，两组客人戴上面具。身着罗马服饰者被邀请进入宝石厅，参加开场罗马卡德利尔舞。六点半，所有房间开始奏乐。七点，

---

① 舞会入场免费（*bezplatnyi, po biletam, poluchennym v pridvornoi kontore*），纵观整个 18 世纪和 19 世纪初，都没有提及任何费用，只有 1775 年提及不出席就会罚款。See Guseva, “Zimnii dvorets,” 380.

② Komelova, “Pridvornye publichnye maskarady,” 134. 这些东侧画廊最终被现在的军事画廊所取代。面向涅瓦的套房于 1791 年至 1793 年间得到彻底改造，叶卡捷琳娜利用孙子亚历山大即将大婚之际，委托她最喜欢的建筑师贾科莫·夸伦吉（Giacomo Quarenghi）将其造成最新的新古典主义风格。奎朗将涅瓦河一侧套房的房间总数减至三个，包括接待厅、大画廊和音乐厅。1837 年大火之后，这些房间被恢复到原来的尺寸，尼古拉一世 1855 年去世，他的儿子在大画廊里挂了一幅很大的尼古拉画像。从那时起，这一冬宫最大的房间便被称为尼古拉厅了。参见 Ducamp, *The Winter Palace,* 42—45。康斯坦丁·乌赫托姆斯基（Konstantin Ukhtomsky）一幅尼古拉厅的水彩画描绘了这个房间 1866 年的样子。参见 Ducamp, *The Winter Palace,* 45。我们缺乏对 18 世纪 90 年代之前拉斯特雷利画廊的形象化描述。

女皇宣布跳舞开始。稍后，叶卡捷琳娜的继承人保罗和他的妻子玛丽亚·费多罗夫娜（Maria Fedorovna）出现，一直待到九点半。叶卡捷琳娜前往骑士厅途中，会屈尊向各厅中的商人贵族打招呼，然后在骑士厅坐下来与官员们打牌。① 她九点钟离开，甚至不去参加招待 50 位贵宾的晚宴。普通宾客继续狂欢，直到凌晨两点。

这些民众晚会并没有留下安保程序的记录。但派驻冬宫的禁卫对不当行为起到了威慑作用。1774 年新年化装舞会上确实发生了破坏事件，当时正值普加乔夫起义高峰，某个自称“老实人”的人，留下一张布告，指称叶卡捷琳娜政府贪墨成风。宫廷当局试图找出这名不法之徒，但没有成功。几天后，他们在元老院前焚毁了这张布告。此后有段时间，只有少校或同等文职人员才能进入冬宫。② 公开销毁这张违法布告，说明该事件在晚会结束后得到相当高的民众关注。

叶卡捷琳娜并不是每年都举办新年舞会，但基本都会在冬宫为贵族商贾举办民众化装舞会（一二月期间会有两三次）。这些舞会照搬了新年舞会的模式。比如，1780 年，她于 2 月 16 日、21 日和 27 日举办化装舞会，参加人数在 3500 人到 4700 人之间，其中商人和他们的家庭成员有 400—600 人。叶卡捷琳娜的继任者们没有丢弃新年化装舞会
75 的传统，虽然有些年份会遇上国丧、战争或其他重要国事，让化装舞会无法举行。每位君主都在这一神圣传统上留下了自己的印记。③

---

① 叶卡捷琳娜时代所谓的骑士厅是一个非常小巧的房间，通向观景楼“灯笼”，“灯笼”周围皆窗，从南向立面伸出，可俯瞰冬宫广场。叶卡捷琳娜时代，表演在这个房间举行，在进入冬宫大教堂之前，会聚集于此。爱德华·彼得洛维奇·豪（Eduard Petrovich Hau）画了它一个世纪后的模样。See Ducamp, *The Winter Palace*, 226—227.

② Simon Dixon, *Catherine the Great* (New York: HarperCollins, 2009), 230.

③ 保罗短暂统治期间，宫廷日志没有提及任何与新年有关的民众化装舞会，但 1799 年 1 月 1 日举行了一次似乎遵循这一模式的活动，招待了“知名人士和其他男女宾客”，皇帝、皇后、太子亚历山大以及太子妃伊丽莎白均有出席。*Kf TsZb,* Jan. 1, 1799.

城外商人也会进入叶卡捷琳娜的宫殿，他们并非化装舞会的客人，而是与其生意相关。年轻谷商伊凡·托尔切诺夫（Ivan Tolchenov）回忆说，1775 年，因为都城黑麦价格问题，他被传唤至冬宫。托尔切诺夫是其家族企业中的爱国青年子弟，他于 6 月初从莫斯科赶到圣彼得堡，迎接托运货物的驳船。他在日记中记道，1775 年 6 月 8 日，他和其他商人被传至警察总部，"在那里，他们竭力劝说我们以不超过 3.50 卢布一袋的价格出售我们的黑麦粉，但所有商人给出的最终价格为 3.80 卢布"。① 八日后，托尔切诺夫记录道："我和其他商人因这件事被唤至冬宫，没有见到皇室人员，军事总督、陆军大元帅亚历山大·戈利岑亲王正在此居住。他也试图说服我们降低黑麦粉的价格；但是，由于没有任何利润，大家均未同意。" ② 在这一事件中，为了削弱商人的决心，我们可以想象宫殿布置得富丽堂皇，最终却徒劳无功。大卫·兰塞尔认为，1775 年这一事件是伊凡·托尔切诺夫的"毕业日，当时他年仅二十，和其他商人伙伴一起站在冬宫，拒绝了沙皇军事领袖的恳求"。③

值得注意的是，托尔切诺夫在做生意的过程中相当真实地记录了他对冬宫的访问，说明至少在光天化日之下，周围环境并未迷人到让其商业意识模糊的程度。与此同时，这个以日记形式保存给后人的

---

① Translated by David L. Ransel, in *A Russian Merchant's Tale: The Life and Adventures of Ivan Alekseevich Tolchënov, Based on His Diary* (Bloomington: Indiana University Press, 2009), 56—57. The original is in Ivan A. Tolchenov, *Zhurnal ili zapiska zhizni i prikliuchenii Ivana Alekseevicha Tolchenova* (Moscow: Akademiia Nauk SSSR, 1974), 64.

② Ransel, *A Russian Merchant's Tale,* 57.

③ Ransel, *A Russian Merchant's Tale,* 58. 正如兰塞尔所指，这一事件说明警察官员对通过抑制粮食价格来维护都城公共秩序的特别关注，尽管政府也在运输路线上的劳工纠纷中支持商人。

小故事，强调了这样一个事实：即使在叶卡捷琳娜在位期间，冬宫已有自己的公共生活，在君主不在的情况下，官员们为国家目的使用冬宫，而沙皇的臣民也在其中来来往往处理个人事务。

叶卡捷琳娜还按照惯例，定期在冬宫接待各省代表。1778 年 1 月就有这样的活动，当时她在陆军元帅大厅接见了普斯科夫（Pslov）和雅罗斯拉夫（Iaroslavl）两省人民（namestnichestva）选出的代表团。[①] 代表团中午时分集合，一点钟时，女皇现身，并与他们交谈，然后邀请他们与她一起进餐。次年，她同样接待了来自弗拉基米尔省的代表团，宫廷日志记录，来访者与当天近侍同席。1780 年 1 月和 2 月，这种接待活动层出不穷。1 月下旬，当她接待来自下诺夫哥罗德、库尔
76 斯克和卡卢加的代表时，她向每人伸出了手。他们被邀请参加的晚宴非常私密，包括当天近侍，仅有 27 人。此事几周内，叶卡捷琳娜还接待了坦波夫省（Tambov）的代表及布哈拉（Bukhara）的其他代表。当年秋天，她的访客包括来自沃洛格达（Vologda）的代表团。次年社交季则见证了为雅罗斯拉夫（Iaroslavl）、普斯科夫（Pskov）、图拉（Tula）和辛比尔斯克（Simbirsk）的代表团举行的招待会。叶卡捷琳娜在位期间，这种接待从未停止。1790 年 1 月，她在冬宫接待了吉尔吉斯可汗，同年 2 月接待了乌拉尔长老。[②] 隆冬时节，前往都城，长途跋涉，相当艰辛（当时在俄境内旅行虽然不算最为舒适，但大概最为容易），在没有记录的情况下，我们只能想象这一高潮时刻之影响：一小群乡野臣民在女皇城中宫殿深处与她一起用餐。叶卡捷琳娜著名

---

① *Kf TsZh,* Jan. 8, 1778. Namestnichestvo（译者注：俄语拉丁化）在俄语中指一个由总督辖制的地区。

② 这些接待日期在 KhTsZh 里有所记录。

的魅力只能在这些环境中得到放大，她知道如何利用这些环境发挥优势。她此间便显出了她的优雅、财富、高傲和民众精神，这些环境甚至传达了其帝国事业的稳固。当然，代表回家后，关于冬宫的一些印象随着他们带至各省。

宫中工匠

在叶卡捷琳娜时代，城中商贾和外省长老虽非朝臣，但却是被允进入冬宫的主要人员。建筑师、艺术家、熟练工匠及其助手则是宫殿的另一群常客，毕竟这一宫殿总是在改建、扩建或重装。虽然很多首席建筑师和家具制造商生于国外，但大多数装修工及其主管都是俄罗斯人。这些让冬宫变得更加美丽的人，经常跨越宫殿和城市之间的界限，不仅是君主制展演的演员，同时也是其观众。克利福德·格尔茨（Clifford Geertz）给我们留下了“剧场国家（theater state）”的形象。其中，君主展演对象不仅是受邀的观众，还包括大量“配角和舞台工作人员”。[1] 搭建舞台的人也吸收了表演的精髓。1762 年，叶卡捷琳娜成了寡妇，她作为主人的宫殿，其内部家具仅是简配，许多主要房间空空如也，甚至未经粉刷，数百装饰专家很快被吸引其中。

虽然叶卡捷琳娜并无将冬宫从巴洛克典范改造成新古典主义范 77
例的打算，但也会主持其内部装潢。果不其然，叶卡捷琳娜的第一行

---

① Clifford Geertz, *Negara: The Theatre State in Nineteenth-Century Bali* (Princeton, NJ: Princeton University Press, 1980), 13.

动便是准许拉斯特雷利休假一年，表面称要其养病，并赐钱五千卢布。[①]在德国和意大利逗留一段时间后，拉斯特雷利被解雇，并在老主顾比龙伯爵处谋得了一个在库尔兰的职位。[②]随后，元老院授予这位长期任职的宫廷建筑师每年1000卢布的退休金。[③]关于叶卡捷琳娜解雇拉斯特雷利的说法有很多：健康状况不佳，年事已高；不愿在新任命的建筑委员会（the Commission on Construction）主席I. I. 别茨科伊手下工作；或是他与被处决的彼得三世过从甚密。苏联学者A. F. 克拉什尼科夫（A. F. Krashennikov）推测，当时盛行的巴洛克风格需要太多熟练砖瓦工、雕工和镀金工来支撑18世纪后期的宫殿建设热潮，农民对农奴制的反对日益强烈，启蒙运动不断扩大，削弱了与专制主义联系如此紧密的建筑风格。[④]有一点让人出乎意料，叶卡捷琳娜更喜欢简洁的古典主义，而不是拉斯特雷利擅长的繁复的巴洛克风格。

叶卡捷琳娜对这位老建筑师很是宽厚。拉斯特雷利此后两次返俄，第一次是在1763年底，他接受彼得三世授予的少将头衔以及圣安娜勋章。叶卡捷琳娜幕僚N. I. 帕宁为其返回库尔兰准备了六匹驿马。几年后，叶卡捷琳娜派帕宁去叶尔加瓦（Jelgava）拜访拉斯特雷利，并给其带去12000卢布，或是为了让其能给子孙留下一笔遗产。1770年秋，拉

---

① *SPV*, Aug. 2, 1762，载有一则公告，称拉斯特雷利及其家人即将离开俄罗斯前往祖国，并邀请与其有往来的人到他的家中拜访。他的家位于涅瓦大街，“就在高斯基市场（Gostinyi Dvor）对面”。拉斯特雷利住在涅瓦大街46号，毗邻著名的未来购物中心帕萨兹拱廊街（Passazh）。

② Skodock, *Barock in Russland*, 79—81. 很显然，拉斯特雷利的任务是完成他在18世纪40年代建造的两座库尔兰宫殿的装饰工作。他还完成了叶尔加瓦（Jelgava）一座东正教教堂的设计，并与腓特烈大帝通信，也许是希望谋得差事。

③ NLP, Special Collections Wil. Kat. Akc. 2189/66e, 15.

④ A. F. Krasheninnikov, “Pervye gody posle Rastrelli,” in Piliavskii and Levinson-Lessing, *Ermitazh*, 65.

斯特雷利最后一次回到圣彼得堡，这座有着其印记的城市。他于1771年4月29日在圣彼得堡去世，几个月前刚被帝国艺术学院录用。①

在被解雇之前，拉斯特雷利只完成了冬宫大小教堂、主楼梯以及彼得、保罗和叶卡捷琳娜的私人套房的内部装修，横跨主楼层南侧。这些工程大体完成，虽然有些地方的镶木地板还未安装。②与普鲁士国王举行和平庆典之前，涅瓦河一侧的正式房间被匆忙布置了一番，从涅瓦大街的木制宫殿中搬来了一些物品。除此之外，所有内饰均不完整。剩下的一些建筑工人仍在底层，这里还有厨房、储藏室和办公室。③

叶卡捷琳娜并未立即将任何一位建筑师提升至拉斯特雷利腾出的崇高地位。她的建筑主管别茨科伊把任务分配给了几个不同的人，包括瓦林·德·拉·莫斯（Vallin de la Mothe）、安东尼奥·雷那蒂（Antonio Rinaldi）和拉斯特雷利首徒费尔滕，但会经常把他自己的想法强加到他们的设计之上。叶卡捷琳娜上台初期，德·拉·莫斯领导了大部分宫廷建筑项目，第一便是冬宫剧场，或称冬宫剧院（Opera House），拉斯特雷利曾作计划但并未开建。叶卡捷琳娜因加冕事宜在莫斯科住了将近一年，德·拉·莫斯着手将其私人住所迁往冬宫东南面，并配备了古典家具。一套含有王座厅的接待大厅的位置也在不断变化。别茨科伊指派德·拉·莫斯在离叶卡捷琳娜新住所和冬宫大教堂更近的地方匆忙建造了这套正式的套间。④这一时期有一更为持久 78

---

① *SPV*, no. 14 (Jan. 14, 1771); Skodock, *Barock in Russland,* 82.

② 今天，这些房间基本保持着拉斯特雷利留下的样子，因为1837年大火后，这些房间按照其规格进行了修复。

③ Krasheninnikov, "Pervye gody," 66.

④ 该王座厅及其前厅已不复存在，只能通过残存图纸一窥其貌。这个套房就在现在的亚历山大大厅附近。参见 Krasheninnikov, "Pervye gody," 70—72。冬宫剧院位于宫殿西南部，目前也已不复存在。

的设计，其中包括在冬宫顶层设置侍女房间。就在叶卡捷琳娜房间正下方底层套间里，住着她的情夫格里高利·奥尔洛夫（Grigorii Orlov）。他们在不远处建了一个宽敞的巴尼亚（banya），也就是桑拿房，就在大教堂祭坛下方。虔诚的教徒认为这一决定简直就是对神明的亵渎。①

叶卡捷琳娜执政初年，冬宫另一重要建筑项目是第一个辅助建筑。这一辅助建筑后来成为艾尔米塔什建筑群的一部分。拉斯特雷利本人为冬宫东面的场地留下了一些总体规划，其中要求拆除一些遗留房屋，建造马厩、驯马场和厨房。叶卡捷琳娜在莫斯科处理加冕等事宜时，与费尔滕进行了商讨。费尔滕带着图纸返回圣彼得堡，打算在建筑群中增加一个“悬空”花园，也就是第二层花园。1764 年至 1766 年间建造的建筑，如今只剩下这一空中花园。河边马厩被认为与冬宫环境不够协调，于 1777 年被拆除。② 与此同时，费尔滕监督了空中花园的建设。该空中花园构成一个狭长新建筑的中心。这一建筑从涅瓦河堤沿着冬宫东侧一直延伸。1765 年，费尔滕开始建造这一建筑的南楼，也是最初被称为“艾尔米塔什”的部分。次年，他开始建造北楼。最终，叶卡捷琳娜还决定沿着花园周边建造长长的画廊，连接南北两亭。1767 年，这座今天被称为小艾尔米塔什的建筑完工，里面有叶卡捷琳娜最喜欢的三样东西：一个室内花园、她早期的艺术收藏以及格里高利·奥尔洛夫。格里高利·奥尔洛夫住在南楼的房间，这个房间通过一座飞桥与冬宫私人住所相连。③

---

① Krasheninnikov, “Pervye gody,” 71.

② R. D. Liulina and V. I. Piliavskii, “Malyi Ermitazh,” in Piliavskii and Levinson-Lessing, *Ermitazh,* 185. 某个时刻，马厩重新出现在小艾尔米塔什东面，只是在 19 世纪 40 年代，随着新艾尔米塔什的建造，马厩最终还是予以拆除。

③ Dixon, *Catherine the Great,* 191—192.

18世纪60年代的工作节奏使得监管建筑师只能为他们的工人 79
师傅绘制草图。因此，工人师傅对建筑最后落成的样子起着重要作用。[①]即使在如此早的时期，叶卡捷琳娜及其宫廷官员也在努力通过各种手段建立本土手工业。作为学徒和助手，俄罗斯工人是建筑委员会授予每份合同的一部分。例如，俄罗斯大师埃菲姆·伊万诺维奇·贝尔斯基（Efim Ivanovich Bel'skii）及D.波兹尼亚科夫（D. Pozdniakov）协助意大利人安东尼奥·佩列济诺季（Antonio Perezinotti）绘制了叶卡捷琳娜正式寝宫的天花板。贝尔斯基和他的两个兄弟在18世纪60年代已名声在外，重要的皇家差事可谓遍及圣彼得堡。他们从孩提之时，就加入了建筑部监管的培训项目。后来，他们被选入艺术学院，最终获得绘画大师的免税身份。早期的俄罗斯雕塑家F. G.戈迪夫（F. G. Gordeev）和M. I.科兹洛夫斯基（M. I. Kozlovskii）的作品也为冬宫增添了光彩。叶卡捷琳娜寝宫地毯根据德·拉·莫斯的设计在雅罗斯拉夫制造。[②]

叶卡捷琳娜的朝廷出资培养了更多才能引起他们注意的年轻人，极大地扩大了之前的范围。她的官员特别热衷于在国家监管的财政部门中找出人才。内务部召集居住在本国或皇室领地的男孩，他们在年仅六岁时就有可能接受技术行业或宫廷服务方面的培训。父母因孩子入选，每年会领取30卢布饷银（一个男孩），但总体来说，父母和孩子都会受到约束，他们对男孩的培训和未来职业都没有发言权。[③]到18世纪，孤儿实际上由国家监护，他们为世袭的宫廷工匠提供了另

---

① Krasheninnikov, "Pervye gody," 67.

② Krasheninnikov, "Pervye gody," 72.

③ Igor' Zimin, *Detskii mir imperatorskikh rezidentsii: byt monarkhov i ikh okruzhenie* (Moscow-St. Petersburg: Tsentrpoligraf, 2011), 438.

一来源。第三个来源则是士兵子嗣，他们被雇来在厨房或其他地方工作。如果发现这些年轻人中有人天赋异禀，宫廷官员就有可能把他们带进宫廷专门“队伍”，或将他们指派给单独的师傅培训。走这条路的年轻人一生吃定皇粮，并为宫廷提供了一批有能力的工人。其中农奴一般以食宿而非工资作为补偿。80 年间，木匠、细木工、保安和消防队员及其家眷都住在冬宫一旁所谓的“师傅阁”，周边有宫廷御前大臣住所老舍甫列夫宫（Shepelev Palace），以及皇家马厩等。①

然而，随着叶卡捷琳娜建筑热潮的持续，国营机构无法支持对人才
80 的需求。因此，宫廷扩大了与之签订合同的私人作坊的范围。为了鼓励非领官俸的本国人才，叶卡捷琳娜于 1765 年对家具开征进口税。法国代办在一年内便发现，俄罗斯人学会了如何自制漂亮家具，1770 年后，法国家具的进口量貌似出现了明显的下降。② 同年，叶卡捷琳娜授予工匠们居住特权住宅区的权利，这一区域毗邻冬宫，位于米里纳亚大街和莫伊卡运河之间。她通过《匠户条例》(the Artisan Regulation ）进一步巩固了手工艺人的社会和经济地位。《匠户条例》是 1785 年《市政宪章》的必然结果。1785 年的《市政宪章》旨在通过让大师们创建行会来加强俄罗斯手工业，提高被冬宫和其他地方雇用的匠户的地位。③

冬宫目前大部分家具和装饰的来源都可追溯至 1837 年大火后的

---

① V. I. Piliavskii and R. D. Liulina, “Novyi Ermitazh,” in Piliavskii and Levinson-Lessing, *Ermitazh,* 223.

② Antoine Chenevière, *Russian Furniture: The Golden Age, 1780—1840* (New York: Vendome Press, 1988), 26. 1778 年，类似限制也对其他进口装饰品造成打击，同时也鼓励圣彼得堡铜匠提高自我技术。叶卡捷琳娜之子保罗在圣彼得堡建造其新住所圣米迦勒宫（the Michael Castle）之时，曾短暂地取消了这些关税。See Emmanuel Ducamp, “The Production of Russian Bronzes in the Late Eighteenth Century,” at http://christies.com/lotfinder/LotDetailsPrintable.aspx?intObjectID=5461768.

③ Munro, *Most Intentional City,* 219—220.

宫内重建时期。工匠们根据幸存的设计图制作了一些修复后的装饰，我们对大火前的家具陈设有了一些概念。然而，因为这场大火，我们很难将单个作品归于其创造者。俄罗斯有一传统，即不在自己的作品上留下标记，这给识别制作 18 世纪六七十年代原来的家具的工匠提高了难度。大多本土工人地位卑微，这也阻碍了我们对他们的了解。因此，自然而然，外国人作品则更为有名。① 然而，有一点十分明确，在叶卡捷琳娜统治期间，因为冬宫的布置，圣彼得堡工匠的队伍和技能均得到了发展。

18 世纪 80 年代出现了很多著名的俄罗斯工匠师傅，甚至还有几家由俄罗斯人或在圣彼得堡长期居住的俄化外国人拥有的商店。18 世纪末及 19 世纪初，在都城经营私人作坊或为其劳作的能工巧匠是一个特殊的社会阶层。由于需要用自己的双手谋生，他们被这一时代认为是“不能自立”之人，也就是说，他们需依附他人就业。在一个“独立”和“主权”语言盛行（甚至在俄罗斯）的时期，这种依附意味着低人一等。掌握富人所喜手艺技能之人，确实拥有可用来交易的珍贵和稀有的东西——至少在某种程度上，通过这些东西，他们可以对社会地位优越之人产生影响。有些有地位之人自己也进行了非正式的木工学徒训练，比如圣彼得堡副总督普罗科菲·瓦西里耶维奇·密歇尔斯基（Prokofi Vasilievich Meshcherskii），他不仅会绘画，还善于雕塑，还能制作橱柜，虽说有些业余，但据说是在家具制作中使用卡累利阿桦木的第一人。② 在叶卡捷琳娜时代，情人和美丽物品制造者之 81
间的共生关系在冬宫展现得淋漓尽致。

---

① Chenevière, *Russian Furniture,* 40—41. 18 世纪 60 年代，一位不知名的圣彼得堡师傅制作了一件精美写字台。这一写字台有四个抽屉，上面刻有象牙饰板。当时，圣彼得堡共有 50 多名工匠雕刻象牙。

② Chenevière, *Russian Furniture,* 38.

在接受皇家差事的本土手工艺者中，做得十分成功的典型例子是一名叫克里斯蒂安·迈耶（Christian Meyer）的橱柜制造商。他的名字听起来像是外国人，是一个德国家庭的后裔，但该家庭数代前已移民俄罗斯。18 世纪 80 年代，迈耶在冬宫放置了几件作品，包括用镶嵌工艺装饰的角柜，以及 18 个用桃花心木饰面和鎏金铜饰的展示柜。1789 年，迈耶又为叶卡捷琳娜私人住处提供了 30 个玻璃橱，用来存放她收藏的珍贵矿物和其他珍宝。虽然关于迈耶有诸多不详之处，但其作坊在 18 世纪八九十年代仅向冬宫提供的家具数量就表明，该作坊是当时圣彼得堡最为繁忙的作坊之一。当然，迈耶的员工对这座建筑也日益熟悉起来，他们在这里安装了 64 个书柜（1793 年），两年后又安装了 35 个，以及飘窗餐柜。①

叶卡捷琳娜的儿媳不仅自己掌握了各种工艺，还为自己的儿子们提供木工指导。她为此所做的努力充分体现了赞助俄罗斯手工业的皇家人员对工匠的尊重。未来的皇后玛利亚·费多罗夫娜（Maria Fedorovna）在 1782 年与丈夫隐瞒身份访问法国、荷兰、瑞士和德国时，爱上了欧洲家具。她满载着所购物品返回俄罗斯，并很快将其与很多其他俄罗斯制造的物件一起装入巴甫洛夫斯克宫（Pavlovsk Palace）。她本人就是一名手工艺人。她不仅会在木头和玻璃上作画，还会车削。18 世纪 90 年代一张桌子的“十二根象牙柱就是我在车窗上车削的”。② 她还让她的儿子亚历山大和康斯坦丁尝试制作家具。他们的祖母十分自豪，曾在 1784 年给格林男爵（Baron Grimm）的信中

---

① Chenevière, *Russian Furniture,* 83—85. 迈耶现存作品中有一件最负盛名，由叶卡捷琳娜的儿子保罗在 1797 年委托制作。其便是六件彼得大帝银制王座鎏金木复制品之一。爱德华·豪 1863 年在画中曾绘之一二。See Ducamp, *The Winter Palace,* 54—55.

② Chenevière, *Russian Furniture,* 100—101.

写道："亚历山大少爷和康斯但丁少爷喜欢尝试任何行业，他们已在迈耶先生那里完成了木工课程。"①

另一重要的作坊主人则是符腾堡移民海因里希·甘布斯（Heinrich Gambs）。18 世纪七八十年代，甘布斯作为著名的摩拉维亚橱柜制造商大卫·伦琴（David Roentgen）的助手首次来到俄罗斯。② 虽然伦琴来了又走，但甘布斯在圣彼得堡定居下来，他的儿子可以说是俄罗斯本土工匠师傅了。他们庞大的作坊雇用了许多圣彼得堡家具制造商和铜匠来装潢冬宫。甘布斯聘请了一位奥地利伙伴，先是在卡林金桥（the Kalinkin Bridge）附近开设了一家作坊，然后模仿其师父的策略，向其同胞玛利亚·费多罗夫娜示好。1795 年 10 月，甘布斯在涅瓦大街开设了一家大型作坊，由其第一个皇家差事支撑，他要为亚历山大 82
大公（Grand Duke Alexander）位于沙皇村的新宫殿提供家具，翻新冬宫内伦琴的旧有作品。

至 18 世纪 90 年代，甘布斯经营的作坊已完全成为俄式。与西欧相比，俄罗斯行会限制较松，工匠们有更多的自由从事各种专业。安

---

① Chenevière, *Russian Furniture,* 83. 舍尼维尔（Chenevière）书中有玛利亚·费多罗夫娜几件作品的照片，这些作品往往是海因里希·甘布斯作坊作品的部分。该书还转载了这位未来皇后所写的出色文件《巴甫洛夫斯克宫的说明》(Description of The Palace of Pavlovsk)。在这份文件中，她详细描述了自己所收集的许多宝物。她还描述了自己在几件作品中所做的工作，比如在灰画、象牙、琥珀和钢板上雕刻等。Chenevière *Russian Furniture,* 296—301. 爱德华·豪在一幅画中，描绘了未来亚历山大一世和克里斯蒂安·迈耶于 1790 年制作的一张桌子。这张桌子在 19 世纪 60 年代放在沙皇亚历山大二世的书房里。参见 Ducamp, *The Winter Palace,* 140—141。

② 伦琴给俄罗斯女皇带来的最为精彩的东西是"米坎尼库斯"(译者注：原文为"Mechanikus"，匈牙利语，意为"机械师")。这是一张红木桌子，隐藏在内的机械装置可以演奏音乐。参见 Wolfram Koeppe, "Gone with the Wind to the Western Hemisphere—Selling Off Furniture by David Roentgen and Other Decorative Arts of the Eighteenth Century," *Canadian-American Slavic Studies* 43, no. 4 (2009): 248—250; Chenevière, *Russian Furniture,* 72—74。

托万·舍尼维尔（Antoine Chenevière）认为，这种“灵活的组织”是“俄罗斯作坊经过三十年不断进步达到高技术标准”的主要原因。[①]因此，一个有天赋的橱柜匠也可以尝试制作铜器或钟表。甘布斯作坊有着各种不同部门，生产饰面、黄铜图案、镶金和机械装置等。叶卡捷琳娜的继任者并未中断与甘布斯作坊的生意往来。甘布斯作坊为众多皇家宫殿提供了大量家具，其中部分至今仍是艾尔米塔什博物馆的藏品。1810年，亚历山大任命甘布斯为皇家橱柜制造商，让他及其年幼的儿子彼得和爱德华负责宫廷家具制作，时间长达数十年，包括1837年大火后的修复工作。直到19世纪50年代，彼得·甘布斯（Peter Gambs）还在吸引尼古拉斯一世妻子授予委托，装饰新艾尔米塔什。[②]

那些年装修扩建可谓肆意，经常光顾冬宫的俄罗斯工匠和助手有多少很难详述，但可以肯定的是，圣彼得堡高级作坊网络不断扩大，作为其中雇员，他们中有几十人会经常来来往往。正如18世纪50年代冬宫建设为砖瓦工和木匠大军提供了工作一样，在叶卡捷琳娜执政期间，冬宫直接或间接地雇用了一些年轻人。这些年轻人成为具有独特俄罗斯风格家具的创始人，他们不为人知，且默默无闻。直到今天，这些作品仍吸引着渴望拥有18世纪末创作于圣彼得堡的未署名作品的收藏家们以高价收买。舍尼维尔有说服力地指出，虽然许多俄罗斯贵族在18世纪末进口了大量法国和英国家具，但朝廷并没有这么做，“与花在瓷器和其他艺术品上的大笔资金相比，花在家具上的资金相对较少，原因很简单，因为家具可以在俄罗斯国内就能买到”。[③]早在18世纪80年代，与圣彼得堡制作的家具相比，进口家具

---

① Chenevière, *Russian Furniture,* 143.

② Chenevière, *Russian Furniture,* 147—148, 291—292.

③ Chenevière, *Russian Furniture,* 26.

在皇家宫殿中已退居次要地位。

德国著名地理学家约翰·格奥尔基（Johann Georgi）曾发表了一份关于叶卡捷琳娜统治时期俄罗斯的调查报告，他对当时俄罗斯的手工体系进行了描述，与其熟悉的西欧相比，这种体系管制相对更少。格奥尔基了解到，在1785年叶卡捷琳娜颁发《市政宪章》及附 83
属《匠户条例》之前，外国匠户在俄按店铺组织，每个店铺都设有长老、副手和学徒，角色明确。然而，“俄罗斯（Rossiiski）”匠户，意指沙皇臣民，往往非常年轻，且在外国出生，如果他们愿意，二十几岁时，便会在某店铺登记，无需任何形式审查。这些年轻人并不局限于一门手艺，而是可以从事一门新的手艺，且可以随心所欲抛弃旧的手艺，甚至可以同时练习多种手艺。[①] 格奥尔基描述了18世纪80年代中期新规所带来的越来越多的秩序。然而，格奥尔基仍然发现，在实践中，几乎没有什么可以阻止匠户在其店铺以外的地方工作，或者尝试其未登记的手艺。俄罗斯实践的自由度让其匠户可以尝试甚至掌握两种或两种以上的手艺，这是18世纪晚期法国或德国匠户无法做到的。根据格奥尔基的说法，18世纪90年代初，圣彼得堡的俄罗斯橱柜匠协会包括124名大师级工匠、285名熟练工匠和175名学徒，而这座城市的外国橱柜匠协会仅有90人。在圣彼得堡店铺注册的其他俄罗斯能工巧匠包括85名玻璃工师傅、86名副手和70名学徒，以及23名壁纸挂匠师傅和19名副手。在上述的两次交易中，注册的外

① I. G. Georgi, *Opisanie rossiisko-imperatorskogo stolichnogo goroda Sankt-Peterburga i dostopamiatnostei v okrestnostiakh onogo, s planom* (St. Petersburg: LIGA, 1996), 195. 格奥尔基以其对西伯利亚的探索而闻名，尤其是贝加尔地区。他于1783年成为俄罗斯科学院院士，并于1790年首次用德语发表了其对圣彼得堡的调查。俄文版于1794年问世，格奥尔基1802年在莫斯科去世。

国人数量都要少得多（分别为 14 和 4）。[1] 格奥尔基总结道，圣彼得堡熟练工匠的地位有很多值得羡慕的地方：

> 和各地一样，现在这里也是如此，某些工艺品吸引了更多的人，目前利润可谓微薄；但总的来说，由于幅员辽阔、宫廷富丽、贸易繁荣、国家富足、奢侈盛行，尤其是努力高于其他省份的品位，圣彼得堡匠户越来越富有，他们的生活比很多其他首都的工匠要更加美好快活。[2]

除了 18 世纪末从各种财政和私人渠道学习装饰艺术的年轻人外，还有许多在大地主（如斯特罗加诺夫伯爵［Count Stroganov］）的庄园中受训的农奴，他们在宫殿建设狂潮中找到了通往都城之路。彼得大帝带至奥赫塔船厂的工人后代，是本土熟练工匠的另一来源。世纪之
84 交时，奥赫塔船厂已向玛利亚·费多罗夫娜提供家具细木工、木匠及镀金工等。舍尼维尔总结道，叶卡捷琳娜装修扩建冬宫的那些年间，不同的本土人才融合在一起，形成了一支无名的俄罗斯熟练工匠队伍。我们须视其为“新兴民族家具贸易”的创造者。[3]

18 世纪末，青年伊万·约瑟霍维奇·鲍曼（Ivan Iosifovich Bauman）来到俄罗斯，后成为奥赫塔匠人，其职业生涯正是各种本土人才的代表。鲍曼因木雕、桦木家具和青铜制品闻名于世。他还与其他人一起发明了机械锯。19 世纪 20 年代，鲍曼被任命为皇室供货商。在此之前，他已得到一些贵族和皇家差事，其中包括根据宫廷建筑师卡

---

① Georgi, *Opisanie,* 204.

② Georgi, *Opisanie,* 197.

③ Chenevière, *Russian Furniture,* 30.

罗·罗西（Carlo Rossi）设计定制的一套椅子和长沙发。这套家具至今仍为冬宫增光添彩。[①] 1824年，鲍曼在海军部区有了自己的家具店，还有一个铜器作坊（或“工厂”)。19世纪30年代，他还开了一家皮革彩绘店。[②]

也正是在叶卡捷琳娜时代，朝廷在扩大石刻和民族装饰石材技术上投入了巨资，这一技术后来被称为“俄罗斯马赛克”。叶卡捷琳娜政府将这一工作委托给了艺术学院院长斯特罗加诺夫伯爵（他本人也是一位一流的宫殿建筑师和装修设计师），他还主持在乌拉尔山脉及更远地区开发了许多新的石料矿藏。18世纪60年代至19世纪60年代，用碧玉、亚马逊石、砂金石、斑岩、红纹石、天青石以及孔雀石等俄罗斯本土石材制作的精美物品，代表了一种独特的俄罗斯艺术形式，融合了挖掘和采矿方面的技术进步、石刻机械方面的机械进步以及由政府出资在圣彼得堡艺术学院培训的几代工匠家庭培养出来的深厚艺术功底。

俄罗斯的装饰性石制品起源于18世纪上半叶圣彼得堡郊区巴甫洛夫斯克的一家工厂。然而，早在1765年，官员们就认识到，他们可以在叶卡捷琳堡建立一个新工厂，解决跨乌拉尔山脉采石场和巴甫洛夫斯克工厂之间的距离问题。俄罗斯匠户纳利莫夫家族和科科文家族完善了马赛克石头装饰工艺，尤其是孔雀石，将叶卡捷琳堡工艺推

---

① 爱德华·豪在1864年的一幅画中描绘了这套家具。参见 Ducamp, *The Winter Palace*, 196—197。鲍曼制作的椅子从大火（译者注：1837年）中被抢救了出来，并于1839年得到修复。

② Chenevière, *Russian Furniture*, 291, http://muzmebeli.ru/ist-meb/mebmastera.htm. 作为一名铜匠，鲍曼创造了古典瓮式的大型抛光（patinated）青铜枝形吊灯。“抛光”一词指的是青铜和其他金属制品中普遍采用的一种方法，即在最初的制造过程中对制品表面进行处理，通常是为了加强视觉效果，使作品看起来比较古老。

向了顶峰。斯特罗加诺夫确保两大家族子孙可用奖学金在圣彼得堡学习。他最喜欢的建筑师（很可能是其与农奴所生私生子）安德烈·沃罗尼金（Andrei Voronikhin），即喀山大教堂建造者和大火后受命重新装修冬宫的人，为这些石匠设计了一些作品，这些项目有时会持续
85 十年或者更久。从 18 世纪 80 年代开始，宏伟的碧玉圆柱、孔雀石桌、斑岩碗和其他石制物品开始为冬宫增色，它们也占据了火灾重建的主角位置，是皇家财富和俄罗斯工艺结合的最纯粹的范例。远途考察开采矿藏，毫无成功保证，跨越万里运送巨大石板花费不菲。只有叶卡捷琳娜及其朝廷可承担相应费用。随着西伯利亚丰富矿藏一路向西，俄罗斯默默无闻且富有创新精神的石匠创作出了享誉世界的艺术丰碑。位于克雷万（Kolyvan）的第三家皇家石器厂生产了一只长 1.52 米、宽 1 米的斑岩碗。该作品在 1851 年伦敦万国博览会上获得一等奖，奖章上写道："我们认为，自希腊和罗马时代以来，还没人能制出如此难做的物品，且做得如此精美。"①

叶卡捷琳娜从未停止扩建改造这一位于涅瓦河之畔的宫殿。1779 年，意大利建筑师贾科莫·夸伦吉（Giacomo Quarenghi）抵达圣彼得堡，叶卡捷琳娜找到了她的拉斯特雷利。几年内，夸伦吉获得宫廷建筑师头衔，并继续修建位于沙皇村的亚历山大宫，以及与沿堤岸而建的宫殿群相邻的冬宫剧院（the Hermitage Theater）。在冬宫内，他尤其在圣乔治厅的设计和建造上留下了自己的印记。这一空间被设想为王座厅，最初被命名为"大理石厅"。该大厅周边竖有巨大的大理石柱，以及由出身低微的俄罗斯雕塑家所创作的石制品，其中包括费多尔·戈尔迪夫（Fedor Gordeev）、伊万·马托斯（Ivan Martos）、米哈

---

① Chenevière, *Russian Furniture,* 277. 关于这一装饰石制作品或在冬宫或在其他地方的详尽历史和精美图片，参见 Chenevière, *Russian Furniture,* 259—281。

伊尔·科兹洛夫斯基（Mikhail Kozlovskii）和18世纪俄罗斯最伟大的雕塑家费多·舒宾（Fedot Shubin）。[①] 至叶卡捷琳娜执政末期，女皇与其建筑师成功扩大了本土人才库，宫廷成员和其他富有的赞助人可以从中挑选。俄罗斯工匠是舞台的装饰大师，他们的统治者则在台上上演着帝王权力和财富的戏剧。

除了支持本土工艺，叶卡捷琳娜也和当时其他君主一样，热衷于从欧洲购买艺术杰作。在其长期的统治过程中，叶卡捷琳娜通过派遣自己的代理人参加欧洲拍卖会的竞争，积累了大量画作。[②] 上台不久，她就萌生想法，要在冬宫地界专门建造的空间内展示自己的宝物。因此，叶卡捷琳娜在冬宫附近建了两个"艾尔米塔什"（意为私人隐居之地），其中有画廊可以向她的私密圈子展示画作。[③] 1770年，最初

---

① Krasheninnikov, "Pervye gody," 82. 这一新大厅解决了一个长期存在的问题，即如何在冬宫建造一个足够华丽的王座室。多年来，费尔滕等人均试图重新设计大涅瓦画廊（*Belyi zal*），以便容下一排排巨大的大理石柱。但所有方案都需要对下层进行大量改造，以适应增加的重量。由于厨房就在这一房间下面，这势必会极大地打乱宫廷内务。参见 Krasheninnikov, "Pervye gody," esp. 78。

② 关于叶卡捷琳娜丰富的泛欧洲艺术收藏，以及作为艾尔米塔什博物馆基础的重要收购，现在有很多简述。比如，参见 Piotrovskii et al., *Ermitazh,* 18—21; Pierre Descargues, *Art Treasures of the Hermitage* (New York：Harry N. Abrams, 1977), 21—25。辛西娅·惠塔克（Cynthia Whittaker）总结了叶卡捷琳娜最重要的收购项目及其收藏动机，其中包括向与之匹敌的君主展示财富和高雅的帝国品位。参见 Cynthia Hyla Whittaker, "Catherine the Great and the Art of Collecting: Acquiring the Paintings that Founded the Hermitage," in *Word and Image in Russian History: Essays in Honor of Gary Marker,* ed. Maria di Salvo et al. (Boston: Academic Studies Press, 2015): 147—171。

③ A. Somov, *Kartiny Imperatorskago Ermitazha* (St. Petersburg: Tip. A. Iakobson, 1859), 10. 索莫夫（Somov）记述，叶卡捷琳娜为立法委员会寻找办公场所时，发现最近获得的画作《十字架下的基督》被锁在冬宫楼上一间储藏室内，这让她一直闷闷不乐，也激发了她为罗曼诺夫艺术收藏寻找展览空间的决心。尽管索莫夫说这件画作是鲁本斯（Rubens）的作品，但这幅画几乎可以肯定是尼古拉斯·普桑（Nicolas Poussin）的《十字架下的基督》。这幅画于1769年获得，远早于亚历山大一世1814年获得鲁本斯和伦勃朗（Rembrandt）的同名画作。

的“小艾尔米塔什”还未完工，叶卡捷琳娜就已明白，此处无法容纳其所有的艺术收藏。18 世纪 80 年代末，叶卡捷琳娜委托夸伦吉建造
86 了第二座建筑，即大艾尔米塔什，位于小艾尔米塔什以东，沿着涅瓦河而建。这一建筑包括一个沿冬季运河向南延伸的翼楼，里面设有“拉斐尔长廊”，是梵蒂冈宫文艺复兴画廊的复制品。

与其先辈一样，叶卡捷琳娜部署宫殿，以向朝廷展示其君主制之荣耀。因此，她的艺术藏品主要向其朋友及外国政要展示。她在艾尔米塔什为贵宾举行非正式的晚宴，宫廷人员住在冬宫时，也只有叶卡捷琳娜及其同伴可以进入画廊。然而，当她不在的时候，一个“稍微更加民主”的群体在个人的基础上可获准进入，包括画家、学生、贵族和受过教育的民众。[①] 据一名回忆录作家记述，1773 年春，斯莫尔尼贵族女子学院的学生参观了这些画廊。[②]

叶卡捷琳娜冬宫的公共及私人生活

帝国政府通常会设在冬宫，叶卡捷琳娜及其继任者在宫廷办公室内主持相关工作。但 1768 年 2 月，冬宫内却举行了一次非同寻常的公共代表活动。叶卡捷琳娜重新召集了她原本于前一年夏天召集至

---

① S. A. Kasparinskaia, “Muzei Rossii i vliianie gosudarstvennoi politiki na ikh razvitie (XVIII—nach. XXv.),” in S. A. Kasparinskaia, ed., *Muzei i vlast’: sb. nauchniykh trudov* (Moscow: Nauchno-issl. In-t kultury, 1991), pt. 1, 15—17.

② Z. E. Mordvinova, “Smol’nyi Institut v epokhu Imperatritsy Ekateriny II (1764—1796),” *Istoricheskii vestnik* 136, no. 6 (June 1914): 987—1001. http://historydoc.edu.ru/catalog.asp?ob_no=14836&cat_ob_no=12316. 叶卡捷琳娜获得伏尔泰和狄德罗（Diderot）的完整收藏，冬宫因此也成了一个令人赞叹的图书馆。

莫斯科的立法委员会，听取和审议她自己关于俄罗斯法律的大量“指示”，并让立法委员会提出他们自己的建议，用以修正帝国法律条文。在其鼎盛时期，该委员会由“165名贵族代表、208名城镇代表、28名政府机构代表、42名宅地拥有者（*odnodvortsy*）代表、45名哥萨克（Cossack）代表、29名国家农民代表和54名西伯利亚、北方和伏尔加地区的非俄罗斯民族代表”组成。① 代表们从这位节俭的女皇那里得到一笔为数不多的津贴。这笔津贴并不总是能支付那些远道而来的人的费用，而且发放时间也无规律。对地位较低的代表来说，参与会议尤其不便。有学者估计，可能有多达170名代表利用权力将其证书给了他人。该委员会在莫斯科开会时，部分圣彼得堡代表没有参加过任何会议。该机构迁往北方首都之时，情况则刚好相反。我们不知为何，但在1767年12月中旬，叶卡捷琳娜突然命令主持会议的A. I. 比比科夫（A. I. Bibikov）休会，并命令代表们于1768年2月18日在圣彼得堡冬宫重新开会。②

仲冬时节，帝国各地代表重新齐聚冬宫大画廊。叶卡捷琳娜继续宣传委员会的工作，并邀请贵客从专门准备的观众阳台上观看会议进程。这一阳台与其私人观礼台相邻。8月，英国大使查尔斯·卡斯卡特（Charles Cathcart）接受邀请，在这一观众席上观看了会议进程， 87

① A. B. Kamenskii, “The Congress of People's Deputies of 1767,” Russian Studies in History 33, no. 4 (1995): 40—41. Odnodvortsy是一种国家农民，他们拥有自己的小块宅地，和大多数国家农民不同，后者拥有公有土地并在上面进行耕作。该委员会不包括的群体有私人农奴、神职人员和军队成员，大约占人口的26%。同时参见Oleg A. Omel'chenko, “The ‘Legitimate Monarchy’ of Catherine the Second: Enlightened Absolutism in Russia,” *Russian Studies in History* 33, no. 4 (1995)：82—83。

② Paul Dukes, *Catherine the Great and the Russian Nobility: A Study Based on the Materials of the Legislative Commission of 1767* (Cambridge: Cambridge University Press, 1967), 82. 杜克斯（Dukes）提出的主流理论是，波罗的海贵族权利这一棘手的问题于1767年12月达到了顶点。

“就在举行会议的房间上方，用窗与之隔开”。[1] 在观众席上，卡斯卡特透过窗户向下观看，断定这一房间“既不宽敞，也不华丽……达不到伊尼戈·琼斯（Inigo Jones）对白厅的设想。白厅也坐落在一条非常高贵的河流之畔，环境得天独厚”。[2] 这一英国人对该空间的安排进行了回忆，王座矗立在大厅一端，左边是一张“国事桌”。负责监督议程的朝廷官员也坐在房间的这一头。在另一头，“两边都设有像下议院那样的长凳”。房间里挤满人群，但似乎忙着各自谈话。[3] 和其他观察俄罗斯宫廷事件的英国人一样，卡斯卡特十分震惊，代表身份多样，具有异域风情，“来自这一庞大帝国不同角落，名字和服饰各式各样，很难在一份快报中详述”。这么多乡下人，但都很有风度，也让他感到意外。[4]

圣彼得堡大多数居民无法参与会议议程，但他们多多少少可以了解到委员会开会的日期和一般工作，这些信息会张贴在警察局，报纸也会刊印。重要人士可以从总检察长办公室弄到门票，在观众席观看会议议程。至于俄罗斯百姓，抑或委员会中身份地位较低的参与者，从他们的经历中得到了什么，我们不得而知，但立法委员会成了君主制宏大舞台上公民戏剧的一个简短且非凡的插曲。[5] 1768 年 12 月，

---

① Cathcart to Weymouth, 19 Aug. 1768 (OS), *Sbornik Imperatorskago russkago istoricheskago obshchestva* 12 (St. Petersburg, 1873): 357. 这些委员会分别在冬宫不同的房间内开会。

② Cathcart to Weymouth, *Sbornik Imperatorskago russkago,* 357.

③ Cathcart to Weymouth, *Sbornik Imperatorskago russkago,* 358; 同时参见 Dixon, *Catherine the Great,* 181—182。

④ Cathcart to Weymouth, *Sbornik Imperatorskago russkago,* 358. 像许多英国观察家一样，卡斯卡特贬低了这些进入冬宫之人的低下地位，让其想起“我们大不列颠和爱尔兰最为无知的小商人和店主”，聚在一起，好像他们是“美洲那些国家的代表……并不了解构成良好政府基础的一般原则”。

⑤ 有人认为这个委员会的工作实际上对 18 世纪后期及 19 世纪的立法十分重要，其中包括 Isabel de Madariaga, in *Catherine the Great: A Short History* (New Haven: Yale University Press, 2002), esp. 26—27。

叶卡捷琳娜以土耳其战争爆发为由关闭了该委员会，不过她可能很感激有个借口结束其令人沮丧的民众代表实验。

尽管有此民间插曲，冬宫主要功能还是为君主及其家眷提供住所。这一建筑里还容纳了很多配角和宫廷观众，在其中私下展开私人生活势必会有很多挑战，这便十分清楚地表明了君主的双重性质。作为18世纪的君主，叶卡捷琳娜并未感受到下一世纪表现家庭虔诚和秩序的压力。尽管如此，她在皇宫里还是尽量保持低调行事。作为一个寡妇和“伴侣接连更换的一夫一妻论者”（serial monogamist），叶卡捷琳娜的做法向其直系亲属表明，女皇并不接受传统的家庭道德。

比如，她与格里高利·波将金（Grigorii Potemkin）坠入爱河，这是一个她称为“朕之配偶”的男人。阿列克谢·奥尔洛夫（Aleksei
Orlov）1774年质问女皇，波将金大公是否已经取代了她的弟弟，[1]赢 88
得了她的爱。叶卡捷琳娜大方承认，奥尔洛夫说此事已众人皆知，他们在二楼浴室约会也已不是秘密，“因为大约已有四天，我们看到窗户里有灯光，亮得比平时都会更晚一些”。[2]然而，即使波将金住进叶卡捷琳娜套房正下方的房间后，她还抱怨说有时可能会见不到他。有一次，她给了他一张纸条，从楼上送到楼下。她写道：“我的小宝贝，你好！我不能像往常一样去看你，因为我们的房子里挤满了各种各样的生物，到处乱逛。”[3]俄罗斯女皇显然不愿意在占据宫殿走廊的“生物”面前公开展示自己的私生活，虽然她并未费力为其宫廷家眷展示传统的家庭生活。

---

① 即格里高利·奥尔洛夫。——译者注

② Dixon, *Catherine the Great,* 232.

③ 1774年4月10日后，叶卡捷琳娜写给波特金的信件，参见 *Ekaterina II i G. A. Potemkin. Lichnaia perepiska, 1769—1791,* comp. V. S. Lopatin (Moscow: Nauka, 1997), 23。

1796年，在位34年的叶卡捷琳娜崩逝，撇下一个被大大扩大的宫廷，为其哀悼。冬宫内部，禁军军团成员一脸肃穆，在冬宫教堂外的谒见厅内站岗警戒，她的侍女们在角落里哭泣。冬宫里的人悲痛不已，站岗警戒，对即将到来的统治充满担忧，数千圣彼得堡人民静静地聚在冬宫广场之上。这是城市百姓首次聚在叶卡捷琳娜亲手美化过的地方，向一位逝去的君主致敬。法国肖像画家伊丽莎白·维杰·勒·布伦（Elisabeth Vigée Le Brun）记得，叶卡捷琳娜去世当天，当她看到广场上聚集"巨大人群"时，起初感到十分不安，但很快得出结论，自己没有什么好怕的，因为"所有人都很安静"。她接着记述道："第二天早上，百姓又聚在同一地方，在叶卡捷琳娜的窗户之下，发出令人心碎的哭声，发泄着心中的悲痛。老少孩童，皆在呼唤他们的'玛士撒拉'，[①] 在啜泣中哀叹自己失去了所有。"[②] 当这位女主角在大舞台上演完最后一场时，庞大观众群中的朦胧身影被吸引至台口。在此，有那么一瞬，观众成了一场没有剧本的民众哀悼场景中的小角色。[③] 这一演出并非官方，相反，对于在即将到来的百年中形成的面向民众的城市君主制来说，它预示了冬宫广场的公民意义。

叶卡捷琳娜的儿子保罗继位。保罗当年42岁，在叶卡捷琳娜和彼得三世的不幸婚姻中出生。众所周知，保罗与母亲关系疏远，叶卡捷琳娜也公开表示更喜欢长孙亚历山大。保罗通过与母亲葬礼有关的

---

① 原文为matusha，此处应为Methuselah，玛士撒拉是《圣经》中记载的人物，据说活了969岁，后来成为西方长寿者的代名词。——译者注

② Elisabeth Vigée Le Brun, *Memoirs,* trans. Lionel Strachey (New York: Doubleday, Page, 1903), 117—118.

③ 沃特曼坚持认为，在彼得大帝和亚历山大一世去世之前，俄罗斯统治者们并没有大操大办帝王葬礼，他们更多的是寻求从过去统治中解脱，而非对其进行纪念。唯一例外是保罗为纪念被谋杀的父亲而精心策划的展示。参见*Scenarios of Power,* 130。

象征性行动，维护了自己出生的合法性。显然，保罗带着怨气为其母亲举行了一场盛大且得体的遗体告别仪式。她躺在“丧堂”里，这是一个暂时设在冬宫大画廊里的圆顶圣堂，柱子和铜鹰一应俱全。叶卡 89
捷琳娜躺在一个敞开的棺材里，朝臣和神职人员日夜守护。圣彼得堡普通百姓首次被允许瞻仰死去的君主，他们经过灵柩，亲吻她的手，人群络绎不绝。禁军对想要进入的普通百姓进行了检查，据说仅排除了“衣着不整的农民”。①

同时，保罗推进计划，为他的母亲和去世已久的父亲举行了联合葬礼。34 年前，他的父亲葬在圣彼得堡南部亚历山大·涅夫斯基修道院一个简陋的坟墓里。当然，叶卡捷琳娜从未做过父亲，而父亲的身份注定是 19 世纪男性君主制的主流隐喻之一。保罗登基之时已是九个孩子的父亲。他决心纪念自己遭受不公待遇的父亲，把父母合葬。这就需要把彼得遗体挖出来，庄严的仪仗队将其送至冬宫，放至叶卡捷琳娜遗体旁边。叶卡捷琳娜去世约一个月后，她和丈夫按照惯例从冬宫沿冰冻的涅瓦河被运至彼得保罗要塞，他们在此并肩下葬。许多叶卡捷琳娜的忠实朝臣，以及商人托尔切诺夫（Tolchenov）等人，都在日记和回忆录中对这些事情表达了不满，这些作品估计都是保罗去世后所著。②

18 世纪末，为圣彼得堡人口和市中心做出巨大贡献的冬宫已成为

---

① Dixon, *Catherine the Great,* 318—319. 狄克逊认为这座“圣堂”为雷那蒂所建，但如果雷那蒂是其设计者的话，建这座“圣堂”的最初目的绝非如此，因为雷那蒂在 1794 年就已去世。参见 Lindsey Hughes, “Funerals of the Russian Emperors,” in Schaich, *Monarchy and Religion,* 413—414。休斯（Hughes）调查了 18 世纪所有的遗体告别仪式，证实 1796 年之前，只有朝臣和经过挑选的百姓才能瞻仰已故君主遗体。事实上，叶卡捷琳娜遗体是被从王座厅转移到大画廊的，以容纳百姓。皇室亲友已在王座厅祭奠了些时日。

② 例如，参见 Ransel, *A Russian Merchant's Tale,* 193—194; V. N. Golovina, *Memoirs of Countess Golovine, a Lady at the Court of Catherine II* (London: D. Nutt, 1910), 130—132。

美术和俄罗斯工艺的展示场所。在此，伟大的叶卡捷琳娜把自己包装成本土人才的绝佳赞助人和俄罗斯人力资源的捍卫者。她与城中主要的橱柜匠及铜匠关系密切，这些人因此成为宫廷内眷亲密圈子之一。她扩大了宫廷圈子，把圣彼得堡富商也囊括进来，定期举行宴会和进行亲密晚餐招待。新年时节，她会聚集更多的城市居民。在此，她还接待了地方代表团，向帝国的偏远地区授予君主威望。

无论是在冬宫广场，还是在冬宫公共大厅，叶卡捷琳娜都主持着一个盛大的舞台，用于举办民众庆典，展示著名艺术品，开展启蒙运动，招待商业领袖以及赞助本土工艺等。日记作者认为他们在此受到的接待值得一书，但大多数观众如何看待这些财富、威仪以及秩序的展示，我们不得而知。然而，从他们的人生故事中可以看出，对于那些愿意扮演指定角色的人来说，冬宫是一个充满机会的地方。

第二部分

展演城市君主制

5　爱国之宫 93

叶卡捷琳娜大帝是俄罗斯最后一位女性统治者。此后直到俄罗斯君主制崩溃，罗曼诺夫王朝总能培养出一名成年男性，有能力维护自己俄罗斯君主的合法地位。某种程度上讲，叶卡捷琳娜的亲儿子保罗却是这一规则的例外。保罗身体健康，成年后继承皇位，但不到五年就丢掉宝座，因为他在官员和侍臣中缺乏人气，英国政府或也不喜欢他。他遭遇谋反，被人赶下台，谋反行动得到他儿子亚历山大的同意。亚历山大时年 24 岁，体格健全。保罗当晚被刺杀让其终生内疚，对其统治造成很大影响。1796 年后，男性持续统治时间如此之长，主要是因为罗曼诺夫家族男性健康状况良好，他们的外国妻子也比较能生。不过情况也是如此：罗曼诺夫王朝 19 世纪所统治的帝国适合由这样的统治者所代表，他们把自己塑造成士兵、父亲和皇室主人的形象。

19 世纪初，俄罗斯君主制的自我展现发生根本性的转变，部分原因与罗曼诺夫王朝本身的命运有关。但是，历史事件的进程给他们带来了更大的压力，迫使他们重新调整他们的统治剧本。叶卡捷琳娜展示无上权力的受众范围不断扩大，但仍主要由外国使节、高级朝臣和富商大贾组成。然而，1789 年夏天法国爆发的革命预示着新世界的到来，虽然有些遥远。在这个世界里，卑微的后台工作人员也能亲自登

台。直到1791年中期，叶卡捷琳娜才对法国革命感到恐慌，她拨出
94 了一笔资金，帮助法国君主及流亡贵族。1798年，正是她的儿子保罗第一次派遣俄罗斯军队参加反法联盟。保罗的统治短暂，1801年即告结束，他甚至没有时间充分消化法国革命的政治影响。①

1789年至1884年，欧洲进入革命时代。在此期间，俄罗斯君主逐渐开始面临一个有关生存的问题：如何才能在一个宪政传播、民主试验以及公共性扩大的国际氛围中存活下去？冬宫在圣彼得堡生活中角色的转变，相当程度上揭示了保罗、亚历山大一世和尼古拉一世为找到这一问题的答案所做的努力。他们每人都对传统仪式和习俗进行了创新，且都创造了新的传统。他们都进行了保守的改革，认为自己是现代社会的现代人。但他们的实验、创新和改革都旨在否认革命和民主的必然性，然后建立适合19世纪俄罗斯的君主制模式。专制顶峰时期，尼古拉一世在冬宫将该模式的各部分凝聚在了一起，包括爱国主义、家庭秩序以及文化提升等。在圣彼得堡的中央舞台上，他为城市观众展现了这些现代的公共价值观。②

俄罗斯19世纪的统治者在拿破仑战争期间及之后，开始将冬宫和广场用于各种爱国用途。圣彼得堡大部分是男性和年轻人，统治者行此之举，使这一帝都的中心有了一层新的意义。③当代统计学家

---

① Dixon, *Catherine the Great,* 301.

② 布鲁斯·林肯指出："研究冬宫如何进入圣彼得堡人民的生活，可以揭示出罗曼诺夫家族努力塑造其世界轮廓的方式。"但他也声称，至19世纪初，和之前相比，冬宫与圣彼得堡城市生活已变得更加疏远。本章提供的尼古拉一世将冬宫用于公共用途的例子表明，事实正好相反。参见 Lincoln, *Sunlight at Midnight,* 79。

③ Heinrich Storch, *The Picture of St. Petersburg* (London: Longman, 1801), 86. 他估计，1800年这一数字应为23万，不过其中显然不包括士兵，他们可能至少有3.5万人。

卡尔·格尔曼（Karl German）提供了 1813 年按性别划分的人口统计数据，当时圣彼得堡总人口达 317730 人，其中男性 222252 人，女性 95478 人。[1] 还有，其中大部分都是新来的移民。在多少会常驻的家庭中，上层阶级男女比例平衡，但在圣彼得堡主要的社会群体，比如士兵、税吏、学徒、劳工以及仆从中，男性则占多数。这些年轻人来到圣彼得堡，大多是为了寻找工作或者机会，或是在此服役，要么是承担劳动义务。他们初来乍到，找到的工作多为临时工或季节工，工资不多，难以在城中安家，且许多工人在村里还有职责，所以在谋得固定差事之前不会接妻子过来。许多前来寻求财富的人都是未婚青年，接受手工艺或艺术方面的培训。这种社会构成给负责法律和治安的城市当局带来了挑战。

在都城，士兵随处可见。据格尔曼估计，1789 年有 21.7 万人居 95
住在圣彼得堡，“不包括军队”。他认为，军队人数总体在 3 万至 4 万之间。他的学术伙伴海因里希·斯托奇（Heinrich Storch）提供了 1789 年圣彼得堡人口中军事部分的数字，包括近 31000 名各级军事人员（其中有 5800 名妇女），以及 10000 名水手（其中包括 3700 名妇女）。这一年的军事人口总数刚刚超过五万人。和平时期，圣彼得堡近 20% 的人口与军队有关。在人数上超过这一群体的只有仆人。[2] 但国家处于战争状态时，驻扎在圣彼得堡的军队数量则有所下降。

---

① Karl F. German, *Statisticheskaia izsledovaniia otnositel' no Rossiiskoi imperii,* pt. 1, O Narodonaselenii (St. Petersburg: Imp. Ak. Nauk, 1819), 17.

② Storch, *Picture of St. Petersburg,* 85; German, *Statischeskaia izsledovaniia,* 269.

表 3　按阶层划分的圣彼得堡人口，1811 年（男性和女性，单位：人）

阶层（*soslovie*）	数字
神职人员	1896
贵族	33993
军事人员	47273
商人（*kuptsy*）	14083
城镇居民（*meshchanstvo*）	33022
仆人	63710
其他	154004

来　源：Karl F. German, *Statisticheskaia izsledovaniia otnositel'no Rossiiskoi imperii, pt. 1, O Narodonaselenii*（St. Petersburg: Imp. Ak. Nauk, 1819）, 269.

注：妇女和未成年家属根据丈夫或父亲的地位进行分类。“其他”主要指农民群体，他们在圣彼得堡或为短工，或为长工，还包括被分配到私营或国有工厂，以及宫廷的“杂色阶层”，抑或是独立承包商或劳动者。外国人也将会成为这一类别的另一重要部分。

冬宫与广场反映了它们所立足的城市。宫廷内外都有守卫，他们的营房和其他哨所遍布宫廷附近和堤区。这些军人的正式名称为皇家近卫骑兵团（the Life Guards），骑兵团官兵既有责任保护君主性命，又有机会将其终结。他们在俄罗斯专制政体的政治中占有重要地位，尤其是在 18 世纪。没有一个统治者能在不向皇室核心成员展示其合
96 法性的情况下保住自己的皇位。罗曼诺夫王朝这一时期的历史表明，统治者的个人安全根植于他们与这些卫兵建立的个人和政治联系，而不是在圣彼得堡城内建造防御场所。事实上，冬宫本身——这座建筑每天都有几十甚至几百人进入，数千人居住——戒备相当松懈。然而，从未有君主在此建筑中被废黜。[①] 正如我们所见，叶卡捷琳娜在

① 不过，斯捷潘·哈尔图林（Stepan Khalturin）的炸弹实现了目标，亚历山大二世确实会于 1880 年死在冬宫（见下文第八章）。1917 年 11 月，亚历山大·克伦斯基（Alexander Kerensky）临时政府被推翻，敌军进入冬宫逮捕相关人员，不过此时，克伦斯基已逃之夭夭。

冬宫经常坐在警卫室与骑兵打牌，她还让高级官员参加定期举行的晚宴，在这些晚宴上，男性人数远远超过女性人数。她成功地同时以总司令和具有人格魅力的保护人的身份，出现在卫兵军官面前。①

重新确立男性君主制

1801 年，保罗在自建的防御“城堡”内被官员谋杀，距冬宫几个街区之遥。基于这一事实，其短暂的统治可以被公平地判定为政治上的失败。但是，保罗确实成功地将俄罗斯统治王朝重新定位为传统的男性姿态，比如正式的公开阅兵，比如由男性族长主持的宫廷家庭，管理上一丝不苟。保罗所实施的外交政策虽不像叶卡捷琳娜那样倾向于扩张，但他坚称自己是皇朝的男性首脑和帝国的统治者。他采取措施，建立新封地司，以此控制皇室财政，向罗曼诺夫王朝子孙颁布严格的男性长子继承法令，其所有后继者都认为这一点不应被推翻。

最能说明问题的是保罗与其帝国武装力量的关系。保罗的个人偏好与其父亲彼得三世所钟爱的普鲁士军事文化密不可分。在都城之外的加特契纳，保罗有一处自己的庄园。作为皇位继承人，他对自己的家庭采取了军事化管理。他亲自指挥部队进行长时间的阅兵训练，其中包括他的两个大儿子——亚历山大和康斯坦丁。保罗掌权后，决心结束他在军队和叶卡捷琳娜放荡贵族中看到的松懈。他计划将这一王朝转变成一个永久由男性统治的王朝，不可更改。此外，这一王朝要

① Igor' V. Zimin, *Liudi Zimnego dvortsa. Monarshie osoby, ikh favority i slugi* (Moscow: Tsentrpoligraf, 2015), 395, 404. 早些年间，冬宫西楼有一警卫室（*gauptvakhta*），靠近整个建筑中心大庭院的出口。附近，就在冬宫海军部侧门外，有一个卫兵阅兵场。

实行军事化管理，纪律严明，威严君主亲自执政。他的改革延伸至传统上享有特权的禁军。他给禁军发放了普鲁士风格的新制服，并对阅兵时人员间距做出详细指示。无论现状多么需要一个精力充沛的年轻改革者的关注，但事实很快表明，保罗的方式及其新纪律的影响都非常不得人心。①

97 正是在保罗统治时期，冬宫广场上的军事检阅规模开始变大，也愈加频繁。据宫廷内部人士亚当·恰尔托雷斯基（Adam Czartoryski）所说，保罗登基不久，就把他的加特契纳特殊部队“在冬宫大广场之上排成战斗队列，胆怯的人前来围观，他们非常惊讶，看到的士兵竟与以往看到的不同”。② 早在 1796 年，保罗就在冬宫东侧对面的米里纳亚大街最新清理出来的场地上，建造了一个用于储存军事装备的“演练场”。在诸如元旦及主显节等特殊日子，保罗均会举行这些军事展演。不仅如此，只要他在城里，每天在禁卫军列队换岗接受检阅之时，这些展演也会进行。③ 显然，保罗所想的是宫廷以外的城市观众。

然而，除了公开使用冬宫广场，保罗对这座涅瓦河畔的宫殿几乎没有什么好感，只因它与母亲的关系如此密切。保罗执政期间，最喜庆的活动均在他更喜欢的加特契纳庄园举行。在加特契纳，保罗和妻子统御宫廷，礼仪上一丝不苟，其中包括老兵的儿子、众多妇女以及一系列宠臣。保罗削减传统宫廷精英人数的举措也延伸至自己的家庭，到了世纪之交，玛利亚·费多罗夫娜（Maria Fedorovna）及其长

---

① Marie-Pierre Rey, *Alexander I: The Tsar Who Defeated Napoleon* (DeKalb: Northern Illinois University Press, 2012), 70—71. 从禁军的角度来看，新君主有一项最令人反感的创新，即下令要求他们与其他军团一样，必须在“铁的纪律下全时服役”，并由他的新视察团仔细审查。

② Czartoryski, *Memoirs,* 1: 141.

③ Wortman, *Scenarios of Power,* 86. 这些换岗仪式始于叶卡捷琳娜驾崩次日。

子亚历山大，均有理由感到皇帝对自己的不满在日益加剧。[①]就保罗而言，他已委托在距冬宫几个街区已被夷为平地的夏宫遗址之处，建造一座新的城市“城堡”。这座红砖堡垒以士兵——天使长米迦勒命名，周边有护城河环绕，上有三座吊桥。保罗不再为圣彼得堡贵族商贾举办新年晚会，但 1801 年 2 月 1 日入住之时，却举行了一场化装舞会和歌剧，并在其中向朝臣们开放了这一新家。那年冬季，保罗把回城时间推迟了几周，以便自己及家人住进完工的新宫，但他太过心急，墙上灰泥还在滴水。不幸的是，保罗的坚固城堡保护不了他。他支持拿破仑法国，突然与英国断交，让其要臣们恐慌不已。1801 年 3 月 11 日，保罗在米迦勒城堡寝宫遇难。

在他们的父亲去世当晚，亚历山大和康斯坦丁出现在米迦勒城堡。保罗生性多疑，要求亚历山大和康斯坦丁及其他家眷搬至米迦勒城堡居住。翌日，新皇即搬回冬宫。朝臣一干人等都对亚历山大登基感到欣慰，但事实上，这位年仅 24 岁的君主却有其父风范。尽管他 98
倾向于仁治，具有启蒙之风，而非军事僵化，但他完全接受军事指挥官的角色，他接受过训练，认为皇帝主要职能自当如此。保罗为其两个大儿子均授予军职。在其父统治期间，亚历山大被任命为谢苗诺夫近卫军团上校、圣彼得堡第一军事长官、圣彼得堡骑兵师师长和芬兰步兵师钦差巡检以及元老院军事部部长等。[②]他喜欢阅兵和制服，虽然他的父亲对重复操练的胃口无休无止，连他也深感疲惫不堪。18 世纪 90 年代末期，亚历山大有了非常自由的想法，比如需要一部成文宪法、结束农奴制等。但他还是接受了父亲的观念，统治者须为男

---

① Wortman, *Scenarios of Power,* 94—95.

② Rey, *Alexander I,* 73.

性，特别得是军人。他并未每日都在冬宫广场之上举行禁军列队仪式，但保留了这一中央广场展示俄罗斯武装荣耀的用途。阅兵规模宏大，参加的俄罗斯士兵达数千之多，不仅让外国人印象深刻，还可向圣彼得堡百姓展示皇帝与其军队之间的联系。

因此，亚历山大依赖于保罗对君主制的军事化和男性化的重新定位，即使他也恢复了这一角色的欢乐和优雅。亚历山大执政初期，有一次，在一个重要的民众场合，他把整个城市的人引至宫殿堤岸，全天庆祝圣彼得堡百年纪念。圣彼得堡的军事单位在这些庆祝活动中担任了主要角色。1803 年 5 月 16 日，沿海军部大道，从广场至圣以撒教堂（St. Isaac's Church），一排排军队列队于宽阔的空地上。① 参与部队包括皇家近卫骑兵团、圣彼得堡步兵和骑兵团以及军事和海军学员。

其间，朝廷成员早上九时集于冬宫，包括最高四级的男女朝臣、外国使节、富商名贾、主教公会成员以及著名神职人员等。皇帝及皇室家眷在前，一众显要在后，走下冬宫楼梯，坐上专门装饰的马车，于十一时将整个游行队伍送至圣以撒教堂门前。他们在那里观看了大阅兵，并参加了教堂内的仪式。

当天晚些时候，亚历山大在冬宫接待了圣彼得堡商界的主要代
99 表。皇帝向他们赠送了一枚纪念圣彼得堡建立的定制金盘。晚上，庆祝活动继续进行，城中灯火通明。十一时至午夜时分，米迦勒花园举行了一场室外“圣乐”音乐会，有皇室成员出席。宫廷日志笔触总体较为克制，据其记载，夜里“人们排起长队，挤满米迦勒城堡，以及

① 这不是现在版本的圣以撒大教堂，而是大约在此位置矗立过的四座教堂中的第三座。该教堂矗立在元老院广场（Senate Square），1803 年完工，本是叶卡捷琳娜委托安东尼奥·雷那蒂设计，但最终在保罗将大部分大理石用于建造其“城堡”后由其匆匆完成。据各方面记述，这一建筑是一丑陋不堪的仿作。1809 年，亚历山大举办了一场建筑竞赛，打算将其替换。现在的圣以撒大教堂建于 1818 年至 1858 年间，由奥古斯特·蒙费朗设计。

从冬宫至利得尼桥（Liteinyi Bridge）的涅瓦河岸。各界人民，不计其数，欢欣鼓舞，心中充满对君主的美好祝愿”。①

通过此举，亚历山大表达出统治者对君民关系的理解发生了微妙而重要的转变。18 世纪 60 年代，叶卡捷琳娜在广场举行的盛大宴会之上，朝臣为召集而来的百姓扮演了精心安排的角色。百姓安静地立于规定距离内，尽管如此，他们在此处被认为还是可以得到教化的。叶卡捷琳娜的孙子和他的军官现在主持了一场同样正式但规模更大、更有战斗力的士兵展演，这些士兵来自普通百姓行列。他们的队伍纪律严明，从皇宫向四面八方延伸，切实把统治者与人民连接在一起。这一展演的中间人是忠诚的军官，他们经常在冬宫受到接待，他们所担任的职务介于下级和他们的总司令之间。这一盛会连接了城市、士兵和皇帝，让人难以抗拒，大批圣彼得堡居民被吸引至此。

亚历山大统治早期，也有时间恢复保罗所回避的冬宫宫廷活动。亚历山大和他的妻子伊丽莎白·阿列克谢夫娜在冬宫恢复新年化装舞会，像从监狱里被放出来一样，圣彼得堡贵胄巨贾蜂拥而至，人数空前。例如，1803 年，近八千贵族参加了宫廷新年舞会，这个数字占所有登记居住在圣彼得堡的贵族的近 60%。加入他们的近 2500 名商人，绝大多数都来自第一公会，或是外国商人。② 因此，亚历山大将热情

---

① *Kf TsZh,* May 16, 1803.

② 芒罗仔细评估现存人口数字后得出结论，1801 年有 13200 名贵族生活在圣彼得堡。这一数字比“商人”更容易得到。关于从事商业活动的人，芒罗得出的数字是 14300 人，包括家庭成员。他引用了斯托奇和格尔曼的说法，大意是至 1790 年，三个行会共有 1750 名（男性）商人注册，但他怀疑这一数字可能更高。如果我们猜测每一商人家庭可能包括三人有资格参加这场舞会，那么至 1801 年，严格按照“种类”（*soslovie*）划分，圣彼得堡至少有 5000—6000 名俄罗斯“商人”。由于这些人中只有不到三分之一会成为第一行会商人，所以似乎有资格参加第一行会者均参加了，尤其是考虑到朝廷官员统计的一些商人是外国人。参见 Munro, *Most Intentional City,* 57—64。

好客和帝国魅力的亲身展示给了他都城的全体商业精英。

这对皇室夫妇年纪轻轻，风度翩翩。他们似乎很享受自己在1803年新年时举办的宴会。1月1日傍晚六点半，接到12月26日通知的宾客们陆续抵达冬宫。交上票后，他们踏上大楼梯，商人走向前厅，贵族则在相对较新的圣乔治厅就座。① 朝廷官员向所有客人都发放了 100 面具，面具要一直戴至九时。此时，各个房间音乐齐奏。帝后在太后及其亲戚以及康斯坦丁的陪同下，往来于其间。打了一会儿牌后，皇室成员起驾前往冬宫剧院，参加一场250名显贵凭票入场的晚宴。与叶卡捷琳娜晚年的做法不同，亚历山大和伊丽莎白晚餐后回到化装舞会，一直待在宾客中间，直至凌晨两点。此后，庆祝活动在他们离开后又持续了两个多小时。

在亚历山大时代，宫廷日志开始记录所分发数千面具中获得第一张和最后一张的人，用作特殊区别的标志。这是给予商人和官员礼遇的另一种方式。这次是“圣彼得堡商人瓦西里·伊万诺夫（Vasilii Ivanov）”收到了第一个面具。最后一张分给了“退役卫兵冬宫宿舍”的克拉夫中尉（Lieutenant Klaver）。② 俄罗斯都城的经济和军事领袖有理由认为自己得到了君主应有的赏识，甚至可在展示君主权力的宫廷和军事表演中充当小角色。

---

① 夸伦吉建造这一房间是为了连接冬宫和沿其东侧的小艾尔米塔什。该房间于1795年圣乔治日落成。它是冬宫中最大的房间之一，曾作为皇帝保罗的王座厅，这一称号今天最为著名。1797年，保罗将安娜·约阿诺夫娜的宝座安置于此。康士坦丁·乌克托姆斯基（Konstantin Ukthomsky）1862年曾对此房间进行过描绘，画作参见 Ducamp, *The Winter Palace,* 63。

② *Kf TsZh,* Jan. 1, 1803.

圣彼得堡 1812 纪念

如果说，亚历山大执政初期，阅兵场获得象征性的权力，那么，拿破仑战争的战场则定义了亚历山大的统治。《圣彼得堡公报》的读者可以关注 1805 年以来的外交和军事事件，但对于 1812 年法国大军入侵所带来的空前动荡，俄罗斯百姓没有任何准备。对入侵和撤退路线上的莫斯科、斯摩棱斯克及很多其他城镇的居民来说，拿破仑将军队开往旧都的著名战略决定可谓灾难。最为关键的是，这也意味着，1812 年 6 月至 12 月这一灾难性时期，圣彼得堡社会经济生活几乎没有受到干扰。驻军数量减少，帝国各处一波又一波新兵被征召。但是，宫廷日志和《圣彼得堡公报》均证实，首都生活仍在继续。宫廷日志指出聚会和晚宴不足，但并未说明原因。《圣彼得堡公报》封底显示，重要居民仍来来往往，富有贵族和工厂仍在征集劳工和物资，皇帝继续向军官授予荣誉。7 月中旬，俄军指挥官巴克莱·德·托利元帅（Marshal Barclay de Tolly）设法劝阻亚历山大不要与撤退的军队并肩作战。12 月底，外国军队被驱逐出境，皇帝决心一路追随拿破 101
仑残余部队直至巴黎。这期间，他一直待在圣彼得堡。

经过 1812 年至 1814 年的磨炼，亚历山大回到俄罗斯，彻底变了一个人。他在 1812 年经历过一次宗教觉醒，他的准新教虔敬主义（quasi protestant pietism）不仅渗透到他的个人生活之中，还影响了他的外交和治理政策。他现在把自己视为这一神圣国度仆人的领袖，他的纪念活动特别注重士兵和莫斯科市民的牺牲。1817 年，当他为纪念死者而建的教堂奠基时，当地居民在那里夹道欢迎。① 事实证明，在圣彼得堡纪

① Rey, *Alexander I,* 298.

念这次战争更成问题。圣彼得堡是国家首都，也是统治王朝所在，它需要某种纪念碑，以纪念国家对入侵者来之不易的胜利。然而，参观这样一座纪念碑的游客会被提醒，圣彼得堡及其市民从未遭受过斯摩棱斯克、莫斯科以及很多更小村镇所受的创伤。因此，首都要纪念的不是自己的牺牲，而是它声称代表的国家的牺牲。皇帝在北方的第一举动便是让军队从欧洲返回都城。他委托夸伦吉（Quarenghi）在圣彼得堡西南方的纳尔瓦干道上设计了一个凯旋门，回国军队将通过此门。然而，就其材质而言，这一建筑并没打算长存于世。①

当亚历山大将注意力转向建造更为永久的纪念碑时，他关注到了冬宫广场。像其前任一样，亚历山大并未拒绝在这一最为显眼的广场之上留下自己的印记。在他执政的短短几年里，他解决了冬宫西边的老邻居，指派 A. D. 扎哈罗夫（A. D. Zakharov）重新设计了圣彼得海军部（Petrine Admiralty）和码头。这一项目历时 17 年之久，从根本上改变了冬宫广场的西部边缘。拥有百年历史的护城河被填平，巨大的角楼被拆除。②码头迁移，运河掩埋，海军部和涅瓦河之间，因此可建起一排雅致的建筑。现在，沿着涅瓦河和涅瓦大街之间的冬宫西侧更易通行，同时预示着冬宫桥的最终建成。直到战后数年，海军部项目才最终完成。园丁沿着围绕海军部南立面的公园创设了一条林荫大道，他们在广场和元老院广场之间勾列出一个长长的、风景如画的公共花园。这块土地长达 1.2 公里，含有两个广场，俄罗斯君主此后可

---

① 最初的纳尔瓦凯旋门越来越破旧，尼古拉一世后委托建造了一座永久性的结构。新凯旋门由瓦西里·斯塔索夫（Vasili Stasov）设计，于 1827 年至 1834 年间建成。

② 1806 年，A. D. 扎哈罗夫受命对这座旧建筑进行彻底改造。这座建筑已无法容纳海军，其码头也不足以处理当时抵达这一北方都城的船只。码头迁至下游。这一古典建筑的简洁线条与冬宫和总参谋部大楼相得益彰。参见 Piliavskii, *Dvortsovaia ploshchad'*, 17—18。

集结多达十万名士兵参加阅兵，所有这些均可从俯瞰冬宫广场的冬宫阳台上看到。①

图 5.1：爱德华·豪：《冬宫 1812 军事画廊》(1862 年。收藏于圣彼得堡国立艾尔米塔什博物馆，帕维尔·德米多夫摄。) 102

① Iu. A. Egorov, *The Architectural Planning of St. Petersburg* (Athens: Ohio University Press, 1969), 193—195. 同时参见 W. Bruce Lincoln, *Between Heaven and Hell: The Story of a Thousand Years of Artistic Life in Russia* (New York: Viking, 1998), 109—114。关于阅兵场在尼古拉一世统治时期的作用，参见 Wortman, *Scenarios of Power,* 146—148。

103 1819 年，亚历山大将注意力重新转向冬宫广场。他现在最关心的是如何一劳永逸地解决从冬宫至广场对面那些或多或少临时拼凑起来的建筑，使之成为一个和谐的整体，构建一个具有重要仪式意义的空间。正是在此，亚历山大为纪念 1812 年的国家胜利创建了他的主要纪念碑。1819 年 3 月 16 日，他任命卡罗 · 罗西（Carlo Rossi）为该项目负责人。最后，元老院拨出 100 多万卢布，买下布里乌斯和兰斯科伊的老宅。罗西将它们并入长得惊人的总参谋部大楼，最终完全封闭了广场的南部边界。在这一宏伟建筑的中心，罗西建造了一个永久性的凯旋门，以纪念 1812 年的战士。该门通向波沙亚莫斯卡亚街（Bol'shaia Morskaia Street），罗西在拱门顶部放置了一组雕塑，其中有胜利女神尼姬（Nike）的飞翼战车，由六匹马拉着。[1]

1818 年至 1820 年间，亚历山大的保守爱国主义、宗教理想主义和对竞争时代的怀念，与他残余的改革主义本能发生了决定性的冲突。这些年间，欧洲革命及政治暗杀浪潮愈演愈烈，欧洲大陆主要大国在亚琛会议（1818 年）和特拉波会议（1820 年）上对此作出回应。据亚历山大传记作者所述，正是在这些年间，他偶尔会萌生出退位的念头。[2] 1819 年初，他心爱的妹妹叶卡捷琳娜意外去世。不久之后，他

---

① http://www.rusartist.org/stepan-stepanovich-pimenov-1784-1833/#.Wi7MUoU3su0. 这座雕像是瓦西里 · 德穆特-马林诺夫斯基（Vasili Demut-Malinovsky）和斯捷潘 · 皮门诺夫（Stepan Pimenov）的作品，斯捷潘的父亲是一位彼得堡海关官员，11 岁时因艺术才华被艺术学院（the Academy of Arts）录取。皮门诺夫的雕塑描绘了 19 世纪早期圣彼得堡几乎所有伟大建筑的爱国主题和寓意，比如矿业学院（the Mining Institute）、喀山大教堂、耶拉金宫以及海军部。尼古拉一世后来聘请皮门诺夫在新纳尔瓦门顶上重现他的胜利战车，但皇帝对其“独立且大胆的意见”越来越不满意，于 1830 年将其解雇。德穆特-马林诺夫斯基与皮门诺夫在很多相同的建筑上工作，他在战后还得到一些爱国主义作品的差事，比如巴克莱 · 德 · 托利之墓和亚历山大纪念碑。

② Richard Stites, *The Four Horsemen: Riding to Liberty in Post-Napoleonic Europe* (New York: Oxford University Press, 2014), 245—247; Rey, *Alexander I,* 318—323.

的弟媳回忆说，皇帝在一次家宴上，曾大声说起退位的想法。①在这种忧郁的气氛中，亚历山大请英国社会画家乔治·道（George Dawe）为参加1812年战役的俄国将军画了一组画像。在亚琛会议上，皇帝第一次遇到深受英国贵族庇护的道。在得到“丰厚的劳动报酬”的承诺下，道接受了皇帝的邀请，来到俄罗斯为亚历山大的将军们作画。②

道于1819年前往圣彼得堡，并获准在老舍甫列夫宫设立工作室，老舍甫列夫宫与冬宫和小艾尔米塔什相邻。③这些许年间，道绘制或监督制作了332幅俄罗斯将军的肖像，这一工作一直延续到亚历山大死后。道在舍甫列夫宫的住宿条件非同一般。一幅当代画作描绘了他巨大的工作室，直通向大艾尔米塔什的拉斐尔厅。④

虽然皇家差事让道成为圣彼得堡最富有、最时尚的肖像画家之一，但皇帝选择外国人监管这样一个具有深刻爱国主义色彩的差事却招致微词。《祖国纪事》杂志的著名编辑帕维尔·斯维宁（Pavel
Svinin）就是批评者之一，他对道快速完成的肖像画受到的广泛赞誉 104
表示异议。斯维宁认为，因为用了“沥青”，道的画作过于黑暗。更广义来说，斯维宁认为，到国外寻找肖像画家的倾向会继续阻碍俄罗斯本土人才的发展。⑤正是这个时候，也就是19世纪20年代，一

---

① Rey, *Alexander I,* 308—309.

② Alexander I. Mikhailovskii-Danilevskii, *Imperator Aleksandr Pervyi i ego spodvizniki: Voennaia galereia Zimiago Dvortsa* (St. Petersburg: P. Pechatkin, 1845—1849), ii.

③ 老舍甫列夫宫是拉斯特雷利于17世纪40年代为伊丽莎白的御前大臣D. A. 舍甫列夫设计的。这一建筑于1839年被夷为平地，原址建造了新艾尔米塔什。See Piliavskii and Liulina, “Novyi Ermitazh,” 223.

④ 这幅画由A. 马丁诺夫（A. Martynov）所作，描绘了皇帝参观几幅军事画廊油画的情景，转载于V. Glinka and A. Pomarnatskii, *Voennaia galereia Zimnego dvortsa* (Leningrad: Izd. Avrora, 1974), 18—19。

⑤ Glinka and Pomarnatskii, *Voennaia galereia,* 15—16, 20. 格林卡（Glinka）坚持认为，道的很多私人客户在肖像画完成后不久就将其退回，要求修正颜色。

群人脉很广的艺术爱好者成立了“鼓励艺术家协会”（Obshchestvo Pooshchreniia khudohnikov），这是一个资助有价值前景的艺术家出国留学的组织，此外还争取解放农奴艺术家，并借由平面艺术和平版印刷激发更广泛大众的艺术兴趣。①

事实上，为了完成皇差，以及从众多私人委托中获利，实现自己的目标，道雇佣了一些年轻的俄罗斯画家、雕刻工和平版印刷工，并将他们的工作归功于自己。这些人或是农奴，或是自由身。受雇制作1812肖像画的人中，最为杰出的是来自科斯特罗马省（Kostroma Province）的亚历山大·波利雅科夫（Alexander Poliakov）。波利雅科夫是科尔尼洛夫将军庄园的一名农奴，他在圣彼得堡学习绘画，靠的很可能是政府津贴，他的才华引起道的注意。亚历山大想要在军事画廊中看到的将军，或已去世，或在远离都城的地方任职。道聘用了波利雅科夫和一名叫瓦西里·戈里克（Vasilii Golik）的自由画家，按照那些不能亲自坐下来的人送来的照片创作出原创画像。据说，当波利雅科夫和戈里克完成他们的初稿后，道画上几笔，然后收取了“他”每幅画的全部报酬。戈里克在这个项目上的工作是有薪水的，而波利雅科夫只得到食宿。当差时，他住在宫里，还会有衣食饷银。几十幅波利雅科夫的画作至今仍挂在军事画廊的上排，一些权威人士认为，他对展览的影响远不止于此，因为他修正了很多道直接创作的暗色调画像。②

在他的时代，波利雅科夫的案例激起了高层的爱国愤慨，这在苏

① 斯蒂茨（Stites）在自己的书中探讨了这一协会，参见 *Serfdom, Society, and the Arts*, esp. 37.

② Lincoln, *Between Heaven and Hell*, 124—125; Glinka and Pomarnatskii, *Voennaia galereia*, 30. 最近对乔治·道的一项研究更彻底地阐明了临摹者的问题，以及他们在知名画家工作室中所扮演的角色。参见 Galina Andreeva, *Genii voiny, blaga i krasoty: Pisal Korolevskii Akademik Dzhordzh Dou* (Moscow: IKOM Rossii, 2012), 176—178. 安德列耶娃（Andreeva）写到，戈里克对这位著名艺术家的支持一生都心存感激。Andreeva, *Genii voiny*, 181.

联和后苏联的评论家中依然如此。鼓励艺术家协会的创始人之一是国务秘书彼得·安德里耶维奇·基金（Peter Andreevich Kikin），他是一位退役将军，军事画廊悬挂着他的肖像。基金掌握了波利雅科夫在这些画作创作中所扮演的角色的第一手资料，便坚持不懈地为这个农奴艺术家争取自由。最后，鼓励艺术家协会给科尔尼洛夫出了可接受的赎身价格。沙皇亚历山大去世多年后，波利雅科夫最终在他本人 1835
年去世（时年 31 岁）前几年，获得了官方的解放确认。鼓励艺术家 105
协会出资为其办了葬礼。①

亚历山大的朋友亚历山大·米卡洛夫斯基-丹尼列夫斯基回忆说，在其统治的最后几年里，皇帝经常走进道作画的画廊，观察他的作品，但皇帝本人并没有坐下来被画像，意味着他将这项任务留给了后世。②目前，我们不清楚亚历山大打算如何处理这些庞大的肖像收藏，但他可能在 1825 年去世前就已将他的计划告诉了他的弟弟兼继承人。③

虽然亚历山大对战争时期的“同伴”怀有柔情，对牺牲的军官深感敬意，但至 1818 年，有证据表明，这种感情并未完全得到回应。一直以来，俄罗斯军队的生活都十分辛苦，士兵要服役 25 年，陆军部部长阿列克谢·阿拉克切耶夫（Aleksei Arakcheev）对军官们的纪律特别严苛，导致直接守卫亚历山大的部队——谢苗诺夫近卫军团——

---

① Glinka and Pomarnatskii, *Voennaia galereia,* 22; Stites, *Serfdom, Society, and the Arts,* 340. 斯蒂茨认为是尼古拉本人解放的波利雅科夫。

② Mikhailovski-Danilevski, *Imperator,* ii; Piotrovskii et al., *Ermitazh,* 89. 道最后一幅画于 1828 年完成，尼古拉此时任其为俄罗斯皇室第一肖像画师。亚历山大同时代的乔伊瑟尔-高菲夫人观察到，皇帝不喜欢坐下来被画像，而且很少这样做。但也有例外，他有一幅 1814 年在巴黎著名的弗朗索瓦·热拉尔（François Gérard）画室画的肖像。参见 Sophia de Choiseul-Gouffier, *Historical Memoirs of the Emperor Alexander I and the Court of Russia* (Chicago: McClurg, 1900), 1: 83。

③ Ducamp, *The Winter Palace,* 16—17.

引起叛乱。1820 年，皇帝在特拉波会议上，听说谢苗诺夫近卫军团发生叛变。此时，他不得不面对一个令人不快的事实：叛乱苗头已蔓延至俄罗斯。随之而来的惩罚只会让年轻军官和低级军官更加不安。虽然亚历山大不知道军官们煽动叛乱的程度，但事情后来很明显，几十名军官正组成一系列秘密组织，最终引发 1825 年十二月党人起义（Decembrist Rebellion）。

1825 年 11 月，没有子嗣的亚历山大驾崩于远离都城之地。接下来的一个月可谓混乱不堪，关于谁来继承皇位，他的两个弟弟互相推让，争论不休。① 皇室内部普遍认为，亚历山大将皇位传给了三弟尼古拉，而不是二弟康斯坦丁。康斯坦丁在华沙担任军事长官，与他的波兰妻子生活在一起，并返回圣彼得堡。但几十名禁军高级军官在亚历山大死后密谋采取行动，希望强迫其继承人实行宪政。12 月 14 日，尼古拉上台的第一天，为期一天的戏剧上演，虽不情愿，但新皇帝最终还是命令对其效忠的炮兵部队，向从早上开始就站在元老院广场拒绝向尼古拉宣誓效忠的部队开火，一日剧以此告终。

当天晚些时候，尼古拉骑马走出冬宫，与叛军对峙，在效忠他的部队的陪同下，沿着海军部大道前进。他担心家人安全，下令增派冬
106 宫入口守卫，尽管几个月后，他才能确定哪些军团窝藏了阴谋分子。据目击者称，紧张对峙在几个街区之外，但此时冬宫广场本身也被各色人等占据，包括将军和其他官员，他们或与密谋无关，或试图撇清关联。A. M. 布拉托夫（A. M. Bulatov）上校与密谋者相熟，后来被逮捕但未被定罪。据他回忆说，在元老院大楼前摊牌的过程中，“我

① 亚历山大 11 月中旬驾崩于塔甘罗格，死因引起纷纷猜测，有人说他只是为了出家假死而已。

在广场上走了一圈，遇到了很多熟人，看到了几位将军，我向他们鞠躬，然后继续平静地走我自己的路”。① 他还撞见“近十名皇家近卫骑兵团士兵，其中一个我认识，他劝我回头”——也就是让其继续忠于尼古拉。② 这是危险且混乱的一天，冬宫片区显然仍有君主制支持者的领地，与革命支持者仅隔几个街区。一些后来被审讯的人说，阴谋分子前往元老院广场的路上经过冬宫，发现冬宫庭院有保皇部队，并认出他们“不是我们的人”。③ 当天晚上，随着逮捕行动的开始，被带去审讯的官员大多是首次在冬宫出现在尼古拉本人面前，然后被送往彼得保罗要塞。

在接下来的几个月里，调查委员会在冬宫设立办公室，深挖了京城和南方各级官员参与谋反的程度，皇帝本人经常到访。④ 调查人员收到的最令人不安的信息之一是，1824 年春天，有人密谋在白厅（大画廊）舞会期间袭击亚历山大本人，或许还有他的家人。⑤

有证据表明，12 月 14 日前几天，有人密谋策划在冬宫逮捕尼古

---

① A. M. Bulatov, letter dated Dec. 25, 1825, cited in M. V. Nechkina, ed., Vosstanie Dekabristov: Dokumenty (Moscow: Izd. Nauka, 1984), 18: 299.

② Nechkina, Vosstanie Dekabristov, Bulatov letter, Dec. 25, 1825, 299.

③ M. V. Nechkina, ed., “Vsepodanneishii doklad vysochaishe uchrezhdennoi Sledstvennoi komissii ot 30 maia 1826 gg.,” Nechkina, *Vosstanie Dekabristov,* 17: 57；这句话是 N. A. 帕诺夫（N. A. Panov）所说。

④ 调查委员会职位增至冬宫无法容纳，最终搬至河对岸的彼得保罗要塞。委员会成员在 1826 年 3 月冰融时节开始计划搬家，直至 5 月方才完成。记录见于 Session 77 in Nechkina, Vosstanie Dekabristov, 16: 128. 一些官员刚开始就反对在冬宫内审讯谋反分子。

⑤ 皇家近卫骑兵团 A. S. 戈罗赞斯基中尉证词，参见 Nechkina, *Vosstanie Dekabristov,* 18: 263，及其他。十二月党人称为白厅（Belyi zal’）的房间，是靠涅瓦河一边的大接待厅，用来举行舞会，尼古拉死后，改名为尼古拉厅，一直沿用至今。今天被称为白厅的房间当时还未建成；这个房间位于冬宫西南角，是 1841 年为亚历山大二世新娘建造的华丽套房的一部分。我们可在路易吉·普雷马兹（Luigi Premazzi）1865 年的画作中一窥其貌，参见 Ducamp, *The Winter Palace,* 154—155。

拉全家，这让人更加惊慌。有人提到1809年瑞典革命，古斯塔夫四世被逮捕，但并未被处决。提起瑞典，人们也会想到古斯塔夫三世1792年的命运，他在自己宫中的化装舞会上，被失意贵族谋杀。有人供认，暗示十二月党人康斯坦丁·雷利耶夫（Konstantin Ryleev）和亚历山大·贝斯图热夫（Alexander Bestuzhev）曾谈及如何逮捕皇室一家。据说，雷利耶夫请人给他带一张冬宫地图，贝斯图热夫“笑着应道：‘皇帝内眷不是针，你去抓他们时，他们不会藏起来的。’”① 据一份报告称，A. P. 阿尔布佐夫（A. P. Arbuzov）向雷利耶夫建议，到城中酒馆煽动暴民，夺取“某个教堂的旗帜”，然后带着一心要抢劫
107 的人冲进皇宫，这样一来弑君并非不易；但阴谋分子最终决定，先将皇室成员关押起来，然后由特别法庭决定其命运。②

这一设想肯定对尼古拉的思想产生了强烈的影响，对他来说，冬宫既是他心爱的家，还是他的政府中心，也是把皇帝、军民团结在一起的纽带象征。因此，十二月党人起义之后，尼古拉展现爱国主义君主制的主要对象是普通士兵，而非不可靠的精英阶层。尼古拉和他的教育部长谢尔盖·乌瓦洛夫（Sergei Uvaro）提出一个由“东正教、专制、人民性”定义的新管理模式，简称“官方民族性（narodnost'）”。③ 这种学说的宣传者认为，君民之间的特殊关系根植于俄罗斯人民自古对外国统治者的接受，这些统治者即尼古拉的祖先。因此，身为俄罗斯人，或帝国其他民族，就是对皇帝最高的忠诚和服

---

① M. V. Nechkina, ed., “Vsepodanneishii doklad vysochaishe uchrezhdennoi Sledstvennoi komissii ot 30 maia 1826 gg.,” in Nechkina, *Vosstanie Dekabristov*, 17: 52.

② Nechkina, *Vosstanie Dekabristov*, 17：52.

③ 尼古拉斯·里亚撒诺夫斯基（Nicholas Riasanovsky）对这一政治学说进行了阐述，参见 Nicholas Riasanovsky, *Nicholas I and Official Nationality in Russia, 1825—1855* (Berkeley: University of California Press, 1959)。

从。因此，君主制仪式性展演的主要观众应该是这些有价值的人。[①]

退伍军人的宫殿

尼古拉一世的性格远没有他大哥那样矛盾，他的爱国主义十分简单，在他整个统治时期，都体现在对卫国战争（the Fatherland War）更为广泛的公开纪念。尼古拉反制了持续不断的国外叛乱和国内反抗，他用许多纪念和感伤的方式提醒人们，在关键的岁月里，帝王如父，士兵如子，他们之间神圣的纽带，从邪恶的侵略者手中，拯救了俄罗斯。是尼古拉发起了1812崇拜，亚历山大一世是崇拜的中心人物。但随着时间推移，尼古拉调整了对亚历山大军队的记忆，开始重视普通士兵，而非污点日益增多的军官。

尼古拉圣化1812纪念的第一个行动发生在冬宫内。1826年，他委托罗西在圣乔治厅的王座厅旁的几个小房间里建造了一个新画廊，用于展示道的肖像画作。[②] 6月至9月，罗西完成了这一项目工作，画廊准备于1826年12月25日举行落成典礼，即1812年亚历山大一世为纪念战胜拿破仑军队而指定的纪念日。这座军事画廊的祝圣仪式在冬宫教堂开始，全体皇室成员到场，1812年至1814年战役中幸存的所有军官均有出席。然后，骑兵和步兵分队齐步走过画作，其中包 108

① Richard Wortman, "National Narratives in the Representation of Nineteenth-Century Russian Monarchy," in Richard Wortman, *Russian Monarchy: Representation and Rule: Collected Articles* (Boston: Academic Studies Press, 2013), 154—156.

② Ducamp, *The Winter Palace*, 60. 爱德华·豪1862年的画作描绘了军事画廊。参见 Ducamp, *The Winter Palace*, 61。

括 M. I. 库图佐夫（M. I. Kutuzov）、M. A. 巴克莱 · 德 · 托利和已故沙皇亚历山大一世的全身画像。[1]

图 5.2：瓦西里 · 萨多夫尼科夫：《冬宫广场与总参谋部大楼》（1847 年。收藏于圣彼得堡国立艾尔米塔什博物馆，弗拉基米尔 · 特雷本宁摄。）

---

① Ducamp, *The Winter Palace*, 17. 最初挂在该画廊的亚历山大画像是哪一幅目前尚不可考。他在圣彼得堡时并未让道画像，但可能在 1814 年访问伦敦时画过。此外，至 1826 年，1817 年热拉尔完成的那幅画像很可能挂在冬宫剧院的门厅里；有权威人士称，道为画廊的开幕式制作了一幅亚历山大骑马的画像，但是凭空而作。参见 https://commons.wikimedia.org/wiki/File: Alexander_I_by_Fran%C3%A7ois_G%C3%A9rard.jpg; http://historicalportraits.com/Gallery.asp?Page=Item&ItemID=909&Desc=Emperor-Alexander-I-%7C-George-Dawe. 这幅画已不复存在。因为，很明显，这不是 1837 年大火中唯一没有被救出来的画作。重建期间，尼古拉委托他最喜欢的肖像画家弗朗茨 · 克鲁格（Franz Kreuger）为亚历山大画了一幅新肖像。1839 年画廊修复完工，这幅骑马肖像被放在了被毁画像的地方。参见 Piotrovskii et al., *Ermitazh*, 89. 克鲁格还为普鲁士国王弗雷德里克 · 威廉三世（皇后父亲）画过肖像，P. 克拉夫特（P. Krafft）提供了一幅奥地利皇帝弗朗茨一世的画像。这三幅新肖像画使画廊中画作总数达到 332 幅。

此后，尼古拉将12月25日定为每年的纪念日，以纪念俄罗斯在其武装部队手中获得的救赎。每年这一天，他都会邀请所有因1812年战役或1814年攻占巴黎所做贡献而获得勋章的老兵，到冬宫参加特别纪念仪式，其中包括祈祷和“阅兵”。1827年12月25日，所有相关步兵、骑兵和炮兵老兵，包括所有皇家近卫骑兵团精锐部队，在冬宫涅瓦河一面的主要大厅内列队。几天后，军报《俄罗斯老兵》（*Russkii invalid*）刊登了一份详细的参与军队和指挥人员名单。[1] 1832年，仪式变得更加繁杂。当天开始要在冬宫大教堂举行庄严圣礼，皇帝、皇后、皇储以及所有主要朝臣和官员都要参加。圣礼结束后，109
1812年和1814年的部队老兵在冬宫大殿集合。有幸在军事走廊集结的部队，是新成立的皇家掷弹兵荣誉部队，二期部队则在大议事厅内集合。皇帝最小的弟弟迈克尔·帕夫洛维奇（Michael Pavlovich）担任阅兵元帅。祈祷之后，尼古拉和他的妻子起驾军事画廊，在那里接受敬酒，被祝愿万寿无疆。[2]

19世纪40年代，尼古拉采取了一项策略，将其肖像画廊的影响力扩大至冬宫墙外。他指派博罗季诺老兵——历史学家亚历山大·米哈伊洛夫斯基–丹尼列夫斯基中将（Lt. General Alexander Mikhailovskii-Danilevskii）监督出版一本道所作画像的平板复印画册。这是俄罗斯最早使用美术版画宣传爱国主义和君主制的案例之一。这套画册共有六卷，收集了200多幅肖像画，由艺术家I. A. 克里乌克文（I. A. Kliukvin）根据道的原作绘制，并附有将军们的简要传记。该书于1845年至1849年间出版。米哈伊洛夫斯基–丹尼列夫斯基在序言中告

---

① *Russkii invalid* 325 (28 Dec. 1827): 1300—1301.

② *SPV*, no. 306 (Dec. 30, 1832). 关于皇家掷弹兵的探讨参见下文。

诉读者，尼古拉制作这套平板画册是为了宣传军事画廊，他希望军事画廊“能被整个俄罗斯帝国所珍视”。[1] 这本画册名为《1812年、1813年、1814年和1815年的亚历山大一世和他的同伴们：冬宫军事画廊》，由一些知名人士赞助，以订阅方式供给富有的购买者。

值得注意的是，这次对皇室住所的宣传，与维多利亚时代英国开始宣传皇室摄影的时间一致，英国第一批皇室照片于1842年拍摄，并于1857年首次公开展示。尼古拉本人没有被拍照，有人认为大量制作君主画像只会削弱（并不会增强）君主制的神秘感，尼古拉与他们观点一致。但他对宣传有关冬宫内部的图画很感兴趣，至少是在昂贵的艺术复制品可控的情况之下，还可为1812年崇拜服务。

1827年，尼古拉创建了一个新的皇家卫队荣誉部队——皇家掷弹兵连，这更戏剧性地证实了他对君主与士兵关系的崇敬。虽然十二月党人起义以不光彩的失败告终，但它影响了新皇帝对其与军队关系的理解。审讯者发现，即使是欧洲最虔诚、最保守的君主制国家的军队，也感染了低级别的起义热潮。尼古拉得出结论，革命精神仅限于数量相对较少的贵族军官，他将他们流放至西伯利亚。与此同时，尼
110 古拉及其忠臣也得出结论，构成俄罗斯武装力量的普通士兵，也就是常说的普通农民，从根本上仍忠于他们的君主。

尼古拉现在转向这些人，尤其是拿破仑战争中英勇的退伍老兵，让他们在宫中维护皇室的人身安全。在博罗季诺战役和其1812年至1813年其他关键战役中幸存下来的皇家近卫骑兵团底层，尼古拉找到了召唤他来统治的帝国主义国家的真正代表。他们成为一个专门的皇

---

[1] Mikhailovskii-Danilevskii, *Imperator,* vi. 有关哈伊洛夫斯基-丹尼列夫斯基历史作品的完整描述，参见 Alexander Mikaberidze, *Russian Officer Corps of the Revolutionary and Napoleonic Wars, 1792—1815* (New York：Savas Beatie, 2005), 254—255。

家连队的核心，一直持续至 1917 年君主制崩盘。皇家掷弹兵连是尼古拉信奉的君主制民粹主义的见证。在这种民粹主义中，他及其家人都怀有一种观念，尽管俄罗斯法国化的精英们已经腐败，但俄罗斯皇帝仍深受平民们爱戴，他们虔诚爱国，对皇帝顺从恭敬。正是在冬宫家庭内部，皇室成员和顺从臣民之间的许多个人接触，使统治者确信自己受到了下属的爱戴。皇家掷弹兵蓄着胡须，制服华丽，是这种令人安心的忠诚的典范。①

很多在英雄年代参加过战役的人到 1827 年已服役 20 年，并分散到帝国的各个角落，但尼古拉下令，将那些仍在服役的 1812 老兵召进他的特种部队之中。②起初加入的人大多是退役前最后几年服役的老兵。直至 19 世纪 30 年代，曾缔造光辉岁月的士兵仍从其他部队被吸收进皇家掷弹兵连。这支部队承担了主要的礼仪职责，守护君主一生以及他的住所，并在其死后将其遗体送至彼得保罗要塞。尼古拉对掷弹兵连照顾有加，为他们定制了正式和其他场合的专用制服，并详细说明该连从冬宫至广场的行军顺序。他下令，该连旗帜将永远飘扬在冬宫入口及其房内。③在掷弹兵连服役者多和家人住在冬宫内部，其他则私下住在城市周围。后来宫廷购买了前法国使馆，并为该连修建了自有营房。宫廷部特别照顾该连家眷命运，在特殊时节会为他们

---

① 参见冬宫内掷弹兵绘画，其中包括一幅米哈伊尔·库拉科夫（Mikhail Kulakov）的画像，由弗拉基米尔·波伊尔科夫（Vladimir Poiarkov）创作。参见 https://img-fotki.yandex.ru/get/205820/375901008.23/0_152153_53c1c791_orig.jpg。

② S. A. Grinev, *Istoriia roty dvortsovykh grenader* (St. Petersburg, 1912), 1. 此后数年，尼古拉的特种部队里不乏光荣服役至少 20 年之久的近卫团老兵，他们曾因杰出贡献而被认可。1900 年后，所有由此记录的军队老兵均符合资格。军官必须是圣乔治师资勋章获得者，从各层士兵中晋升。

③ Grinev, *Istoriia roty,* 216.

提供财物。在掷弹兵连服役，对承担这一任务的士兵来说，既是荣誉又是恩惠。

少量士兵小传简述了他们到达尼古拉宫殿中心所经之路。一级
111 掷弹兵加夫里尔·扎伊采夫（Gavril Zaitsev）是一农民，来自奔萨省，1808年入伍。1809年，他被编入普鲁士亲王的掷弹兵团，服役至1812年，被调入谢苗诺夫近卫军团。1812年，扎伊采夫参加了博罗季诺（Borodino）、塔鲁季诺（Tarutino）和维亚兹马（Viazma）等重大战役；1813年，他在包岑（Bauzen）、德累斯顿（Dresden）、霍尔姆（Kholm）和莱比锡（Leipzig）等地服役，1814年在法国作战，并攻入巴黎。他曾参与1828年—1829年俄土战争，并因作战十分英勇获得圣乔治勋章。1833年1月，扎伊采夫被招入皇家掷弹兵连，服役五年后于1838年退役。掷弹兵埃菲姆·加敦（Efim Gadun）1811年首次应征加入皇帝的军队，在阿尔扎马斯骑兵队（Arzamass Dragoons）、叶卡捷琳诺斯拉夫胸甲骑兵队（the Ekaterinoslav Cuirassiers）和骑兵卫队（the Cavalier Guards）服役。1812年10至11月，加敦参与了抵抗拿破仑军队的战役。1814年，他在欧洲服役，在巴黎作战。加敦1832年退役，次年被招入皇家掷弹兵连。与扎伊采夫一样，他在冬宫服役五年，后永久退役。格拉西姆·奥夫齐尼科夫（Gerasim Ovsiannikov）来自坦波夫（Tambov），于1809年加入科斯特罗马兵团（the Kostroma Regiment），1812年在戈罗迪奇诺（Gorodichno）参加了对抗奥地利的战斗。他在该团服役至1834年，后被调入伊兹梅洛夫斯基卫队，一天后被招入皇家掷弹兵连。

然而，在尼古拉的纪念项目中，最具公共性质的是在冬宫广场中心修建和安装亚历山大纪念柱。理查德·沃特曼（Richard Wortman）证明，皇室对亚历山大还有特别的感情，对于尼古拉来说，这位已

故皇帝，虽是长兄，更似父亲。因此，他把亚历山大作为了自己倾心打造的1812崇拜的中心。随着冬宫广场最终“完工”，老拉斯特雷利为彼得大帝建造的粗重纪念碑早已被遗忘。军事画廊完工后不久，尼古拉有了把这一中心广场重点用于纪念1812及其英雄领袖的想法。[1] 1830年至1834年间，这座非凡纪念碑的建造工程为都城居民提供了一系列的公共景观。

1829年末，皇帝批准了建筑师奥古斯特·蒙费朗（Auguste Montferrand）的设计，当时蒙费朗正在建造圣以撒主教座堂。1830年11月，工人已开始在广场中央准备场地，在四米深的基坑中打入上千根松木桩。在桩子上面，工人又设置了一个由12块黄岗岩组成的地基。基座和柱子的花岗岩来自芬兰湾的一个采石场，三四百名农奴在那里用铁撬和大锤进行了两年的开采，才将其从山上挖了下 112
来。[2] 1831年11月初，一艘专门建造的船只将用于柱子基座和底座的巨石运来，停靠在当时位于海军部和冬宫之间的码头。工人用了八天时间，才辛辛苦苦将重达一千多吨的石头从河边拖到广场中央。负责监督修整石头和设置基座工作的是一名20岁的工头，名叫瓦西里·雅科夫列夫（Vasily Yakovlev）。几个月后，即1832年7月，一艘船只停靠圣彼得堡，上面载有用来建造柱身的巨石。工人们花了12天时间，在绞车的帮助下用雪橇将其拖至广场。这块巨大的石头在广场躺了近两个月，石匠和抛光师傅对其进行了打磨，工程师也忙于搭

---

① 尽管冬宫广场的建筑整体已经完成，尼古拉斯还是委托进行了一些实质性的重建和改造，其中最引人注目的是，在广场东侧旧演练场的基础上，为近卫军建造了一个新的总部。这一建筑由亚历山大·布里乌洛夫设计，建于1837年至1843年间。参见 I. E. Grabar', *Istoriia russkogo iskusstva* (Moscow: Izd. “Nauka,” 1964), vol. 8, bk. 2, 472—473。

② P. N. Stolpianskii, *Peterburg: Kak voznik, osnovalsia i ros Sankt-Piterburkh* (Petrograd, 1918; repr., St. Petersburg: Nauchno-izdatel'skii tsentr NeGA, 1995), 204.

建巨大的脚手架，用于将其立起。1832 年 8 月 30 日，恰逢圣亚历山大·涅夫斯基节，预期竖立柱子的大日子终于到来。

皇室让整个城市参与进来，活动始于喀山大教堂的礼拜仪式，随后前往亚历山大·涅夫斯基修道院教堂游行，最终返回冬宫。清晨时分，人们便从四面八方赶来，开始在广场聚集，包括来自“莫斯科、里加（Riga）、雷维尔（Revel）[①] 甚至英格兰”的游客，“欲睹这一庄严仪式的风采”。[②] 人群规模前所未有，超乎所有观察者所料，蒙费朗估计得有一万人。几天后，《圣彼得堡公报》在头条新闻中一口气做了很多报道，观众挤满脚手架和附近的画廊和整个广场，从四周窗户向外望去。冬宫、总参谋部大楼和海军部屋顶全都是人。据报道，当天天气极好。

皇室成员、宫廷要人和外国使者占据了蒙费朗在脚手架附近专门搭建的展台。特别嘉宾还包括来自艺术和科学学院的代表、教授和外国艺术家。简短祈祷后，两点时分，60 个绞盘开始慢慢转动。《圣彼得堡公报》报道说，所有人都默默看着，带着担忧和希望。用了将近两个小时，大柱子才立了起来。当它最终竖立起来时，人群中爆出热烈的欢呼声。据《圣彼得堡公报》称，周围的人都向尼古拉表示祝贺。而尼古拉唯一的想法便是纪念他心爱的长兄——俄罗斯的救世主。除了著名的彼得大帝雕像，圣彼得堡又增添了一座令人惊叹的纪念碑，以纪念尼古拉所尊称的圣彼得堡第二英雄。

有回忆录作家声称，有人相互下注，赌柱子什么时候会倒，朝向何方，不亦乐乎。尽管如此，这一壮观场面令政府职员 I. V. 罗斯科夫

---

① 现为爱沙尼亚首都塔林。——译者注

② *SPV*, no. 205 (Sept. 1, 1832). 亚历山大纪念柱于 8 月 30 日立了起来。

申科（I. V. Roskovshenko）印象深刻，他在给乌克兰家人的信中，竟不知如何描述皇室、朝廷和外国使节的精彩游行。①他更找不到合适 113
的词来形容人群的规模，“毫不夸张地说，人数超过十万；房顶、窗户，总之，能站人的地方都被挤满了”。他们看了两个小时，见证了柱子立起的整个过程。②抛光打磨、在柱顶竖立雕像以及将浮雕放在基座上，又花了两年多的时间。

亚历山大纪念柱正式落成仪式于 1834 年 8 月 30 日举行。那是一个温度适宜的夏日。在圣彼得堡大批观众面前，宫廷人员集合了尼古拉 1812 崇拜的所有元素。这一次，士兵和老兵取代了工程师的位置，其中皇家掷弹兵身着最新设计的制服，占据着最重要的位置。当天早上，连旗从军事画廊被取回之际，一百多名掷弹兵在圣乔治厅集结。随着鼓声，掷弹兵沿着南边楼梯而下，列队于宫殿门口，等待着他们进入广场的信号。十一点，掷弹兵连沿宫殿外墙就位，进行了仔细的训练，司祭在他们上面的阳台祈祷时，他们一直坚守着岗位。在整个过程中，掷弹兵连连旗一直在阳台上飘扬。大阅兵开始前，掷弹兵连担任了守卫亚历山大纪念柱四周的职务。阅兵进行时，他们也要在这些位置坚守。③大阅兵充分利用了当时从冬宫广场延伸至元老院广场的阅兵场。这一空间容纳了约 12 万士兵。

圣彼得堡人民如何看待这一盛况？尼古拉一世执政时期，爱国主义意象达到顶峰，有了更为广泛的扩张。他们对此又有何反应？一位小册子作者认为，观看阅兵的市民群众是为了纪念亚历山大，他们把亚历山大与善念和俄罗斯的荣耀视为一体。对于与尼古拉同

---

① 国立艾尔米塔什博物馆：展览。http://hermitagemuseum.org/html_En/05/hm5_7_13_1.html.

② I. V. Roskovshenko, “Peterburg v 1831—1832 gg.,” *Russkaia starina* 101 (Feb. 1900): 489.

③ Grinev, *Istoriia roty*, 219—222.

住一个屋檐下年迈的掷弹兵，以及每年在其宫殿受到表彰的老兵来说，对君主制的信念似乎更为深沉。农奴出身的画家瓦西里·拉耶夫（Vasily Raev）当时已当选院士，他对整个过程也发表了评论。当年晚些时候，他完成了他的《亚历山大柱落成典礼图》。这幅画描绘了冬宫至元老院的巨大空间，上面挤满了看不清脸的士兵组成的严正方阵，排列成完美的几何形状，直至消失在尽头。格里高利·卡加诺夫（Grigory Kaganov）总结称，拉耶夫的创作动机是一种“内心深处的无力感和失落感，甚至还有些害怕的感觉。这一空间令人难以置信，但确由人类创造而来”。而且，“对于普通人来说，这个建筑井然有序
114 的大草原，确实让人望而生畏”。① 自然，我们无法知道还有多少人有这种反应。卡加诺夫指出，关于竖立亚历山大纪念柱一事，其他画作多采用了一种不那么令人生畏的视角，而是从更加人性化的角度来看待这一盛事。瓦西里·萨多夫尼科夫（Vasily Sadovnikov）关于冬宫广场和冬宫的系列画作也表达了君主和市民之间交流的繁文缛节，但也传达了一种人们出来是为了看一场令人愉悦的盛事之感。他在1839年绘制的《从海军部看冬宫》显示，卫兵换岗期间，观众聚集在海军部一侧，与宫廷军队保持着一定距离，但各种各样的市民，以及一个急切地拉着父亲手的孩子，都传达出了百姓的欢乐之情，居民和游客均在享受其国都的风景。

军队解散后，市民可以靠近这一巨大圆柱，仰视顶端的雕像：亚历山大作为复仇天使，双脚踩着一条蛇。② 他们是否像后来的评论家一样，思考过这座纪念碑参考了罗马式的辉煌壮丽？他们是否接受了

---

① Grigory Kaganov, *Images of Space: St. Petersburg in the Visual and Verbal Arts,* trans. Sidney Monas (Stanford: Stanford University Press, 1997), 98—99.

② Wortman, *Scenarios of Power,* 149.

都城中心最终完工的建筑群的古典秩序？他们是否被政府权力的壮观展示所吓倒？这座城市最新的纪念碑光是最后装饰工作就在其位置上花了两年，它是否激起了他们心中的爱国情怀？我们不无理由地认为，许多人都怀有这种感情，这种感情在人群中往往更为强烈。但是，1834 年 8 月 30 日傍晚，随着占领广场的军队逐渐退去，市民逐渐重新占据了这一空间：来往社交，谈论着当天的事件、履行着当天还未完成的职责。只有广场某一部分会受到皇家掷弹兵的严密监视，他们现在把守着亚历山大纪念柱附近建起的岗亭，因为他们的哨所正面向冬宫本身。在它后面，冬宫背风处，城市生活正在上演。

115

6　皇室内眷及其主人

从维多利亚英国至罗曼诺夫俄罗斯，君主制通过适应得以幸存。在众所周知的专制统治巅峰时期，罗曼诺夫家族也遇到了其他欧洲统治者在那个时代面临的去神秘化的力量：公共领域日益扩大，印刷媒体激增，科学世界观扩张，社会世俗化，逐渐复杂且清晰的协会组织也带来挑战。[①] 在俄罗斯，以扩大参与和修改宪法为形式的政治现代化的压力加剧了这些压力。1825 年十二月党人起义、19 世纪 60 年代农奴解放骚乱以及 1881 年的政治暗杀，对俄罗斯君主制都有所打击。虽然压力不断，俄罗斯君主在整个 19 世纪还是保留了他们的专制主义统治，并扩大了他们的民族和帝国的重要意义。叶卡捷琳娜的孙子亚历山大一世和尼古拉一世，尤其后者，将俄罗斯定位为君主制政府和旧体制的主要捍卫者，他们寻求方法维护因农民叛乱、王朝混乱、宫廷政变和宪政挑战而被削弱的制度，并使其更加现代化。

扩大 1812 爱国崇拜是尼古拉延续其兄长统治的标志。但他强调自己作为有序家庭领袖的角色，这一点与其兄长的模式不同。尼古拉

① Deploige and Deneckere, *Mystifying the Monarch*, 9—21; Cannadine, "The Context." 对君主制的神秘化和去神秘化之间的关系有很好的探讨，并对他们之间的年代线性概念提出了挑战。

统治时期最普遍的主题之一便是皇家家庭安宁和婚姻和谐。他在冬宫舞台上向市民、仆人和游客展示家庭生活的意义，不是为了表明皇家与他们并无二样，而是为了展示秩序井然的家庭的品质。尼古拉似乎 116
在说，其他男性承担着大小家庭主人的责任，他们可以向他学习。[①]

君主制的一个特点是，它由一个家庭向外散发。但长期以来，欧洲君主似乎都在掩盖这一事实。然而，在法国大革命和路易十六被处决之后，欧洲君主要么被迫接受各种宪法限制，要么设法抵制，但无论如何，他们越来越强调自己与庶民之间的有机联系。他们强调国家或帝国纽带，且认为自己的家庭可作为代表。西蒙·沙马（Simon Schama）认为，在整个欧洲，皇室“家族”的形象18世纪晚期才出现，并于19世纪及以后得到充分发展。对比路易十四和维多利亚女王的肖像，沙马观察到，当政王朝逐渐从“神圣家族”变成“客厅内的家族”。在俄罗斯，是尼古拉一世迈出转型的第一步，其继任者在其基础上进行了扩展，他们“用家庭内饰取代了王朝图腾，把自己包装成慈父贤母，而非骑兵或法官”。[②]尼古拉通过将罗曼诺夫王朝描绘

---

① 丽贝卡·弗里德曼（Rebecca Friedman）在其对大学系统的研究中断言：“尼古拉统治俄罗斯时，父权与家庭生活紧密相连。”参见 Rebecca Friedman, *Masculinity, Autocracy, and the Russian University* (Basingstoke: Palgrave Macmillan, 2005), 101。尼古拉一世的传记比任何其他19世纪的俄罗斯统治者都要多。主要作品有 N. F. Dubrovnin, ed., *Materialy i cherty k biografii Imperatora Nikolaia I i k istorii ego tsarstvovaniia* (St. Petersburg: Sbornik Imperatorskogo russkago istoricheskago obshchestva, 1896); N. K. Schilder, *Imperator Nikolai Pervyi: Ego zhizn'i tsarstvovanie* (St. Petersburg: A. S. Suvorin, 1903); Riasanovsky, *Official Nationality in Russia;* A. E. Presniakov, *Emperor Nicholas I of Russia: The Apogee of Autocracy, 1825—1855* (Gulf Breeze, FL: Academic International Publishers, 1974); W. Bruce Lincoln, *Nicholas I: Emperor and Autocrat of All the Russias* (DeKalb: Northern Illinois University Press, 1989)。最近对回忆录和档案材料（附有有用注释）的整理是 A. N. Tsamutali, Andreeva, T. V., eds., *Nikolai I: lichnost'i epokha. Novye materialy* (St. Petersburg: Nestor-Istoriia, 2007)。

② Schama, “Domestication of Majesty,” 155, 183.

成一个家族，推进了他所认为的罗曼诺夫王朝持久的正直品性。①

亚历山大一世没有给他弟弟留下一个完全令人满意的家庭榜样。他的家庭安排看似有序，但有些紧张，介于放荡不羁的祖母和一本正经的弟弟之间。亚历山大的直系亲属圈子包括他的寡居母亲皇太后玛丽亚·费奥多罗夫娜（Maria Fedorovna），以及他的妻子伊丽莎白·阿列克谢耶芙娜（Elizabeth Alekseevna），阿列克谢耶芙娜性格内向，两个女儿孩童时期便已早夭。这个家庭一本正经，没有孩童。伊丽莎白从未以女主人的身份管理过自己的家庭，因为她的婆婆比她活得还要长久。皇帝皇后听从太后行事，主持贵宾晚宴的也多是太后。家庭聚会也总是在玛丽亚·费奥多罗夫娜宫中举行。皇帝夫妻婚姻不忠，虽谨小慎微，但皇室内部人尽皆知。②

展示模范家庭

尼古拉的婚姻则要幸福得多，是七个孩子的父亲，但他在努力塑造家庭主人的角色时，却受到了当时大众传媒的限制。③在摄影、大众印

---

① 沃特曼强调了尼古拉“家庭”和“王朝”权力展演中的家族方面，指出他的家庭情感给外国人留下积极的印象，其中包括其黑粉库斯汀侯爵（Marquis de Custine）。库斯汀侯爵认为尼古拉的家庭美德有助其经纶天下。参见 Wortman, *Scenarios of Power,* 1: 314—331。

② 该摘要摘自宫廷活动日志。例如，*Kf TsZh* for the years 1810, 1812, 1821。

③ 尼古拉在家庭画像方面确实非常谨慎。他并未坐下来画上一幅全家福，而他的孙子亚历山大三世和曾孙尼古拉二世都通过拍照完成了全家福。但他委托他人为妻子、子女和孙辈画了几幅肖像，有时是家庭合照。比如，乔治·道曾为皇后和她的两个孩子画像；克里斯蒂娜·罗伯逊（Christina Robertson）1849 年曾给他的女儿玛丽亚·尼古拉耶芙娜女大公及其四个孩子画像。他是第一个发行“皇室卢布”的沙皇，时间为 1835 年。这枚纪念币面向高级贵族，不公开发行。正面刻有尼古拉头像，反面刻着皇后脸面，周围是这对夫妻的七个孩子。参见 http://coinsauctioned.com/auctions/coins/russia/.

刷和电子通信带来宣传爆炸的前夕，尼古拉突然想到了比他的任何前任 117
或继任者更充分利用圣彼得堡冬宫大舞台的做法。宫殿是一种媒介，他可以在其中把自己塑造成家长，同时保留君主制神秘感的关键因素。在这里，尼古拉将 18 世纪优雅而冷漠的朝廷变成了一个现代（且可说是庞大）的家庭，由和谐且尽职的家人维系。因此，他扩大了冬宫现有的所有公共用途，如新年舞会等，同时还增加了新的庆祝活动，比如 12 月 25 日的军事纪念活动，比如邀请大批身份最为卑微的人参加圣彼得堡圣徒彼得与帕维尔教堂的复活节仪式。尼古拉执政期间，每年参观冬宫的圣彼得堡人民数以万计。尼古拉将冬宫里外翻了个遍，程度远超以往所有的皇室主人。他热爱这一建筑，亲切地称其“Zimnii”，① 情感超过所有住在此处的罗曼诺夫家族。对尼古拉来说，家庭生活和帝王职责之间的界限很模糊，当他和家人住在冬宫时，他们很少下台在幕后活动。

住在该宫殿的人一代接着一代，舞台本身就是一幅不断改造和重新装修的场景。冬宫众多房间最初无人居住，后来逐渐挤满了孩子、出嫁的女儿和她们的夫婿以及皇储的家人。通常情况下，新登基的统治者会继续住在他们年轻时居住的房间，不过通常会安装更为精致的装饰。因此，君主寝宫并非固定，时间不同，位置各异。叶卡捷琳娜和后来的保罗都住在彼得三世最初为自己打造的房间里。该房间位于东南区域，可俯瞰草地广场。保罗去世后，他的遗孀玛丽亚·费奥多罗夫娜在南方保留了自己的住处。亚历山大和伊丽莎白则住在他们童年居住的房间里，位于海军部一侧。此后，历代君主都或多或少住在冬宫这一区域。这里远离繁忙的冬宫广场，可以看到河景。②

---

① 意为“冬天”。——译者注

② Ducamp, *The Winter Palace*, 14—15.

尼古拉和他的妻子亚历山德拉·费奥多罗夫娜（Alexandra Fedorovna）育有七个子女，对他们宠爱有加。但夫妻二人从未占用其受人尊敬的兄长的寝宫或办公室，后者多年来一直被当作家庭圣地不受侵扰。他们在附近改造了一个大套房，从窗户可以看到北边的涅瓦河和西边的海军部。御书房则位于这一区域的三楼，房间临河，非常恢宏。而尼古拉似乎通常会避开这一房间，选择一间位于二楼角落、面向冬宫广场的简朴办公室。[1] 他经常睡在那里的一张行军床上，并在此忍受最后的病痛折磨，于 1855 年去世。[2] 据说，路人有时可以看到尼古拉在
118 二楼办公室里借着灯光工作到晚上的身影。[3]

和住在冬宫的任何一位君主一样，尼古拉和亚历山德拉·费奥多罗夫娜似乎很享受他们在冬宫创造的生活。他们塑造的幸福家庭生活显然不仅仅是一种表演。[4] 家庭和睦或是尼古拉和亚历山德拉·费奥

---

① 原文为 Spartan office，斯巴达式办公室，斯巴达人不追求舒适奢华，spartan 有“简朴，清苦”之意。——译者注

② Piotrovskii et al., *Ermitazh,* 78.

③ Piotrovskii et al., *Ermitazh,* 78. 皇室在冬宫的经历可以通过 19 世纪中期的内廷画作一窥其貌。这些画作被 Ducamp 的 *The Winter Palace* 转载，也可在国立艾尔米塔什博物馆的出版物中找到，包括 L. E. Torshina and E. Trubkina, *Zhilye pokoi. Imperatorskoi rezidentsii* (St. Petersburg: State Museum of the Hermitage, 2009)。

④ 关于他们的家庭生活，参见 I. N. Bozherianov, *Zhizneopisanie imperatritsy Aleksandry Fedorovny, Suprugi Imperatora Nikolaia Pervogo* (St. Petersburg: Tip. Tov. “Obshchestvennaia Pol’za,” 1898); Grand Duchess Olga Nikolaevna, “Son iunosti: zapiski docheri Imperatora Nikolaia I velikoi kniagini Ol’gi Nikolaevny, korolevy Viurtembergskoi (otryvki),” in *Nikolai pervyi i ego vremia. Dokumenty, pis’ma, dnevniki, memuary, svidetel’stva sovremennikov i trudy istorikov,* ed. B. N. Tarasov (Moscow, Olma-Press, 2000): 2: 155—291; Lincoln, *Nicholas I,* 156—159. 19 世纪 30 年代末，尼古拉结识瓦尔瓦拉·涅利乌多娃（Varvara Neliudova），他父亲情妇的侄女。年轻的涅利乌多娃被任命为亚历山德拉·费奥多罗夫娜的侍女，女儿奥尔加将这一时期称为“十七年友谊”，而其他朝臣私下议论，认为这件事应该经过慎重考虑。尼古拉驾崩后，涅利乌多娃继续担任侍女一职，并在冬宫度过余生。See “Son iunosti,” 248—249.

多罗夫娜的自然倾向，但他们在宫廷舞台上的展演则是经过精心设计的。向陌生人——特别是地位低下的陌生人——展示真实的家庭亲密关系并令其信服，这绝非易事。一种方法便是，邀请特定观众观看或许是日常家庭生活的私人表演。

皇后每天早上都会在茶壶旁接见自己的孩子和孙子，密友和仆从都会见证这样的晨昏定省。即使是最小的孩子，也要停下手边的事，穿过“众多走廊、大厅和楼梯”，去给祖母请安。早上十点，尼古拉和妻子一起饮茶。茶水由侍女精心准备，亚历山德拉·费奥多罗夫娜则亲自斟茶。这种家庭团队合作往往会持续一整天，因为大臣们在沙皇书房向其汇报工作后，经常会被邀请至皇后宫中，享用“皇家晚餐”（*domashniuiu trapezy*）。尼古拉不参加这些晚宴。①

皇帝还在复活节打开了圣彼得堡圣徒彼得与帕维尔教堂的门，这在其登基后几个月便开始了。夏洛特·迪斯布鲁（Charlotte Disbrowe）曾对此有所记录。夏洛特是一名英国外交官的女儿，曾被1826年圣彼得堡圣徒彼得与帕维尔教堂新颖的复活节仪式所震撼。她和丈夫“风风火火”来到圣彼得堡圣徒彼得与帕维尔教堂，“非常满意地看到尼古拉一世亲吻几百个恭敬男仆，他们高矮胖瘦、老少美丑皆有”。迪斯布鲁记述道，近三个小时时间里，皇帝亲吻了约七百名臣民。“人们整齐地排着队，或者说一串一串地走到他面前接受荣誉，场面真是不同寻常；皇帝陛下把他的嘴巴擦了又擦，擦了又擦。”② 迪斯布鲁吃惊地发现宾客中竟有车夫和门卫。尼古拉还将其前任们接待商人代表团的习俗扩展至新的工业家骨干队伍。例如，1833年5月，沙皇

---

① Torshina and Trubkina, *Zhilye pokoi*, 7—9.

② Charlotte Disbrowe, *Old Days in Diplomacy: Recollections of a Closed Century* (London: Jarrold and Sons, 1903), 127, 128.

尼古拉一世邀请了500人在冬宫共进晚餐，他们都参加了一场俄罗斯制成品展览。[1]受邀者包括贵族工厂主、第一和第二行会商人，有些
119 人和皇帝同席而坐。莫斯科商人伊万·雷布尼科夫（Ivan Rybnikov）后来回忆说，每个客人都收到了活动的门票，并邀请他们在“皇帝陛下的冬宫”用餐。[2]招待在音乐厅举行，有伏特加和开胃菜（zakuski），晚宴随后在圣乔治厅举行。雷布尼科夫看到皇帝和皇后“手牵着手”，还有皇储、沙皇的两个女儿以及他的弟弟迈克尔，他们带着客人进入晚宴。这一幕给他留下深刻的印象。他记述道，用餐期间，尼古拉与制造商就关税政策进行了交谈。

如果沙皇希望如此场合可把自己的家庭习俗传播得更远更广，雷布尼科夫回到莫斯科后的举动会让他感到满意。50年后，一名亲戚在大众杂志《俄罗斯旧时代》（*Russkaia starina*）发表了他的故事。据他称，从圣彼得堡回来后，雷布尼科夫“马不停蹄地把这次沙皇家人出席的晚宴给一个莫斯科商人留下的印象，告诉了当时不在莫斯科居住的所有子女……尼古拉皇帝接见他的情景被描述和记载下来，并在商人中传播”。[3]很显然，雷布尼科夫的后代将这个故事保存了下来，通过雷布尼科夫的儿子传给了这位女士。一个家庭保留这样一个值得注意的事件的记录并不奇怪，但所记故事中皇帝和他的妻子手拉手，并由他们的孩子陪同的情节，就非常有趣。通过在冬宫接待这位商人家长，尼古拉成功地展现了他的王朝的财富和辉煌，以及自己模范家庭的天性。这样一来，他显然巩固了君主制纽带，并在雷布尼科夫家族延续了三代。

邀请一群具有代表性的见证人参加具有王朝意义的家庭仪式，是

---

① I. N. Rybnikov, “Imperator Nikolai i moskovskoe kupechestvo na obede v Zimnem dvortse 13 Maia 1833 g.,” in *Nikolai pervyi i ego vremia,* 2: 106—112.

② Rybnikov, “Imperator Nikolai,” 108.

③ Rybnikov, “Imperator Nikolai,” 106.

传播尼古拉管理有序的家庭形象的另一种方式。圣彼得堡媒体此后会详细报道这些事宜。在这样的场合，尼古拉会利用冬宫的所有荣光，有时会欢迎成千上万的市民来到他的家中。诸如命名日、皇帝未婚妻的宗教皈依仪式以及未来亚历山大二世 16 岁生日时举行的新“多数表决仪式”等家庭聚会，均在冬宫教堂举行，邀请的客人来自社会各层，包括商人和基层公务人员。[1]《圣彼得堡公报》和更为大众的《北方蜜蜂》(*Severnaia pchela*) 总会仔细报道代表皇室的人物，这些报道清楚地表明，这些活动是整个大家庭的表演。皇室成员跟随皇帝皇后， 120
按照要求穿着细节考究的朝服，穿过冬宫二楼大部分区域，从寝宫一路走到教堂。他们路过一排排大厅时，会向不同社会阶层的人打招呼。奥尔加·尼古拉耶芙娜（Olga Nikolaevna）回忆说，在持续“无数小时”的问候中，她握着父亲的手。“结束时，我们已完全疲惫不堪。”[2] 显然，无论具体仪式场合为何，最多展示的是皇室家族的婚姻和谐、美好、健康、顺从和虔诚。

到目前为止，尼古拉在冬宫最活跃的活动是民众元旦舞会，这是他在国内君主制舞台上运用的一项继承来的传统。19 世纪 30 年代，这些活动规模空前，参加人数多达三万。尼古拉时期的传记作者坚持认为，参加尼古拉元旦化装舞会的市民范围比以前要广泛得多。伊万·普什卡列夫是一名 19 世纪中叶的城市生活编年史作者，他忠实拥护君主制度。据普什卡列夫称，与其他宫廷活动不同，民众元旦化装舞会逐渐被理解为“国民宫廷假日”，吸引了“都城几乎每一个居民”。[3]

---

① 关于沙皇的多数表决仪式，参见 Wortman, *Scenarios of Power,* 1: 359; Grand Duchess Olga Nikolaevna, “Son iunosti,” 162。

② Grand Duchess Olga Nikolaevna, “Son iunosti,” 280.

③ Pushkarev, *Opisanie,* 1: 370. 显然，普什卡列夫在此有所夸大，圣彼得堡的穷人根本无法接近这一舞会。

根据普什卡列夫的说法，活动前几天，内务部会把票发给“想要的人，没有任何门槛（bezprepiatstvenno）”，因为“沙皇丰富的陈设、近卫兵团的音乐以及人民的娱乐本身，就吸引了游客的注意”。① 在圣彼得堡和冬宫生活中，领取这三万张票的人数和种类无出其右。其中包括“大量的商人，留着飘逸胡须、穿着长袍、戴着圆帽的店主，他们的妻子和女儿穿着羊毛和锦缎礼服，戴着钻石和珍珠。有穿着民族服饰的格鲁吉亚人、切尔克斯人和鞑靼人”，还有“身着节日服装”的军官和外国使节。② 普什卡列夫的描述表明，低层行会的商人当时已被允许参加元旦化装舞会。

从晚上八点开始，冬宫所有大房间都为这一场合而敞开，整个皇室会及时出现在每个房间。皇帝向人们致意，并和一些人聊天。宾客享受着茶水、啤酒和开胃菜，“就算没有警察在场，始终秩序井然”。③ 在这些大型的元旦舞会上，宾客的宁静成为传奇。彼得·巴尔捷涅夫（Peter Bartenev）是19世纪下半叶大众历史杂志《俄罗斯档案》(*Russkii arkhiv*)的出版人，他在介绍一封尼古拉写给帕斯凯维奇亲王（Prince Paskevich）的信时，重申了这一说法。在1832年的
121 信中，皇帝评价了参加宫廷化装舞会的22364人的和平举止，他认为“从国际形势和世界状况的大背景来看”，这非常了不起。④

一位16岁的商人女儿在日记中留下了关于1831年元旦舞会的记载。朱莉安娜·波莉洛娃（Juliana Polilova）清楚地记得，那年1月

---

① Pushkarev, *Opisanie,* 1: 370.

② Pushkarev, *Opisanie,* 3: 134.《圣彼得堡公报》刊登的官方公告仍然向“所有贵族和商人”提供门票。参见*SPV,* no. 1 (Jan. 3, 1830)。

③ Pushkarev, *Opisanie,* 3: 135.

④ Nicholas I, Emperor of Russia, “Imperator Nikolai Pavlovich v ego pis’makh,” 6；信件日期为1832年1月4/16日。尼古拉可能想到是1830年—1831年波兰叛乱（最近才被帕斯克维奇指挥的俄罗斯军队平息）；1830法国七月革命；以及1831年肆虐俄罗斯的霍乱疫情。

1 日，一些访客来到她富有的父母位于圣彼得堡的家中，其中有一些圣彼得堡证券交易所的长者，他们递给她父亲一个信封，里面是定于 1 月 4 日举行的冬宫民众化装舞会的门票。她的父亲解释说："冬宫门票是通过证券市场委员会分发给商人的。"① 老波利洛夫此处暗示了圣彼得堡各种团体被邀请参加元旦舞会的途径，包括帝国非俄罗斯族的臣民。团体中的"长者"把门票分发给值得信赖的人，他们要对着这些人的行为最终负责。

朱莉安娜朝气蓬勃，她的母亲和裁缝师帮其备了一套牧羊女服装，没有面具。1 月 4 日，她和父亲乘坐雪橇，穿过冰封的涅瓦河，脱去外衣，进入冬宫。他们去参加舞会时，马车夫留在外面，照看雪橇和斗篷。人群簇拥中，他们走上大楼梯，朱莉安娜紧握父亲的手，以免与其走散。灯光璀璨，黑人禁卫军（court Araps）身着制服，沿楼梯而立，弄得朱莉安娜眼花缭乱。② 到了顶部，他们交了票，然后被领进冬宫展览层的正室。

他们所经大厅两侧，均设有镜子，里面有乐师演奏，还有众多士兵和平民。有客人穿了戏服，有些则只穿了晚礼服。大家站在一起聊天，品尝仆人递过来的食物。一位年轻英俊的军官邀请朱莉安娜跳舞，成为她当晚的舞伴。整个活动高潮来临，"一个男士戴着面

---

① G. T. Polilov-Sievertsev, *Nashi dedy-kuptsy: bytovyia kartiny nachala XIX stoletiia* (St. Petersburg: A. F. Devrien, 1900s [*sic*]), 132.

② Zimin, *Detskii mir,* 410—418. 齐明（Zimin）在此书中描述了黑人禁卫军（court Araps）。关于宫廷仆从，黑人禁卫最为有名。很多画作对黑人禁卫都有描绘，他们守卫着前庭、楼梯、儿童套房等房间外的走廊。比如 K. A. 尤克托姆斯基关于黑人禁卫餐厅的画作，载于 Ducamp, *The Winter Palace,* 79. 齐明言称，俄罗斯上流社会的成员在 17 世纪晚期将欧洲宫廷雇佣高大、身穿制服的非裔禁卫的习俗带至俄罗斯。在彼得大帝时期，他们的岗位已成习俗。V. I. 达尔在其著名的字典中坚持认为，"araps" 不并非 "Arabs（阿拉伯人）"，而是具有非洲血统的黑人。

具，身材高挑，身着连帽斗篷，在一个矮个男子的陪同下，在舞者中穿梭，和他们进行交谈。就连姑娘们也在和这个高个子说话，说着笑话，笑声连连”。[①] 这个陌生人颇为神秘，他走向她，问她是不是觉得无聊。朱莉安娜有些疑惑，笑称她全程都很开心。他用手托着她的下巴，称赞她，问她是谁的女儿。朱莉安娜知晓，宫内不能撒谎。她把父亲的名字告诉了陌生人，并问他是何人。这让他咯咯笑了起来，然
122 后开始和其他人说话。当然，我们的女主角很快知道，她一直在与皇帝本人说话。朱莉安娜的陪同向其保证，她的天真只会让君主高兴，“他喜欢化装舞会，如果真的没有被认出，他会十分满意。我向你保证，他会把这事告诉皇后，会记住你很久”。[②]

图 6.1：康斯坦丁・乌赫托姆斯基（Constantin Ukhtomsky）：《冬宫里的阿拉伯大厅或大餐室》（有一穿制服的黑人禁卫）（19 世纪 60 年代。收藏于圣彼得堡国立艾尔米塔什博物馆，帕维尔・德米多夫摄。）

---

① Polilov-Sievertsev, *Nashi dedy-kuptsy*, 135.

② Polilov-Sievertsev, *Nashi dedy-kuptsy*, 136—137.

这个小故事是一扇窗口，让我们了解了君主制在这个众所周知的专制统治巅峰时期的一种运行机制。在这个盛大的舞台上，尼古拉扮演着皇家内眷的主人，他的宾客穿着盛装，看到这一场面的同时，也陶醉于自己的配角角色。君民一起上演了君主制盛况。当尼古拉和年轻姑娘交谈（如他在上述场合的举动）时，我们可能会觉察出，他创造了终身拥护君主制的人。的确，朱莉安娜记述道：“与君主的对话，如燃烧的文字，铭刻在我的记忆之中。”她不仅讲述了这一故事，还在日记中记录了这一辉煌时刻。这个故事后来成为波利洛夫-西弗采夫家族传说的一部分，60 年后出现在他一个从未谋面的侄子的回忆录中。通过这个故事，冬宫一线微光传至西伯利亚，朱莉安娜和她的丈 123
夫搬到那里。口头传说、家族故事和宫内轶事是传播君主制思想的重要媒介，它们放大了皇帝的个人魅力，而 19 世纪中期的其他媒介无法做到这一点。

在冬宫广场和涅瓦堤岸举行的户外仪式上，与君主制舞台邂逅的市民范围更加广泛。每年大斋期开始前的“谢肉节”（Maslenitsa，又称黄油周）是冬宫广场上最热闹的时刻。I. V. 罗斯科夫申科在给家人的信中说道，他对展台（balagany）印象特别深刻，至少有十个分布在广场周围，向海军部延伸。这些展台由木板搭建，设有柱子和穹顶。[①]“展台不足描述这些巨大城堡……它们非常雄伟，让人想到哈尔

---

① 大斋节前最后一周，庆祝狂欢的传统是搭建临时剧院，上演精心制作的木偶戏等表演。这一传统在俄罗斯各地广为流传。至 19 世纪，专业剧团和半专业剧团在都城粉墨登场。1827 年至 1872 年间，圣彼得堡忏悔节在海军部广场和冬宫广场举行，此后搬至交通不太繁忙的战神广场。1898 年后，圣彼得堡不再举行这一节日。康斯坦丁 · 马科夫斯基（Konstantin Makovsky）1869 年的画作描述了这一节日盛况。参见 A. Leifert, “Balagany,” in *Peterburgskie balagany* (1922; repr., St. Petersburg: Giperion, 2000), 36, 107。

科夫剧院。”① 著名艺术家演奏音乐，从各个角落传来。成千上万的人聚集在冬宫广场和米里纳亚大街，还有人沿林荫大道漫步，在涅瓦河岸滑雪。这些都让罗斯科夫申科大为赞叹。庆祝活动以“一天两场戏剧”结束，“此时，与其说人们在欢庆，不如说是被欢庆征服”。② 毫无疑问，尼古拉会很高兴，因为罗斯科夫申科在信中还提到了第一士官生学校（the First Cadet Corps）的百年校庆，当时正在燃放巨大烟花纪念。“他们说这些花了三万卢布，”罗斯科夫申科写道，“但我不知道这是不是真的。”③

尼古拉还延续了涅瓦河畔的圣水仪式。至 19 世纪中叶，圣水仪式已成为一个很多人参加的仪式，更多面向市民，而非朝廷。一位英国观察员以特有的居高临下的态度描述了 19 世纪 50 年代的这一场景。约翰·莫雷尔（John Morell）写道，沙皇及其所有家人，还有他的朝廷成员，在一排炮响后，走出冬宫，前往位于涅瓦河冰面上的“宏伟的八角圣殿”。“游行队伍向圣殿行进之时，人群涌来，毫无秩序，很快涅瓦河和涅瓦河岸被密密麻麻的人群覆盖，消失于视线之中。”④ 仪式期间，大主教将十字架插入“圣殿”中央的冰洞中，人群逐渐安静下来。皇帝用金杯尝过圣水后，与朝臣一起回至冬宫。“这时候，人们离开岸边，带着要盛圣水的水罐，疯狂地冲向圣殿。这是

---

① Roskovshenko, “Peterburg v 1831—1832gg.,” 486.

② Roskovshenko, “Peterburg v 1831—1832gg.,” 486. 很多回忆录作家和小品作家描述了在海军部广场和冬宫广场举行的忏悔节上表演者和观众的离奇欢乐和把戏。比如，参见 Dmitri Grigorovich, “The Petersburg Organ-Grinders,” in Nikolai Nekrasov, ed., *Petersburg: The Physiology of a City,* trans. Thomas Gaiton Marullo (Evanston, IL: Northwestern University Press: 2009), 90—91n26。

③ Roskovshenko, “Peterburg v 1831—1832gg.,” 486.

④ John Reynell Morell, *Russia as It Is; and Turkey, Past and Present; Their History, Resources, Court, and People* (London: Geo. Routledge, 1854), 95.

一场斗争，一场混乱的你推我搡，一场无法形容的喧嚣。有人甚至跳进河里；母亲在河里给孩子洗澡。”①

莫雷尔的印象表明，圣水仪式引发民众热情，但人们目的各不相同。很多人把这一仪式看作是吸引并向自己家庭和家人传递神圣祝福的方式。有人则利用这一机会近距离观察君主家族和宫廷成员。对于其他人来说，这一节日主要是看望或被看望的机会，与朋友相见，和孩子们愉快出游，与他们的城市生活融为一体。例如，1831 年，波莉洛娃在日记中记载，主显节当天，天气非常寒冷，她的父母不允许她参加涅瓦河上的仪式，她非常苦恼，因为她想着在那里见到她的心上人。② 124

下层人民看君主展演

除了“圣水仪式”和“忏悔节”，圣彼得堡不断扩大的贫困劳动人口与皇室主人之间还存在哪些接触点？尼古拉统治期间，警察等级和人数激增，劝阻倾向引发混乱或抗议的人。但是，尼古拉是否也能向城市下层民众传达一个有吸引力的俄罗斯君主制形象？我们对此几乎没有一手资料，也很难想象一个有文化修养的工人写下能保存的日记，吐露对皇帝的批评情绪。但是，市民与君主之间一个具体的联系便是冬宫仆从和下等使役。宫廷使役在城中往往有些亲属。市民通过宫廷征召或工艺培训获得进入冬宫的机会。皇家内眷的部分印象定从这个缝隙渗透而出，尽管我们对其一无所知。我们能做的是描述冬宫

---

① Morell, *Russia as It Is,* 95.

② Polilov-Sievertsev, *Nashi dedy-kuptsy,* 137.

与城市劳动人民之间存在的接触点。

对尼古拉来说，掌管皇室不仅意味着他是一个丈夫和父亲，还意味着他是一大批仆从、工匠和使役的贵族主人。在这个角色中，他有责任对他所照顾的所有人进行适当的培训和监管，他相信他的管理工作可以成为整个城市中地位较低的男人和他们自己家庭的榜样。大多数宫廷仆从和许多其他宫廷使役都住在宫内，但许多线将他们与更广泛的圣彼得堡工人阶级联系在了一起，他们经常跨越宫廷和城市之间的边界。宫内居民与城中的亲戚朋友保持着联系，并让他们的孩子在附近的教
125 堂接受洗礼。宫内仆从的寡妇留在城中，她们的丈夫死后，靠少量的养老金生活。偶尔也会有男仆活过服役期满，退居至彼得格勒区某角落。仆从经常因公私差事出宫，市民则会因运货和维修等事宜进宫。

尼古拉 1825 年继承都城时，该市人口几乎是 25 年前的两倍，从 220200 人上升至 424700 人。[1] 苏联人口学家得出结论，该市人口的这种快速膨胀完全依赖于新移民，因为 1764 年至 1860 年年间，该市的死亡率实际上超过了出生率。[2] 来自农村地区的季节工，以及在该市暂住的学生、士兵和水手，越来越多地涌入都城，一来就是几个月或几年之久。在农民队伍中，新来者很可能是季节性的移民，他们被主人暂时放出来工作，获得的工资部分还要归还给农奴主。19 世纪上半叶，这些人中的一些人在圣彼得堡蓬勃发展的纺织和金属加工行业找

---

① Rashin, *Naselenie Rossii,* 111. 在众多关于 19 世纪早期圣彼得堡的指南和调查中，比较有用的有 P. P. Svinin, *Dostopamiatnosti Sanktpeterburga i ego okrestnostei* (St. Petersburg, 1816—1828); A. P. Bashutskii, *Panorama Sanktpeterburga* (St. Petersburg: Pliushar and Sons, 1834); Ivan Pushkarev, *Nikolaevskii Peterburg* (1839—1842; repr., St. Petersburg: "Liga-Plius," 2000)。

② Rashin, *Naselenie Rossii,* 112. 根据这一计算，圣彼得堡 1764 年至 1860 年期间的平均出生率为 24.8‰，同期平均死亡率为 31.8‰。19 世纪四五十年代尤其致命，年平均死亡率为 42‰—43‰；1848 年的死亡率为 65.5‰。

到了工作。在那些通过各种手段定居圣彼得堡的人中，有人找到为皇室服务的途径。

圣彼得堡工人阶级仍以男性居多。[①] 1837 年，在 16000 多名登记为临时技工的人中根本没有女性。[②] 如果我们把临时工匠算入农民工和士兵的行列，超过一半的城市居民都是新来者，他们生活在一个全是男性的环境中，可能最初认为自己也是“圣漂”。同样明显的是，圣彼得堡居民多是年轻人。1864 年圣彼得堡第一次人口普查数据显示，超过一半的人口年龄在 30 岁以下。各年龄层中性别差异最大的也是这个年龄段。[③]

所以，尼古拉一世执政期间，圣彼得堡基本全是单身年轻男性和男孩。他们来此，或为士兵，或为水手，或是工人，或是家仆。19 世纪上半叶，大批年轻人涌入圣彼得堡，一波又一波年轻人加入陆军和海军队伍，他们已有完善的手段来维持秩序，但城市当局却难以控制这些潜在的不稳定人口。这正是尼古拉要展示家庭和谐、克己节制、责任与虔诚典范的观众。我们有理由相信，他没有理解家族族长展演与城市大多数居民有多大关系。[④] 然而，对于那些成为其家庭成员的人，

---

① *SPV,* no. 6 (Jan. 9, 1838). 根据这一汇编，男性共有 328719 名，女性共有 139906 名。这些人中，有多少人结婚了我们无法得知。但大多数人的妻子都不在圣彼得堡和他们一起居住，如果他们已结婚的话。收入较多或登记永久城市阶层（sosloviia）成员中，居住在圣彼得堡的女性比例要高得多，表明他们的家庭生活更为稳定。参见 Rashin, *Naselenie,* 278。

② *SPV,* no. 6 (Jan. 9, 1838).

③ Rashin, *Naselenie,* 279. 斯托尔赫在 *Picture of St. Petersburg* 中提供了几十年前关于圣彼得堡的丰富多彩的一手资料。

④ 叶甫盖尼·格列本卡（Evgeny Grebenka）确实勾勒出了那些爬上阶梯几级的人，他们在与冬宫隔河相望的贫困地区定居下来。在他发现的这些人中，有公务系统基层的临时初级文员，未能功成名就的演员，破产商人，“没有学徒或工人的工头，没有主人的仆人，没有仆人的主人”。参见 Evgeny Grebenka, “The Petersburg Quarter,” in Nekrasov, *Petersburg,* 107。

尼古拉花了相当大的力气来塑造他将之与俄罗斯君主制关联的价值观。

126 至19世纪初，人们还可以以自由雇佣工的身份进入宫廷服役，而不用在财政名册上登记。自由雇佣的人来自城市团体，比如城镇居民、神职人员和基层公务人员，他们可以自由地用劳动换取食宿和微薄报酬。伊万·利沃夫（Ivan L'vov）就是这样一位工人，他的父亲曾任维堡区教区执事。伊万1793年进入宫廷，担任厨师学徒。从此，他在职业阶梯上不断晋升，1797年成为厨师，1806年成为主厨，年薪350卢布。① 无论地位多么卑微，在宫中当差总有很多好处。除了食宿之外，还有免费医疗，且有理由相信自己儿子会在宫中谋个差使，还有可能获得退休金。此外，1765年，叶卡捷琳娜禁止体罚宫中身穿制服的仆人。②

然而，尼古拉在上台初期，采取了一项措施，所有宫廷职位只许给已经在宫中当差的子女。该措施具有双重目的，一是让熟悉宫廷惯例和期望者任敏感职位，一是确保忠仆可将宫廷差事传给子女。③ 尼古拉当政时期是伊戈尔·齐明口中“种姓式”宫廷管理的顶峰。作为朝廷最重要的部门之一，冬宫也成为一个世袭职位的地方。宫廷掌事显然更喜欢任用在成长过程中已适应皇家礼仪的年轻人，其中最重要的是举止要得体，对宫内发生的一切要守口如瓶。④ 因此，宫中身份

---

① "Spisok povarennym sluzhitelei glavnoi i pervoi kukhon," RGIA, f. 469, op. 14, d. 62, l. 20. 报酬数字包括宫廷一共食宿的估计费用，可能还包含服装费，可能还有零星发放的少量现钱。没有证据表明，皇室封地庄园备有宫廷仆从，有也或许是护理人员。冬宫不隶属于封地司，而隶属于内务部。参见 *Svod udel'nykh postanovlenii* (St. Petersburg, 1843), pt. 1, 4。

② Ageeva, *Imperatorskii dvor Rossii,* 346. 宫仆犯罪仍可能会被移交警方，违反规定者，轻则只能食用面包和水，重则被撵出宫去。

③ "O ne zameshchenii nikakikh po dvortsam vakansii krest'ianami i ob opredelenii na onyia pridvornosluzhitel'skikh detei," PSZ 2, no. 1596, 2nd ser. (Dec. 6, 1827). 明确禁止雇用农民，可能是为限制人们从纳税人转变为非纳税人，并为宫廷成员保留宫内差事。

④ Zimin, *Detskii mir,* 396—400.

卑微的差役希望子孙终身为皇帝效劳也在情理之中。宫中仆役的女儿也有可能留用，尤其是尚未结婚成家时父亲就去世的。阿菲米亚·安德烈耶娃（Afim'ia Andreeva）的情况便是如此。她是一名已故宫仆的孙女，1810 年进入御膳房做帮厨，直至 1844 年后去世（具体时间不详）。[1] 安德烈耶娃特别幸运，因为宫廷内给宫女提供的差事只有浣衣女工和御膳房帮厨。

虽然，正式来看，冬宫差役仅限于宫仆子女，但宫仆并不完全源于世袭。尼古拉时代，冬宫雇用的很多年轻人都是朝廷各部文官（chinovniki）的儿子，他们自己从未在宫中当差，或近距离接触皇家。例如，米哈伊尔·阿吉耶夫（Mikhail Ageev）就是一名基层文官的儿子，1832 年，他被任命为入门“宫仆”，1834 年晋升为壁炉司炉。四年后，他被派往女大公房间，1843 年成为一名侍者。[2] 还有一些人直接从军中转入宫中当差，而且很显然，他们同时还在领取军队养老 127
金。有天赋的男孩或可进入冬宫接受歌唱培训。阿弗纳西·阿尔费洛夫（Afonasii Alferov）就是如此，他的父亲是一名十四品文官。1832 年，阿弗纳西入宫成为一名年轻歌者。1838 年，他获得十四品级别，有了薪俸。[3] 另一条入宫当差的途径则是为御前办公厅第三处（the Third Section）提供情报。御前办公厅第三处是皇帝的安全部门。[4] 这些例子

---

① “Alfavitnyi spisok gof. vrachei, fel'dsherov, i.t.d.,” RGIA, f. 469, op. 15, d. 490 (1803—1850). 这份档案记录了享有养老金、护照或退役的宫廷雇员和家庭成员的姓名和职位。

② “Alfavitnyi spisok gof. vrachei, fel'dsherov, i.t.d.,” RGIA, f. 469, op. 15, d. 490 (1803—1850), l. 19. 阿吉耶夫是深受皇室恩宠的仆人典型。它曾获得奥尔加·尼古拉耶芙娜女大公和康斯坦丁·尼古拉耶维奇大公的赏金。阿吉耶夫 1874 年结婚后出宫，并收到“按结婚率计算的房租租金”。

③ “Alfavitnyi spisok gof. vrachei, fel'dsherov, i.t.d.,” RGIA, f. 469, op. 15, d. 490 (1803—1850), ll. 17, 27.

④ “Alfavitnyi spisok gof. vrachei, fel'dsherov, i.t.d.,” RGIA, f. 469, op. 15, d. 490 (1803—1850), l. 27.

证明，19世纪三四十年代，许多世袭宫仆实际上是他们家族第一个在宫中当差的人。这些年轻人都是圣彼得堡市民，宫墙之外，他们应该有很多朋友和家人。

虽然在尼古拉时代，农村人不能直接进入冬宫长期工作，但内务部与某些村庄的长老订有提供临时劳动力的长期合同。这些村庄多位于圣彼得堡省和雅罗斯拉夫省。冬宫每年冬天伐木的安排就是如此。京畿地区的农民与城市居民一样，都从宫廷对劳动力的需求中获得利益。他们的长老与内务部谈判合同，并已习惯在内陆地区，甚至在莫斯科都无法企及的薪酬水平。①

一旦进入冬宫当差，就会进入一个分层社会，这里的工人等级分明，仆从若是忠心顺从，则会得到大幅晋升。签短工合同、没有技能的农民则占据了最底层，他们的食物由村里长老或工（artel'）头提供。接下来是冬宫直接雇用的大量永久性仆人。其中包括许多厨工。冬宫主厨房职位包括私人主厨（mundkoch）、主厨、厨师、厨师学徒、烘焙师傅、面包师傅、油炸师傅、糕饼师傅、亚麻布管理员和帮厨等。②酒保（mundshenks）和餐桌装饰者（tafeldekkars）则是精英阶层，他们经过多年的模范服务，或可进入官秩表，晋升至十二品。③御厨房当差级别很高的一位叫庖长（the maître d'hotel）。尼古拉·谢

---

① "O vyvoze zhelaiushchikh na postavku chernorabochikh liudei," RGIA, f. 469, op. 14, d. 142 (May 1826) 记载了一场这样的冗长谈判，对象为雅罗斯拉夫农民。签名见 l. 22—22 ob.

② "Spisok povarennym sluzhitelei glavnoi i pervoi kukhon," RGIA, f. 469, op. 14, d. 62, ll. 7—51. 1813年7月，陆军元帅库图佐夫曾为一些私人主厨宫廷采购事宜做过推荐。

③ 整个沙皇时期不同时候均颁有法律，规定了某些类别宫仆进入官秩表的条件，通常情况至少要进行十年的模范服务，且有一个最高等级限制，超过则禁止晋升。比如，参见"O nedache Pridvornykh sluzhiteliam, pri proizvodstve ikh v ofitsianty, klassnykh chinov, poka ne prosluzhat oni v sem zvanii 10 let," PSZ 2, no. 834, 2nd ser. (Jan. 21, 1827)。艾吉娃对18世纪不断扩大的仆人等级和类别进行了总结，参见 *Imperatorskii dvor Rossii,* 188—191。

苗诺夫曾任此职，他 1780 年开始侍候玛利亚·费多罗夫娜皇后。谢苗诺夫 1786 年成为厨房学徒，1791 年成为厨师，1795 年晋升为主厨，1799 年担任私人主厨（mundkoch）。谢苗诺夫 1816 年被任命为庖长，官至六品。他于 1821 年去世，至此卸任。①

除厨房工外，长工还包括生火工、银器清洁工、抄书隶、剃头匠、美发师、衣橱助手和侍者等。这些差事很多都是学徒或帮手。仆 128
从可晋至十二品，近距离接触皇帝或其家人。虽然头衔既有德语，又有俄语，但在 19 世纪，大多数御厨都是俄罗斯人，主厨往往是法国人和德国人。至 19 世纪 30 年代，宫廷基层人员名单上，德语头衔大都被俄语取代，但仍有一些被保留下来，包括所有监管岗位，比如宫廷主管（hof-fur'er）和内廷主管（kamer-fur'er）。

仆人阶层分化也可从那些退役后领取养老金者身上体现出来。任何等级的仆人，包括那些地位卑微的剃头匠、火夫或厨师学徒，都可能会因为特殊功劳得到偶尔的赏银，长期当差也会赢得少量养老金。没有获得养老金者，有人在宫中当差的最后一年会获得 300 卢布，数量还算可观。这貌似也适用于已故仆人的遗孀和子女。侍者帕维尔·阿法纳舍夫（Pavel Afanasev）的情况便是如此。帕维尔 1834 年去世，他的遗孀和五个子女获得一笔抚恤金。② 还有一种情况是，有

① "Spisok povarennym sluzhitelei glavnoi i pervoi kukhon," RGIA, f. 469, op. 14, d. 62, ll. 1 ob.—2.

② "Alfavitnyi spisok gof. vrachei, fel'dsherov," RGIA, f. 469, op. 15, d. 490 (1803—1850), l. 27. 格雷本卡（Grebenka）讲述了一个无法证实的故事：一个退休宫仆"异常苍白……看起来非常像白化病患者"，但仍以黑人禁卫——即专门的非裔宫仆——的身份退休了。当被问及一个白人为何会成为黑人禁卫时，他解释说："我成为黑人禁卫，完全是因为主子青睐……我快退休时，只是一个小小伙夫。"他的妻子建议他以黑人禁卫的身份退休，因为这样退休金会加倍。这名即将退休的伙夫提出请求，他的主子"把我作为黑人禁卫列入名单"，此后还有三人效仿此法。Grebenka, "The Petersburg Quarter," in Nekrasov, *Petersburg,* 105—106.

仆从与皇室某些人员过从甚密，他们的主子去世时，他们也会收到财物赏赐。这些临终赏赐一般都给了遗属或即将出宫的退休人员；据推测，很多仆人死于任内，其子女已在宫内站稳脚跟。低级仆从儿子若是未能在宫中谋得差事，也有望获得宫廷官员的推荐，所用的朝廷信笺会给人留下深刻印象。①

宫中中层主管负责监管宫内使役及其差事，内廷主管（kamer-fur’er）就是其中一员，最高可官至六品。内廷主管（kamer-fur’er）监管冬宫日常管理，充当舞台监督，对所有正式活动和仪式进行翔实记录。宫廷主管（hof-fur’er）十年模范服务后，可晋升至最高待遇——九品官职，直接监督宫内侍从。②

然而，宫仆之间最有意义的区别，或许是有人可直接侍候皇家及其宾客，而有人则完全位于幕后。所有出现在冬宫主层的仆人都要身着主子根据宫廷礼仪翻新的口味而精心设计和裁定的制服。宫仆制服也使他们成为皇家舞台上的角色。18 世纪，甚至农民保姆也被要求在正式场合穿戴整齐，但后来这种做法被舍弃。尼古拉回忆起童年一幕，他觉得很不自然：

> 129 在洗礼仪式上，所有妇女都必须穿上有箍的长裙和紧身上衣，甚至连保姆也不例外：想象一下，一个来自圣彼得堡郊区的俄罗斯粗犷农妇，穿着裙箍，戴着假发，涂脂抹粉，蕾丝系到

---

① “Attestat pridvornogo lakeia Aleksandra Andreeva,” RGIA, f. 469, op. 14. d. 1264 (1826).

② 尼古拉在其第一个改革项目遇阻时，扩大了宫廷主管（hof-fur’ers）的职责。参见 “O peremeshchenii vsekh Kamer-Tsalmeisterskikh Komissarov i sluzhitelei v shtat GofIntendantskoi Kontory,” *PSZ* 1, no. 728, 2nd ser. (Dec. 5, 1826)。

> 令人窒息的地步！但是，大家又觉得这很有必要。只有我父亲在米哈伊尔出生时，才将这些不幸的人从这种荒谬的折磨中解救出来。①

如果尼古拉认为给农民保姆打扮一番十分荒谬，那么他和他哥康斯坦丁却都大力提倡改善和配置男性侍从的制服。他们的男侍和车夫穿着招摇的宫廷制服进入圣彼得堡街道，在城里为无数差事奔走。

到那时为止，冬宫里最多的仆人和工匠，无论是长工还是短工，都是住在这里的单身男性和男孩。他们住在一楼简陋的房子里，在指 130
定的厨房里自己做饭吃。临时合同工也经常会被安置在宫殿里，使用他们自己的厨房。1859 年，冬宫官方对“住在宫中的未婚的地板抛光师傅、低级工匠、基层仆从和普蒂洛夫农民所占用的公共财产”进行了清点，列出的物品包括 150 多张床、被褥、炊具和一个时钟。②随着冬宫及宫中工作人员的不断增加，一些未婚的仆人和雇员最终被安置在一处为宫廷雇员准备的新住所，这一住所位于加加林街（Gagarin Street）。③已婚仆人也可以和他们的妻子一起住在宫中，但到了尼古拉时代，已婚男性宫仆会得到房饷，允许（或迫使）他们搬出宫外，住在城中。

---

① Ducamp, *The Winter Palace,* 19.

② “O revizi i opisanii imushchestva nakhodivshegosia v pomeshchenii zaniatoi poloterami i masterovoi rotoi Zimnego dvortsa,” RGIA, f. 490, op. 15, d. 24 (Dec. 3, 1859—Dec. 31, 1859), l. 2 ob.

③ Pushkarev, *Opisanie,* 1: 368.

图 6.2：查尔斯·巴舍利耶（Charles Bachelier）：《冬宫里的圣乔治厅》（在萨多尼科夫画作之后，1858 年。收藏于圣彼得堡国立艾尔米塔什博物馆，弗拉基米尔·特雷本宁摄。）

1861 年农奴制改革前，大多宫仆没有得到过多少现金。有些宫仆得到的却总是钱，比如黑人禁卫。但是，直到 19 世纪 80 年代，所有宫仆才以现金形式领取薪俸。1881 年，男侍被列入现金名册。在皇帝寝宫服务的男侍每年可获得 200 卢布，而他的贴身男仆年薪只有 144 卢布。[①] 这些宫仆仍能获得食宿，这是他们待遇的一部分。

---

① Zimin, *Detskii mir,* 449—450. 这些薪水非常低。我们可以从果戈理的小说中看出有多低：《套中人》的读者可能记得，19 世纪 30 年代，穷困潦倒的阿卡基·阿卡基维奇（Akaky Akakyevich）年薪为 400 卢布——众所周知，这个数目不足以让他买一件冬衣。尽管没有支付薪水，宫廷确实在努力计算每个员工的成本。18 世纪中期的一份会计报告显示，主厨和庖长每年总收入在 150—300 卢布之间，男侍约 100 卢布，厨师学徒约 50 卢布。参见 *Obshchii arkhiv Ministerstva Imperatorskago Dvora. Opisanie del i bumag* (St. Petersburg, 1888), 90—94。

像他的前任和许多伟大的贵族一样，尼古拉明白他作为皇家主人的责任包括训练在艺术和工艺方面有天赋的年轻人。他的特点是，积极致力让这项训练有规律、有组织地进行。他还大大扩展了冬宫训练项目。执政之初，尼古拉一世就指示冬宫管理人员组织学校，培训仆人子女以及可能被招入宫中的少数新人。1826 年，尼古拉指示宫廷内务总管（hof-intendant）为潜在的工匠建立一所学校。这些男孩从 6 岁到 16 岁接受训练，希望此后能分配到某个宫廷工匠团体当学徒，或者被送到专门的艺术学院。那些被证明不熟练的人最终可以被分配到内务部做书记员和抄写员，而那些能力更差的人则会被分配到宫廷宫殿或花园当差。①

1839 年，尼古拉为不隶属于工匠团体的宫仆子女增加了一所学校。在这所学校就读的男孩有望成为身穿制服的宫仆，在特定时期入宫侍候。尼古拉在整个统治期间对培训系统进行了修补，至 1852 年，宫廷工匠和仆人的学校教育最终成型，体系精细完善。御用工匠及仆人学校（The School for Court Masters and Servants）会从国家供养人员中招收 80 人。20 个名额用于培养男孩成为侍者和男侍，60 个名额用 131
于培养男孩从事金匠、铜匠、细木工、铁匠、金属工、车工或雕刻工等工作。② 有抱负的工匠会学习基本的几何知识，并接受宫中某一行当的实践培训。身穿制服的仆人若有志向，会学习德语，“以防他们需要用这种语言解释什么”，同时掌握宫廷当差所需的“聪明伶俐”。

① Zimin, *Detskii mir,* 438.

② 工匠子女会有更多名额，因为他们没有资格像宫仆子女那样进入当地学校求学。参见“Polozhenie o shkole dlia detei pridvornosluzhitelei i masterovykh 24 Marta 1852,” RGIA, f. 469, op. 14, d. 1268 (1852), l. 2。宫仆可以选择将子女送进地区学校或宫廷学校，但只能选其一。宫中估计，为每位学生提供膳食每日要花费 8 戈比。

“尽管他们从这种学校毕业时就可行使他们的权利”，法令规定，“由于他们接受的是公费教育，他们将在宫廷服役至45岁，此后他们可以自由地做他们想做的事”。①

这些学校为宫仆子女与城市子女提供了一个联系点，因为学校允许招收朝廷体制外的“其他等级”的走读学生，最多50名。但如果对训练有素的工匠需求增加，名额甚至会放宽。对外来人员的规定似乎特别是为了吸引自由工匠的子女进宫当差，自由工匠约占圣彼得堡人口5%。② 如果能提供足够的证据证明自己体面离职，从其他地方离职的人也有可能进入学校。因此，在农奴制改革前夕，冬宫正在为新来者腾出空间。御用工匠及仆人学校法规同时也明确表示，并非所有宫仆子女都必然能进入学校，并享有其特权。特别排除的是在内务部任职的合同工或文官（chinovniki）的子女。

大多宫仆子女完成课程后有望进入冬宫或宫廷部某处任职，但工匠大师的儿子则有更多的灵活性。那些成功完成课程的大师的子嗣，一旦出现空缺，就会被任命为相应团体的副手，最能干的人会被分配至冬宫。如果宫廷没有毕业生的空缺，他可以先为独立手艺人工作，手艺人给他支付工资，但必须准备好，一被召唤即须回宫。有人因技能不够，没能获得大师级的地位，但他们却拥有良好的阅读和写作能力。这些人可能会进入朝廷总官署任书吏，任期25年，兢兢业业至少十年后，可官至十四品。

---

① “Polozhenie o shkole dlia detei pridvornosluzhitelei i masterovykh 24 Marta 1852,” RGIA, f. 469, op. 14, d. 1268 (1852), ll. 3, 5.

② *SPV*, no. 6 (Jan. 9, 1838). 注册工艺组织（tsekovye）所列工匠有2.3万人。在这一群体中，女性的人数超过男性，表明了她们作为城市居民的永久地位。但登记在册的16000多名临时技工中，根本没有女性。

1854年，这一职工学校开设了女子部。有20个国家供养和20个私人学生名额。毕业后，女孩会被分到各宫中做洗衣女工。特别有能力者，或可被任命为亚麻布管理员（kasteliansha）助手，甚至留校任 132
教。所有女学生在上学期间，都有权出售自己的手工作品赚钱。①

因此，在冬宫工作和生活的人与圣彼得堡更广泛的劳动人民之间是有几个接触点的。这些职位令人向往，雄心勃勃的家长想尽方法把子女送入宫廷学校。宫廷雇员有才华的子嗣在学校接受培训后，有时反而会被外放进入城市自谋生路。宫仆女儿婚后要出宫，出宫时会收到少量赏银。如果被怀疑手脚不干净，也有可能被撵出宫去。②

农奴制改革前，宫廷仆从需工作至45岁。③某些群体服务期较短，但大多数人出宫是因为年纪变大或身体不佳。退休或丈夫去世后，仆人或仆人配偶多会被"发回护照"——意思是被送出宫廷，无论是否有养老金，都要在圣彼得堡或乡下自谋生路。④被逐出宫者，未经特别许可，不得随意进入纳税阶层。他们，将继续免除人头税（the soul

---

① Zimin, *Detskii mir,* 439. 没有天赋、佷慵堕懒、相貌平平的男毕业生可能会去做擦地板、点灯或园艺等工作。参见"Polozhenie o shkole dlia detei pridvornosluzhitelei i masterovykh 24 Marta 1852," RGIA, f. 469, op. 14, d. 1268 (1852), ll. 2—7。

② 宫仆犯罪证据虽少，但历代典籍和宫廷日志中均有记载。参见 Ageeva, *Imperatorskii dvor Rossii,* 344—345. 其中一个案件详细记录一名剃头工和一名伙夫因偷窃被捕的情况，参见 RGIA, f. 469, op. 14, d. 731 (1864), l. 6。尽管警方没有找到被盗物品，但被告从此不准进入所有皇家住宅。

③ 18世纪时，服役期限并无规定，因此大多数人死在任上，虽然也有因健康状况不佳、"疯病"和"悲伤"而出宫的情况。这些人中一贫如洗者，有望被安置在前宫仆专门住所。See Ageeva, *Imperatorskii dvor Rossii,* 348—351. 19世纪宫仆有望45岁出宫，但退休时却是不名一文。对于劳动人民来说，年纪确实大了。

④ Mervyn Matthews, *The Passport Society: Controlling Movement in Russia and the USSR* (Boulder, CO: Westview Press, 1993), 3—8. 理查德·斯蒂茨（Richard Stites）描述了将外省人带入都城的各种情况。他观察到，"经济流动性和社会相对稳定性结合的程度让人惊讶，这也意味着穷苦百姓往往在都城有着富有的亲戚"。Stites, *Serfdom, Society, and the Arts,* 18.

tax），但也将被禁止从事大多数类型的有偿工作，他们的子女则不会。19 世纪中叶，这样的人越来越多，给圣彼得堡的良好秩序带来潜在问题。1846 年，宫廷大臣 M.P. 沃尔康斯基忧心忡忡地估计，被逐出宫者，及其子女，在圣彼得堡及莫斯科生活和工作的或多达 1800 人。①

这些人如何生活？我们知之甚少。尽管文件暗示，他们大多更愿意留在圣彼得堡，这是他们所知的唯一的家。圣彼得堡生活成本有时会阻止他们，与农村有联系的退休宫仆或会选择离开京城。不过，过了年龄出宫的宫仆，以及已故仆人的遗孀收入甚少，或一文不名，他们想要在这个昂贵的大城市生活下去的事实表明，这些人多在宫墙之外有着各种家庭纽带。

宫仆会请市民做子女的教父教母，这种情况记录在案的数量，也是宫仆和市民之间家庭和社会联系的另一个线索。宫廷档案中有 21 份 1835 年和 1836 年宫廷雇员或仆人所生子女的洗礼证书。在这 21 次
133 洗礼中，看来有 10 次教父教母并非宫中同僚。比如，一宫廷教堂司事之子，其教父是圣彼得堡教堂执事，教母是牧师之女。还有一宫廷画家，其教父是圣彼得堡市民，教母是另一市民之女。② 一宫廷亚麻布管理员和司炉之子也选择了城镇居民做自己的教父教母。一宫廷药剂师学徒，官至十四品，选择圣彼得堡第三行会商人和当地城镇居民之妻做自己孩子的教父教母。③ 这份小档案不仅证明尼古拉对记录的

---

① Zimin, *Detskii mir,* 440—441.

② 1837 年，圣彼得堡约 13% 居民属于“城镇居民”（meshchanstvo）阶层。“城镇居民”是纳税市民的一种，包括临时工以及“退役士兵、流浪汉、孤儿、弃儿以及（应征入伍的）私生子”。女性城镇居民数量实际上超过了男性（28292：20680），说明永久定居社区性别分布更加正常。See *SPV,* no. 6 (Jan. 9, 1838).

③ “Svidetel’stvo o rozhdenii detei pridvornykh sluzhitelei (1811—1836),” RGIA, f. 469, op. 14, d. 60, ll. 6—24.

一丝不苟，还揭示了宫廷和冬宫的世界与圣彼得堡劳动人民中间阶层的交集程度。

宫仆和市民有着亲缘和社会关系，熟练工从皇宫流向城市也有据可查，这表明一个事实，圣彼得堡工人阶层对宫廷内眷状况有所了解，反之亦然。不仅是写回忆录的朝臣、著名的外国人和俄罗斯特权阶层等上层人士向其同行传达了对尼古拉家眷的印象。我们可以确信，工人阶层也是如此，但由于他们的印象并没有被印刷出来，我们不知道有多少是好印象，有多少是坏印象。朱莉·巴克勒提出论点，在 19 世纪的圣彼得堡，“文化中层”占主导地位，而经常被提起的宫殿和贫民窟的二元体系更多是在圣彼得堡解读者的脑海中出现，而不是在历史记录中。这一收入微薄的劳动人民圈子包括无数皇室舞台的工作人员。而且，冬宫也是另一种“宫殿与贫民窟”面对面的中间地带。[①]

皇家及城市生活考验

19 世纪 30 年代初，尼古拉和圣彼得堡面临着一系列重大危机。尼古拉持续数年的高压政策愈演愈烈，巴黎 1830 年夏季爆发革命事件。受此刺激，1830 年 11 月，波兰爆发起义。尽管派遣了成千上万的军队，帝国政府直到 1831 年底才重新控制波兰。大约在同一时间，俄罗斯南部城市被现代欧洲第一次遭遇的疫情所笼罩，当时人们称其

---

① 参见 Julie A. Buckler, *Mapping St. Petersburg: Imperial Text and Cityshape* (Princeton, NJ: Princeton University Press, 2005), 5—8。

亚洲霍乱。①1831年6月，正当《圣彼得堡公报》读者了解到霍乱已蔓延至自己的城市时，尼古拉收到信息，他的哥哥、波兰总督康
134 斯坦丁因患霍乱在华沙病逝。俄罗斯驻波兰部队指挥官迪比希将军（General Dibich）也在两周前死于霍乱。

圣彼得堡报纸于1831年6月18日报道了该市首例霍乱确诊病例，并很快开始统计新病例和死亡人数，他们已为俄罗斯其他城市如此统计了一整年。死亡人数稳步上升，9月底已达近5000人。②面对这种危险，宫廷当局于6月26日启动预备方案。为限制入宫人数，疫情期间，与家人一起住在冬宫的掷弹兵被责令出宫。正在执勤的掷弹兵当时听令，要在岗位待上两个月，如果感到不适就向上级报告，然后被送往一私人霍乱医院。掷弹兵全副武装，防止感染者进入宫殿。最终，五名掷弹兵感染，三人死亡。③

市政官员对这一状况处理不当，迫使家属将生病的亲人送至令人憎恶的霍乱医院。人们不再信任官方政策，抵制也在迅速蔓延。在圣彼得堡劳动人民生活的地区，尤其是瓦西里岛和干草市场（the Haymarket），有人成群结队，袭击了运送霍乱病人的马车，并冲进医院。④6月22日，骚乱在干草市场区达到高潮，离冬宫仅有几个街区。

① 霍乱，流行于印度，1823年9月，首次出现在俄帝国阿斯特拉罕（Astrakhan），但仅是一次孤立事件。1829年8月，霍乱在奥伦堡（Orenburg）再次爆发。1830年，奥伦堡又爆发了两次更为严重的疫情。从当年8月起，霍乱在南方广泛出现，最终于9月袭击了莫斯科。1830年，疫情蔓延至诺夫哥罗德（Novgorod）、沃洛格达（Vologda）及阿尔汉格尔（Arcangel）。1830年—1831年冬季的几个月，疫情有所缓解。但1831年春，疫情又在很多城市爆发，并于当年6月，蔓延至圣彼得堡。参见 Roderick E. McGrew, *Russia and the Cholera, 1823—1832* (Madison: University of Wisconsin Press, 1965)。

② *SPV,* no. 150 (June 28, 1831).

③ Grinev, *Istoriia roty,* 21—22.

④ McGrew, *Russia and the Cholera,* 108—110.

当天，人群不断增加，他们在周围转来转去，最终入侵霍乱医院，袭击并杀害一名德国医生，追赶附近警察。尼古拉此时明白，京城或发生精英叛乱。但他依然坚信，只有人们对君主的爱戴急剧下降，才会发生民众起义。①

6月，尼古拉及其家人像往年一样，搬至位于郊区的彼得霍夫。尼古拉对霍乱骚乱消息的反应，不同资料均有记载。他从本肯多夫伯爵（Count Benkendorf）口中得知骚乱，然后离开被隔离的市郊，前往市区。他未带侍卫，来到干草市场，当时已聚集5000来人。根据各种记述，皇帝来到他们中间，站在马车上，命令人们跪下，朝着他们画了一个十字。尼古拉斥责他们不遵守法律，劝诫他们为所犯杀人罪请求上帝宽恕。他向人群中那些“平和之人、长者”发表讲话，宣称自己对他们充满信心，相信他们有能力“启迪无知之人”。最能说明问题的是，沙皇据称向聚集的人群喊道：“你们是俄罗斯人吗？你们的行为好像是法国人或波兰人！”②

尼古拉的积极干预成为传奇，有人得出结论，皇帝勇敢现身， 135
使人群平静下来，疫情甚至得到扭转。麦克格鲁（McGrew）认为这种观点并非完全没有根据，但他的结论是，最为有效的可能是政府迅速逆转了关键的霍乱政策。没过几天，圣彼得堡当局不顾医学界反对，放宽了最为繁琐的卫生规定。此外，虽然其他城市的暴乱者受到严厉处理，但警方并未对京城的事件进行调查，也没有进行

---

① 尼古拉仔细观察了1830年法国事态发展，法国国王查理十世越来越不得民心，大臣波利尼亚克（Polignac）也让人厌恶。据说，尼古拉主张查理十世辞退波利尼亚克，遵守宪法宪章，以避免民众骚乱。参见Vera Mil'čina, “Nicolas Ier et la politique intérieure de la France à l'époque de la Restauration: deux épisodes,” *Cahiers du Monde Russe* 43, no. 2 (2002): 355—374。

② Count Benkendorf, “Zapiski Benkendorfa,” *Russkaia starina* 88, no. 10 (Oct. 1896): 88; McGrew, *Russia and the Cholera*, 112—113.

广泛的问责。高层似乎已做出决定，采取必要措施平息都城民众情绪。

圣彼得堡 1831 年发生的霍乱骚乱，让尼古拉明白，住在离冬宫仅有步行之遥的人都有可能发动反政府暴行。接下来的几年里，他对城中子民的反应，说明了他对这一问题的分析。他依然坚信，俄罗斯根本不会发生这种叛乱，这无疑也有违东正教教统。因此，他投入相当大的精力，在城市民众中推行"人民性、东正教、专制"。通过组织和宣传自己的家庭，尼古拉努力激励圣彼得堡男性居民履行他们"家庭之父"的角色。尼古拉要么不了解都城工人阶层属于这类人的人数其实很少，要么就是夸大了这些人对他们的邻居所能施加的影响。也许更有成效的是，他让所有圣彼得堡居民都参与到君主的忠诚和爱国主义活动中来，比如建立亚历山大纪念柱，并为其举行落成典礼。冬宫与其公共的广场现在成了旨在将圣彼得堡君民更紧密地联系在一起的表演的最重要的舞台，尤其是 19 世纪 30 年代，当时这座城市的作家和知识分子情绪明显十分低落。①

19 世纪 30 年代最后一场灾难让皇室发生了震动，但对尼古拉来说，这场灾难却证实了其加强与圣彼得堡人民关系的努力取得了成效。1837 年 12 月 17 日晚，冬宫发生火灾，整个城市陷入了一项具有公共意义的家庭悲剧。得知烟雾弥漫冬宫，皇帝突然留下妻子离开剧院，未有半句解释。尼古拉把熟睡的孩子从危险中解救出来，送至涅瓦大街的阿尼奇科夫宫（the Anichkov Palace），然后指挥在现场集合的军队和消防队。在近卫军和其他部队的协助下，皇宫和圣彼得堡的

---

① Emily Johnson, *How St. Petersburg Learned to Study Itself: The Russian Idea of Kraevedenie* (University Park: Pennsylvania State University Press, 2006), 34—35.

消防队员在火灾发生不久就已开始灭火行动。数千冬宫居民成功逃离
大火，尽管他们将在近 18 个月内无家可归。将近天亮，工作人员阻 136
止了大火蔓延至临近的艾尔米塔什。尼古拉明白冬宫会被彻底烧毁，但他一定要保住艾尔米塔什。大火烧毁了宫殿整个内部，但留下粉刷的砖制外墙，高至二楼。① 废墟直烧了三天。

据报道，有 13 人在救火中死亡。② 不仅皇室夫妇和他们的七个孩子流离失所，还有住在冬宫的 3500 来人，其中大多为仆人。A. F. 奥尔洛夫（A. F. Orlov）在给一位朋友的信中说，皇后得知家里发生的事情后，急忙赶到现场，担心有人会被遗忘在这一庞大的建筑里。得知所有人都已获救，她才停歇下来。她关心的是“那些在这一庞大建筑中服务的老仆和忠仆的命运，他们十分清贫，在这一屋檐下生活了三朝”。③

随着城市消防队员进入冬宫，数以千计的仆人、雇员和随从逃离，皇室和圣彼得堡城市之间的界限缝隙变得明显起来。尽管有城市消防队的存在，但火灾是城市人民遭受最频繁的灾难，造成的经济损失也最大。火焰吞噬皇宫，生活在每个阶段的人，都感受到了火灾可怕的力量。不到一年前，圣彼得堡历史上最严重的火灾之一就发生在冬宫广场之上。当时正值“谢肉节”，一个展台起

---

① 目击者对火灾的描述见于“Razskazy ochevidtsev o pozhare Zimniago dvortsa v 1837 g.,” Russkii arkhiv 3 (1865): 1088—1113. 同时参见 Piotrovskii et al., Ermitazh, 76—77; Dolli Fikel’mon (Ficquelmont), Dnevnik, 1829—1837 (Moscow: Minuvshee, 2009), 362—363; Richard M. Haywood, “The Winter Palace in St. Petersburg: Destruction by Fire and Reconstruction, December 1837—March 1839,” *Jahrbücher für Geschichte Osteuropas* 27, no. 2 (1979): 161—180。

② 好几期《圣彼得堡公报》都提到了这 13 人的死亡，其中包括 5 名宫廷消防成员。SPV, e.g., no. 291 (Dec. 22, 1837).

③ A. F. Orlov to D. P. Tatishchev, 24 Dec. 1837, in Russkii arkhiv 3 (1865): 1093.

火。[1]事实上，冬宫大火当晚，许多目击者称，尼古拉得知，瓦西里岛工薪阶层社区也发生了一次大火灾。他命令 19 岁的儿子亚历山大离开冬宫，亲自去处理这场火灾。[2]

冬宫有一个 200 人的消防连，还有水库和水泵系统。但在那个寒冷的夜晚，水泵十分钟后就坏掉了，也许是因为消防队员缺乏经验，也许是因为设备维护不当。[3]尼古拉在冬宫待了一整夜，亲自指挥确定火源，确定部署人力位置，从建筑中移走贵重物品，冬宫先是渐渐地充满了烟雾，几个小时后才大火四起。起初怀疑起火点是一楼的药房，但灾后报告表明，火灾起于新建的陆军元帅大厅和彼得大帝王座厅（建于 1833 年—1834 年）。两个房间之间的隔断天花板附近的炉子
137 通风口没有用砖封住，最终导致 1837 年 11 月大火，火势蔓延至楼上和顶楼，那里有干木做的已用了 75 年的桁架。[4]

天亮之前，有人为了阻止火势蔓延至艾尔米塔什而丧生。他们拆除了连接小艾尔米塔什和冬宫的飞桥，只留下一根铁梁悬在半空。他们坐在上面，试图向冬宫东墙喷水，但有人掉了下来。数以千计的士兵最终抵达。他们彻夜奋战，抢救油画、烛台、轻型家具、镜子、书籍、纸张和个人物品，将它们放在新建的亚历山大纪念柱基座的积雪中。据称，军队对抢救冬宫最底层居民的财物衣服非常热心。有目击者称，他们对拯救皇帝饰物表现得十分急切。他们试图将一面重镜从

① Pyliaev, *Staryi Peterburg,* 91—93. 1836 年，消防人员灭火时，皇帝现身冬宫广场。据说，当得知 126 人丧生时，皇帝明显有些心烦意乱。

② S. S. Tatishchev, *Imperator Aleksandr II, ego zhizn'i tsarstvovanie* (St. Petersburg: Suvorin, 1903), 1: 90.

③ Haywood, "The Winter Palace," 164. 据称，当晚温度为华氏 5 度。海伍德（Haywood）从所有可获得的资料中，按时间顺序对 12 月 17 日晚的情况进行了仔细的拼凑。

④ Haywood, "The Winter Palace," 166—167.

墙上撬下来，尼古拉无法劝阻，便扔出自己的观剧望远镜，将其砸碎。广场之上，军队在堆积如山的宝物周围组成了一个包围圈，但没有发生混乱。

据多方记述，火灾全城都能看到，越来越多的市民聚在冬宫周围，成群结队。俄罗斯人群十分安静，外国回忆录作者对此一贯讶异。有这么多警察和军队在场，这可不是偷窃贵重物品的好时机，尽管后来据称有一银制咖啡壶不见了。① 随后几个月，宫殿启动重建。这些家具被保存在冬宫广场周围的所有建筑中，包括海军部和总参谋部大楼。

火灾发生几周后，尼古拉在给帕斯凯维奇亲王的信中透露，他“为这座珍贵的古老宫殿感到遗憾，它非常好”。尽管如此，他还是希望“在上帝的帮助下，一年后能有一个不比之前差的宫殿”。但特别让尼古拉感动的是人们的反应。“有一贵族前几天想给我 1200 万卢布，还有商人，甚至穷人。对我来说，这些感情甚至比冬宫更珍贵。然而，我不会接受任何援助，因为俄罗斯沙皇啥都不缺。不过，我仍将珍惜这些记忆中美好的努力。”②

1837 年冬宫大火成为尼古拉治下圣彼得堡的传说。几个月来，《圣彼得堡公报》每周都会刊登有关火灾和重建的报道。这些报道经常重复的主题是消防员和军队的英勇牺牲，默默聚在一起分担君主痛苦的顺民，皇后和公主将照顾流离失所宫仆排在首位，以及皇帝危难 138
之际的坚毅领导等。许多观察家认为，他们亲身目睹了君主和人民之间的亲密关系。无论如何，这些都是尼古拉及其审查员希望在报刊上看到的情绪。

---

① Pyliaev, Staryi Peterburg, 97.

② Nicholas to Pashkevich, in Nicholas I, Emperor of Russia, “Imperator Nikolai Pavlovich v ego pismakh,” 23. 尼古拉此处所用的词汇是珍惜 *podvig*，其他语境通常翻译为“精神事业”。

批评性的评论很难被记录下来，但有迹象表明，就连皇帝本人也在权衡这场火灾是大凶之兆的可能性。亚历山德拉皇后写信跟哥哥说，她的丈夫几周来一直担心市民也作此想。[①]为了克服这种情绪，尼古拉启动了一项壮观的重建计划，打算能在冬宫庆祝1839年的复活节。在宫廷大臣沃尔康斯基亲王（Prince Volkonskii）和P. A. 克莱因米歇尔（P. A. Kleinmichel）将军的全面监督下，原计划（耗资1500万卢布）的修复工作立即开展起来。圣彼得堡人民再次因宫殿建筑项目不仅找到了工作和生意，也重新见识到了壮观场面。据悉，同时在这一项目不同地方工作的工人多达一万人。[②]在展示如何克服灾难的过程中，俄罗斯皇室主人试图表现出精力、决心和对巨大资源的调动，仿佛这样的表演可以驱除黑暗的思想。

首席建筑师V. P. 斯塔索夫（V. P. Stasov）和A. P. 布里乌洛夫（A. P. Briullov）将许多正式的大厅恢复到与火灾前相差无几的样子，过程中还更新了装饰。在私人房间里，他们做了更大的改动，尤其是亚历山德拉·费奥多罗夫娜位于西边的套房。他们最引人注目的新增建筑是孔雀石大厅，这是一个保存至今天的客厅，游客可通过它进入皇后寝宫。只有少数空间，特别是约旦楼梯和圣彼得堡圣徒彼得与帕维尔教堂，恢复至拉斯特雷利原貌。[③]如今，游客可以看到的家具多是在重建期间从彼得堡工匠处订购的。有些是按照18世纪的设计复制的，而有些则表现出俄罗斯19世纪中期的品位。仪式大厅、楼

---

① Haywood, "The Winter Palace," 168.

② Piliavskii, *Zimnii dvorets,* 67.

③ 这一事宜进展神速，关于其工程、建设和重装的故事已有非常详细的记述。例如，参见*SPV,* no. 76 (Apr. 7, 1839); A. Bashutskii, *Vozobnovlenie Zimniago dvortsa v Sanktpeterburge* (St. Petersburg: Guttenburg Press, 1839)。

梯还有教堂，都准时完工，赶上了 1839 年复活节庆典。所有相关人员，还有外国评论家对此都觉得无比惊讶。官员 A. P. 巴舒茨基（A. P. Bashutskii）满腔热忱，他热情洋溢地表示："当前，俄罗斯现代生活中最重要的新闻是——北方首都以空前速度重建了皇宫，且辉煌灿烂前所未有。"①

尼古拉调动了其在市民心中集结积淀的爱国主义和家庭象征，精心策划了皇室回宫的盛大庆祝活动。他在冬宫举行了一系列仪式，向禁卫军、工人和市民表示感谢。他为参与重建工程的工人们铸造了一
枚特别奖章；他授予军人和建筑师勋章；他供养了因火灾成了寡妇和 139
孤儿的人，他指示民众及朝廷和他一起承认神圣的天意。②圣彼得堡圣徒彼得与帕维尔教堂的复活节仪式是这出戏的核心内容。皇帝及其家人，"在 3000 多名子民的簇拥下"，在复活节第一天参加了圣彼得堡圣徒彼得与帕维尔教堂的仪式，此后，所有人都"在冬宫结束斋戒"。③为了彰显冬宫在圣彼得堡生活中的中心地位，几年后，尼古拉颁布敕令，圣彼得堡任何建筑都不准超过冬宫的高度。④随着皇室家

---

① Bashutskii, *Vozobnovlenie Zimniago dvortsa,* 3. 康斯坦丁·阿金沙（Konstantin Akinsha）注意到，圣彼得堡对这一西式宫殿大规模重建的同时，莫斯科也在启动康斯坦丁·托恩（Konstantin Ton）的"拜占庭式"克里姆林宫的项目（1838—1849），两者相互辉映。阿金沙指出："就国家偶像而言，尼古拉既是一个斯拉夫主义者，又是一个西化者。"参见 Akinsha, The Holy Place, 65。

② 参见 Grinev, *Istoriia roty,* 284。该书记载了一个皇家掷弹兵的寡妇的故事。

③ Bashutskii, *Vozobnovlenie Zimniago dvortsa,* 3. 尼古拉对重建和改造工作非常满意，他托人创作了大量的描绘冬宫内部的水彩画。这些画由 K. A. 尤克托姆斯基（K. A. Ukhtomskii）、E. P. 豪（E. P. Hau）以及 L. 普雷马兹（L. Premazzi）于 19 世纪五六十年代创作，是对冬宫当时面貌的唯一记录。这些画作被 Ducamp 的 *The Winter Palace* 转载。

④ *PSZ* 19, no. 18398, 2nd ser. 这项法律于 1844 年颁布，规定任何建筑都不能超过 11 臂（sazhen）；冬宫高 12 臂展。参见 Grabar, *Istoriia russkogo iskusstva,* vol. 8, bk. 2, 480。

眷与其主人团聚，这位俄罗斯专制者将君主制确立为治家术，以此刺激其他家庭的父亲。

圣彼得堡劳动人民如何看待这种展演，我们很难得知。但在很多观察家看来，经过 19 世纪 30 年代的创伤，这座城市的情绪变得阴暗起来。格里高利·卡加诺夫（Grigory Kaganov）认为，19 世纪 40 年代的艺术和文学呈现内转，圣彼得堡在此之前被描绘成拥有宽阔公共广场和广阔前景的城市，现在则变成了一系列互不关联、相互封闭的内宅大院、贫民窟以及角角落落。[①] 接下来的几十年里，生活在圣彼得堡这个大城市，对个人来说充满挑战，人们需集中精力应对，他们似乎不再参与这种充满仪式感的公共场合。这种从帝国君主制主要的公共广场退出的做法，使得个体社区的发展在规模上更加人性化。在圣彼得堡的这些外围地区，城中更广泛的不同人群有了发出自己声音的机会。19 世纪末，人们回归广场之时，便不太愿意单纯地吃君主制展演这套了。

---

① Kaganov, *Images of Space*, esp. 114.

7 文化之宫 140

尼古拉保守的城市君主制在冬宫地界的第三大展示，便是公开展览俄罗斯帝国艺术收藏，地点为专为此目的而建的新艾尔米塔什。1852 年 2 月，尼古拉启用冬宫建筑群中的最新建筑，这一建筑即将成为皇家艾尔米塔什博物馆所在地。和其祖母一样，尼古拉热爱收藏绘画和雕塑，在鉴赏知识方面，或有过之而无不及。叶卡捷琳娜不在城中之时，曾同意向密友、朝臣甚至向贵族女学生开放其艾尔米塔什。而尼古拉决定在冬宫附近开设一现代艺术博物馆，根据皇帝喜好，欢迎圣彼得堡民众参观罗曼诺夫的收藏。由此可以看出，尼古拉的君主制展演更倾向于面向大众。

皇家艾尔米塔什的开放，是俄罗斯君主制的一个转折点。尼古拉去世后，专制主义虽然延续了数十年，但慢慢失去了对国家想象的控制，开始不再是圣彼得堡公民关注的焦点。圣彼得堡文化和教育精英成员找到了自己的声音，他们的领袖慢慢深入至由君主出资建立的朝廷机构和建筑之中。尼古拉新博物馆的创建，正是这个渐进过程的一部分。尼古拉执政期间，艺术史学家、艺术家、考古学家、文物保护员和教育家开始监督博物馆运营的各个方面，比如维护、收购、保存和教育等。专家占据主导地位始于君主制背景之下，当时因对帝国之

141 主的尊重有所约束。久而久之，专家们的影响力越来越大。这些学者及其专心的学生，最终成为皇家艾尔米塔什的真正主人，以及君主制有形遗产的守护者。

新艾尔米塔什也被证明是圣彼得堡普通百姓进入冬宫建筑群的规范入口。想参观新开博物馆者，需保有应有的举止及风度。起初，他们会受到十分复杂的准入要求的限制——能看到什么物什，也许他们并不清楚。随着时间推移，博物馆专业人员制作了导游手册，以帮助游客。他们还安排展览，以便让游客了解西方艺术的年代和地理发展。[①]因此，在文化教育学家的注视下，数千名普通的皇帝子民第一次踏入大理石入口，进入俄罗斯君主精心布置的艺术殿堂。

尼古拉建博物馆

尼古拉建造新艾尔米塔什的动机不止一个，他与其他君主有些共同的目的。欧洲伟大的皇家艺术收藏已逐渐向民众开放，包括德累斯顿艺术博物馆（1744 年）、梵蒂冈博物馆（1784 年）、卢浮宫（1793 年，由法国革命政府颁布法令）、马德里的普拉多博物馆（1819 年）

---

① 该艺术博物馆与以往巴洛克式的贵族气质的博物馆不同，主要原因便是这种自觉的教育使命。正是在 18 世纪末的巴黎，理论家们首次提出了艺术编排的经久不衰的原则，以便向参观者介绍艺术史和所谓的国家学派。参见 Andrew McClellan, *Inventing the Louvre: Art, Politics, and the Origins of the Modern Museum in Eighteenth-Century Paris* (Berkeley: University of California Press, 1999), 3—4。

以及位于柏林博物馆岛的老博物馆（1830 年）。[1] 观及欧洲，皇家收藏的主人都抓住了这一机会，在启发子民的同时，也表现了自己的热情好客。但只有在俄罗斯，这位统治者创建了一个公共的艺术博物馆，作为其主要住所的延伸。[2]

在一个更加开明的时代，民众教化的潜力有了新的意义，可以用来证明扩大和维护皇家收藏的开支合乎情理。对尼古拉而言，他确信扩建和维持一座世界级艺术博物馆的成本与欧洲最伟大的帝国相称。罗曼诺夫的收藏可以成为民族自豪感的来源，对此，他也坚信不疑。他生性推崇父权。他认为自己是在选择分享他没有被迫要分享的东西，这些东西会让他治下的人民有可能获得文化的提升。

尼古拉斯还认为，无论是展览作品，还是展示方式，均可进行更多的有意宣传。新博物馆是宫廷舞台的延伸，非常适合传达关于俄罗斯在世界上的地位和君主制在俄罗斯历史上的角色的根深蒂固的观念。上位伊始，尼古拉皇帝就在帝国刚获得的南部地区资助考古调 142
查。考古学涉及国家认同的基本问题，尼古拉之所以赞助挖掘和收购，是因为他相信古代文物可以表明俄罗斯在世界上的地位。于是，

---

① Antonio Paolucci, *Great Museums of Europe: The Dream of the Universal Museum* (Milan: Skira Editore, 2002), 11. 在这个时代，很少有欧洲的艺术博物馆原本就向整个民众开放。大英博物馆是一个例外，它是一座普适性博物馆，于 1753 年开放，开始只收藏了一些珍品和书籍，但很少有绘画作品。虽然从一开始，大英博物馆就是一个公共博物馆，但藏书最初只对学者开放，普通民众需要提前数周购票。1810 年不再收取门票。参见 Jonathan Conlin, *The Nation's Mantelpiece: A History of the National Gallery* (London: Pallas Athene, 2006), 10。

② 英国伟大的艺术博物馆——国家美术馆，与欧洲潮流形成了不同对比。1649 年查理一世被处决后，英国原有的皇家艺术收藏被分散到四面八方。因此，与其他国家不同，英国的收藏源于公共和私人机构，出于一种拿破仑战争后超越战败敌人的国家愿望。因此，英国国家美术馆并不是建立在皇家收藏的基础之上，事实上，维多利亚女王拒绝捐赠她的任何收藏品。参见 Conlin, *The Nation's Mantelpiece*, 5, 12—47。

帝国考古委员会（the Imperial Archaeological Commission）在19世纪40年代应运而生，一方面是为了监督意大利股东雕像的购买，一方面则是为了在俄罗斯领土上进行挖掘。[①] 帝国考古委员会会议地点设在冬宫之内。随着研究人员挖掘出硬币、金属制品以及其他物什，尼古拉决定再建一个博物馆展示其中最好的东西。考古展览构成了尼古拉公共博物馆的重要组成部分和主要目的，考古委员会也成为了一个常备的宫廷机构，同时也成为皇家艾尔米塔什不可或缺的组成部分。[②]

尼古拉差人建造新博物馆还有另一动机，那便是他需要更多的空间。尼古拉打算继续收藏，并在19世纪二三十年代进行了三次大规模的艺术品采购。[③] 他单纯只是喜欢参观他的藏品，并希望看到其中更多藏品被展示出来。19世纪30年代，其他君主已开始将他们的公共博物馆设于住所之外，但尼古拉从未想过把这一博物馆建在远离冬宫之处。他的做法刚好相反，他执政首年，创建宫廷部，后将所有其最为珍视的都纳入其中，包括皇家艾尔米塔什和帝国考古委

① 开始从意大利进口古董大理石雕像的是彼得大帝，他将这些雕像陈列在夏宫专门建造的石窟之中。关于俄罗斯收购这些雕像的情况分析，参见 Caspar Meyer, *Greco-Scythian Art and the Birth of Eurasia: From Classical Antiquity to Russian Modernity* (Oxford: Oxford University Press, 2013), 39—51。19世纪初，还出现了建立国家普适性博物馆的建议，其中包括一个“古董馆”，通过黑海附近发现的物品，将俄罗斯与古代世界联系起来。参见 Kevin Tyner Thomas, “Collecting the Fatherland,” in Jane Burbank and David L. Ransel, eds., *Imperial Russia: New Histories for the Fatherland* (Bloomington: Indiana University Press, 1998), 91—107。

② 1859年，亚历山大二世正式将考古委员会并入宫廷部，时任内务大臣为 S. G. 斯特罗加诺夫。

③ Vitaly Suslov, ed., *The State Hermitage: Masterpieces from the Museum's Collection* (London: Booth-Clibborn Editions, 2001), 37. 尼古拉的主要采购发生在1829年、1831年、1836年、1845年和1850年。参见 S. Frederick Starr, “Russian Art and Society, 1800—1850,” in Theofanis George Stavrou, ed., *Art and Culture in Nineteenth-Century Russia* (Bloomington: Indiana University Press, 1983), 100。

员会。①

出于这些考虑，尼古拉十分渴望参观当时最现代且最负盛名的艺术博物馆。这些博物馆都在慕尼黑。利奥·冯·科伦兹（Leo von Klentz）在此为国王路德维希一世（King Ludwig I）设计了雕塑展览馆（Glyptothek）和绘画陈列馆（Pinakothek）。雕塑展览馆落成更早，里面存放着路德维希一世个人收藏的古董大理石。对此路德维希一世已收集25年之久，成绩斐然。绘画陈列馆1836年开放，是当时世界上最大的博物馆，展示了属于维特尔斯巴赫王朝（the Wittelsbach dynasty）的画作。该博物馆及其著名建筑师吸引了整个欧洲的关注。②尼古拉有一半德国血统，妻子是普鲁士国王之妹，在德国感觉宾至如归。所以，他一直寻找时机，参观这一著名的新博物馆。

1837年大火中，艾尔米塔什幸免于难，民众对流离失所的皇室表达了同情。这最终坚定了皇帝的决心，决定在冬宫内差人建造一座专门的艺术博物馆。③当宫廷建筑师瓦西里·斯塔索夫监督强行推进的重建工作之时，尼古拉和亚历山德拉·费奥多罗夫娜于1838前往慕尼黑，参观科伦兹的博物馆。这位俄罗斯统治者叹为观止，委托科伦兹为圣彼得堡设计一座新艾尔米塔什。冬宫大火后，该市居民与他们的主人表 143

① 尼古拉的父亲，保罗皇帝，在自己宫廷的行政改革中，实际上已将艾尔米塔什及其馆藏交给宫廷御前大臣负责。

② 比如，伦敦国家美术馆馆长C. L. 伊斯特雷克（C. L. Eastlake）1845年呼吁议会支持修建一个更大更好的美术馆时，提及慕尼黑绘画陈列馆（the Pinakothek）的天窗。参见C. L. Eastlake to Robert Peel, published separately as The National Gallery, “Observations on the Unfitness of the Present Building for its Purpose。In a Letter to Rt. Hon. Sir Robert Peel,” May 1845, 9。

③ 尼古拉可能也受到了他儿子的导师V. A. 茹科夫斯基（V. A. Zhukovskii）的间接影响。茹科夫斯基是一名诗人，酷爱德国绘画。他曾给皇帝的两个孩子写信，表示希望能在冬宫修建一座具有教育性质的艺术博物馆。参见V. F. Levinson-Lessing, *Istoriia kartinnoi galerei Ermitazha* (*1764—1917*)(Leningrad: Iskusstvo, 1985), 173。

现出令人动容的团结。尼古拉觉得科伦兹富有同情心。这位德国建筑师不仅是一名具有天赋的设计师，还是一名艺术史学家。他拥护君主制，让他的皇家赞助人长期以来一直思考着如何才能最好地熏陶美术馆未来的参观者。最理想的情况是，他们参观结束后，能牢牢掌握艺术史的轮廓，同时对君主的财富和品位产生积极的影响。

设计过程耗时将近四年。这个博物馆的选址本身就是一个奇迹。由于尼古拉决定将藏品保存在冬宫建筑群内，他同意将位于米里纳亚大街之上的老舍甫列夫宫（也被称为大师阁［Masters' Court］）、皇家马厩、骑马厅等年久失修、摇摇欲坠的百年建筑夷为平地，这些建筑曾被反复计划拆除或重建。尼古拉不满足把所有的设计决定权都交给他的外国（且经常缺席的）建筑师，于是委派了一个本地的建筑委员会来审查和翻译科伦兹的想法。新艾尔米塔什建设于 1842 年开始，第一阶段由斯塔索夫监督。斯塔索夫 1848 年去世，N. E. 埃菲莫夫（N. E. Efimov）接手，并于 1851 年完工。斯塔索夫与科伦兹关系紧张，但他还是对该项目进行了些许改进。斯塔索夫说服建筑委员会使用比首席建筑师要求的更好的材料，比如栏杆所用铁料和当地石料等，从而使建筑更好地适应圣彼得堡的严冬。科伦兹坚持要从慕尼黑派雕塑家，但遭到建筑委员会的拒绝。如何将新艾尔米塔什与大小艾尔米塔什连接起来，是一个巨大挑战。拉斐尔长廊和大艾尔米塔什大部分被保留下来，这显然是斯塔索夫和埃菲莫夫（E. Efimov）大力请求的结果。①

① Piliavskii and Liulina, "Novyi Ermitazh," 223—231; Piotrovskii et al., *Ermitazh,* 79; Levinson-Lessing, *Istoriia kartinnoi galerei,* 292—293n215. 新艾尔米塔什建成后，这一"大艾尔米塔什"便被俗称为"老艾尔米塔什"，这个叫法让事情变得十分混乱，因为它并没有小艾尔米塔什那么古老。参见 P. D. Liulina, "Bol'shoi Ermitazh i korpus Lodzhii Rafaelia," in Piliavskii and Levinson-Lessing, Ermitazh, 201—212。

关于很多艺术和建筑决策，各方都争执不下。但新艾尔米塔什最著名的特点，即柱门廊和十个巨大的男像柱（注：支撑屋顶的男性雕塑），平添了更多和谐。科伦兹从 1840 年起就有这个想法，但他提出的是红色花岗岩。建筑委员会将此设计改为灰色，“鹅卵石的颜色”。这些巨大雕像由俄罗斯雕塑家 A. I. 捷列别尼奥夫（A. I. Terebenev）操刀。捷列别尼奥夫助手记得，“150 名石匠、俄罗斯农民（muzhiki）”在其作坊里帮忙。捷列别尼奥夫亲手制作了每个雕像的面部。这一作品令科伦兹赞叹不已。他写道：“这些雕塑十分美丽，纯洁不乏精致，抛光做得光彩夺目，可谓尽善尽美，让人心旷神怡。如果埃及法老也制作了巨石柱，远在北方的这些男像柱绝不会比它们差。”[①] 总的来说，这次合作富有成效。这一新古典主义杰作配备了科伦兹标志性的天窗和其他自然照明，完工后于 1852 年开放，是当时最现代的艺术博物馆。 144

图 7.1：瓦西里 · 萨多尼科夫：《从百万大街上看新艾尔米塔什》(1851 年。收藏于圣彼得堡国立艾尔米塔什博物馆，帕维尔 · 德米多夫摄。)

---

① Piliavskii and Liulina, “Novyi Ermitazh,” 237.

科伦兹有志将其同时代人所理解的艺术史精髓传授给博物馆的参观者，他根据这一目的，对新艾尔米塔什进行了装饰。墙壁和楼梯上有指导性的浅浮雕，布局说明了古典雕塑是西方艺术之基石。艾尔米塔什藏品空缺的地方，科伦兹用画廊装饰进行了填补。他最耐人寻味的设计之一，是在一房间里摆放了斯基泰皇室墓地的珍宝，这些墓地位于克里米亚东部，最近才被考古学家发现。他把这些古物聚在一楼中心的一个特别画廊里，将其命名为博斯普鲁斯王国（the Cimmerian Bosporous）古物展厅。科伦兹和其帝国赞助人之间的合作，在此将俄罗斯解释成了一个欧亚帝国，而非是一个斯拉夫国家。古物展厅位于博物馆希腊-罗马大理石和东亚艺术藏品之间的画廊里，这里古色古香，展示了尼古拉祖先帝王打下的辽阔疆域。①

145 就像冬宫历史上所有的建筑和装修工程一样，对圣彼得堡商人、雕塑家、建筑师及工人来说，建造新艾尔米塔什是一件好事。国营亚历山大洛夫斯克铸铁厂（Alexandrovsk Iron Foundry）为屋顶生产了铁桁架。其他差事则分给了国营乌拉尔钢铁厂以及叶卡捷琳堡（Ekaterinburg）、克雷万（Kolyvan）以及彼得霍夫（Peterhof）的皇家石料抛光厂。圣彼得堡私人玻璃和镜子制造商以及贝尔德（Baird）和诺贝尔（Nobel）的金属加工和机械公司也获得了合同。三楼的金属

---

① Meyer, Greco-Scythian Art, 82—87. 这种具有意识形态的画廊布局可谓昙花一现，一位德国艺术评论家 1860 年就已无法找到其痕迹。重新安排不仅因为雕塑藏品的迅速扩大，君主对俄罗斯历史的解释也发生了变化。19 世纪末，俄罗斯历史被重塑为植根于早期莫斯科公国的“民族”脉络，而尼古拉则更倾向于强调拜占庭。参见 Wortman, “National Narratives,” 165; Wortman, “Solntsev, Olenin, and the Development of a National Aesthetic,” in *Visualizing Russia: Fedor Solntsev and Crafting a National Past,* ed. Cynthia H. Whittaker (Leiden: Brill, 2010), 17—40。

浮雕采用了最新由 B. S. 加科比在俄罗斯完善的电镀工艺。①

员工上岗

工程将近完工之时，朝廷御前大臣 A. P. 舒瓦洛夫伯爵（A. P. Shuvalov）和艾尔米塔什主管 F. I. 拉本斯基（F. I. Labenskii）和 Ch. A. 布鲁尼（Ch. A. Bruni）将注意力转向博物馆机构设置和人员配置。他们 1849 年指定了两个主要部门。第一个部门负责管理博物馆的图书馆，以及勋章、钱币、稀有宝石、雕刻和珍品等馆藏。第二个部门监管绘画、手绘原稿、雕塑。陶瓷以及青铜和象牙制品。重要的是，第二个部门还负责管理冬宫本身画廊内展出的贵重物品，包括罗曼诺夫家族画像和圣彼得堡场景画。当前，加入博物馆工作人员的专家有艺术史学家、文物修复人员和教育家等。这些人肩负使命，不仅保存和研究他们所看管的馆藏，还要向参观者讲解他们正在观赏的图画、雕像等物品。他们一起集结力量，向艺术冷漠的堡垒发起进攻，朝着 M. B. 皮奥托夫斯基（M. B. Piotrovskii）所说的"文化永久民主化"前进（尽管速度缓慢）。②

随着皇家艾尔米塔什的建立，派去馆藏的专家中，俄罗斯人的身影越来越多，逐渐取代了外国人。馆藏还未有公共职能的时日，外国人占据着主导地位。保罗和亚历山大时代，九个部门主管中只有一

---

① Piliavskii and Liulina, "Novyi Ermitazh," 236.

② Piotrovskii et al., *Ermitazh,* 112. 拉本斯基 1849 年去世，布鲁尼接任。布鲁尼负责选择绘画，并将其转至新艾尔米塔什。此外，他还负责管理行政组织和民众访问的细节。参见 Levinson-Lessing, *Istoriia kartinnoi galerei,* 180—181。

个是俄罗斯名字。至19世纪中期，八个部门主管中，俄罗斯人占有五席。[1] 艾尔米塔什馆藏的主要物件或有关外国，但馆藏本身慢慢纳入本国当局的管辖范围。艾尔米塔什修复学校培养了一批年轻的俄罗斯艺术修复人员，包括19世纪40年代的画家A. F. 米特罗欣（A. F. Mitrokhin）和F. 塔邦佐夫（F. Tabuntsov）。[2] 1852年，新艾尔米塔什
146 开馆，此时共有29名专业人员：两名部门主管，四名馆长，三名助理馆长，两名图书馆长，一名助理图书馆长，四名修复人员，一名修复助手，两名办事员，两名通信主管以及八名士兵。2004年，国立艾尔米塔什博物馆出版传记辞典，其中列出了30名专业员工，他们或可被认为是皇家艾尔米塔什第一代工作人员。这30人中，有21人是不同族裔的俄罗斯人。[3]

除了专业人员，新艾尔米塔什开馆之际，还有90名服务人员维持，其中包括1名内务主管（kamer-fur'er）、36名听差、44名司炉、1名门卫和2名医官。[4] 这些人从冬宫工作人员中抽调而来。和宫中

---

① Gosudarstvennyi Ermitazh, *Sotrudniki Imperatorskogo Ermitazha 1852—1917*(St. Petersburg: Izd. Gosud. Erm., 2004), 5—6. 一般说来，在俄帝国拥有德国姓名者即外国人的看法有点不妥。许多人的家庭已在俄罗斯生活了两三代之久。但在18世纪八九十年代，许多德国和法国学者在俄罗斯学院或朝廷某处谋得差事。在此，笔者仅粗略地数了一下名字，说明越来越少的外国人被任命为博物馆领导职位的趋势。

② 米特罗欣是一位画家，曾为保罗皇帝画过一幅著名的画像。塔邦佐夫的名字出现在伦勃朗（Rembrandt）和雅各布·帕尔马（Jacopo Palma）作品的修复记录中。http://artsalesindex.artinfo.com/auctions/Jacopo-Palma-4486526/The-Madonna-and-Child-with-Saints-John-the-Baptist-and-Paul; http://arthermitage.org/Mitrokhin/Portrait-of-Paul-I.html; J. Bruyn et al., *A Corpus of Rembrandt Paintings* (Dordrecht：Martinus Nijhoff, 1989), 3: 103.

③ Gosudarstvennyi Ermitazh, *Sotrudniki*. 笔者将所有1900年之前去世者均囊括在“第一代”中。这21人中，有两人从小就移民至俄罗斯，在俄罗斯教育机构求学，并在俄罗斯度过余生。其他的包括两名波罗的海德意志人，两名波兰人，以及五名来自在俄罗斯长期生活的家庭的俄化德国人。余下10人均是俄罗斯人。

④ Gosudarstvennyi Ermitazh, *Sotrudniki*, 6—7.

当差情况一样，在皇家艾尔米塔什工作，意味着品阶晋升。比如，费多尔·瓦西里耶维奇·瓦费罗米耶夫（Fedor Vasil'evich Varfolomeev）18 岁就开始在冬宫当差，最初在奥尔加·尼古拉耶芙娜女大公房间任司炉，1855 年被调到艾尔米塔什听差。两年后，他被任命为皇帝侍从官，担任此职一直至 1873 年。瓦费罗米耶夫 1871 年获得内务听差品阶，1873 年调回艾尔米塔什，担任内务主管，官九品。他在此岗位上尽职尽责，直至 1896 年因病退休，其间获得来访外国君主颁发的多枚勋章。①

无独有偶，瓦西里·雅科夫列维奇·金森伯格（Vasilii Iakovlevich Gintsenberg）是一名剧院员工之子，他开始也是在冬宫当差，从厨师学徒做起，1885 年升为内室听差。翌年，艾尔米塔什工作人员再次调整，金森伯格成为该博物馆内务主管助手，官十二品。金森伯格在宫中当差共 47 年，其中 12 年是在艾尔米塔什，其子女获得恩准，让其身着宫廷制服下葬。②高级士官尤达·迈特金（Iuda Mytkin）请求宫廷内务大臣，将其分至任意一座皇家宫殿。他最终在艾尔米塔什当差，“不仅有薪水，还有住处”。③

另有人出身低微，但很有艺术天赋，从而进入艾尔米塔什当差。伊万·西多洛维奇·西多罗夫（Ivan Sidorovovich Sidorov）来自科斯特罗马，家中有三个兄弟，都是农民。伊万在艾尔米塔什工作始于 19 世纪 40 年代。他是一名橱柜制造商，也从事文物修复、复制绘画、

---

① Gosudarstvennyi Ermitazh, *Sotrudniki,* 33.

② Gosudarstvennyi Ermitazh, *Sotrudniki,* 51.

③ Gosudarstvennyi Ermitazh, *Sotrudniki,* 113. 有关迈特金住宿的更多信息，参见 M. B. Piotrovskii, ed., *Istoriia Ermitazha. Kratkii ocherk; materialy i dokumenty* (Moscow: Izd. “Iskusstvo,” 2000), 266—267. 此处迈特金的名字被拼为 Metkin。

装箱运输等工作。当差三十年后，西多罗夫被授予荣誉公民身份，后来获得了一枚银制勋章。①

有人平步青云，拉夫连蒂·阿夫克森季耶维奇·塞里亚科夫（Lavrentii Avksentievich Seriakov）就是其中之一。他是一名农奴士兵之
147 子，八岁时成了一名军团歌手，后来成为师合唱团成员，最后成为军团歌唱家。塞里亚科夫最终被调至圣彼得堡从事办公室工作，他在此表现出了绘制天赋，于是被分配至地形部门。在京城时，他开始独立学习木刻版画。在没有任何培训的情况下，他便可在一家书店展出自己的作品，并接到为出版物制作插图的订单。塞里亚科夫的作品引起了 V. F. 奥多耶夫斯基（V. F. Odoevskii）的注意。奥多耶夫斯基将其介绍给了 F. A. 布鲁尼（F. A. Bruni）和 K. P. 布里乌洛夫等当代艺术界泰斗。他的新赞助人为其在艺术学院课堂谋得位置，学习测绘学。布鲁尼想让塞里亚科夫帮他创建一个独立的木雕部门，然而学院认为木雕不是一种工艺，这一想法没有得到支持。然而，随着时间的推移，塞里亚科夫因雕刻和印刷而名声大噪，赢得了院士地位，蜚声国外并受到接待。1866 年，塞里亚科夫光荣归来，他接受亚历山大二世的委托，创作了一幅木刻肖像，并被任命为“皇帝陛下的雕刻师”。此后，塞里亚科夫成为绘画雕刻部主管 F. I. 约尔丹（F. I. Iordan）的助手。②

艺术家成了皇家艾尔米塔什早期的主要受益者，但这一新博物馆的目标对象却是圣彼得堡的普罗大众。然而，从 1852 年开馆至 1855 年底尼古拉去世，该博物馆在朝廷和民众之间占据了一个尴尬的地带。1852 年 2 月 5 日，宫廷部为这一宫殿岸堤之上的最新建筑安排了

---

① Gosudarstvennyi Ermitazh, *Sotrudniki,* 128.

② Gosudarstvennyi Ermitazh, *Sotrudniki,* 124—126.

盛大的开幕式。这场庆典几乎完全是一场宫廷专属活动，甚至《圣彼得堡公报》都未提及。皇帝在艾尔米塔什剧院举办了一场演出，然后在新艾尔米塔什大厅里为600名朝臣显贵举行了晚宴。

尼古拉统治的剩余岁月里，博物馆准入由《皇家艾尔米塔什管理条例》规定。当时，即使有皇室内眷居住，也可进行访问，一年当中任何一天基本都可，除了周日和特定假日。博物馆每天十二点半至下午两点之间不对游客开放，以便君主可以安静地参观画廊，他确实会去。[①]冬季，博物馆对游客开放时间为十点至一点。夏季皇室通常不在冬宫，开放时间为八点至四点。1853年的《条例》还为一个特殊类别的游客——即希望临摹博物馆杰作的艺术学院学生——提供了指南。一般来说，画挂在那里，只允许临摹。但经过特别许可，临摹者可以把画从其原来的位置搬至临摹大厅。如果画作悬在展览厅高处， 148
这一点尤为必要。值班听差或男仆要对临摹学生进行严密监视。[②]

这些规定表明忧虑和邀请之间的矛盾关系。拥挤的人群带着街上污垢进入艾尔米塔什，如何保护珍宝免受其压力重负备受关注。民众参观还需对画廊进行供暖，这很有破坏性。来自下层阶级的游客是否举止得体，也让人担忧不已。获准进入者，须在保安监视下，在留言簿上签名。着装规范规定，军人必须身着制服，平民须穿礼服大衣，“或其他适合身份或级别的衣服”。[③]

然而，对入场的主要控制，则是要求提前到内务部领取（免费）

---

① Piotrovskii et al., *Ermitazh,* 112.

② Piotrovskii, *Istoriia Ermitazha,* 213—217.

③ Piotrovskii, *Istoriia Ermitazha,* 213.《条例》于1853年在圣彼得堡发布于“v tipografii Eksbertsa”，也可见于RGIA, f. 466, op. 1, d. 389, ll. 130—151; Piotrovskii, *Istoriia Ermitazha,* 205—214. 卢浮宫1783年向巴黎人民开放之时，也采取了类似措施，来规范人们的行为，并设置岗哨防范偷窃。McClellan, *Inventing the Louvre,* 9.

门票。内务部位于宫殿岸堤之上，是一座独立建筑。这种提前规划让官员们有机会审查即将前来的访客，他们肯定不会鼓励民众随意或自发外出参观艺术作品。最要紧的是，门票制度很简单地限制了某一时间段可进入博物馆的人数。很多评论家认为这一措施是为了将百姓拒之门外，但《规则》本身表明，压低内部管理成本的愿望也很重要。无论如何，在第一年的运营中，发放门票的数量受到了严格的限制。

表 4　内务部发放的冬宫门票数量（单位：张）

日　期	可知数字
1852 年 4 月 14 日	150
1852 年 5 月 16 日	300
1853 年 1 月 27 日	200
1853 年 5 月 16 日	200
1854 年 1 月 23 日	150

来源：数字摘自某文件，该文件转载于 M. B. Piotrovskii, ed, *Istoriia Ermitazha. Kratkii ocherk; materialy i dokumenty*, “O vkhodnykh v Ermitazh billetakh”（Moscow: Izd. Iskusstvo, 2000）, 214—218。

开馆不到半年，博物馆总馆长 F. A. 齐尔（F. A. Zhil’）哀叹道，
149 发 300 张门票的时间，参观人数超过 800。“门票发行不足，根本不够用。”① 显然，民众尤其对参观藏有珠宝和皇家珍宝的彼得一世画廊热情甚高，让人吃惊。1854 年，当局因此为这一展览制作了专门的门票。1857 年，皇家艾尔米塔什提供一张年票，“仅限一人”，可进入艾尔米塔什和彼得一世画廊。这一特殊门票的颜色每年都不一样。②

---

① Piotrovskii, *Istoriia Ermitazha,* 217. 显然，警卫起初允许许多没有票的人进入了，尽管这并不符合规定。

② Piotrovskii, *Istoriia Ermitazha,* 218.

从尼古拉一世至亚历山大二世

1853年，克里米亚和巴尔干地区战争爆发，尼古拉晚年忙于应付战事。15年前，尼古拉启动艾尔米塔什博物馆项目，以慈善的艺术鉴赏家的面目示人。19世纪50年代，军事失败，外交孤立，士气消沉，但即使没有这些不利影响，尼古拉也已变得更加严厉，且不再乐观。皇帝通过御前办公厅第三处，镇压了大学生和文学界，因为他们在京城受过教育的民众之中，传播了酝酿政治不满的最初迹象。国内不太平，外事又有战争，尼古拉无暇顾及艺术教化的公民项目。

皇家艾尔米塔什开放三年后，尼古拉感染肺炎突然去逝，俄军在叶夫帕托里亚（Eupatoria）战败是他得到的最后战报。这位冬宫之主曾经精力充沛，最终在他的那张行军床上咽下最后一口气，这张床就摆在他位于二楼的非正式办公室里，可以俯瞰冬宫广场。当时正值一场主要的欧洲战争，成千上万的俄罗斯军队仍在远离家乡的地方服役，尼古拉的死亡并未引起轰动。这是一个令人沮丧的休止符，它结束了曾经致力于对现代俄罗斯专制主义进行保守重塑和有力宣传的统治。尼古拉在政府方面的实际成就不可谓不大。他主持工业扩张，成绩斐然，巩固国家法律法规，并对国有农民进行了重大改革。尽管如此，他最希望做的是在平息精英叛乱火花的同时，重新点燃民众君主制的火焰。尼古拉在这方面的记录好坏参半。

尼古拉统治末期，京城居民中无疑有很多拥皇派，其中不乏在冬宫受到表彰的退伍军人，参加新年化装舞会的商人之女，招引皇家合同的商人，以及在冬宫广场上庆祝“谢肉节”或在冰冻涅瓦河上参加圣水仪式的欢乐人群。他自己家中数千名成员也有理由感谢主人的关怀：仆从及其家眷、从事学徒或被送入艺术学校的男孩、被带入冬宫 150

在有序晋升的士兵或文官之子等。忠诚尼古拉的臣民，吸取了 1812 崇拜所体现的爱国主义，加以宫廷主舞台上展示的家庭和谐的印象，让君主专制的火焰在 19 世纪中叶依旧熊熊燃烧。那些不太支持的人暂时会被拒于千里之外。

尼古拉最后戏剧性的举动，预示着一个不同的时代。或者更确切地说，皇家艾尔米塔什督察忙于布展或教育那些常常兴致不高的民众之时，他们将君主制抛在了脑后。他们从未怀疑自己是为皇家主人当差，但他们发现沙皇很少干预，慢慢将这一工作据为己有。久而久之，专家们成了冬宫大舞台上对民众而言更为重要的一翼的真正主人。他们甚至开始把他们所展示的物品视为国家遗产。他们认为自己是文化提升的传教士，而不是君主权力展演中的小角色。

尼古拉长子亚历山大二世，成为皇家艾尔米塔什的新赞助人以及皇室新主人。亚历山大二世相对自由开明，他即位后，致力解放农奴，广泛进行社会改革，对专业充满尊重。因此，亚历山大二世执政期间，俄罗斯帝国许多机构都交由专家管理，包括皇家艾尔米塔什。亚历山大把责任交给专家，并允许皇家艾尔米塔什的新概念生根发芽：更似学校而非舞台，归属更似民众，而非君主。

前来指导博物馆项目的艺术学者骨干也为俄罗斯人逐渐形成的公共财产概念作出了贡献。叶卡捷琳娜·普拉维洛娃（Ekaterina Pravilova）在书中暗示，俄罗斯生活许多领域专家的崛起，与某种观念脱不了关系，即森林矿产、历史遗迹、艺术收藏及文学作品等各种珍贵之物，从根本上属于帝国及其人民。① 从管理方面而言，艾尔米

---

① Ekaterina Pravilova, *A Public Empire: Property and the Quest for the Common Good in Imperial Russia* (Princeton, NJ: Princeton University Press, 2014), 188—196. 普拉维洛娃颇具说服力地指出，公共财产概念 19 世纪下半叶在各个领域广泛发展，这一概念与私人财产和朝廷或皇家财产形成对比。朝廷或皇家财产往往与“国家”财产纠缠不清。

塔什的艺术品属于俄罗斯朝廷，因为他们算是冬宫的家具，冬宫并不像加特契纳（Gatchina）和巴甫洛夫斯克（Pavlovsk）属于皇家私人“领域”。18 世纪的统治者早已明确罗曼诺夫家族自有土地（他们向国库纳税）和宫廷财产（国库出资的半公共实体）之间的区别，但至 19 世纪晚期，这两类财产之间的界限已经模糊，因为有一人拥有主管这两类财产的绝对特权。宫廷财产与“国家”财产之间的区别更加模糊 151
不清。在专制主义顶峰时期，这些区分也没什么区别。例如，尼古拉能够自行决定出售几件艾尔米塔什藏品。此外，统治者将艺术品从此宫搬至彼宫，从不考虑这些区别。①

尽管艾尔米塔什艺术藏品法律地位不明，但也正因如此，欣赏这些收藏的专业人士会以普适性的术语书写和传授它们——例如引用某些画家和画作的重要性，仿佛它们构成了对全人类都有价值的东西。虽然这种感觉在涉及诸如圣像等俄罗斯作品时会得到更多民众关注，但艾尔米塔什督察却设想了一种甚至连君主也不能独占的物品。他们明白，皇家艾尔米塔什的作品本身就构成了一种收藏，应该如此维护。因此，艾尔米塔什董事们试图阻止藏品被出售，或转移至其他宫廷场所。他们还擅长从其他皇家宫殿里挪用作品，在新艾尔米塔什展示或保存。至 20 世纪初，馆长们坚持将藏品从被忽视的郊区宫殿转至皇家艾尔米塔什。这些郊区宫殿有时会没有供暖。②

---

① 19 世纪 40 年代，宫廷财产记录为统治者或其家人个人财产的绘画创造了一个新类目。参见 Levinson-Lessing, *Istoriia kartinnoi galerei,* 192。关于皇家财产和宫廷财产的细微差别，参见 Arcadius Kahan, *The Plow, the Hammer and the Knout: An Economic History of Eighteenth-Century Russia* (Chicago: University of Chicago Press, 1985), 336—337。布尔什维克革命后的财产国有化，一举消除了所有这些细微的区别。

② 尤其是冬宫董事 A. A. 瓦西尔契科夫，他于 1882 年从郊区宫殿里获得 22 幅绘画，并从冬宫为王冠宝石部（the Department of Crown Jewels）获得很多珍宝。他之所以采取这一路线，是因为他的采购预算微薄，无法像其前任那样购买。See Gosudarstvennyi Ermitazh, *Sotrudniki,* 34；Pravilova, *A Public Empire,* 358 n51.

培养民众

可进入皇家艾尔米塔什的人群扩大，艺术界人士应是最为热烈的受益者，虽然官方目的是为了促进民众对藏品的欣赏。亚历山大二世直接推进了这一项目。然而，博物馆刚开张的几十年，吸引普通游客实属不易。事实上，即使是自亚历山大一世时期就被允许进入大小艾尔米塔什的有文化的市民都很难被吸引进入。在那个年代，在内务部购票的访客可以在宫廷听差的贴身监督下，一次参观四到八个，但很少有人如此。①

就在尼古拉计划修建公共博物馆之时，德国作家 J. G. 科尔（J. G. Kohl）1838 年撰写一本圣彼得堡指南，他在书中写到，尽管参观冬宫艾尔米塔什收藏的门票并不难得，但很少有人利用这一机会：“圣彼得堡有很多书香门第之家，从未参观过艾尔米塔什。”无论是穿过艾尔米塔什大厅的俄罗斯人，还是外国人，对所看到的东西几乎没有什
152 么欣赏。对此，科尔也感到十分遗憾。“四千幅画，反映了一半的自然界和人世间，需两小时漫步……三个房间的雕塑，而大家却走马观花。”他绝望地表示：“这里人们最想观赏的无疑是王冠珠宝，以及其他与其一起陈列在单独柜子里的贵重物品。”② 若科尔所言可信，俄罗斯都城要提高人民艺术欣赏水平，所需或不仅仅是一座新建筑而已。尼古拉儿子继位时，这一问题依然存在。是什么导致参观皇家艾尔米

---

① 1804 年，亚历山大收到艾尔米塔什督察 D. P. 布图尔林伯爵（Count D. P. Buturlin）的建议，向民众开放藏品，“但要制定规则，不可违反，还要有指定人员监管，这样（藏品）或可成为教育资源”。亚历山大当时十分年轻，他没有按照布图尔林的建议行事，但确实增加了博物馆负责人员。

② J. G. Kohl, *Russia, St. Petersburg, Moscow, Kharkoff, Riga, Odessa* (London, 1844), 110.

塔什的人如此之少？参观之人显然也不懂得欣赏他们所看之物，原因又是为何？

有意思的是，科尔认为参观这些杰作的俄罗斯观众和外国游客都是半吊子。当然，19 世纪 30 年代，圣彼得堡仍是一个以穷人、男性、年轻人和季节性居民为主的城市。这座城市的居民大多不具备获取艾尔米塔什门票的空闲、礼仪和服饰，也没有或可激发这一兴致的教育背景。1840 年，47 万人以圣彼得堡为家。其中所谓“民众”，即因财富、教育和地位而能参与圣彼得堡文化生活的那层居民，并不比参加尼古拉新年舞会的人数多多少——也许共有三万人，其中还包括一些外国人。①

卡蒂亚·狄安娜（Katia Dianina）认为，促使俄罗斯民众愿意参观艺术博物馆的原因，是更自由、更多样化的新闻媒体的繁荣，尤其是专业艺术期刊的兴起。俄罗斯的博物馆时代从 19 世纪中期才真正开始，不仅是因为俄罗斯皇家艺术收藏直至 1852 年才向民众开放，还因为当时很少有期刊出版物让人们讨论美术。狄安娜按照年代记录了 1850 年后（尤其是更加自由的 19 世纪 60 年代）普通和专业出版物页面上的艺术对话的蓬勃发展。她认为，对视觉艺术的消费依赖于对相关文字的同时消费。②

另一个限制因素或是艾尔米塔什馆藏绘画和雕塑大多源自国外。博物馆开始向民众开放时，有两个大厅是俄罗斯人的画作，但希望看到俄罗斯画作的人最好是观看私人收藏。③ 记者兼剧作家 P. D. 波波里

---

① 斯塔尔（Starr）对这一观点进行了阐释，参见 Starr, “Russian Art and Society,” in Stavrou, *Art and Culture,* 91—93。

② Katia Dianina, *When Art Makes News: Writing Culture and Identity in Imperial Russia* (DeKalb: Northern Illinois University Press, 2013), esp. 4—7.

③ 艾尔米塔什从 1825 年开始收藏重要的俄罗斯绘画作品，但主要精力仍是其他欧洲作品。

金（P. D. Boborykin）回忆称："京城百姓 60 年代才开始参观（艺术）展览，有钱的艺术爱好者开始购买画作，找人画像"，他认为这一发展与巡回画派（the Wanderers）的崛起息息相关。巡回画派是俄罗斯现实主义画家组成的集体，最杰出的代表人物是伊里亚·列宾（Il'ia Repin）。① 俄罗斯自有艺术品多由皇家机构培育，展示这些作品的需
153 求增加，亚历山大最终于 19 世纪 90 年代在米迦勒宫殿群中开设了俄罗斯帝国博物馆（the Imperial Russian Museum）。艾尔米塔什藏品中占据两大厅的俄罗斯绘画搬至此处。② 俄罗斯帝国博物馆开放时，氛围明显不同。因为人们更熟悉主题，该博物馆似乎更受欢迎，游客之间的对话多了起来。家长都希望带孩子去一个可以传授他们有关本国历史信息的地方，周围的花园也是郊游的好去处。③

艾尔米塔什工作人员想方设法让馆藏更加清晰可辨，博物馆教育家安德烈·索莫夫（Andrei Somov）最终于 1859 年出了一本指南。他的《皇家艾尔米塔什图鉴》（画廊游客专用）是一个为民众编写的此类指南。④ 索莫夫本人在短暂的数学和物理教学生涯后转向了美术，

---

① P. D. Boborykin, *Vospominaniia v dvukh tomakh* (Moscow: Izd. "Khudozhestvennaia Literatura," 1965), 1: 311.

② Kasparinskaia, *Muzei i vlast'*, pt. 1, 28.

③ 麦克莱伦（McClellan）认为，即使是具有革命精神的卢浮宫，开放之初也未针对"无套裤汉"（译者注：原文为法语 the sans-culottes，无套裤汉是法国大革命时期对城市平民的称呼，主要由小手工业者、小店主、小商人组成。）进行教化，避开了风俗画和流行艺术，也没有提供书面指南。他认为第一批公共艺术博物馆"公共割裂感"影响深远："法国革命遗留给我们的博物馆运行原则相互矛盾，表面开放给平民，但却被旧世界精英品位所浸润，到处都是王之艺术。" McClellan, *Inventing the Louvre,* 12.

④ 首个馆藏目录于 1773 年由法语写成，次年发行了 60 份。保罗统治期间，首次推出艾尔米塔什绘画的俄文目录。Gosudarstvennyi Ermitazh, *Sotrudniki,* 5; Kasparinskaia, *Muzei i vlast',* pt. 1, 17. 想要更全面了解彼得堡旅游指南类型，参见 Johnson, *How St. Petersburg Learned to Study Itself,* 38—41。

从年轻时就开始学习绘画和外国博物馆馆藏。他是一名教育家，50 多年来，他在科学学院和艺术学院担任过各种职务，还做过学术编辑和出版商。① 1886 年，索莫夫被任命为艾尔米塔什画廊高级保护员，1909 年去世前，他一直担任这一职务。他在这个职位上的成就之一，便是安装了现代供暖系统。

索莫夫指南结果成了俄罗斯博物馆手册模板，一直沿用至今。索莫夫在前言中解释了自己的目的。他希望不仅能提供一些关于藏品的信息，“还能让参观者了解绘画历史以及这种艺术的主要方向”。为此，他按照时间顺序，将这些画作按国家流派排列，并对每位画家进行了简要介绍。他轻快地讲述了艾尔米塔什收藏的历史，从叶卡捷琳娜发轫直至当时。他断言，艾尔米塔什当时必须跻身世界顶级艺术博物馆之列，因为“这一朝廷部门不仅宏伟，且秩序井然，艺术家和艺术爱好者很容易便可进入，此外，藏品也十分丰富”。② 他最后承认，全面描述馆藏需浩繁卷帙，但为了给参观者提供一本方便的参考书，他对主要杰作进行了简要描述，全书仅有 176 页，并附有索引。

专家掌权

1863 年，亚历山大二世任命学者兼作家斯捷潘·亚历山大罗维奇·格杰奥诺夫（Stepan Aleksandrovich Gedeonov）为独立的皇家艾 154

① Gosudarstvennyi Ermitazh, *Sotrudniki,* 136—137. 在此职位，索莫夫监督了艾尔米塔什三卷本西欧绘画学术目录。他曾多次担任艾尔米塔什临时董事。索莫夫之子康斯坦丁成为艺术界的著名画家。

② Somov, *Kartiny Imperatorskago Ermitazha,* 5, 16.

尔米塔什博物馆首任董事，专家掌权正式开始。当时几个主要的文化兴趣都在格杰奥诺夫身上有所体现，在其担任董事的15年里，他将这些都给予了艾尔米塔什博物馆。1850年，格杰奥诺夫被任命为皇家考古委员会的罗马考查队员，其艺术生涯由此开始。1861年，格杰奥诺夫在罗马为艺术学院监督考古委员会的工作。他为艾尔米塔什收购了几个重要的古董雕塑藏品，甚至把坎帕纳侯爵（the Marquis de Campana）的藏品搬回圣彼得堡，安放在新艾尔米塔什二楼，并因此声名鹊起。格杰奥诺夫后来购得两部意大利杰作，即列奥纳多·达·芬奇的《哺乳圣母》和拉斐尔的《康纳斯圣母》，名声更是大噪。①格杰奥诺夫最后还被任命为皇家剧院董事，他的父亲在他之前也担任此职。这一工作与其博物馆任命重叠了九年之久。

作为俄罗斯主要的建制派知识分子之一，格杰奥诺夫在19世纪60年代还参与了关于俄罗斯民族性质和历史地位的辩论，其中包括著名的诺曼争论。②保守的君主主义在格杰奥诺夫身上找到了最善于表达的宣传者。他的爱国主义学术建立在他与改革派沙皇共有的两个信念之上。首先，他肯定了“古老”的俄罗斯君主制是现代俄罗斯帝国

---

① Gosudarstvennyi Ermitazh, Sotrudniki, 49; N. Iu. Miasoedova, “S. A. Gedeonov i Imperatorskii Ermitazh,” *Peterburg i Moskva: Dve stolitsy Rossii v XVIII—XX vekakh,* ed. Iu. V. Krivosheeva et al. (St. Petersburg: St. Petersburg University, 2001), 62—69.

② 诺曼争论涉及9世纪东斯拉夫人邀请瓦良格人（诺曼人，维京人）来统治他们，这在中世纪《俄罗斯往年纪事》(Povest’ vremennykh let) 中有所记录。19世纪，许多爱国的俄罗斯人拒绝接受这一说法。格杰奥诺夫写了两卷研究报告讨论诺曼争论，并于1862年，即罗斯建国千年大庆之年，发表了他的核心论点。格杰奥诺夫的完整著作 *Variagi i Rus* 于1876年出版。他在书中阐述了一个复杂的立场，认为瓦良格人（诺曼人）本身实际上是一个西斯拉夫民族，几乎被他们的日耳曼邻居摧毁殆尽。因此，对格杰奥诺夫来说，“海外邀王公”满足了当时泛斯拉夫和反日耳曼的思潮。他认为，斯拉夫人邀请斯拉夫人留里克，是在自己亲属中召唤新王朝的智慧，暗示君主制对斯拉夫人来说既古老又自然。参见 Maiorova, *From the Shadow of Empire*, 82—87.

最自然、也因此是最好的国家体制。他认为，俄式君主制对这个多元化帝国的所有人民来说是一种进步力量，亚历山大二世则是他们拥有的既慷慨又明智的君主。格杰奥诺夫与其君主一样，坚信教育是历史进步的主要圣水盂，帝国人民需要更多途径来获得教育。这是皇家艾尔米塔什转向更广泛民众时的正当使命。俄罗斯属于欧洲文化范畴，方式虽比较独特。因此，俄罗斯人民定能从学习欧洲古典时期和近代早期的艺术和文明中得到启迪。参观者穿过美丽画廊时，展览的每一部分都能增进他们对更广阔世界的理解，而俄罗斯也须为这个世界做出自己的历史贡献。[①]

基础设施就位，但游客不足，这让致力于公共使命的艾尔米塔什官员困扰不已。格杰奥诺夫上任一年，便解决了这一问题。他说服朝廷大臣放宽入馆要求。开馆时间有所延长，2 月至 9 月期间，每天九点至五点允许民众进入，其他月份开放时间为十点至四点，但 7 月和 8 月除外，因为在此期间，博物馆要闭馆维修。[②]

这些举措并没有立竿见影，吸引更多人群前来。朝廷御前大臣舒 155
瓦洛夫十分沮丧，因为“在过去的半年里，民众进入皇家博物馆已十分容易”，且增加了著名杰作、出版目录等收藏，给予“彼得堡居民”参观博物馆的全权，但参观人数并未迅速增长。这促使官方最终解决了具有高度限制性的“门票制度”，在整个圣彼得堡，知晓这一制度

---

① 马约罗娃（Maiorova）指出，格杰奥诺夫赞同“奥古斯特·孔德（Auguste Comte），尤其是亨利·托马斯·巴克尔（Henry Thomas Buckle）的观点，这两位思想家在俄罗斯非常受欢迎，他们认为教育、知识和智慧是进步的主要力量”。参见 Maiorova, *From the Shadow of Empire,* 86。

② Piotrovskii et al., *Ermitazh,* 113; Gosudarstvennyi Ermitazh, *Sotrudniki,* 8; Miasoedova, “S. A. Gedeonov,” 67. 两个月的闭馆时间为今天神圣的“清洁日”（sanitarnyi den）加了一层美好滤镜。

的人们，越来越爱对其进行奚落。有一专门研究如何增加科学院博物馆参观人数的委员会得出结论："进入博物馆需要购票十分多余，因为经验表明，我们或高估了单次游客聚集的危险。"① 宫廷希望扩大艾尔米塔什博物馆鼓舞人心的收藏对民众的吸引力，最终克服了其关于保护博物馆免受过度拥挤压力的焦虑。舒瓦洛夫同意，"像其他欧洲博物馆一样"，允许人们免票进入。从 1866 年 1 月起，进入博物馆不再需要先去一趟内务部。②

同时，格杰奥诺夫还构建了艾尔米塔什公共教育的职能。他创建一个教育部门，有自己的主管。他征集学者和专家进行特别咨询，授予他们"艾尔米塔什附属"荣誉称号，以代替薪资。这类人物包括珠宝商卡尔·法贝热（Karl Fabergé）、埃及学家 V. S. 戈连尼舍夫（V. S. Golenishchev）以及艺术史学家 A. A. 特鲁布尼科夫（A. A. Trubnikov）等方家泰斗。除了专业的博物馆工作人员之外，皇家艾尔米塔什当时还雇用了许多负责维护公共展览画廊的员工。新规要求宫廷主管监管游客进入，清洁地板、家具及窗户，提及保持适当的温度和通风。负责维护游客画廊的员工共有 45 名。③

弗拉基米尔·米赫涅维奇（Vladimir Mikhnevich）1874 年出版了一份著名的俄语圣彼得堡指南，皇家艾尔米塔什作为"博物馆"类别第一个项目，在其中占据了傲人的地位。米赫涅维奇用六页篇幅记录了从彼得大帝时代开始的收藏历史，在很多案例中，具体说明了为外

① *Severnaia pchela* 78 (March 22, 1863): 1. 该委员会由国民教育部（the Ministry of Public Instruction）任命。委员会得出结论，增加参观人数最需要做的是投入更多资金，雇用更多维护人员。

② Miasoedova, "S. A. Gedeonov," 67—68.

③ Gosudarstvennyi Ermitazh, *Sotrudniki,* 8.

国杰作支付的价格。他详细介绍了艾尔米塔什建筑的扩建情况，但没有特别注意尼古拉当政期间向民众开放的决定。这份指南告诉读者，除了7月和8月，他们每天都可以在十一点至三点期间参观。进馆免费，门票可在内务部或艾尔米塔什门口领取，游客还可在那里领取一 156
份目录。米赫涅维奇告诉艺术爱好者，皇帝亚历山大二世提供一本已出版的重要画作集，其中几幅还附有描述说明。这一条目以令人屏息的语气向读者表明，这座艺术博物馆最让人惊叹的是其所代表以及展示的非凡财富和高雅品位。①

因此，附属于冬宫的皇家艾尔米塔什，获得了艺术教育和渊博学识之地的威望。越来越多的线将博物馆与圣彼得堡的成千上万的学生联系在一起。索莫夫等艾尔米塔什专家会应邀前去斯莫尔尼学院（the Smol'nyi Institute）和别斯图热夫女子学院（the Bestuzhev courses for women）上课。久而久之，皇家艾尔米塔什所有学术分支均得到了发展：图书馆、钱币收藏、艺术史部和修复间等。亚历山大二世登基25周年之际，皇家艾尔米塔什董事亚历山大·瓦西里奇科夫（Alexander Vasil'chikov）自豪地制作了许多馆藏历史书的首本。《皇家艾尔米塔什，1855—1880》（*Imperatorskii Ermitazh，1855—1880*）制作精美，共有14张艺术插图，为富有的艺术爱好者提供了一场盛大庆典，庆祝皇家艾尔米塔什在君民之间所打造的所谓纽带。

皇家艾尔米塔什还可以传授良好礼仪和自控能力。虽然进入博物馆的限制已经放宽，但还是要有一定的礼节。艾尔米塔什董事和教学人员为民众消费馆藏珍品建立了一系列举措，这些做法甚至一直延

---

① Vladimir Mikhnevich, *Peterburg: Ves'na ladoni, s planom Peterburga, ego panoramoi s ptich'iago poleta, 22 kartinkami* (St. Petersburg: Izd. Knigoprodavtsa K. N. Plotnikova, 1874), 202—207.

续至今。参观画廊的游客边做边学，就像现在一样：在训练有素的警卫监视下，民众学会了穿着体面的服装出现，小声地说话，在艺术品面前表现出某种沉默的虔诚，不去触碰任何东西。这种新型的基于个人举止的尊贵标志，在参观博物馆的民众中生根发芽。尽管这样的气氛让一些人望而却步，但游客数量还是显著增加了。到 19 世纪 80 年代，每年有五万人参观皇家艾尔米塔什；1914 年，这一数字已增至 18 万。[①]

第一次世界大战前夕，皇家艾尔米塔什已慢慢融入了圣彼得堡的生活。它越来越有名，在为外国人和本国人准备的指南中均有描述，精明的游客可以手拿指南，在画廊里穿梭，汲取着为他们精心设计的课程。另一方面，科伦兹的艺术杰作悄无声息滑进公共空间领域
157 之时，游客也将自己的目的和计划带入了它的大厅。比如，弗拉基米尔·纳博科夫（Vladimir Nabokov）曾回忆起 1915 年战火纷飞的冬天，当年他 16 岁，要寻找僻静之地，与心上人共处：

> 我们常去博物馆。工作日的早晨，博物馆无人问津，温暖中透着倦意……在那里，我们会寻找安静的后堂、没人观看的充数神话集、蚀刻画、勋章、古文字资料、印刷史料——诸如此类的可怜物件。艾尔米塔什，圣彼得堡的卢浮宫，有很好的幽僻处，尤其是一楼某个大厅内，摆放圣甲虫形宝石的柜子之间，普塔大

① Piotrovskii, *Istoriia Ermitazha,* 57; Gosudarstvennyi Ermitazh, *Sotrudniki,* 9. 对当局来说，结束门票制度的一个结果就是增加艾尔米塔什的安保人数，然其成本又导致运营时间不得不有所缩短。19 世纪 70 年代，宫廷官员拒绝了艾尔米塔什管理人员进一步增加安保人员的要求，坚称最重要的不是人数，而是质量。

祭司纳纳（Nana）的石棺后面。[①]

因此，19世纪中叶，这座涅瓦河畔的宫殿博物馆开始建立行政和知识基础设施，在20年里，让更多阶层的市民认识和了解罗曼诺夫家族的皇家艺术收藏。积累和展示这一大批艺术品及古物所用的财富，都来自俄罗斯帝国的纳税人和劳动人民。19世纪的君主展示这些藏品，姿态居高临下，非常具有教化性，这也正是他们渴望呈现的公共君主制的展示，对象尤为圣彼得堡人民。19世纪末，艾尔米塔什吸引了大批观众来到宫殿岸堤上的君主制舞台，但统治者本身已不再控制这场戏剧的叙事。即使是君主财富的专家型经纪人，也不能完全保证其学生对自己经过的辉煌有正确的认识。博物馆游客对看到的物品有何感想？他们参观时如何相互交流？他们对这样的机会是否对统治者表示称颂？我们不得而知。可以确定的是，他们越过了城市和皇宫之间的界限，至少一定程度上出于自愿。

---

① Vladimir Nabokov, *Speak, Memory: An Autobiography Revisited* (New York: G. P. Putnam's Sons, 1966), 235. 贝德克尔也指出，这位埃及工匠的主保圣人（译者注：指纳纳）的粉红石棺为皇家艾尔米塔什一楼一号大厅（该厅紧靠主前厅左侧）增光添彩。See Karl Baedeker, *Russia with Tehran, Port Arthur, and Peking: A Handbook for Travellers* (Leipzig: Karl Baedeker, 1914), 132.

第三部分

观众登台

8　继承人

161

罗曼诺夫家族之冬宫逐渐成为圣彼得堡之冬宫。1917 年，末代沙皇尼古拉二世退位，几个月后，布尔什维克从临时政府手中接管冬宫。冬宫易主如同走马灯，但在此之前，它已滑入了一个准公共领域。如果我们试图说出这种转变发生的准确时间，我们会发现君主制退出舞台和城市推进的渐进过程。这一过程始于亚历山大二世（1855—1881）执政时期，并于 1917 年 10 月结束。

尼古拉之子亚历山大，是第一个被教养成信仰“民心是专制统治重要的道德基石”的君主。① 尽管如此，变革的力量还是超过了他。亚历山大政绩斐然，解放了俄罗斯数百万农奴，但他还是发现，自己依然会在京城街道上，甚至于冬宫大厅之内，被胆大包天的专制之敌追杀。亚历山大 1881 年遇刺身亡，但这一事件并未终结君主制展演，反而成其高潮——1917 年之前，从未有过如此改变冬宫生活之事。君主制创造了圣彼得堡，但俄罗斯最后两位皇帝都感受到了来自该城的攻击，均未将冬宫作为他们的主要居所。

君主制成为寻求宪政现代化者的批评对象，冬宫地位也引起质

① Wortman, *Scenarios of Power*, 1: 346.

疑。一个与君主制如此息息相关的地方，能否适应人民统治的新现实？最终，答案是肯定的。冬宫及广场之所以能够上演革命和共和统
162 治的戏码，不仅是靠国家财富和劳动创造并长期维持的，还因为位于圣彼得堡中心的这一皇家建筑群，已成该城公民生活的象征中心。19 世纪下半叶，冬宫广场上的宏大军演让位于国家危机或庆典期间自发的民众集会。无论沙皇是否在阳台上露面，人民聚在其前的宫殿都代表着帝国。

然而，冬宫建筑群不仅仅是一个象征性的空间。越来越多的市民以雇员或游客的身份进入皇家艾尔米塔什。有人则进入冬宫，参加各种文化团体的聚会。甚至君主制结束之前，俄罗斯君主基本上已把冬宫让渡给了朝廷，朝廷机构则由圣彼得堡文化专业人士主导。这样一来，宫殿岸堤上的这些建筑获得了比君主制更长久的意义和功能。19 世纪末，有两个平行的过程：君主制退出冬宫舞台，然后圣彼得堡日益自信的文化精英获得了冬宫和艾尔米塔什领导权。尼古拉的儿子和孙子，四十年来，各自努力扮演着绝对君主的角色。而这期间，俄罗斯政治生活的一切都在发生着变化：剧本、舞台，尤其是城市观众。尼古拉儿孙努力扮演绝对君主的同时，他们展演君主制的市民观众已渗入冬宫，目的不一。

君主制变换剧本

亚历山大二世登基时，克里米亚半岛战败迫在眉睫，两百年来，他是第一个没有任何血统问题或不得人心的皇位继承人。他继承了所有用于展演专制君主制的建筑，但其对专制制度的拥护比他的父亲更

加含糊不清。尼古拉在其专制君主制中注入了对人民的浪漫理念。在
没有自由化政府的情况下，他给予俄罗斯君主制一个更加民众化的
方向。另一方面，亚历山大坚信，他不仅要体现代表帝国人民的君主
制，还要为他们提供一个更高效的政府。随着克里米亚战争以惨败告
终，军事改革和农奴解放这两个成对的问题终于凸显出来。尼古拉组
建了几个关于“农民问题”的委员会，并改革了针对居住在国有土地
上的农民的约束条款。他的儿子则决定结束一个早在叶卡捷琳娜儿时 163
就被其每一位祖先在不同时期都谴责过的制度。这位新君主年轻自
信，目标明确，迅速展开进程，最终于 1861 年 2 月发布了解放地主
农奴宣言。

解放农奴法案十分复杂，说明这也是一种不讨喜的妥协。这种防止内战、革命和赤贫无地的安排，没有引起农民或地主多少热情，他们都认为基本权利被忽视。人们在大斋期（Great Lent）前夕得知解放敕令，反应相当冷淡：很难弄清统治者到底在想什么。沙皇本人对此法令的态度也很低调。内政部长 P. A. 瓦卢耶夫（P. A. Valuev）回忆说，圣彼得堡公布法令当天，亚历山大开车穿过街道，两旁站满了人，他们高呼“万岁”，但情绪并不高昂。“政府已设法做了几乎所有能做之事，为今天宣言获得如此惨淡反响做准备。”瓦卢耶夫写道：“当天晚间，没人想着照亮这座城。”①

一周后，内务部官员确实在冬宫广场安排了一场精心策划的仪式。一群经过挑选的农民工匠和工厂工人聚在那里，皇帝前去参加每周卫兵检阅的路上，向他们致意。君民均发表了简短的讲话，聚集的

① P. A. Valuev, “Dnevnik Ministra Vnutrennykh Del,” March 5, 1861, in *Aleksandr Vtoroi: Vospominaniia, Dnevniki,* ed. V. G. Chernukha (St. Petersburg: Pushkinskii Fond, 1995), 144.

人们给君主赠送了传统的好客标志——面包和盐。① 这件事极为低调。亚历山大随后的实质性改革事宜也未能在冬宫或冬宫广场上吸引民众的热情：对解放国有农奴以及改革司法系统、地方政府和武装部队的呼声并不高。如果有一种象征性的方式来展现亚历山大所信奉的自由专制制度，他并未找到。也许宏伟的冬宫舞台与这一目的不容易契合，但更深层次的问题在于剧本本身的模棱两可。

19 世纪 90 年代，亚历山大保留的许多传统统治要素的重心正从都城向古老的斯拉夫中心——莫斯科转移。19 世纪四五十年代的文学和政治辩论，使莫斯科派和彼得堡派之间的长期较量备受关注。康斯坦丁·阿克萨科夫（Constantine Aksakov）等所谓的斯拉夫派认为，莫斯科是俄罗斯真正的首都，彼得堡只是皇帝的住所，“表明在俄罗斯，统治者所在并不足以确立政治中心”。② 在迅猛发展的出版界和
164 文学界，圣彼得堡的主导地位受到挑战，且愈演愈烈。1862 年，亚历山大将自己的统治与俄罗斯历史联系起来的两大纪念活动均在俄罗斯旧都举行：拿破仑兵败俄罗斯 50 周年纪念和古罗斯建国千年庆典。亚历山大热爱他成长的“皇帝之城”，像他的父亲一样，继续在这座城市的街道和花园毫无防备地漫步或骑马，直至其生命的最后一刻，但他无法完全抗拒热情的泛斯拉夫主义者的拥护。泛斯拉夫主义者指出，莫斯科沙皇的统治证明了俄罗斯在斯拉夫族系中的特殊地位。③ 他的执政自由化与这种民族主义姿态相结合，发出了混合信息，有时

---

① Wortman, *Scenarios of Power,* 2: 72.

② Richard Wortman, “Moscow and Petersburg: The Problem of Political Center in Tsarist Russia, 1881—1914,” in Wilentz, *Rites of Power,* 246.

③ Wortman, “Moscow and Petersburg,” 245. 也正是后来的罗曼诺夫家族，尤其是亚历山大三世和尼古拉二世，更热情地接受了“沙皇”的旧称，经常比“皇帝”更加喜爱。人们常用这一旧称指代男性统治者。

让亚历山大的剧本变得无法辨认。无论如何，这是一部很难在冬宫舞台上上演的剧本。

重新布置舞台

如果说，19 世纪中期，君主制剧本正在发生改变，那么其主舞台的管理也是一样。表面上看，冬宫日常和尼古拉统治时期的情况差不多。亚历山大和玛利亚·亚历山德罗夫娜（Maria Aleksandrovna）依然在冬宫接待达官贵人等，尽管不似往昔热闹。虽然他们冬季继续在宫廷化装舞会上招待来宾，但对新年庆祝活动做了改变，尼古拉时代的大型舞会可谓“全民”，现在是举行简短的招待会，款待外国和本国政要以及圣彼得堡的商业精英。《圣彼得堡公报》刊载的 1871 年元旦招待会非常典型，俄罗斯政要于十一时在冬宫小王座厅觐见，外国显贵则是在中午时分。[①] 圣彼得堡百姓仍会被欢迎进入冬宫，但看到的景象则与之前不同。他们在这个气派的画廊进行短暂的日间觐见，表明统治者更注重效率，而非欢庆。

亚历山大虽然保留了从父亲那里继承的主要公共仪式活动，但其实际上却掌管着一个完全不同的家庭。这一家庭核心是他与黑森公主玛利亚·亚历山德罗夫娜的不幸婚姻。他们生有八个子女，但 1865 年却发生了他们生活中的最大悲剧，他们的长子兼继承人尼古拉·亚历山德罗维奇（Nicholas Aleksandrovich）死于脑膜炎，年仅 21 岁。他的母亲悲伤过度，当时几乎完全退出了公共生活，新皇储亚历山

---

① *SPV*, no. 1 (Jan. 1, 1871).

大·亚历山德罗维奇（Alexander Aleksandrovich）最终娶了他兄长的丹麦未婚妻。皇帝本人也对他的公共职责失去热情，转而在私人享乐中寻求慰藉。

165 亚历山大总是会被年轻女子所吸引，儿子死后不久，他就移情别恋叶卡捷琳娜·多尔戈鲁科娃（Catherine Dolgorukova），开启了他生命中主要的爱情。当时多尔戈鲁科娃是一名来自下层贵族的女学生，不到20岁。没几年，这件事在冬宫和彼得堡社会已广为人知，“凯瑟琳（Katia）”被安置在自己的住所，并最终为皇帝生下三名子女。这种有违礼仪的行为延伸至皇室，皇子阿列克谢沉迷女色，皇帝外甥也有小偷小摸。①对于那些可能仍在观看的圣彼得堡居民来说，这样的皇室很难被奉为典范。亚历山大也不能把这个家庭作为他个人统治的证据来做宣传。

事实上，皇室越来越不爱住在圣彼得堡，每年夏天都会在克里米亚半岛的新行宫里瓦迪亚宫（Livadia）度过。沃特曼总结到，所有这些自我放纵，“对（皇帝）杰出君主的形象都非常致命……为公共利益自我牺牲之精神，乃是沙皇垄断权力之根基，现在却失去了说服力”。②维多利亚女王和沙皇尼古拉一世各自都感到，在宣传和民主的时代，只有公开的美德才能使君主制维持下去。他们也认识到，在人民的时代，重要的美德便是家庭的美德。③因此，对于19世纪的宫廷来说，传统礼仪比18世纪的宫廷更为重要。面对内部的道德败坏，俄罗斯君主制逐渐成为其批评者（而非捍卫者）的统一符号。

---

① 为了中断这种行为，沙皇的儿子被派往美国长期居住。参见 Lee Farrow, *Alexis in America: A Grand Duke's Tour, 1871—1872* (Baton Rouge: Louisiana State University Press, 2014)。

② Wortman, *Scenarios of Power,* 224.

③ Plunkett, *Queen Victoria,* 144—146.

“下层”和“上层”都发生了变化。农奴改革对宫廷内务影响深远，管理成本增加。长期以来，宫廷只为财政供养的仆从提供食宿。但从 1859 年开始，宫廷开始将一些宫廷差役转为赚取薪俸的职位。仆人费用不断攀升，宫廷不得不采取措施，削减常设工作人员规模。早在 1858 年，宫廷就废除了冬宫消防指挥部，并规定了其他各部雇用仆人的最高人数。结果，冬宫常设仆人总数降至 294 人，但这一控制措施受到一项附加条款的影响。该条款规定，目前受雇的宫廷仆人在其规定任期结束后，将被允许作为受薪雇员继续留任宫廷。官员们首次记录了每个人每月领取月饷的确切天数。例如，1868 年 2 月，贴身男仆（kamerdiners）谢苗·扎哈罗夫（Semyon Zakharov）、彼得·卡尔波夫（Petr Karpov）、米哈伊尔·科斯京（Mikhail Kostin）和亚历山大·库兹米奇（Alexander Kuz'mich）每人工作 6 至 8 天，每天有 3.50 卢布。侍者伊万·伊万诺夫（Ivan Ivanov）工作 17 天，每天挣得 1.77 卢布。[①] 这些步骤都走向合同雇用制度，但直到 1882 年，亚历 166
山大三世才完全废除宫廷雇员（pridvornosluzhitel'）等级（soslovie），并将所有宫廷差役转为受薪职位。[②]

通过各种合同雇用和安置仆从，大量宫廷常设人员被取代。有人加入专门的“团体”和“部门”，有人则是临时工，他们未娶妻生子，在指定的宫内厨房自己做一日三餐。[③] 宫廷记录记载了新的雇用安排。一个例子就是与普提洛夫村（Putilov）农民签订的合同。该村位于附近的

---

① “O vydache deneg vmesto prodoval'stviia,” RGIA, f. 469, op. 14, d. 770 (1868—1869), ll. 24, 37.

② See Zimin, *Detskii mir,* 446—447.

③ “O revizi i opisanii imushchenii nakhodivshogosia v pomeshchenii zaniatom poloterami i masterovoi rotoi Zim. dv,” RGIA, f. 469, op. 15, d. 24 (Dec. 3, 1859—Dec. 31, 1859), ll. 1—5.

斯里赛尔堡（Shlisselberg）区。长期以来，宫廷一直会从该村季节性地雇用劳力。但在 1867 年 11 月，宫廷与普提洛夫村长老签署了一份详细的年度合同，让其提供“年轻力壮”的“机灵持重之人”到宫中各处当差。工人需自己支付前往指定工作地点的交通费用，但宫廷要为其提供住房和日薪。薪水根据所从事的工种而定，“每月不超过 29 天”。①

新安排引起与老员工的摩擦。1868 年 2 月，冬宫一位名叫瓦尔瓦拉·科茹科娃的亚麻布女看管给上级写了一封投诉信。她写到，有四名工人和她在洗衣房一起共事 27 年，尽职尽责，但“现在得知，从普提洛夫村来的人要代替他们，与我一起当差。我请求你让我留下以前的人，因为我们需要可靠之人住在这里，为皇室浣洗内衣，而不是日工”。②科茹科娃或成功阻止了普提洛夫日工的入侵，因为不久宫廷就恳求夏园的园长及其他宫殿雇用其中某些合同工。尽管宫廷向督察保证禁止农民酗酒，但园长都不愿意与普提洛夫村民发生任何关系。③尽管如此，为削减劳力成本而做出的不懈努力会经常出现在当时的宫廷记录中。某一宫殿或宫廷场地的官员要求增加劳工时，往往是要接待贵宾，内务部通常会予以满足，但并非没有就所提供工人的人数和工资进行过长期谈判。④忠仆子女按将来能在宫中当差培养，

① “O zakliuchenii usloviia s krestianami Sankt-Peterburgskoi gubernii Shlissel'burgskogo uezda Putilovskoi volosti, na postavku imi k V. Dv. rabochikh liudei,” RGIA, f. 469, op. 14, d. 965 (Nov. 16, 1867—Dec. 30, 1868), ll. 14—18. 根据工种，工人每天可得 40 至 60 戈比。合同还规定，该社区需向内务部交纳 2000 卢布保证金，以防成员盗窃。新来的人要住在指定的地方，不能玩掷钱（orlianka）等被禁游戏。

② “O zakliuchenii uslovaia s krestianami,” RGIA, f. 469 op. 14 d. 965, l. 43.

③ “O zakliuchenii uslovaia s krestianami,” RGIA, f. 469, op. 14, d. 965, ll. 45—55.

④ 比如，努力为皇村提供运水工、为萨克森-魏玛公爵（the Herzog of Saxon-Weimar）访问冬宫提供日工以及为皇村宫殿提供厨工等。参见“O naime rabochikh liudei i postavke lomovykh podvore,” RGIA, f. 469, op. 14, d. 967 (Feb. 6, 1868—Dec. 27, 1868), ll. 3—76。

长期服役也能获得奖赏，这种自给自足的家庭最终屈服于现代契约劳动的客观世界。

与此同时，雇用临时工和日工，引起人们对宫廷珍宝脆弱性的焦虑。据史料记载，当时加强了对出入人员管理的重视。冬宫主管阿列 167
克谢·彼得洛维奇·德尔萨尔（Aleksei Petrovich Del'sal）处理了为一些特殊宫廷活动招聘警卫的请求，这些活动包括舞会、晚宴等，还有一次是皇后表彰圣彼得堡女教师。① 德尔萨尔还解决了冬宫很多橱柜没有门的担忧。1872 年，新艾尔米塔什侧门维修，德尔萨尔在其外派驻了夜间警卫。还有一次，他为音乐厅圣诞节期间举办陶瓷和玻璃作品展安排了警卫工作。1874 年 11 月，吏部主管通知德尔萨尔，他正在为舞会等类似活动期间临时雇佣的农民发放 200 枚新徽章，因为旧徽章已经破损。但唯一一个似乎是针对皇室本身安全的警卫要求，是德尔萨尔派遣警卫陪同大公们到城里用餐。②

城市观众的分裂和分心

与发生在观众身上的巨大转变相比，君主制的剧本和舞台管理 19 世纪中期的变化就显得有些逊色。19 世纪 50 年代，圣彼得堡已发展成一个拥有 60 多万居民的大都市。③ 新进获得自由者，想要按照自

① RGIA, f. 469, op. 14, d. 1164 (1871—1875), ll. 7—13.

② RGIA, f. 469, op. 14, d. 1164, ll. 43, 94, 102, 275, 367.

③ Ministerstvo Vnutrenykh Del, Tsentral'nyi Statisticheskii Komitet, Statistcheskii tablitsy Rossiiskoi Imperii, vol. 2, *Nalichnoe naseleni imperii za 1858 g.* (St. Petersburg, 1863), 182. 1858 年人口普查显示，圣彼得堡人口为 395880 名男性和 208737 名女性。

己的意愿找到一份有工资的工作，他们涌入圣彼得堡的新工厂、钢铁厂和造船厂。19 世纪 60 年代末，人口总数增至 66.7 万，19 世纪 80 年代初增至 86.1 万。①新来者住在远离市中心的工厂区，那里肮脏不堪，乏味无趣。同时，亚历山大 1873 年对城市管理进行改革，允许圣彼得堡各阶层男性居民参选第一届城市杜马。这一机构定期举行会议，解决公民的福利问题，尽管他们的需求已超出现有资源。②亚历山大统治末期，俄罗斯工业革命得到蓬勃发展，超过 11 万人在圣彼得堡制造业工作，养活了 5.8 万名家属。城市人口普查跟踪了每个职业类别受扶养人的比例，这一事实表明，官方对影响治安和社会稳定的季节性问题非常关注。例如，建筑业令人仰慕，雇用了 22000 人，其中大多为年轻单身男性，他们只养活 9000 名家属。在季节性工人或临时工（一般比较年轻，当然也比较穷）中，男性绝大多数的社区
168 模式仍然存在。每年复活节后，数以万计的农民工来到圣彼得堡，在其永无止境的建筑项目中担任砖匠、石匠、房屋粉刷工、屋顶工、木匠和抹灰工等。输送人员最多的依然是雅罗斯拉夫和特维尔，其次是彼得堡、诺夫哥罗德和科斯特罗马等省。③他们中有人成了彼得堡人（pitershchiki），留下来担任裁缝或酒馆老板；有的男孩则待上三五年，然后带着钱回到村庄，寻找新娘。④

圣彼得堡依然吸引着来自帝国各地的商品和人口，但这些商品

---

① Iu. Ianson, "Promysl i zaniatiia Peterburgskago naseleniia po perepisi 1881 g.," *Vestnik Evropy* 11 (1884): 337.

② Valeriia Nardova, "Gorodskie golovy Sankt-Peterburga, 1873—1903 gg.," *Otechestvennaia istoriia* (2003): 22.

③ A. A. Bakhtiarov, *Briukho Peterburga: Ocherki stolichnoi zhizni* (1888; repr., St. Petersburg: Fert, 1994), 159.

④ Bakhtiarov, *Briukho Peterburga,* 161.

和人口越来越倾向于供给庞大的城市人口，而非皇室。从复活节至11月中旬，一支装卸工大军会在亚历山大·涅夫斯基修道院附近的卡拉什尼科夫码头从事粮食卸载工作，一季能挣150卢布。① 贫家妇女以每袋一戈比的价格修补破损的谷物袋，拾荒者，其中多数是儿童，则把洒落的粮食扫起来沿码头售卖。② 八九月份，干草市场广场有玻璃墙的市场提供蔬菜，这些蔬菜由雅罗斯拉夫农民在圣彼得堡数百市场菜园中种植，此外还有由芬兰渔民和农民提供的鱼类和奶制品。

在那些为宫廷和政府服务的雇员中，以及那些依靠“财产收益”生活的人中，受抚养人的数量等于或超过了实际就业的人数，表明这是城市人口中已定居的那部分人。比如，13000名“坐办公室的文官”抚养了18000名家属；58000名商人供养了41000名家属；1800名神职人员养活了2700名家属；靠财产收益生活的人有11000人，供养了12000名家属。很明显，至1880年，都城发展已远超其根基，对朝廷的照料和供养者在圣彼得堡居民中所占的比例越来越小。③ 至19世纪末，圣彼得堡已不再是彼得近200年前建立的公司城镇。

圣彼得堡作为京城，充满机会，令人神往，但穷人的美利坚，也不过是贫穷紧紧相随的痛苦之地。19世纪80年代初期，圣彼得堡整整一半住宅没有自来水。④ 芬兰农妇为成千上万被妓女或贫困家庭遗弃的儿童充当奶娘，“寄养儿童产业”蓬勃发展。街头儿童叫卖着廉价的日历和图片，来自中欧各地的街头音乐家期望得到捐赠。除了乞

---

① Bakhtiarov, *Briukho Peterburga*, 89.

② Bakhtiarov, *Briukho Peterburga*, 103.

③ Ianson, “Promysl i zaniatiia,” 325.

④ Bakhtiarov, *Briukho Peterburga*, 136.

丐，该市还有大量无家可归之人，他们“每天都不知要露宿何处”。①城市生活编年史作家 A. A. 巴赫蒂亚洛夫（A. A. Bakhtiarov）哀叹，其
169 中很多人自己承认，已有 15 年未去过教堂。“在教堂，弟兄们躲着我们，”他们声称，“也做不到禁食。此外，在圣彼得堡，没有票你甚至不能进入教堂。”②

城市人口激增，且越来越多样化，冬宫作为一个统一舞台的能力随之逐渐减弱。即使亚历山大二世倾向于在冬宫广场大肆展示士兵与沙皇之间的爱国纽带，展示开明文化的具有启示意义的大场面，虽说城市人口在不断扩张，但他吸引的注意却越来越少。

君主专制盛典在圣彼得堡中心舞台上出现得越来越少，公民生活的戏剧取而代之。亚历山大有生之年最后一次爱国大集会发生于 1877 年 12 月，当时他刚从漫长且花费巨大的土耳其战争胜利归来。在此之前，他个人在俄罗斯最终获胜中发挥的作用有限已广为人知，但圣彼得堡民众还是欢迎了他，认为他是国家胜利的化身和象征。他 12 月 10 日抵达圣彼得堡，一个军事代表团在火车站迎接了他，一大群人挤进喀山大教堂，有尊有卑，与其一起进行感恩祈祷。外国报纸报道称，大批圣彼得堡市民随后陪同亚历山大马车前往冬宫，“欢呼声连绵不绝，为了满足人们，他不得不一次又一次地出现在冬宫窗前”。③

圣彼得堡人民日趋多元，并非所有人都崇敬沙皇。圣彼得堡有部分人口迅猛发展，即许许多多高等教育机构的学生，如工程学院、矿业学院、军事学院和圣彼得堡大学等。尼古拉统治的大部分时间里，大学生的数量和社会构成一直受到严格控制，但随着亚历山大二

① Bakhtiarov, *Briukho Peterburga,* 203.

② Bakhtiarov, *Briukho Peterburga,* 206.

③ Wortman, Scenarios of Power, 2: 141. 英德记者都认为，民众普遍热情高涨，且发自肺腑。

世的到来，大学生数量迅速增加。至1856年，只要能通过入学考试，就会被录取。以前被禁的科目得到恢复，督学恃强凌弱的角色也大受限制，这一点最受思想开放的教授和学生欢迎。1854年至1859年间，圣彼得堡大学学生人数几乎增加了两倍，从350人增至1000人左右。①

许多回忆录证明，社会批评精神和团队精神在学生和庞大的旁听生（当时已有很多女生）中明显已开花结果。例如，A. M. 斯卡比切夫斯基回忆道："我上大学的五年里，大学经历了根本性的改变，让人难以认出……不再是空荡荡的走廊，一副死气沉沉的老样子…… 170
现在你不得不在走廊或讲堂里杀出一条路来。"② 规则放宽促使学生领导的组织激增，并展现出一种新的自信姿态。亚历山大及其幕僚对他们释放的东西越来越警觉，而这恰恰正处农奴制改革立法的高潮。1861年的镇压遭到对抗。虽然新规禁止，但学生们还是会定期在大学主楼之后的院子里集会，从冬宫涅瓦河一侧的窗户里很容易看到。9月下旬的一天，收到逮捕传闻的煽动，千余人决定游行前往校长位于海军部一侧的房子。他们长长的步行队伍穿过季节性的冬宫桥，经过冬宫背风处，前往涅瓦大街。当局没有成功平息学生，也未能实施新规。12月，亚历山大关闭了圣彼得堡大学。

1861年与1862年交替的冬天，圣彼得堡有识之士多同情学生。但春天城里出现新的骚乱：一系列纵火事件发生了，并于五月的五旬节（Pentecost）达到高潮。贫富皆受到火灾攻击，尤其是穷人。他们住在诸如老阿普拉克辛·德沃等大型购物区后面的狭小房舍里，这

① Abbott Gleason, *Young Russia: The Genesis of Russian Radicalism in the 1860s* (New York: Viking Press, 1980), 118, 138.

② Cited in Gleason, *Young Russia,* 146.

些在大火中都被夷为平地。满城都是有关罪犯的谣言，主要嫌犯有两个：波兰人和学生。恐慌感开始蔓延，房主关闭了院子大门。当局警告，不要让陌生人进入后楼梯[①]和小巷。有人担心会出现摧毁所有政府建筑和商店的运动。焦虑让民众舆论转向，学生示威者遭到反对。一位回忆录作家感激地说道："多亏警察局长，纵火案件至八月已完全消失。"[②]然而，尽管民众同情在消退，学生运动仍在迅速发展。亚历山大统治的剩余岁月里，圣彼得堡大学和其他教育机构一直是异议和煽动的中心，学生及其支持者最终掀起了一场政治暗杀运动。

君主和宫殿成为标靶

与先皇们一样，亚历山大每天也会在周边散步，城市居民对其习惯都很熟悉。他会沿着宫殿岸堤或在附近的夏园散步，仅有少数守卫，就像是一位在首都居民中如同在自己家一样轻松自在的君主。1866年4月，他如同以往散步时，遭到第一次暗杀。曾是一名学生
171 的俄罗斯贵族德米特里·卡拉卡佐夫（Dmitrii Karakazov），在他离开夏宫时向他开了枪。这一枪没有击中亚历山大，据说是因为科斯特罗马工匠奥西普·科米萨洛夫（Osip Komissarov）的快速行动，他离得很近，让卡拉卡佐夫的手臂偏离了方向。这一事件被认为是上天和皇帝的忠实子民一起挽救了他的生命。亚历山大立即赶往喀山大教堂祈

---

① 原文为backstairs，指旧时用人们居住的地方，通常和主人通道分开而设，也提供给学生或其他经济拮据者租用。——译者注

② Marina Bardakova, "Dukhov Den' 1862 goda v Peterburge," *Russkii arkhiv* 49, no. 10 (1911, kn. 3): 232; Gleason, *Young Russia,* 166—171.

祷，消息迅速传遍整个城市。傍晚时分，国务委员会聚于冬宫，欢迎亚历山大归来。当君主出现在阳台上时，聚在冬宫广场的人群发出欢呼。当晚，喜庆气氛笼罩着整个城市，市政官员把涅瓦大街装点得像过节一样。翌日，议员、贵族和商人进宫，向君主献上美好祝愿。① 宫廷当局对这次暗杀企图反应极为平静。宫廷安保和亚历山大的习惯均未改变，表明这仅被认为是一反常事件，而不是新的现实。

卡拉卡佐夫是一匹孤狼，但革命活动并未减弱。大批学生在 1874 年夏天“到民间去”后被逮捕。1877 年底，圣彼得堡出现 193 名被指控的革命者受审的场面。最具有戏剧性的审判是薇拉·扎苏里奇（Vera Zasulich）的案子，这个女人曾向圣彼得堡总督开枪，因为陪审团在新闻界的普遍认可下，于 1878 年宣告她无罪。就是在这种气氛下，复活节后第二天，曾是一名学生的亚历山大·索洛维约夫（Alexander Soloviev）朝沙皇开了枪，当时他正在进行每日的散步，未带任何侍卫，离冬宫几个街区距离，在近卫军司令部附近。听到枪声，一群人从冬宫广场向亚历山大跑去，逮捕了索洛维约夫。

这次暗杀行动引起警方巨大反应。几天内，他们要求在所有政府建筑和海军部地区的所有私人建筑中派驻门卫（dvorniki），费用由业主或部门承担。警察局长对这些私人门卫的行为发出详细指示，比如，他们在岗时，禁止分派除监视以外的任何职责。城中戒备最为森严的是环绕冬宫的第一海军部区。在那里，每个建筑都要派驻一名登记的门卫。城市外围地区仍在更为放松的监视下运作。然而，圣彼得堡总督明确表示：“为了保护沙皇，他所在的任何建筑，无论白天还

① Wortman, *Scenarios of Power,* 220; Maiorova, *From the Shadow of Empire,* 125.

172 是晚上，都必须设有负责任的门卫。”① 宫廷部拨出 2400 卢布，为来年雇用签署合同的农民担任门卫所用，价格为每月 10 卢布。② 亚历山大最终放弃了他在城市里行动的自由。他不再在花园里或岸堤上散步，市民相互交流着看到皇帝在哥萨克护卫下乘坐封闭马车飞驰而过的故事。③ 俄罗统治者已成为目标，君主制舞台呈现出冬宫成为众矢之的的景象。

同年，地下组织“民意党”（People’s Will Party）判处亚历山大死刑。④ 9 月，他们成功地将一名成员安置进冬宫，成为一名合同工。俄国北方工人协会（the Northern Union of Russian Workers）创始人斯捷潘·哈尔图林（Stepan Khalturin）来自维亚特卡（Viatka），是一名才华横溢的橱柜匠。他用了一本假护照，受雇到皇家游艇上工作，最后被调进冬宫，分到工人营房居住。克里斯托弗·伊利强调，哈尔图林将天真无邪的农民扮演得惟妙惟肖，因而获得了这一宫廷职位。亚历山大和朝廷官员仍然坚信，俄罗斯农村人到京城后，依然保持着对沙皇的爱戴。⑤

---

① “O naeme dvornikov dlia okhran’dnem i noch’iu dvortsa i zdanii vedomstva Pridvornoi e.v. Kontory i o vydache za eto,” RGIA, f. 469, op. 14, d. 955 (Apr. 20, 1879), I. 2. Dvorniki culture is memorably characterized in Vladimir Dal’, “The Petersburg Yardkeeper,” in Nekrasov, *Petersburg,* 57—70.

② “O naeme dvornikov dlia okhran’,” RGIA, f. 469, op. 14, d. 955 (Apr. 20, 1879), II. 11, 21.

③ Alexander Benois, *Zhizn’khudozhnika. Vospominaniia* (New York: Izd. Im. Chekhova, 1955), 2: 163.

④ Christopher Ely, *Underground St. Petersburg: Radical Populism, Urban Space, and the Tactics of Subversion in Reform Era Russia* (DeKalb: Northern Illinois University Press, 2016). 革命者利用城市生活和空间跟踪并最终杀死亚历山大二世的故事，在克里斯托弗·伊利（Christopher Ely）这本高度原创的书中得到全新的诠释。

⑤ Ely, *Underground St. Petersburg,* 215—220.

几个月来，哈尔图林趁晚上散步，把一百磅左右的炸药偷偷弄进宫中。他能不被发现，这说明了警察在皇宫监视的真实情况：并不是所有工人和仆人都会随时被搜查。1880 年 2 月 5 日，哈尔图林将其藏匿的炸药，放在了沙皇餐厅下两层楼的地下室一堵支撑墙附近。他已选好时间，因为皇室用餐时间宫内人尽皆知。他点燃了缓慢的导火索，平静地走到外面，与其助手安德烈·热里亚波夫（Andrei Zheliabov）在冬宫广场观看随后发生的骚乱。

两天后，《圣彼得堡公报》报道称，2 月 5 日傍晚六时左右，冬宫附近居民听到巨大爆炸声，感到大地都在摇晃。“爆炸非常激烈，噪声很大，周边人们跑向冬宫，乱成一团。”① 涅瓦河对岸，在瓦西里岛岬之上的证券交易所，人们跑向岸堤，以为冬宫桥上发生事故。由于爆炸发生在冬宫深处，而且“多亏了不起的拉斯特雷利所建的承重墙的强度”，冬宫没有显示任何外在的损坏迹象，因此一下并不清楚问题出于何处。② 人们逐渐了解到，冬宫内部发生爆炸，宫内瓦斯照明当即失效。

直到第二天才有官方消息。2 月 7 日，《圣彼得堡公报》刊登了一 173
份简短的政府声明，称爆发发生在冬宫主卫队宿舍下，就在皇帝餐厅下方，造成八名芬兰近卫军团③ 士兵死亡。报道指出，有几条瓦斯管道穿过这个房间。2 月 6 日全天，“一大群人涌向冬宫广场”，对国君幸免于难表示感谢。④

2 月 8 日，《圣彼得堡公报》社论作家对古尔科将军前一天对俄国

---

① *SPV*, no. 38 (Feb. 7, 1880).

② *SPV*, no. 39 (Feb. 8, 1880).

③ 又译作芬连斯基卫队，是俄罗斯皇家卫队一步兵团。——译者注

④ *SPV*, no. 38 (Feb. 7, 1880).

人的无效声明做出反应，言辞愤慨。他们完整地引用了该声明，称爆炸原因不是瓦斯，而是炸药："显然有无耻小人，心怀邪恶，对我们神圣的君主实施了这个恶毒的阴谋。"《圣彼得堡公报》谴责当局一开始放出瓦斯爆炸的消息，认为延迟报道整个恐怖情况令人费解。这边社论认为整个俄罗斯人民同心同德，甚至"我们这些受过教育的阶层（sosloviia）代表，也是煽动叛乱的死敌。我们迫不及待地等待他们告诉我们，在与这种秘密叛国的斗争中，他们要使用什么特殊手段"。作者特别震惊地意识到，如果不是因为外宾迟到而耽误了进入餐厅的时间，整个皇室都有可能一命呜呼。沙皇在自己住所都不安全，这也让人匪夷所思，惊恐万分，他的住所有一整连卫兵全天候看守。如果这样的事情这里都可以发生，相当于是袭击"整个神圣的俄罗斯土地，那怎么可能让人有安全感呢？"①

共有 11 名芬兰近卫军团士兵因伤死亡，50 余人受伤。次日，亚历山大及其家人参加了圣徒彼得与帕维尔教堂举行的特别祈祷会，他们向芬兰近卫军团的军官们表示敬意。《圣彼得堡公报》报道说，即使有人前来接替，未受伤的士兵坚持留在自己的岗位上，直到换岗。政府宣布，将为遇难者遗孀和家属提供援助。②

哈尔图林爆炸事件在冬宫历史上绝无仅有，但正是在一个人民不再是可靠的君主主义者的城市里，向合同工开放冬宫会带来的内在风险。这次袭击也破坏了罗曼诺夫家族成员长久以来的臆想，即他们将

---

① *SPV,* no. 39 (Feb. 8, 1880).

② Franco Venturi, *Roots of Revolution: A History of the Populist and Socialist Movements in Nineteenth Century Russia* (Chicago: University of Chicago Press, 1983), 685—686. 爆炸发生后，哈尔图林悄无声息逃离京师，最终在敖德萨（Odessa）与同志们会合。1882 年 3 月，他因参与另一起暗杀事件而被处决，但没有被警察牵扯出冬宫爆炸事件。

永远受到俄罗斯“淳朴人民”的爱戴和拥护。这也揭示了公民分裂的一个因素，宫内当差的人无辜受害。当革命者攻击君主制时，他们攻 174 击的是随行的俄罗斯同胞，以及爱国民众等。不知当时人们是否意识到了这一点，关于君主制未来的较量已经到来，俄罗斯人民则是斗争双方的主角。①随后，沙皇政府和民意党开始了争夺民心的战斗，前者是寻求民众打击圣彼得堡恐怖主义的意见，后者则是寻求自由派中产阶级的支持。②双方都明白，圣彼得堡民众的态度对俄罗斯君主政体的存亡至关重要。

有关宫廷工作人员的新安全措施几乎立即生效。③圣彼得堡一银器制造商受雇修复尼古拉大厅的物品时，被要求“根据关于冬宫工人的新指示”，说出所有要进宫修复物品的工人姓名。④冬宫当局拒绝了其中一人，据说是一步兵，他能说出的信息太少。修复工作开始前，这件事已耗费五周时间。从这一事实可以看出，新的安全程序使得宫廷内务管理变得多么繁琐。其他规则收紧了在发放宫廷制服之前需要的有关为化装舞会雇用的临时工的预先信息量。朝廷当局不再理所当然地认为，即将成为宫仆的人必定会忠心不二。

在圣彼得堡城里，“冬宫爆炸”的新闻吸引了所有人的想象力。艺术家亚历山大·贝诺瓦回忆起童年时沙皇不断受到威胁的那些年，就会有一种令人恐怖的末日感，尽管他不太记得那些特别影响其生活的公共事件。他确实记得存在于京城居民中的那种不祥之感，还有失

---

① 《圣彼得堡公报》连续几天发表社论，谈论不断加剧的危机，提及早些时候有人试图刺杀沙皇，以及薇拉·扎苏里奇被判无罪。

② Ely, *Underground St. Petersburg,* 246—251.

③ Peter A. Zaionchkovskii, *The Russian Autocracy in Crisis, 1878—1882* (Gulf Breeze, FL: Academic International Press, 1981), 92—99.

④ “O zatrebovani masterovykh dlia chistki,” RGIA, f. 469, op. 14, d. 743 (1880—1882).

去控制的谣言。很多谣言说明了民众对冬宫的看法，认为它是已被间谍渗透的黄金监狱。贝诺瓦讲述了这样一个故事：爆炸发生后，皇帝每天都会在办公桌上发现一封不知何人放在那里的威胁信。人们认为这种事发生的可能性还是有的，贝诺瓦写到，因为“冬宫里走廊、回廊和秘密通道如此之多，像是个巨大的迷宫，监视里面发生的一切几无可能”。① 在这场惨烈的袭击之后，冬宫彻查发现，有仆人在阁楼养牛，以便让孩子喝到鲜奶，这个故事被“小丑”散布谣言，传得神乎其神，但事实远没那样神奇。② 在市民的想象中，冬宫不再是模范皇室的庄严住所，而且还呈现既滑稽又可怕的凌乱，给人一种不祥之感。

175 皇室内部的混乱广为宣扬。爆炸发生两周后，朝廷官员继续着手纪念亚历山大登基 25 周年的计划。公共活动被取消，但沙皇接待了代表团，并接受了礼物，包括一个来自市杜马（City Duma）镀金的箱子，里面有 25 幅他统治期间重要事件和地点的水彩画。③ 除此之外，庆祝活动极为低调。灯笼和彩灯照亮公共建筑和豪宅大院的夜空，但皇后患上肺结核，病情严重，那些最接近皇室的人为此悲伤不已，据说，为了皇后，冬宫专门修建了一个密封房间。④ 尽管如此，傍晚时分，皇帝在冬宫阳台上，还是迎接了聚集在冬宫广场的一大群人，他们在近卫兵团联合乐队的音乐声中演唱着小夜曲。⑤

---

① Benois, *Zhizn'khudozhnika,* 2: 163.

② Benois, *Zhizn'khudozhnika,* 2: 164.

③ 贝诺瓦的父亲是一位名叫尼古拉（Nicholas）的建筑师，他负责组织这份礼物，他的兄弟莱昂（Leon）负责制作箱子上的装饰。Benois, *Zhizn'khudozhnika,* 2: 164—165. 贝诺瓦多年后回忆称，1917 年布尔什维克“攻占”冬宫后，他来到亚历山大书房，发现这个箱子被人砸开，且有损坏，水彩画散落一地。Benois, *Zhizn'khudozhnika,* 2: 166.

④ Benois, *Zhizn'khudozhnika,* 2: 166.

⑤ Wortman, *Scenarios of Power,* 2: 149—150.

爆炸发生三个月后，皇后玛利亚·亚历山德罗夫娜薨逝，遗体低调下葬。圣彼得堡城里，谣言四起，说皇帝已授予其年轻情妇尤尔耶夫斯卡娅公主（Princess Iur'evskaia）的头衔，让他们的三个孩子合法化，且事实上他们已经结婚。这场摩根尼式婚姻[①]7月就已缔结，但有违教规。伯努瓦回忆起他年轻时的感觉："我们的统治者'善良又温柔，'似乎完全不可能做出此等之事。"[②]然而，几个月后，丑闻气氛开始消散，"甚至有人选择参加冬宫1月1日举行的大型'招待会'，因为据说（尤尔耶夫斯卡娅公主）会出现城里的女士中间……但她并未现身"。[③]

许多人都期盼着这段不详的末日时期结束，这一天最终于1881年3月1日到来。民意党领袖安德烈·热里亚波夫被捕，这一消息让亚历山大感到振奋，程度不亚于其妻子加冕仪式尚未公布的计划。礼拜结束后，皇帝签署了酝酿已久的宪法改革的最终版本，并准备在御用马厩对近卫军兵团进行检阅，这是他最喜欢的职责之一。这一活动通常包括游行，但京城安全形势并不允许。内政部长M. T.洛里斯·梅利科夫（M. T. Loris-Melikov）试图劝阻亚历山大不要举行这种广为人知的仪式，但沙皇执意如此。就在他归来途中，第八次刺杀亚历山大的行动成功地达到了目的。民意党成员尼古拉·利萨科夫（Nicholas Rysakov）向皇帝的"防弹车"（拿破仑三世的礼物）投掷了一枚炸弹。炸弹炸伤了皇帝随从，但没有伤到亚历山大。沙皇走

---

① morganatic marriage 又称为贵庶通婚，指两个等级不同的人之间的婚姻，低等级的人不被授予头衔、财产和其他等级特权。——译者注

② Benois, *Zhizn' khudozhnika,* 2: 167. 不出所料，这场婚姻让亚历山大与其长子兼继承人亚历山大·亚历山德罗维奇的关系变得十分紧张。

③ M. Murzanova, "Vospominaniia A. A. Bobrinskogo (1880—1881gg.) ," *Katorga i ssylka* 76, no. 3 (1931): 85.

出马车，抚慰一名受伤的哥萨克护卫并查看弹坑时，伊格纳蒂·格林
176 尼维茨基（Ignatii Grinevitskii）扔出第二枚炸弹，亚历山大一条腿被炸断，一条腿被炸伤。身负重伤的沙皇表示，他希望死在冬宫，就在几个街区之外。警察将其放上雪橇时，他已失去意识。他们满足了亚历山大最后的愿望，将其放置在冬宫办公室的行军床上。当值御医（vrachebnoe pri Vysochaishim Dvore dezhurstvo）是 F. F. 马库斯（F. F. Markus），他负责照顾受伤的国君。① 皇储和皇储妻子驾到，宫殿走廊里，挤满了一小队宫仆。②

届时，人群已在冬宫广场聚集，等待着另一个逃脱死亡的奇迹，这几乎已成仪式。大量皇家近卫骑兵团在冬宫内外集结。冬宫内部，普列奥勃拉任斯基禁军军团荷枪实弹，在走廊上排成一排。哥萨克护卫在冬宫南墙外，面向广场布置了一道防线。在刚刚结束的检阅中被召集的近卫兵团在冬宫各个门口把守，他们甚至还未脱下阅兵服装。聚集民众看到冬宫上空皇旗降下，便知皇帝已经驾崩；想必他们很少有人能听懂副官长亚历山大·苏沃洛夫（Alexander Suvorov）在阳台上用法语宣布的消息。贝诺瓦回忆称："事情是这样的，正门旗帜降下，聚集在冬宫广场上的人群跪倒在地，呜咽之声在广场上回荡。"③ 这大约是下午三点半的事。

---

① F. F. 马库斯记述了这一事件，参见"Poslednie minuty Imperatora Aleksandra II. Rasskaz ochevidtsa," *Istoricheskii vestnik* 80, no. 4 (1900): 133—134；同时参见其助手的笔记，Kogan [sic], "Konchina Imperatora Aleksandra II (Rasskaz fel'dshera)," *Istoricheskii vestnik* 131, no. 1 (1913): 133—135. 值得一提的是，鉴于沙皇死后爆发的反犹暴力事件，沙皇弥留之际，照顾他的两名医务人员或是犹太人。科根（Kogan）形象地叙述了他努力用手控制亚历山大动脉出血的情况。同时参见 Wortman, *Scenarios of Power,* 2: 154—156。

② Tatishchev, *Imperator Aleksandr II,* 2: 609; Kogan, "Konchina Imperatora Aleksandra II," 133—135.

③ Benois, *Zhizn'khudozhnika,* 2: 168.

据目击者称，很多人在冬宫广场待至夜晚。据说，人群中有人在寻找“学生”，且真的抓住了一个不幸的年轻人，“具有犹太人特征，身穿医科学生或兽医制服”。在哥萨克护卫和宪兵的干预下，他才获救。为了他的安全，当局将他带至总参谋部大楼。①

当天傍晚，新君主携家眷返回他们位于阿尼奇科夫宫的家中。虽有哥萨克护卫保护他们，他们的马车也只能沿着涅瓦大街艰难行进，因为人群挤满两边，高喊着“万岁”。市政和宫廷当局都恳求新皇亚历山大三世离开他住了十五年的家，搬进冬宫，这样他就不用在两宫之间的大道上一天来回奔波数次，以免遭遇不测。第一天晚上后，他同意了，但仅限其父葬礼前一个星期。

不用说，在这种气氛下，民众没有被邀请进入冬宫，参观这位解放农奴的沙皇的遗体。朝臣和高级商贾参加了圣彼得堡圣徒彼得与帕维尔教堂举行的正式瞻仰遗体仪式，空间狭小，他们不得不相互挤着进去。3 177
月 8 日，送葬队伍将亚历山大遗体从冬宫运至彼得保罗要塞。皇室送葬队伍中首次出现农民代表，据称，其中有人在送葬结束时哭出声来。②

去中心化的君主制

暗杀发生后，俄罗斯安全部门对革命者进行了围捕，并镇压了大学生。许多经历过 19 世纪 80 年代的俄罗斯臣民认为，亚历山大三世的统治似乎是一个复兴时代，并不压抑衰败，是彼得大帝之前价值观

① Murzanova, “Vospominaniia A. A. Bobrinskogo,” 98.

② Wortman, *Scenarios of Power,* 2: 198.

的回归，包括全力主张斯拉夫俄罗斯的优先地位，虔诚的东正教，以及植根于沙皇和人民之间的纽带的君主政体，而不是由这个西方化国家无能的工作人员来调解。19 世纪八九十年代，还迎来了一个以煤炭、钢铁和铁路建设为基础的经济快速增长的时代。矿业工程师亚历山大·费宁（Alexander Fenin）在 19 世纪 80 年代曾是圣彼得堡矿业学院的学生。他感到十分幸运，自己的学生岁月不是充满暴力和丑行的 19 世纪 70 年代，而是一个以“欢欣鼓舞的民族自豪感”为特征的时期，“这一时期是俄罗斯的骄傲，是其人才的骄傲，也是其强有力且不屈不挠的政府的骄傲，是其在列国中威力的骄傲，也是其威严公正、似神一样从容的沙皇的骄傲；这不仅是我们这些新手的印象，也是这个被不公正地忽视的时代社会大圈子的印象。”①

然而，亚历山大的统治唤起了传统的俄罗斯，也开始有意地将执政君主政体去中心化，新沙皇将其搬离冬宫，搬离涅瓦岸堤，并逐渐搬离圣彼得堡。② 这种去中心化不仅仅体现在意识形态方面。铁路和电报等克服距离障碍的新技术也使其成为可能。③ 然而，在远距离投

---

① Alexander I. Fenin, *Coal and Politics in Late Imperial Russia: Memoirs of a Russian Mining Engineer,* trans. A. Fediaevsky, ed. Susan P. McCaffray (DeKalb: Northern Illinois University Press, 1990), 31—32.

② 亚历山大三世特别青睐俄罗斯前首都，比如，他任命了自己最喜欢的兄弟谢尔盖（Sergei）为莫斯科总督。由于他的兄弟要到莫斯科上任，沙皇将两万名犹太人驱逐出城，显然目的是为了让莫斯科市民对这位反犹大公更加友好。参见 Wortman, *Scenarios of Power,* 2: 294。

③ 1841 年，电磁电报监督委员会建立了一条线路，从冬宫内部的新电报办公室，穿过冬宫广场，直达总参谋部大楼。19 世纪 60 年代，总参谋部推出新做法，通过总参谋部电报线路，每天从冬宫电报办公室，向全国所有偏远城市发送精确的时间信号。每天早上，整个帝国的电报员都会受到一个信号，说“听着”，五分钟后，接着会有“时钟设置”的通知，这使得全国范围内首次统一了计时，且发自冬宫。参见 Gazeta Elektromontazh (July 2013), at https://electro-mpo.ru/newspaper/96/1348/; https://Statehistory.livejournal.com/; 以及 http://statehistory.ru/2056/Izobretenie-telegrafa-v-Rossii/。

射君主制方面，照片是最优潜力的新媒介。亚历山大二世是第一个对摄影产生浓厚兴趣的俄罗斯统治者。1860 年，他聘请了俄罗斯摄影先驱谢尔盖·利沃维奇·列维茨基（Sergei Lvovich Levitskii）。列维茨基为亚历山大三世及其兄弟姐妹拍摄了一些肖像照，这些照片很有名气。列维茨基后来成为尼古拉二世的御用摄影师，最终名满天下。① 君主话语和形象的长期传播，最终导致其越来越抽象，君主制在掌握公民中心方面的具体作用遭到削弱。

亚历山大二世去世后，冬宫不再是俄罗斯皇室的主要居住地。其
正式名称从未改变：王朝旗帜依然在这一建筑上空飘扬，虽然俄罗斯 178
最后两位皇帝事实上都不住在这里。② 当亚历山大及其家人身在京城之时，他们会继续住在“舒适”的阿尼奇科夫宫，亚历山大和玛利亚·费多罗夫娜结婚后，在此已住了 15 年。亚历山大三世并不是罗曼诺夫家族更热爱远离冬宫生活的第一人，他认为冬宫就是“持续不断的交际舞会”，但他却是第一个直接搬到圣彼得堡另一端的罗曼诺夫。这位统治者的家庭生活，或可与其祖父一样，成为典范。但他却不像尼古拉一世一样经常展示，而且他也更愿意通过照片展示。

大部分时间，亚历山大三世根本不在圣彼得堡。他执政 13 年间，大多住在位于加特契纳的郊区宫殿，并在此治理国事。亚历山大三世会经常打破这一惯例，带着家眷前往里瓦迪亚宫，这是一处位于黑海海边的皇家最新行宫。他会乘坐火车往返。大多数时候，他

---

① 列维茨基及其儿子拉斐尔因拍摄著名作家、艺术家和罗曼诺夫家族而成名，他们许多 19 世纪中期的重要照片保存于多伦多的迪·罗科·维勒收藏中心（Di Rocco Wieler Collection）：参见网站 http://diroccowieler.com/gallery.html. *Lichnyi al'bom Aleksandra II* (1860—1870 gg.)（亚历山大二世的个人相册［1860—1870］），现存于俄罗斯国家影像档案馆，可通过世界数字图书馆查看。网址：https://wdl.org/en/item/17159/。

② Stolpianskii, *Peterburg*, 197—198.

夏天也会前往丹麦。丹麦是他妻子的家乡，他们喜欢这一假期。他的先祖保罗皇帝也喜欢加特契纳，但保罗即位后，不得不搬至市中心。亚历山大及其家人偏居加特契纳时，朝廷不必跟随。朝臣大多不喜欢这个遥远且乏味的宫殿小城，只有真正的政府官员才需定期往返。① 为了参加乡间别墅季节必要的社会活动，亚历山大会住在皇村，虽然这里会让其想到父亲向叶卡捷琳娜·多尔戈鲁科娃求爱的事情。

19 世纪末，俄罗斯追求一种功能性的专制主义，这使得向京城居民面对面展示君主威严变得没那么必要。亚历山大背弃的这座城市与其拒绝的西化君主制相关。亚历山大全力拥护带有种族主义色彩的民粹君主制。他证明，宫廷仪式不仅可塑，还可移动，只依赖于君主本人的身体。②

1882 年 1 月，他在加特契纳参加了当政以来的第一次主显节仪式，场面有点阴郁。几天后，《圣彼得堡公报》对这一仪式进行了报
179 道，称礼拜仪式在加特契纳行宫教堂举行，随后举行了十字架游行，并在行宫银色池塘举行了圣水仪式。③ 1884 年，主显节仪式回至冬宫。《圣彼得堡公报》称，“宫殿岸堤、冬宫桥和瓦西里岛岸上站满大量人群”，但未提及市民兴高采烈地涌向冰洞。④ 宫廷回忆录记载了这一年的冬季舞会，由亚历山大广受欢迎的丹麦妻子主持。这似乎代表着过

① 皇帝的到来，给加特契纳当地城镇居民和农民都带来诸多不便，真可谓怨声载道。参见 V. S. Krivenko, *V Ministerstve Dvora. Vospominaniia* (St. Petersburg: Nestor-Istoriia, 2006), 148。

② 沃特曼将亚历山大的政治意识形态描述为“保皇民族主义”，试图“阻止从王朝民族主义到公民民族主义的转变”。See Wortman, “National Narratives,” 168.

③ *SPV,* no. 8 (Jan. 9, 1882).

④ *SPV,* no. 7 (Jan. 8, 1884). 那一年，皇室还在冬宫为朝臣、使臣、高官和商贾举办了传统的新年招待会。

去欢乐舞会的回归，尽管这些舞会未必都在冬宫举办。皇室夫妇会在阿尼奇科夫宫举办舞会和音乐晚会，但在接待2500至8000名客人的大型活动时，他们会使用冬宫的大厅。① 尼古拉统治时期巨大的“全阶层”新年化装舞会并未恢复，而是被亚历山大二世为名人举行的简短午宴取代。

虽然沙皇会利用冬宫举办大型宫廷活动，但为了节省某些开支，冬宫作为家庭和宫廷生活中心的地位在下降，这种做法也比较适合节俭的统治者。他把无数由内廷供奉住在冬宫备用房间的大公赶了出去。② 沙皇进一步禁止大公们像往常一样随意享用宫殿陈设，这基本上是在模仿皇家艾尔米塔什工作人员的观念，即这些物品已成不完全属于皇室的财产收藏，应该保持完好无损。他还摒弃了先辈不断改造和扩建的习惯，更喜欢做一些必要的维修，比如，更新宫殿供暖系统，使之更加现代化。正是在其监督下，宫廷在所有皇家宫殿里安装了电力。③ 亚历山大也考虑过改变冬宫外部配色的方案。这一方案延续了从拉斯特雷利继承而来的主体色彩，但最终他选择了比这一历史色调更深的版本。④

亚历山大统治期间，终于实现以现金的方式给所有冬宫家政服务

---

① Wortman, *Scenarios of Power,* 2: 272.

② 这些所谓的备用房间均是套房。有的在东北区，有的在西北区，还有的在南排，位于彼得三世和叶卡捷琳娜大帝最初居住的宫殿区域。后来，尼古拉的女儿玛丽结婚后，也曾和家人住在备用房间。其后，这些房间被分配给了叔伯、侄子外甥和年幼的儿子们。对他们的描述参见 Ducamp, *The Winter Palace,* 204—276。

③ Wortman, *Scenarios of Power,* 2: 277.

④ Zimin, *Zimnii dvorets. Liudi i steny,* 467—468. 从19世纪50年代末开始，每次重新粉刷，赭色都会变得更深一些。拉斯特雷利将柱子和窗框涂成不同颜色的方案后来被调和，对比色从白色改成了稍微浅一点的赭色。亚历山大三世考虑过更大的改变，甚至将内部庭院的角落涂上了色调样本，但最终没有抛弃传统。

人员发放俸银。这种趋势始于他的父亲当政期间，目的是减少服务人员。新的皇室搬离冬宫，服务人员人数加速下降。宫仆数量减少，但亚历山大确实为其提了俸银，同时坚持只用俄罗斯人。少量工作人员会长期居住在冬宫，但若皇宫发生重大事件，会有临时工进行补位。访客和皇室待在冬宫时，他们的贴身奴仆也会补位。①

亚历山大三世对涅瓦河畔宏伟的冬宫进行了精心的管理，但他认
180 为根本没有必要继续忍受大舞台上的生活。刺客的炸弹清楚地表明，皇帝与其城市之间的庄严纽带已出现致命磨损，而且，反常的是，这次暗杀最终战胜了 1789 年的阴影——君主在居住地附近被暗杀，既没有引发革命，也没有产生宪政。因此，亚历山大三世巧妙地将君主制核心从皇城中心转回君主身体。在速度和电力的时代，身体可以在任何地方，它不在的地方，可以用照片来表现。与此同时，沙皇也戴上了现代执政者的光环，主持着数量激增的部门，主要导向为经济增长。因此，冬宫不仅与君主制越来越疏离，与政府关系也越来越淡。与政府直接相关的部门，如皇帝内阁，被搬至阿尼奇科夫宫或其附近建筑。② 1885 年，部长委员会和国务委员会都从冬宫搬至圣以撒广场上马林斯基宫的新地址。

---

① 遗憾的是，我们不知皇室不在时，冬宫还有多少固定员工，但估计这个数字比亚历山大二世时期的 250 人要少。因为宫廷各部、机构和领导人员依然住在冬宫，内务需求并没有因皇室不在而减少。

② *Ves'Peterburga na 1894 g. Adresnaia i spravochnaia kniga,* vol. 1 (St. Petersburg: Novoe vremia, 1894), 448—468. V. I. 彼得罗夫（V. I. Petrov）中士是管理冬宫、冬宫剧院、仓库以及夏宫的宫廷官员。G. G. 德拉巴图欣（G. G. Drabatukhin）上尉监管冬宫动产。尽管尼古拉斯一世努力克服，但事实证明，皇宫管理中动产和不动产的分离非常持久。

君主制的可用遗产

如果亚历山大三世放弃这部分遗产，其他继承人就会在冬宫配殿等待。在亚历山大及其政府撤出的宫殿里，剩下的是朝廷及其准公共附属机构——也就是那些已经有了自己生命的“国家”文化机构：皇家图书馆、皇家考古委员会以及皇家艾尔米塔什等。宫廷部主要官署仍在冬宫，其电话号码在 1894 年被列入城市名录，这非常有用。该名录还公布部长可以在周三上午十点至十一点半接待代表团。这些文化机构的管理人员逐渐扩大了对冬宫地形的控制，并将冬宫资源用于提升民众素养。

1909 年的一份访客登记表显示了通过涅瓦河一侧的冬宫“委员会入口”进出的民众。许多尊贵的客人会因为考古委员会来此，包括“土耳其斯坦的亚洲犹太人”的代表和布哈拉（Bukhara）的埃米尔[1]艺术家、艺术专家和摄影师也会在这个入口签到进宫，其中很多是文物专家 B. V. 法马科夫斯基（B. V. Farmakovskii）办公室的访客。在这个“后门”入口签到进宫的还有艺术生、艺术学校管理人员以及圣彼得堡各种商店和面包店的送货员，他们是为委员会食堂供货的。[2]

皇家艾尔米塔什监管人员占据得天独厚的设施，但俄罗斯旧政权 181
正处衰落时期，他们只能在财政持续收紧的情况下奋力经营，但收获甚微。宫廷部高级官员 V. S. 克里文科（V. S. Krivenko）回忆称，那些年艾尔米塔什的预算“十分可怜”。[3] 与此同时，艾尔米塔什馆藏也得

---

① “埃米尔”是伊斯兰教国家对上层统治者、王公、军事长官的称号。——译者注

② 皮奥托夫斯基在故纸堆中发现了这份有趣的文件，他在自己书中转载了相关条目。参见 Piotrovskii Istoriia, Ermitazha, 267—269。

③ Krivenko, *V Ministerstve Dvora,* 157. 如同 19 世纪 80 年代一样，亚历山大三世不时会补充博物馆微薄的采购预算，购买一批价值 550 万法郎的法国中世纪收藏。参见 Kasparinskaia, *Muzei i vlast',* pt. 1, 61。

到了国际关注，这在一定程度上要归功于1881年的一项决定，即出版艾尔米塔什馆藏的照片复制品。①

同时，圣彼得堡文化精英也加紧努力，在京城内部宣传艾尔米塔什艺术作品。例如，1891年，作家德米特里·N. 马明–西比利亚克（Dmitri N. Mamin-Sibiriak）在《新闻：证券交易所公报》上撰写长文，描述了艾尔米塔什的乐趣。马明–西比利亚克来自彼尔姆（Perm），他写道："彼得堡人的一个显著特点就是，对彼得堡的了解少得可怜，尤其是他能看到和学习的珍宝，这些珍宝备受文化人喜爱。"人们匆匆走过数量众多且近在咫尺的文化艺术品。"我确信，"马明–西比利亚克接着写道，"许多彼得堡土著从未进过艾尔米塔什，或有十年或十五年没有去过了。因此，反而是来圣彼得堡的'无知外省人'认为每一分钟空闲时间都有责任参观京城内的博物馆，当然，最为重要的就是艾尔米塔什。"马明–西比利亚克以宣称皇家艾尔米塔什是"国家宝藏"结束了整个文章。②

没有人比新兴的艺术和馆藏杂志《逝去的岁月》的编辑们为宣传这些珍宝做得更多的了。《逝去的岁月》始于1906年，是一份广受欢迎的出版物，旨在提高人们对圣彼得堡及其他城市的博物馆和私人收藏的古老绘画和艺术品的认识。③彼得·维纳多年来一直担任该杂志主编，他的编辑团队包括当时最伟大的艺术宣传家，比如贝诺瓦、

---

① Levinson-Lessing, *Istoriia kartinnoi galerei,* 209. 革命前，艾尔米塔什没有自己的摄影部门。所以，出版照片的合同开始授予了布朗公司（the Brown Company），后来其他公司也获得出版权。

② D. N. Mamin-Sibiriak, "Iz progulok po Petersburgu," *Novosti: Birzhevaia gazeta*（1891）, in Piotrovskii, *Istoriia Ermitazha,* 254.

③ 艾米丽·约翰逊称，1907年至1914年间，订户从1000人增至5000人。参见 Johnson, *How St. Petersburg Learned to Study Itself,* 65。

S. K. 马科夫斯基（S. K. Makovskii）、V. A. 韦列沙金（V. A. Vereshchagin）、N. N. 弗兰格尔（N. N. Vrangel'）、A. A. 特鲁布尼科夫等。成立后几年内，编委会扩大成员范围，囊括了一群年轻人。其中很多人将这一职业生涯延至苏联时期，比如 V. Ia. 库尔巴托夫（V. Ia. Kurbatov）、E. E. 兰瑟雷以及 G. K. 卢克姆斯基等。1907 至 1916 年间，《逝去的岁月》让艾尔米塔什一直处于聚光灯下，每期“纪事”栏目都至少会提及其活动和藏品，并在这些年里发表了大量有关其各种收藏的长篇研究。在这份出版物中，没有其他博物馆或私人收藏，能像皇家艾尔米塔什一样吸引人们的注意。①

皇家艾尔米塔什最为成功的推广人之一，虽然有些不可思议，却 182
是德米特里·托尔斯泰伯爵，他是革命前艾尔米塔什最后一位馆长。托尔斯泰出身名门望族，于 1889 年成为朝廷司仪。1901 年，托尔斯泰首次担任艺术职务，成为俄罗斯帝国博物馆副馆长。1909 年，托尔斯坦担任皇家艾尔米塔什馆长。他一直担任这一职务，直至 1918 年将钥匙交给布尔什维克继任者。和其前任一样，托尔斯泰在冬宫也有一套房间。②

托尔斯泰是一位很有能力的管理者，拥有良好的人际关系。他

---

① 参见 F. M. Lur'e, *Starye gody: Khronologicheskaia rospis'soderzhaniia, 1907—1916* (St. Petersburg: Iz. Dom “Kolo,” 2007), 9—12. 史蒂文·马多克斯（Steven Maddox）简明扼要地将《逝去的岁月》及其编辑置于 20 世纪早期彼得堡文物保护者的语境之中，参见 Steven Maddox, *Saving Stalin's Imperial City: Historic Preservation in Leningrad, 1930—1950* (Bloomington: Indiana University Press, 2015), 24—29。

② 皇家艾尔米塔什馆长报酬颇丰。除了宫内套房，这一职位还带来 4000 卢布年薪、2000 卢布餐饮津贴和 2000 卢布差旅费用。虽然这种补偿非常慷慨，但有趣的是，它在结构上仍保留了朝廷“财政”用工的传统特征：在皇室内住宿，个人解决膳食问题。后者是合同工和专业人员的典型特征。参见 Piotrovskii, *Istoriia Ermitazha,* 241. 冬宫文件还指出，宫廷为托尔斯泰前任馆长支付了葬礼费用。

不仅提高了博物馆的国际知名度，还购买到重要的藏品，比如列奥纳多·达·芬奇的《贝诺瓦的圣母》(Benois Madonna)。① 托尔斯泰也知道如何吸引游客。他展出了最近在黑海沿岸附近发现的文物。② 他最为直观之举，便是迎合民众对皇冠珠宝的强烈兴趣。其他艺术专家曾哀叹，游客对这些物件的偏好可谓庸俗，但托尔斯泰却把皇家艾尔米塔什打造成了展示罗曼诺夫家族珍宝的首要场所。他设法从皇村兵工厂弄到了一批受欢迎的钱币和勋章收藏，并将其转移至艾尔米塔什。国务委员会刚刚搬离，正好腾出大艾尔米塔什大殿，托尔斯泰将这批收藏放在此处展出。托尔斯泰还从冬宫获得大量银器和瓷器，并获准在冬宫顶层展出。游客穿过小艾尔米塔什，进入冬宫，观看沙皇的盘子和汤匙。此时，统治者的私人世界和城市民众的公民生活之间的内在屏障被悄悄打破。整个艾尔米塔什建筑群，每平方英尺都承担着公共展示和文化启蒙的使命。③

因此，亚历山大二世的统治迎来了一个漫长的君主制衰落时期。体制仍是专制主义，但他想要改革，结果搅乱了君主制剧本。亚历山大的君主制表演不仅表达出了混杂的信息，他自己也发现，已不可能

① 这次购买是冬宫与贝诺瓦家族的另一个交集。根据官方对这次收购的记载，这幅画作原属于亚历山大·贝诺瓦的嫂子，并以折扣价卖给了艾尔米塔什。参见 thttps://hermitagemuseum.org/wps/portal/hermitage/explore/history/?lng=en. 皮奥托夫斯基也讨论了关于这幅画的争议。参见 Piotrovskii , Istoriia Ermitazha, 65—66。

② Gosudarstvennyi Ermitazh, *Sotrudniki,* 144—145.

③ R. D. Liulina, "Bol'shoi Ermitazh," in Piliavskii and Levinson-Lessing, *Ermitazh,* 211. 柳里娜(Liulina)认为，这些空间此时被证实移交给了皇家艾尔米塔什，尽管 20 世纪初，沙皇村兵工厂藏品被带入新艾尔米塔什时，大艾尔米塔什还是装修成客房的模样。大艾尔米塔什的国务委员会和部长理事会专用会议厅，于 19 世纪中叶设立。当时 E. A. 施塔肯施奈德(E. A. Shtakenshneider)正对大艾尔米塔什进行重大改造，他在涅瓦河一侧新开了一个入口，设有一个大楼梯，其名为"苏维埃茨基(sovetsky)"，以纪念国务委员会，或苏维埃国家(the Gosudarstvennyi Soviet)。参见 Piotrovskii, Istoriia Ermitazha, 50—51。

像父亲那样布置宫廷的舞台。他治家无方，混乱不堪，服务人员越来越少，临时工却越来越多。他欲将自己的剧本投射的城市，已变得尾大不掉——人口众多且各式各样，大家不再关注君主。他的朝廷也出现反叛者。

父亲被刺杀后，亚历山大三世舍弃了冬宫，而且逐渐摒弃了它所在的城市。亚历山大的儿子尼古拉二世（1894 年至 1917 年当政），曾在冬宫短暂居住。他甚至于 1896 年在冬宫海军部一侧，为妻子修建了一个私人的封闭式冬宫花园。① 然而，在他执政初期发生了一些创伤性事件后，尼古拉退居至他自己的凡尔赛宫，一年中大部分时间都 183
会在皇村度过。同时，冬宫广场作为一个与国家胜利、感恩、焦虑、哀悼和最终反抗等时刻相关的地方，已融入圣彼得堡的集体公民意识之中。20 世纪，在此开始的则是将君主制抛却脑后的国家剧本的创造过程。

---

① 与此项目相关，尼古拉传旨，对冬宫外观做出了自建成以来最大的改变。他于 1901 年下令，要将整座宫殿粉刷，以与新花园墙体的红砂岩相配。柱子窗户被涂成同样的颜色。因此，这座巨大的建筑，以及最后冬宫广场上所有的建筑，都呈现出一种庞大且单一的黑色调外观。冬宫和广场外观的改变，引起民众的广泛不满。尼古拉直到 1911 年才解决这一问题，当时正准备罗曼诺夫王朝 300 周年纪念，冬宫被再次粉刷。这次的色调被当时的人称为“玫瑰色”，但保留了单色方案。Zimin, *Zimnii dvorets. Liudi i steny,* 467. 冬宫现在的颜色是二战后重新粉刷的。

184

9 到冬宫去

酝酿已久的俄国君主制的崩溃，最终于 1905 年至 1917 年间上演。俄罗斯革命之火燃遍全国，包括所有城市乡村，甚至参加一战的部队之中。讲述这一事件时，发生在帝都的故事往往是主要情节线。列宁（Lenin）就将众所周知的攻占冬宫看作权力移交至布尔什维克的高潮事件。当时皇室并不在冬宫，但这一事实并不重要。俄罗斯君主制的主要遗产便是控制这一庞大国家的政治核心，圣彼得堡民众代表攻占冬宫足以体现政治权力的转移，没有别的象征性行动可以如此。同时，这一场景的新主人与文化管理者正面相遇，后者竭尽全力维护和保护财宝，他们认为这些宝藏是君主制留给国家的有形遗产。布尔什维克夺取它之后，很快就敢于将这一老沙皇中心的代表权力转移至莫斯科，但他们完好无损地保留了宫殿岸堤上的文化宝藏。考虑到冬宫对出演主角的人意味着什么，我们就能最好地阐明俄罗斯革命十年期间在这一舞台上发生的事件的意义。剧中人物包括尼古拉二世、聚集在冬宫广场的圣彼得堡百姓、临时政府领导人亚历山大·克伦斯基、布尔什维克领导人 V. I. 列宁，最后还有革命的伟大跨界者之一——艺术家和文物保护者亚历山大·贝诺瓦。

争夺冬宫广场，1905年 185

20世纪初，圣彼得堡不仅是国家首都，还是俄罗斯最大的城市和主要的工业中心。近150万人在此生活，其中三分之二拥有农民的合法身份。这些城市农民中近80%生于圣彼得堡省外，但绝大多数不再季节性地返回农村了。19世纪90年代，钢铁和机械工厂激增，包括造船厂和机车厂。仅在这十年中，就有25万新劳工涌入圣彼得堡。[1]

工种不同，生活水平千差万别。金属工人和工匠组成劳工精英，他们平均年薪有450卢布。但即使如此，大多数仍长期到商店老板处赊账度日。纺织工、妇女、家庭佣工和车夫挣得要少得多，生活条件极其恶劣。圣彼得堡大多数穷人——也是工作人口中的大多数——只能为家人租得起房间一角，与他们共享做饭和睡觉的空间。1900年，这些人约占圣彼得堡人口的三分之一。此外，圣彼得堡工业工人不仅住得很近，工作也都不远。1905年，1.2万人在圣彼得堡最大的普提洛夫工厂工作。

这些数以千计的劳动者，都住在这一不断扩张的城市的外围工业区，靠近工厂，或位于首都东南或西南，或位于瓦西里岛、彼得格勒区和维堡区的北部边缘。他们会在自己社区的教堂广场和空地上进行社交活动，很少去位于高档的海军部区的城市仪式中心。尽管如此，当一项严肃的整治行动出现，要吸引对工人需求注意之时，其领袖会将注意力集中至冬宫广场这一君主和人民在历史上相互接触之地。

为了回应地下左派政党的政治煽动，内政部秘密批准了警方建

---

① Walter Sablinsky, *The Road to Bloody Sunday: Father Gapon and the St. Petersburg Massacre of 1905* (Princeton, NJ: Princeton University Press, 1976), 5—11. 人口普查没有专门设置“工人”一项，因此大多数城市工人被计入他们所来自的农民阶层。

立工人阶级协会事宜，该协会旨在通过合法渠道提供互助。在圣彼得堡，这一所谓的警察社会主义实验，主要由杰出的乔治·加邦神父（Father Georgii Gapon）完成。[①] 1903 年秋，加邦神父的圣彼得堡俄国工厂工人集会在维堡区工人社区的一个俱乐部举行会议。[②] 1904 年
186 底，工人大会已扩大至 10 个相关的分支机构，遍布圣彼得堡的整个工人阶级。其中最大的纳尔瓦分会包含该市西南部的普提洛夫工厂。

1904 年的最后几个月里，1905 年革命所需燃料已几乎干透。与日本军队（被认为处于劣势）的战争持续数月，情况每况愈下，暴露出政府的无能。1904 年 11 月，专业人士和文化阶层围绕一场宴会运动和全国地方自治组织大会齐聚京师。与此同时，大会领导人加邦试图宣传其成员在经济上不满，同时将其与自由派更加政治上的诉求区分开来。直至普提洛夫工厂的罢工创造了机会，他们才想出了一个关于如何做到这一点的计划。1905 年 1 月首周，普提洛夫罢工蔓延至圣彼得堡其他大型工厂。

当年 1 月 6 日是周四，当天举行了“圣水仪式”。当时，劳动人

---

① 詹妮弗·赫达（Jennifer Hedda）既阐述了圣彼得堡社会活动家教士的整体环境，也描述了加邦本人的个人要素，其中包括对穷人的深切承诺，对官方拒绝他所提出的一些项目的痛彻心扉，以及为民众可以牺牲自己的渴望。Jennifer Hedda, *His Kingdom Come: Orthodox Pastorship and Social Activism in Revolutionary Russia* (DeKalb: Northern Illinois University Press, 2008), 141—145.

② 萨布林斯基（Sablinsky）记录了“警察社会主义”最初宣传者 S. V. 祖巴托夫（S. V. Zubatov，其项目始于莫斯科）与 V. K. 冯·普列维（V. K. von Plehve）部长在内的内政部官员之间的复杂关系。加邦是一名年轻的神学学生。他于 1903 年放弃学业，在祖巴托夫指导下，开始组织工作。祖巴托夫 1903 年 8 月离开圣彼得堡，加邦走上独立的道路。参见 Sablinsky, *Road to Bloody Sunday,* 56—70。赫达得出结论，加邦从未正式与秘密警察赞助的主要“祖巴托夫”组织有过联系，而是与另一个独立派系结盟。Hedda, *His Kingdom Come,* 135. 加邦的故事被讲过多次，但均不如萨布林斯基的详尽叙述。

民仍有一天假期，但这一仪式与60年前相比，已是一道苍白的影子。那一年，许多没有观看涅瓦河纪念活动的人，参加了关于组织大罢工的全天会议。由于近十万人参与停工，圣彼得堡当局感到十分紧张。在这种氛围下，意外之事就像恶兆。瓦西里岛上一门礼炮不小心朝仪式方向发射了一串葡萄弹，导致一名首都警官受伤，一根旗杆断落，冬宫四扇窗户破裂。很多人怀疑这是一起谋杀。皇太后当时正与其他贵妇从冬宫窗户向外观看，结果被窗户玻璃溅到。但沙皇尼古拉二世本人在冰面上毫发无损，也未过分担心。①

周四仪式结束后，皇帝回到皇村的郊区宫殿，暂时未有回城的打算。与此同时，罢工继续加剧。加邦知晓尼古拉已离城，但在周四某时，他似乎想了一个主意，让工人大会所有支部的工人在周日下午齐聚冬宫广场，恭敬地向君主呈上他们表达需求的请愿书。加邦同伙N. M. 瓦尔纳舍夫（N. M. Varnashev）回忆称，周四下午，加邦把他拉到一旁，低声说："告诉我，你怎么想的，我们都去递交请愿书，不是更好吗？我们要告知沙皇和有关当局，我们将在周日集会，比如说，就在冬宫，人民要见沙皇，不是其他人！"②起初，瓦尔纳舍夫觉得这个想法太过疯狂，但他很快得出结论，说其极好。罢工平息、复 187

① 主显节是他难得进城的场合之一："朕九时前动身进城……在'Zimnii'更衣。"注意到偏向的射击后，他继续说道："早餐后，朕于金色客厅接见各国使臣代表。四时，朕动身前往沙皇村。" See Nicholas II, Emperor of Russia, *Dnevnik Imperatora Nikolaia II* (Berlin: Knigoizdatel'stvo Slovo, 1923), 193. 他相信这次枪击纯属偶然。但这种自信与正在进行的暗杀活动并不相符。1902年4月，内政部长德米特里·西皮亚金被暗杀。1904年7月，西皮亚金继任者普列维遇刺。

② N. M. Varnashev, "Ot nachala do kontsa s Gaponovskoi organizatsiei v S.-Peterburge (Vospominaniia)," in *Istoriko-revoliutsionnyi sbornik*, ed. V. I. Nevskii (Moscow-Petrograd: Gosud. Izd., 1924), 1: 203. 笔者这里采用了萨布林斯基的翻译，参见Sablinsky, *Road to Bloody Sunday*, 170。

工、不可避免的逮捕以及对“小父亲”[1]信心的恢复，都可预见。但前往冬宫游行，则相当于“抓住公牛的角！[2]撕下面具！瞎子都可看到！为了人民还是反对人民？”[3]在这段话中，瓦尔纳舍夫表示，加邦抓住了冬宫的象征性力量。在这一区域，圣彼得堡绝望的劳动人民，要么能促使君王听取他们的意见，要么，就不得不不幸地面对一个事实：君王不会被迫倾听他们的倾诉。

这个想法很快引起广泛共鸣。当天晚上，加邦便将这一想法直接带至工人大会的纳尔瓦分会。至此，他似乎确信，直接向沙皇陈情工人需求，是唯一希望：“让我们和妻儿一起在周日下午三时都去冬宫吧。让我们安静平和地去，我们会被倾听。”一名目击者记录了他的讲话。[4]有人听见他说，如果他们没有受到阻碍，“我们将进入冬宫广场，把沙皇从皇村叫出来。我们会等他到晚上。他来时，我会带着几名工人代表去见他，将请愿书呈上，然后说：‘陛下，您必须给人民自由。’”[5]

回忆录作者记录了关于冬宫广场上会发生什么的争论。一时谣言四起。有人预计，士兵会在那里迎接他们。有人含泪答应了加邦所谓的邀请，高喊：“我们都将在广场上献出生命。”[6]有人则相信他们的君王会欢迎他们，相信士兵只向流氓和挥舞红旗的人开枪。有传言说，尼古拉沙皇准备在自己宫里接待 40 至 60 名被选中的工人

---

① 尼古拉昵称。——译者注

② 暗指不畏艰险。——译者注

③ Varnashev, “Ot nachala,” 204.

④ Sablinsky, *Road to Bloody Sunday,* 171.

⑤ Hedda, *His Kingdom Come,* 144.

⑥ L. Ia. Gurevich, “Narodnoe dvizhenie v Peterburge 9-go ianvaria 1905 g.,” *Byloe* 1 (Jan. 1906): 209. 至于游行者，他们至少有人预见到了武装对抗的可能性。

代表。[①]

负责维持秩序的官员已得知请愿书内容，也知晓周日市中心愈来愈多的集会计划。当局决定向城市各处派遣军队，组织工人向广场推进。内政部长斯维亚托波尔克-米尔斯基（Sviatopolk-Mirskii）当天深夜前往皇村向沙皇汇报，尼古拉感到放心，一切尽在掌握。当局认为，散布沙皇不在城中的消息，以及街上已部署军队，会震慑示威者。

然而，官员们忽略了民众的情绪。过去的两天里，加邦在室内到处奔走，召集各支部集会成员，在会上发言。这些会议参与人数众多，有人都排到了街道上。[②] 每一次会议上，他都会强调一点：如果沙皇不接待带着和平请愿书前来找他的人，那么“对我们来说，就无沙皇可言”。[③] 周六晚上，加邦通过信件告知尼古拉和斯维亚托波尔克-米尔斯基，数千人将于次日在冬宫广场集会。加邦期望尼古拉 188
同意周日从沙皇村乘坐三十分钟火车前来，但尼古拉从未考虑过这样做。

1月9日，派遣到城市街道上的部队，约有9000名步兵，3000名骑兵。大多清晨时分已就位，但分配至冬宫广场的后备军不需要早上十一点前在此集结。上午期间，城里貌似十分平静。许多人聚集在广场上，期待着来自圣彼得堡市郊各个分会的游行者到来。

有的游行者行程甚远，且需步行。最值得一书的是从科尔皮诺分

---

① Gurevich, “Narodnoe dvizhenie,” 212.

② 工人大会分会包括维堡、纳尔瓦（普提洛夫）、瓦西里岛、涅瓦、莫斯科门、科洛姆纳、彼得格勒区、港口（也在瓦西里岛）、罗日杰斯特文斯基（Rozhdestvenskii）和郊区的科尔皮诺（Kolpino）等。

③ Varnashev, “Ot nachala,” 205.

会出发的工人队伍。该分部位于城南，离沙皇实际居住的皇宫仅有 8 公里。科尔皮诺工人显然对尼古拉会乘坐火车进城充满信心，他们天亮之前便冒着严寒出发，前行 24 公里至圣彼得堡中心。如果说皇村代表了俄罗斯的凡尔赛宫，那么科尔皮诺游行者的这一举动和 1789 年 10 月法国革命者刚好相反。俄罗斯游行者下定决心，要在首都公民广场上面见君主，虽然在其城郊行宫见他会方便得多——在这么重要的一天里，他实际上一直待在那儿。虽然皇村已成为俄罗斯统治者的主要住所，但它却是一个缺乏公民意义的地方。

其他分会游行者也在清晨开始向冬宫广场进发，但他们大多都遭遇了军队。哥萨克护卫在涅夫斯基修道院附近将 16000 名涅瓦分会游行者堵回，但通过听取探子建议，约三分之二最终还是到达了广场。① 其他分会派出小分队，寻找通向广场的开放道路。试图从瓦西里岛过去的大队人马在桥上被哥萨克护卫堵回，有几个领头人下午晚些时候偷偷溜过冰面来到广场。

加邦本人领导最为重要的纳尔瓦分会。尽管副手一大早就告知他，大批部队正在桥梁附近集结，但加邦坚持游行。他敦促游行者从附近礼拜堂带上圣物，用以表明这是一次宗教游行。人群唱着“上帝
189 保佑沙皇”，朝纳尔瓦大门行进。面对步兵和骑兵，工人们并没有停止前进。军队向他们开火，造成大约 40 人死亡，65 人受伤。② 圣彼得堡其他地方也发生了类似纳尔瓦枪击的事件。尽管如此，成千上

---

① Sablinsky, *Road to Bloody Sunday,* 232.

② 死者中有加邦的保镖，但神父本人没有被击中。他的同伙很快将他们的领导人秘密送至作家马克西姆·高尔基（Maxim Gorky）家中。纳尔瓦大门对峙事件详见 M. Mitel’man et al., *Istoriia Putilovskogo zavoda, 1801—1917* (Moscow: Izd. Sotsial’no-ekonomicheskoi lit., 1961), 186—196。

万的人午后还是设法从四面八方汇集至冬宫广场——桥上虽有军队把守，但河流结冰，很多人都可沿冰而过。

在广场上，游行者遭遇军队。有些军队在九点左右就已到位。士兵封锁了通道，并试图驱散那些闯过封锁线的人，其中从海军部旁边的亚历山大花园来到广场的人最多。这些人在武装冲突中首当其冲。普列奥勃拉任斯基禁军军团一支连队被部署在这里，刺刀和骑兵鞭子无法驱散游行者，指挥官命令军队开火。两次扫射造成大约 30 人死亡，包括一些孩童，他们为了看得更清楚爬到了树上。一位目击者给沙皇发了一份电报称："许多妇女被杀，我看见他们抬走了三个……他们还杀了一个孩童……这一切都没有警告……没人喊'散开'！"这一事态的发展激起人们的愤怒，他们认为君主绝不会允许在他的宫殿前屠杀劳动人民。人们拥进广场周围的街道，军队在附近的莫斯卡亚街杀死更多的示威者。直至夜幕降临，人群才散去，许多人聚集在医院寻找亲友。① 加邦当天活了下来，但他的工人大会不复存在。

尼古拉也坚信这次对抗是一场悲剧，但他未能理解其政治意义。他在 1 月 9 日的日记中记录到："痛苦的一天！在彼得堡，工人们欲去冬宫，紧接着发生严重骚乱。军队不得不在城市各处开火，造成多人死伤。天啊！多么痛苦，多么难受！妈妈从城里来找我们，然后直接去了教堂。我们与大家一起共进了午餐。"② 这种奇怪的超然不仅忽略了一场政治灾难和一个平静的家庭周日，还表明尼古拉并没有把自己等同于民众渴望的目标——冬宫。他明白人们想"去冬宫"。他似

---

① 这一叙述源自萨布林斯基对目击者认真仔细的记录。参见 Sablinsky, *Road to Bloody Sunday,* 233—267。至于当天的死亡数字，萨布林斯基最相信苏联历史学家 V. I. 涅夫斯基（V. I. Nevskii）。涅夫斯基认为死亡人数为 150—200 人，受伤人数为 450—800 人（267）。

② Nicholas II, *Dnevnik Imperatora Nikolaia II,* 194.

乎不明白，人们去那里表达的是一种相互尊重的记忆，希望君民在这个象征之地相遇时，正义会得到伸张。几天后，他在沙皇村自己的地盘上，向一个精心挑选的工人代表团解释称：“这些事件让人遗憾，不可避免地造成凡事皆乱的后果，因为你们被祖国的叛徒和敌人引导
190 和欺骗。他们敦促你们就自己的需求向我请愿，其实是诱使你们反抗朕及朕之朝廷。”①

尼古拉虽还未理解当时正在发生的政治转变，很多其他俄罗斯人却已看明白。一位皇叔对尼古拉未接见工人代表感到震惊，因为“我们本来可以得救！”②但另一人向美联社记者为部队可悲行为辩护时，提到了君主圈子里最能引起共鸣的历史事件：“我们从暴民手中拯救了这座城市。不幸的是，在此之前，无辜之人和罪人都不得不遭受痛苦，但假设 14 万人已抵达冬宫大门。他们会像暴民洗劫凡尔赛宫一样将其洗劫。”③

“流血星期日”之后，俄罗斯一片混乱。1905 年上半年，在圣彼得堡、华沙、莫斯科，顿河流域以及其他地方，罢工持续不断，新的罢工也在爆发，起起伏伏。此后，罢工就未停过。尼古拉走投无路，最终在 10 月同意了一部书面宪法和选举产生的杜马。12 月，动乱开始平息。1906 年，俄罗斯开始了迟来且短暂的君主立宪实验。

世人皆认为，尼古拉二世优柔寡断。但其在 1905 年革命期间的公开声明和仪式性的行为表明，他对俄罗斯绝对君主制的正义性和持久性有着坚定的信念。他的政治思想没有跟上时代步伐，但并非没有

---

① “His Majesty’s Speech: A Rebuke and a Promise,” *The Times* (Feb. 2, 1905), 3.

② 这是保罗大公（Grand Duke Paul）对未来的法国大使莫里斯·帕雷奥洛格（Maurice Paléologue）说的话，引自 Sablinsky, *Road to Bloody Sunday,* 276。

③ “Views of the Grand Duke Vladimir,” *The Times* (Feb. 2, 1905), 3.

定型。1905 年 1 月 9 日，星期日，沙皇拒绝在冬宫广场接见圣彼得堡工人代表团时，明确表示了自己的信念：人民任何政治行动都不合法，子民不能按照自己条件强迫皇帝接见他们，君民没有共同的公共空间。此外，他表示，作为整个国家的代表，圣彼得堡民众并不需要他特别关注。

这些也是 1902 年 4 月 2 日俄罗斯历史上第一个民选国家立法机构开启时他所体现的政治理念。这一事件前所未有，需要仪式创新。有幕僚认为，沙皇不应屈尊参加这一活动，派首相前去塔夫利达宫（Tauride Palace）人民代表大会厅与人民见面即可。政府中更为开明的成员则建议尼古拉，亲自穿城前来与杜马代表会面。然而，沙皇决定把杜马代表召至冬宫，在皇座上召开这一独特的会议。这样炮制的仪式，尽可能多地利用了内务部所能收集到的帝国君主制的装点之物。

4 月 2 日，尼古拉从沙皇村出发，前往圣彼得堡。此间，他并没 191
有刻意做出一副讨人喜欢的样子，整个场面也一点都不欢乐。沙皇发表了他对俄罗斯新宪法的理解，命令代表们在冬宫大王座厅——圣乔治厅集合。他们将手持帽子站在画廊一侧，朝臣、官员和国务委员会成员站在他们对面。尼古拉及其家人在这两队人之间走向王座，他在讲台上坐下，旁有一张桌子，上面放着君主制的古老徽章，专为此事从莫斯科送来。①

亚历山大·伊斯沃尔斯基（Alexander Iswolsky）以宫廷侍从官的身份参加了这一仪式。据他回忆，场面前所未有。但他认为，皇帝的讲话让人耳目一新，是因为其中含有“宪法”一词。对他来说，这些装饰和环境都很熟悉，但他很想知道这座华丽宫殿对首次进入的“一

---

① Wortman, *Scenarios of Power,* 2: 401—403.

群最民主的人”会产生什么影响。“在人群中，到处都能看到一些穿着晚礼服的外省律师或医生，偶尔也会看到制服；但占主导地位的甚至不是资产阶级的简单服饰，而是农民的长袍或工厂工人的衬衫。”在老臣们的脸上，伊斯沃尔斯基看到惊愕以及“甚至是愤怒”的表情。人民代表的脸上，则“有时闪耀着胜利的光辉，有时又被仇恨扭曲……昨日的俄罗斯正与明日的俄罗斯对面”，就在冬宫展览层。①有的杜马议员或许只是因为从塔夫利达宫至冬宫，沿河堤走了三英里，感到疲惫而已。②

沙皇在简短日记中记录了他对当天各项事宜的满意程度，并提到皇室乘船进城，十一时到冬宫用了早膳。下午一时，他们移驾至圣乔治厅，“祈祷后，朕说了一句问候语。国务委员会站在王座右边，杜马站在左边。我们以同样顺序回到孔雀石大厅。三时，我们登上小艇，经‘亚历山大’号返回。我们四点半到家。”尼古拉写道，“多亏仪式圆满结束，”当晚他工作时“心情十分轻松”。③这次俄罗斯立宪实验会议暧昧不清，预示着结果令人失望。至1907年中期，尼古拉已两次动用特权关闭杜马，并修改了选举法，以确保议会几乎没有社会主义者。此后，城市里各阶层人士都很少关注到这一机构。④

在冬宫王座厅设立杜马，目的或是为了提醒代表，他们在立宪俄

---

① Alexander Iswolsky, *The Memoirs of Alexander Iswolsky: Formerly Russian Minister of Foreign Affairs and Ambassador to France,* ed. and trans., Charles Louis Seeger (Gulf Breeze, FL: Academic International Press, 1974), 85—86.

② 未来的临时政府首脑回忆称，他在涅瓦河对岸的牢房里，看到了这一队伍。Alexander Kerensky, *The Kerensky Memoirs: Russia and History's Turning Point* (London: Cassell, 1965), 70.

③ Nicholas II, *Dnevnik Imperatora Nikolaia II,* 240.

④ Marc Ferro, *Nicholas II: The Last of the Tsars* (New York: Oxford University Press, 1990), 134—136. 1911年，在基辅的一场剧院演出中，一名刺客刺杀了这一紧缩政策的策划者——总理P. A. 斯托雷平（P. A. Stolypin），尼古拉和他的两个女儿也参加了演出。

罗斯中处于从属地位。1905年惨烈的冲突后，可以看出尼古拉也不再愿 192
意在宫殿岸堤和冬宫广场上进行仪式性的部署了。涉及圣水仪式，官方则进行了创新。他们把礼拜仪式从圣徒彼得与帕维尔教堂移至圣以撒主教座堂，圣水仪式则在元老院广场附近彼得大帝雕像处的河上进行。然后，军事游行队伍从圣以撒主教座堂出发，前往近26公里外的皇村。[①]尼古拉在巨大的皇村宫举办了他自己版本的新年招待会，将出席之人限定为朝臣、官员和外国政要，即旧时宫廷君主制的阵容。[②]然而，即使沙皇背弃了冬宫，他也未正式将冬宫或其珍宝割舍给其他任何人。

争夺艾尔米塔什

自尼古拉一世创建公共的皇家艾尔米塔什博物馆以来，博物馆的领导们逐渐意识到，他们在宫廷部富有同情心的监护下，监管着国家的公共财产。[③]然而，事实上，冬宫和艾尔米塔什珍宝依然是宫廷财产，宫廷财产和君主私人财产则很难区分开来。尼古拉二世之前的几代君王，对他们的艺术收藏兴趣相对较低，艾尔米塔什管理者可以对这些藏品实施行政控制和命令。这位末代沙皇同样对艺术没有太大兴趣，但他在多个场合热衷于宣称他对艾尔米塔什和冬宫财产的个人所有权。因此，关于俄罗斯政治未来的大争夺也包含了皇家艾尔米塔什镀金大厅里微妙的角力。

---

① *SPV,* no. 4 (Jan. 6, 1909).

② *Nikolai II nakanune otrecheniia. Kamer-fur'erskie zhurnaly* (*Dekabr 1916—Fevral' 1917 gg.*, ed. V. I Startsev (St. Petersburg: Skarabei, 2001), 31—33.

③ Kasparinskaia, *Muzei i vlast',* pt. 1, 80—81.

比如，在他执政初期，为庆祝重建艾尔米塔什剧院，尼古拉决定为皇室和选定的朝臣举办一系列芭蕾舞及其他表演，然后在博物馆大厅举行晚宴。图片馆负责人 A. I. 索莫夫（A. I. Somov）在给他儿子的信中提及此事引起的巨大骚动："由于这一决定，艾尔米塔什对民众关闭，最大的三个展厅，即西班牙、意大利和弗拉芒，正在安装电力，里面摆放了桌子，并饰以植物。那里每周都有许多人的聚会……这种宫廷丑行将一直持续到大斋节。"①

另一案例则涉及彼得大帝统治时期的物品从艾尔米塔什至珍奇博
193 物馆专设部门的转移。尼古拉同意了这一转移，将其当作建立俄罗斯历史英雄纪念馆的工作的一部分。不过，在 1909 年参观新展时，尼古拉提醒珍奇博物馆工作人员，所有展出的彼得大帝的物品都属于他个人，没有他的允许不得移动。②

尽管如此，面对微薄的预算，皇家艾尔米塔什工作人员仍在努力推进其教育民众的使命。托尔斯泰馆长直面普遍存在的年久失修和被忽视的现象。1911 年成立一个专门的委员会，为所有的皇家博物馆制定保护艺术财产的规则，包括艾尔米塔什。委员会沮丧地发现，俄罗斯博物馆和艾尔米塔什雇用的警卫实在太少，艾尔米塔什有 48 个展厅，但只部署了 44 名员工来监管。③ 此外，低工资未能带来高质量工作，许多雇员都是身患残疾或长期有病的退伍军人。

委员会得出结论："这些博物馆代表着我们自己国家的（obshchego-

---

① A. I. Somov to K. A. Somov, February 1898, in *Konstantin Andreevich Somov. Pis'ma. Dnevniki. Suzhdeniia,* ed. Iu. N. Podkopaeva and A. N. Sveshnikova (Moscow: Iskusstvo, 1979), 457. 索莫夫还提及，他没被邀请参加这些晚宴。

② Kasparinskaia, *Muzei i vlast',* pt. 1, 69.

③ Kasparinskaia, *Muzei i vlast',* pt. 1, 80. 不过，这一比例比俄罗斯博物馆要高得多，该博物馆有 37 个展厅，警卫仅有 13 名。

sudarstvennoe）财产，所有公民都须虔诚地保护它们……但最近由于道德混乱，保护公共财产之责被忽视，博物馆里各种物品，尤其是图画，被盗的情况越来越频繁。”① 在许多情况下，委员会口中的盗窃是指皇室将图画从一个宫殿移到另一个宫殿的决定。将这种行为称为盗窃，可谓是一种革命主张：长期以来被认为是宫廷或皇室财产的艺术品实际上属于国家，国家领导人在道德上有责任保存和保护这些财产。1914 年初，一个新的配套机构——皇家艾尔米塔什之友（Friends of the Imperial Hermitage），设想筹集资金并推广博物馆，但由于第一次世界大战，这一想法从未起步。

战时冬宫及博物馆

在 1910 年后经济上升的推动下，工业罢工的浪潮至 1914 年又在圣彼得堡全面兴起。俄罗斯首都的工人运动是欧洲组织最好、政治化程度最高的运动之一，1914 年上半年，这里的罢工和罢工者的数量有可能超过 1905 年的数字。② 但随着战争的爆发，沙皇与人民的神圣联盟东山再起。国家处在危难之间，尼古拉认为应该回到冬宫，号召全国人民。

1914 年 7 月 20 日（旧历），法国大使见证了俄罗斯接受德国宣战 194

① Kasparinskaia, *Muzei i vlast'*, pt. 1, 80.

② 7 月前三周，圣彼得堡几个区的数万名工人举行了罢工，并与警察发生了冲突。有一次，演说家们建议罢工者从维堡区转移至涅瓦大街，沙皇正在那里接待法国总统。官员们很难平息这些罢工，但他们能够阻止抗议者到达皇宫广场和老城中心。参见 M. V. Dzhervis, “*Volneniia Peterburgskikh rabochikh nakanune mirovoi voiny,*” *Deshevaia biblioteka zhurnala Katorga i ssylka* 46 (1926): 3—30。

的“庄严”仪式。莫里斯·帕莱奥洛格（Maurice Paléologue）大使回忆说，约有六千人聚集在冬宫的涅瓦河一侧画廊，包括身着盛装的宫廷成员和彼得堡戍卫部队的军官。尼古拉画廊的中央设了一座祭坛，喀山圣母像也从喀山大教堂运来。“在紧张、虔诚的静默中，皇家队伍穿过画廊。”在接下来的仪式中，沙皇和皇后都在虔诚地祈祷。仪式结束时，尼古拉发誓要继续进行战争，直到把最后一名敌兵赶出俄罗斯，大厅内爆发出欢呼声。冬宫外沿河岸而立的人群，也一起欢呼起来。

此后，尼古拉和他的妻子走上阳台，面对聚集在冬宫广场上的成千上万的人。人群井然有序地站在那里，男人都摘下了帽子，整齐地站在一排分散的士兵后面。人群中出现了“上帝保佑沙皇”“塞尔维亚万岁”等爱国标语，有人还挥舞着俄罗斯帝国的旗帜。① 当沙皇出现时，人群中爆发出欢呼，爱国热情高涨，一名观察人士认为，民众的热情让这对皇室夫妇感到意外。几个月后，这一幕激起了明信片艺术家和纪念品制作者的想象。公共君主制的火焰在熄灭前发出了最后一丝光芒。②

战争爆发后，艾尔米塔什馆长托尔斯泰立即采取措施，将皇冠珠宝送到莫斯科克里姆林宫军械库保管。还有类似计划，要把古代和中世纪藏品中具有重大价值的物品运走，工人们打包了 178 个集装箱。然而，最后一刻，当局决定暂缓将这些物品运出，因为这样做可能会引起市民恐慌。托尔斯泰将这些物品打包并由专人看管，等待后来的

---

① 有这些人群的照片和移动镜头，比如也有尼古拉和亚历山德拉的移动镜头。https://youtube.com/watch?v=heGpZZe0JWw 及 https://www.youtube.com/watch?v=5zWDOZ4w8YE.

② 战争期间，爱国明信片激增，通常附有官方认可的皇室图像，并获得与罗曼诺夫王朝直接相关的各种慈善机构的支持。参见 Alison Rowley, *Open Letters: Russian Popular Culture and the Picture Postcard, 1880—1922* (Toronto: University of Toronto Press, 2013), 163—165。

撤离，但与此同时，冬宫在整个战争期间一直向游客开放。①冬宫屋顶和城里其他重要的工厂和政府大楼上最后都安装了高射炮。②

几个月内，夏天的团结就被旧有的政治紧张局势所取代，当前的粮食短缺、通货膨胀、越来越多政府无能的证据以及宫廷丑闻的传言又加剧了这种局势。③1915 年中期，伤兵数量急剧攀升。君民一心的唯一事宜便是需要照顾伤兵。从战争开始，公共建筑和慈善机构就被重新用作医院，但到了 6 月，政府意识到需要改造彼得格勒地区以及各省的可用宫殿。④宫廷部提议在冬宫和艾尔米塔什建立外科医院，托尔斯 195
泰以博物馆建筑中的水电和污水处理系统不完善为由，成功将他们从艾尔米塔什劝退。然而，冬宫经历了一次重大的转变。除了大王座厅（圣乔治厅）之外，所有的主要展览大厅都准备好了接收农民出身的重伤士兵。法院捐助了 8.5 万卢布用于必要的整修，负责管理设施的红十字会则承担了用品和设备的费用。⑤翻修工作于 1915 年 8 月开始。

虽然部分绘画和雕像被移出了即将落成的病房，盘子和小物件

---

① Kasparinskaia, *Muzei i vlast'*, pt. 1, 81.

② E. I. Martynov, *Tsarskaia armiia v fevral'skom perevorote* (Moscow: Narkomvoenmor, 1927), 63.

③ 皇后与"妖僧"格里高利·拉斯普京关系密切，传闻近乎色情，并渗透到圣彼得堡社会的各个阶层。1916 年 12 月，拉斯普京被一群地位很高的贵族谋杀，但传闻依然不减。参见 Orlando Figes and Boris Kolonitskii, *Interpreting the Russian Revolution: The Language and Symbols of 1917* (New Haven: Yale University Press, 1999), 13—14; Rowley, *Open Letters,* 168。

④ 战争开始时，这个城市的名字从德语发音的圣彼得堡改成了彼得格勒。

⑤ V. F. Marishkina, *Gospital'v Zimnem dvortse 1915—1917. Katalog vystavki* (St. Petersburg: Izd. Gosud. Ermitazha, 2006), 4. 该事宜由冬宫指挥官 V. A. 科马洛夫少将（General Major V. A. Komarov）监督。监督委员会包括宫廷建筑师 N. I. 克拉姆斯科伊（N. I. Kramskoi）、G. 施雷德（G. Shreder）以及新医院首席医生 A. V. 鲁特科夫斯基（A. V. Rutkovskii）。病房位于尼古拉厅、盾牌厅和亚历山大厅，以及前厅、陆军元帅大厅和彼得大帝厅。约旦楼梯的上层平台被用作医务人员的餐厅。有些人认为在冬宫里开设医院只是一个托词，以便在不惊动民众的情况下疏散艺术品。

也被装进箱子，但许多大花瓶和烛台却仅仅在原地被盖住而已。改造者用白色印花布盖住挂毯墙面，在拼花地板上铺上了油毡。他们把手
196 术室安置在第二备用房间的圆柱大厅里，手术台下面放着保护性的铁盘，以保护地板。宫廷药剂师被委托给医院。在约旦楼梯入口和海军部入口外的封闭式冬宫花园，他们设置了巴尼亚和淋浴。护士们将床单存放在1812画廊里，画廊一端还设有一个现代化的X光室。这就需要从亚历山大皇帝的肖像两边各移去四排肖像，亚历山大肖像本身也被移出画框保存。①

图9.1：冬宫尼古拉厅的医院房间（1915年10月。收藏于圣彼得堡国立艾尔米塔什博物馆。）

① Marishkina, *Gospital'v Zimnem dvortse,* 5. X光室（“伦琴室”）首次在第一次世界大战中使用，代表了当时可用的最新医疗技术。

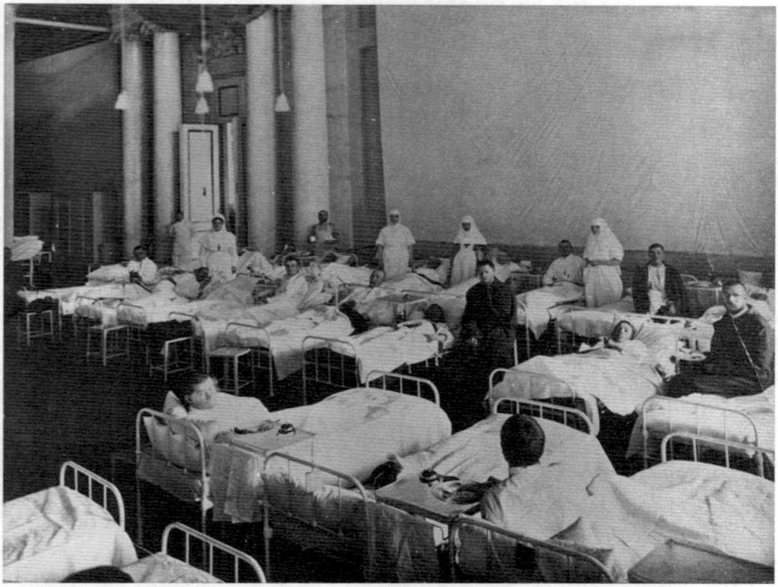

图 9.2：冬宫陆军元帅大厅内的伤员（1915 年—1917 年。收藏于圣彼得堡国立艾尔米塔什博物馆。）

1915 年，医院正式落成，名称为阿列克谢·尼古拉耶维奇皇储之医院，人们更多称之为“冬宫医院”。该医院拥有近千床位，专门治疗严重的头部创伤。手术主任是著名的首席外科医生 N. N. 彼得罗夫（N. N. Petrov），他管理着大约 30 名医生、50 名护士（慈爱的修女）、120 名护理员、26 名管家及 10 名文书等。①

① 彼得罗夫被认为是一位杰出的外科医生，他后来成为了俄罗斯肿瘤学的创始人。Marishkina, *Gospital'v Zimnem dvortse*, 5.

图 9.3：医务人员在冬宫约旦楼梯上（1915 年 12 月。收藏于圣彼得堡国立艾尔米塔什博物馆。）

197 一位曾在冬宫医院担任护士的妇女回忆起她在那里的时光，百感交集。红十字会将 N. A. 加拉尼娜（N. V. Galanina）等人从一家市医务室调过来，此前他们一直在那里照顾伤员。由于是由皇室和贵族赞助，部分护士出身名门，冬宫医院仅雇用最为体面之人。加拉尼娜感到荣幸，也很享受与如此杰出的外科医生在这样设备齐全的医院中一起工作。她以前从未护理过如此严重的伤员，但冬宫医院的康复率却比其他更简陋的医院要高得多。她睡在豪华的房舍里，享受着丰富的“可可、葡萄酒、酸奶油和鸡蛋”。①

另一方面，加拉尼娜认为，冬宫医院里发生的很多事情阻碍了病

① N. V. Galanina, “Gospital’ Zimnego dvortsa, 5 October 1915 to 28 October 1917: Vospominaniia byvshei medsestry gospitalia,” Marishkina, *Gospital’v Zimnem dvortse,* 77.

人的康复，特别是不断有政要来访，包括皇室成员、外国名人、俄罗斯知名人士，以及“不计其数的红十字会外国代表团——法国的、比利时的、英国的、荷兰的，不一而足。每个到访我国的代表团都必须 198
参观冬宫医院。它不仅是一家示范医院，也是一家展示医院”。① 摄影师经常在病房和接待区走动。战争期间，病人和设施的图片出现在许多出版物上。② 不断地被展示，使一个极其正式的氛围受到严格的礼节约束。加兰尼娜渴望一个更加温暖的环境，正如她和她的同事在以前的岗位上能够为病人创造的环境一样。无论冬宫医院多么现代化，多么堪称典范，冬宫本身给护士们留下的主要印象是其超凡的规模和冷酷的奢华。与亲切的女主人或男主人相遇即可温暖整个大厅的日子已成为过去。

1917 年 2 月的冬宫

罗曼诺夫家族逃避已久的城市革命最终还是找上了他们。1917 年，俄罗斯都城出现不祥预兆：关键国防工业工厂工人准备罢工，抗议该市食品燃料均有短缺；彼得格勒驻军由附近地区新兵组成；该市工人阶级女性已经到了一个临界点。2 月 23 日（旧历）是国际妇女

---

① Galanina, “Gospital’ Zimnego dvortsa,” 77.

② 这些照片很多都被玛丽什基娜（Marishkina）转载，参见 Marishkina, *Gospital’v Zimnem dvortse 1915—1917*。*Katalog vystavki* 他们于 1915 年出现在 *Solntse Rossii* 及 *Letopis’ voiny 1914—1915 g.* 等出版物上，也以明信片的形式出现。亚历山德拉皇后身穿护士服向康复中的士兵分发复活节彩蛋的图片效果可能适得其反，事实上，君主与伤员的密切联系引起了批评。参见 Rowley, *Open Letters,* 167，引用克莱因米歇尔伯爵夫人的话：“士兵看到皇后身着护士服装，和其他护士一样，他顿感失望。”

节，成千上万的妇女走上街头，要求结束战争，甚至结束君主制。尼古拉从前线的总参谋部命令市政官员恢复秩序。他们试图恢复，但没有成功。这种形势持续了三天，这时已经很清楚，现有的部队不太可靠，正在倒向罢工者一边。

1917 年 2 月 27 日晚，罗曼诺夫家族在彼得堡的最后一幕在冬宫广场拉开帷幕。沙皇内阁辞职。整个城市到处都是人群，成千上万的人聚集在市中心，越来越多的卫兵站在革命一边。在零度以下的天气里，普列奥勃拉任斯基禁军军团有人在冬宫广场站了三个小时后起义。[①] 彼得格勒军区指挥官谢尔盖·哈巴洛夫将军（Sergei Khabalov）认为，冬宫广场上为数不多的忠诚部队很容易受到来自四面八方的攻击。他下令他们前往海军部，总参谋部人员大多都在此避难。这些部队中的不满情绪继续上升，尤其是因为他们执勤几个小时竟没有任何食物。君主制支柱巴甫洛夫团拒绝了驱散人群的命令。晚上十一时左
199 右，总参谋长 M. I. 赞科维奇（M. I. Zankevich）少将命令身在海军部仍听从他指挥的人员前往冬宫。如果他认为在皇帝的宫殿里进行最后的抵抗会鼓舞他的部下，或者仅仅是他的军队可以在那里得到补给，那他就失算了。

有些分队在穿过街道时就已消散。进入冬宫的部队不超过两千人，他们遭到了极大的羞辱。冬宫指挥官 V. A. 科马洛夫将军（V. A. Komarov）向赞科维奇痛苦地抱怨说，肮脏的军队现在侵入了他宫殿的干净区域。科马洛夫担心，为争夺冬宫而进行的战斗会毁掉冬宫的宝藏。赞科维奇坚持要求允许士兵们在这里过夜。这一僵局一直持续

① "An account by Colonel Tugan-Baranovskii, head of the War Minister's Chancellery," in Semion Lyandres, ed., *The Fall of Tsarism: Untold Stories of the February 1917 Revolution* (Oxford: Oxford University Press, 2013), 118.

至沙皇兄弟迈克尔·亚历山大罗维奇（Michael Aleksandrovich）大公午夜抵达，他被困在城里一夜。大公的到来引起士兵欢呼，但他并未理会，直接去了自己的房间。在大公房间里，冬宫指挥官劝他立即命令士兵离开冬宫。士兵们被命令返回海军司令部时，仍然没有任何食物，这是最后一根稻草。① 正如苏联历史学家 E. I. 马丁诺夫（E. I. Martynov）所说，"这个命令让部队痛苦不堪。沙皇的亲兄弟似乎正在把君主制的捍卫者赶出他的家。士兵们说：'他们把我们像狗一样赶了出去。他们这样对待我们，来吧，兄弟们，我们还是回家吧！"②

于是乎，罗曼诺夫王朝的城市君主制虽适应力很强，但其最后一幕却揭示了这个政权的堕落无能。冬宫画廊本就因兵团而生，他们与君主关系神圣，在过去会赢得皇家邀请，但现在却被命令离开冬宫。次日清晨，新成立的临时政府转而命令那些在冬宫过夜的部队离开。这时，迈克尔大公逃到了附近米里纳亚大街的朋友公寓里。③ 此后不久，当时由士官指挥的巴甫洛夫团占领了冬宫，且秩序井然。他们降下皇旗，并升起了一面红旗。④

就这样，尼古拉出人意料地失去了对这座比任何其他建筑都更能象征俄罗斯君主制的建筑的控制，但战时彼得格勒的生活仍在城墙内继续。加拉尼娜回忆起楼下的骚动给尼古拉大厅的医务人员留下的强烈印象："我们听着几百（或者几千？）人在楼下走动的嘈杂声。是巴甫洛夫团的士兵，他们从位于战神广场的军营聚集而来，按照命令从

---

① Martynov, *Tsarskaia armiia,* 107—109; Tsuyoshi Hasegawa, *The February Revolution: Petrograd, 1917* (Seattle: University of Washington Press, 1981), 306—308.

② Martynov, *Tsarskaia armiia,* 108—109.

③ Hasegawa, *The February Revolution,* 556.

④ Ferro, *Nicholas II,* 191.

一楼的宫殿入口进入。”①在这些革命进程中，受伤的和正在康复的士兵在这一年的剩余时间里，继续在冬宫医院里接受治疗，护士们在病
200 房里的生活也和以前一样。虽然很多人都想离开，但他们却收到上级命令，要留在冬宫。二月革命期间，他们实际上是被禁止离开这座建筑的。

加拉尼娜记得 2 月 27 日和 28 日前后的紧张日夜，冬宫画廊里的小插曲反映了这座城市本身的社会分化。一冬宫卫兵在堤岸岗位上被桥边人群乱枪射伤。护士们对他进行了治疗，并给了他一张床，但当天晚上，一队武装士兵出现在病房里，要求将这一卫兵扔出窗外——护士们拒绝了这一请求。当天晚上，武装军队出现数次，要求护士们说出沙皇大臣们的藏身之处。士兵们搜查了床下和衣柜，但毫无收获，因为大臣们已经逃离。加拉尼娜回忆起夜晚空荡荡的大厅的阴森气氛，她不止一次地想要试试圣乔治大厅的那座伟大的王座。她经过罗曼诺夫画廊时，那里总是空荡荡的，但不时会突然出现“一个穿着铁蓝色制服的老宫仆。他面无表情，一言不发。但他的突然出现令人惊讶，也因此让人很不安”。②

对于该城市本身来说，无论是尼古拉二世退位，还是俄罗斯 3 月 2 日结束君主制，都令人扫兴。那天晚上，一群醉醺醺的士兵冲进米里纳亚大街的冬宫入口，要求登上屋顶，他们认为有人从屋顶向人群开枪。第二预备营的卫兵挡住了这群人。3 月 4 日，托尔斯泰致信临时政府，承认其政权，含蓄地寻求保护。③外面，人们用红色横幅遮住了冬宫正门上的君主制标志，用红色旗帜装饰了冬宫周围的

①② Galanina, “Gospital’ Zimnego dvortsa,” 80.

③ Zimin, *Liudi Zimnego dvortsa,* 674—677.

围栏。①

博物馆工作人员拼命保护冬宫和艾尔米塔什的珍宝，有的仍然处于被打包状态，以备随时撤离。科马洛夫将军同时也是彼得格勒皇宫管理部门的负责人，他于5月10日获得了临时政府的许可，将最有价值的物品转移到“皇室陛下的前内阁”的保护之下，其中包括冬宫顶层上锁的许多珍品。这批贵重物品包括著名的皇室收藏品法贝热彩蛋（Fabergé eggs），这些彩蛋被放在亚历山德拉皇后的专属办公室里。②接下来的几个月里，首都的政治局势以及俄罗斯军队的命运越来越不确定，临时政府逐渐接受了科马洛夫的恳求，将这些无价之宝 201
转移至克里姆林宫军械库。包括法贝热彩蛋在内的第一批货物于9月中旬启程。

贝诺瓦和克伦斯基

在新政权的最初几天，对冬宫最感兴趣的官员是新任命的司法部长亚历山大·克伦斯基，他的职责包括管理政府财产。第一周，克伦斯基巡视了艾尔米塔什，并向聚集在王座厅里忐忑不安的宫仆宣布，冬宫现在是国家财产。③他指定P. M. 马卡洛夫（P. M. Makarov）为保护皇家宫殿的政委。④我们对1917年艾尔米塔什命运的了解，大部

---

① V. P. Lapshin, *Khudozhestvennaia zhizn' Moskvy i Petrograda v 1917 g.* (Moscow: Sovetskii Khudozhnik, 1983), 71.

② Zimin, *Liudi Zimnego dvortsa,* 678.

③ Zinaida Gippius, *Dnevniki. Siniaia kniga* (7 Marta, Vtornik.) .http://bibliotekar.ru/gippiuszinaida/46.htm.

④ A. N. Benois, *Moi dnevnik,* 1916—1917—1918 (Moscow：Russkii put', 2003), 155.

分都来自艾尔米塔什顾问亚历山大·贝诺瓦的回忆，他不仅是一名画家、文物保护者，还创办了非常有影响力的杂志《艺术世界》(*World of art*)。[①] 身为富有的法裔俄罗斯艺术家族后裔，贝诺瓦同时也是一个艺术梦想家，他沉迷于大众启蒙的愿景，这让他对权力的变迁既充满希望，又感到焦虑。他是圣彼得堡20世纪初文物保护运动中最有影响力的成员。文物保护主义者对他们的城市提出了一种新的、积极的看法，而这座城市长期以来一直受到19世纪作家和知识分子的负面评价，他们认为这座城市的建立是一个根本性的错误。贝诺瓦和他的艺术家伙伴成立了圣彼得堡俄罗斯艺术古迹保护协会，这是一个游说团体，曾撰文称赞新古典主义圣彼得堡的“和谐”。他们中有画家描绘了一个可爱宜居并且优雅的城市，这与几十年前阴沉的文艺渲染形成了鲜明的对比。[②]

战争期间，贝诺瓦作为艺术代言人的声望得到了提升，主要是因为1916年5月底他被任命为皇帝办公室组织的一个特别委员会的成员。该委员会专为冬宫和郊区宫殿的必要改造提出必要建议，这些改造自19世纪60年代以来一直没有进行。1916年的最后几个月及1917年初，贝诺瓦巡视了冬宫，他震惊地发现其已严重失修。[③] 国际妇女节（1917年2月23日）那天，人们发现贝诺瓦在宫殿岸堤上的法国

① 关于贝诺瓦和《艺术世界》，已经有很多著作。关于贝诺瓦彼得堡文物保护者、宣传者、人脉广泛的艺术代言人的角色，最为有用的是Johnson, *How St. Petersburg Learned to Study Itself*, 46—62。

② Katerina Clark, *Petersburg, Crucible of Cultural Revolution* (Cambridge, MA: Harvard University Press, 1995), 59—61. 1911年，贝诺瓦成为该协会副会长，该协会在很多方面都是战时和革命时期众多委员会的前身，新的启蒙运动委员会就是在这些委员会的基础上建立起来的。

③ 该委员会其他成员包括E. E. 鲍姆加滕（E. E. Baumgarten）、A. I. 塔马诺夫（A. I. Tamanov）和B. A. 休科（B. A. Shchuko）。宫廷部官员E. N. 沃尔科夫（E. N. Volkov）1916年初向沙皇提议，建立这样一个委员会。战争中甚至还设想了这样一个项目令人瞩目。Benois, *Moi dnevnik*, 592—93n52.

大使馆窗内向外瞄。他和其他晚宴客人正在观看示威者从维堡区渡河而来。①

对贝诺瓦来说，革命既意味着危险，也意味着希望。想到革命的 202
政治家由于无知可能会危及冬宫和国家的艺术遗产，他就感到痛心。2月底，贝诺瓦得知克伦斯基的来访后十分震惊，他担心作为艺术界的新手，这位部长会拒绝像他这样的专家的建议。但贝诺瓦也从2月底的事件中看到了实现他所珍视的梦想的机会——建立一个“冬宫历史生活博物馆”。革命到来时，他急于抓住时机，以免它无果而终，他满怀期待地等待着马卡洛夫的召唤。沙皇退位一周后，他在3月10日的日记中明确表达了自己的心情：

> 我对马卡洛夫的沉默感到困惑。我最后决定给迪玛（·菲洛索夫）打电话，和他谈一谈。不是为了让我“指挥”我们的整个事业，而是为了了解马卡洛夫的性格，我只是想确保在这种时候，精力不会被无谓地消耗，或白白地分散掉。俄罗斯人习惯的那种旧的节奏已经悄然而至，那种强有力的慢节奏，让人可以“好好想想”，在这种情况下，蓝调已开始。这与“哦，见鬼去吧”的心理相差不远。在那些日子里，（艺术）学院已成功地加强了其失去的地位，等等。艺术界的“革命精神”日渐式微，几天之后，我们已经很难清楚地看到实现我们所期望的一切的道路。

因此，贝诺瓦提出了一个“改革艾尔米塔什”的建议。贝诺瓦

---

① Benois, *Moi dnevnik,* 109. 这是共有27位宾客的亲密晚宴，包括贝诺瓦和他的妻子。法国参赞路易斯·德·罗比安也对此保有记录，参见 Louis de Robien, *The Diary of a Diplomat in Russia, 1917—1918* (New York: Praeger, 1970), 7。

写道："对我来说，最主要的事情是让更多百姓能参观我们的博物馆。考虑到这一点，第一职责便是从根本上改革印刷部。"贝诺瓦直觉地认为，宣传艺术作品也可以通过印刷品进行。[1]

然而，1917 年期间，艺术界领军人物是作家马克西姆·高尔基，他不仅受到临时政府的信任，也备受彼得格勒苏维埃青睐。3 月 4 日，高尔基在他的公寓里召集了大约 50 名艺术家和作家，包括他的好朋友贝诺瓦。[2] 高尔基的小组讨论了保护首都艺术和文物的紧迫性。他们很快组织了一个被广泛称为高尔基委员会（Gorky Commission）的团体，就其关心的问题向彼得格勒苏维埃政府和临时政府请愿。最终，双重政府各方都授予了这个委员会官方地位，并在随后的几个月里积极工作，对城市的艺术遗产，包括宫殿、博物馆和私人收藏，进
203 行了有序监管。[3] 委员会向这政府双方致函，告知他们艺术家们愿意承担保护旧纪念碑以及设计新纪念碑的工作，并帮助创造新的"公共假日、剧院、自由赞歌等等"。[4] 贝诺瓦在这次早期会议上表明了自己的观点："这是人民的艺术，是我们自己的财产，我们必须竭尽所能，使人民认识到这一点，并使他们拥有理应属于自己的东西。举国人民通过所有艺术的民族性，坚持了自己的美学理想——这就是必须以非

---

① Benois, *Moi dnevnik* 166.

② 贝诺瓦的儿子证实，从 1913 年起，高尔基就经常到他父母的公寓来，贝诺瓦和高尔基都信奉和平主义，而且都对向民众开放这座城市的大型私人艺术品收藏感兴趣。"N. A. Benois," in *Gorky i khudozhniki. Vospominaniia, perepiska, stat'i,* comp. I. A. Brodskii (Moscow: Iskusstovo, 1964), 79—81. 同时参见 Johnson, *How St. Petersburg Learned to Study Itself,* 73—75。

③ 贝诺瓦说，该团体最初想让他担任负责人，但他拒绝了。参见 Benois, *Moi Dnevnik,* 136—139. 同时参见 Lapshin, *Khudozhestvennaia zhizn',* 74—76。

④ Lapshin, *Khudozhestvennaia zhizn',* 76. 关于处理罗曼诺夫家族财产的复杂决定，参见 Zimin, *Liudi Zimnego dvortsa,* 677. 其中很多财产在第一次革命后的几个月里被没收，并转移至冬宫。

凡的活力复兴和宣扬的理念。”①

在1917年那段令人振奋的日子里，冬宫建筑群的艺术和公民使命有时会发生冲突。彼得格勒苏维埃领导人提议在冬宫广场为二月革命的烈士举行葬礼，并在那里建立纪念碑以进一步纪念他们，然而危险却迫在眉睫。高尔基的合作者中，有建筑师对这一提议表示赞赏，但“如果被葬礼队伍吸引的十万人群受到一些疯狂的煽动者的影响，冲进冬宫和宫外的艾尔米塔什，就会出现危险”，贝诺瓦一想到这个就不寒而栗。②他认为喀山广场举行这一纪念仪式更为合适，但高尔基向苏维埃提议，应将二月革命的受害者葬在“革命打响第一枪”的战神广场之上。③

这是冬宫广场生活中的一个迷人的小时刻。新的工人政府的第一个本能是将一个广场神圣化，这里曾是供奉历代君主的神殿，工人们也在此惨遭屠杀。但是，新的文化仲裁者，出于对城市艺术遗产的保护，本能地抱成一团，以保护旧帝国中心的历史建筑群。贝诺瓦希望民众能够提出对其文化遗产的所有权，但要以一种保护意识的方式，将公民创新与对以往的崇敬结合起来。

几天后，他终于收到了马卡洛夫的邀请，让他同去参观冬宫，亲眼确认宫殿是否完好无损。④他们参观了冬宫的主要大厅，包括冬宫医院病房。宫内留有住家仆人，“仍然穿着漂亮的制服”，让他觉得忧郁不快。登上约旦楼梯时，贝诺瓦和马卡洛夫吓了一跳，一位年老的侍女看到他们在这里，吓得呆住了。此外，在展览层沿冬宫广场一

---

① Lapshin, *Khudozhestvennaia zhizn',* 75.

② Benois, *Moi dnevnik,* 156.

③ “M. Gorky v Sovete rabochikh deputatov,” *Birzhevye vedomosti* 16126 (Mar. 9, 1917).

④ 在此之前，马卡洛夫已走穿这一迷宫般的建筑数次——首次是和克伦斯基一起。

侧，房间已分配给马卡洛夫和新任命的宫廷财产监督员费多尔·戈洛文（Fedor Golovin）。[①] 仆人们选择继续穿着他们的宫廷制服，即使君
204 主制的敌人已在他们中间住下来，这表明君主制垮台后的头几天，他们有意要站在被废黜的主人那一边。

高尔基委员会则住在一楼西北角处。从这个有利条件出发，其成员坚决主张，对冬宫和其他皇家宫殿的监督，应由艺术和博物馆管理方面的专家负责。高尔基等人听从了贝诺瓦的意见，认为他是研究艾尔米塔什收藏和冬宫的常驻专家。冬宫这一角落一直是艺术事务的总部，直到十月革命及其以后。

贝诺瓦注意到，“所谓的高尔基委员会”很快让位于“戈洛文委员会”，因为高尔基及其同僚从人民统治的实践中得到了早期的教训。[②] 尽管彼得格勒苏维埃和临时政府都批准了他们的团体，但新生的艺术家联盟（Artists' Union）一出现，就对高尔基委员会的优先权发起挑战。3 月 9 日，一千多名对艺术感兴趣的人齐聚在米哈伊洛夫斯基剧院（Mikhailovskii Theater）开会，其中有站出来批评那些自封为彼得格勒皇家文物保护者的议程。高尔基、贝诺瓦及其团体继续进行了两个月的清点和宣传工作，后来在兄弟艺术家的持续反对声中解散。紧张的局势意味着在 4 月至 7 月期间几乎没有什么进展。后来戈洛文任命文物保护者瓦西里·韦列沙金（Vasilii Vereshchagin）组建一个新的委员会，负责完成清单。韦列沙金在记录冬宫的家具方面特别

① F. A. 戈洛文曾任第二杜马主席。早在 3 月 8 日（旧历），临时政府就任命其为政委，掌管前“宫廷及封地司”，但他领导的小组私下或者历史上都被称为高尔基委员会。艺术学院、博物馆和剧院也是戈尔文的职务范围。Benois, *Moi dnevnik,* 605—606nn137, 138.

② Benois, *Moi dnevnik,* 179.

成功，包括一些据信自君主制瓦解以来被盗的物品。①

1917 年 2 月至 10 月，作为战时军事医院和新成立的启蒙部门的中心，冬宫生活仍在继续。除此之外，最后还增加了容纳临时政府的行政机构的职能。民众对军事进步或土地改革的不足越来越不耐烦，克伦斯基命运星冉冉升起。他原本是新政府中唯一的社会主义者，春天成为军事部长，7 月大罢工和抗议活动后，他成为总理。当选总理后，克伦斯基立即决定和情妇搬进冬宫。②

批评者认为，这一大胆举动暴露了克伦斯基的“波拿巴主义”作风。克伦斯基决定占据分配给最后的罗曼诺夫家族的房间，并在尼古拉二世书房拍照，都说明他们言之有理。他的内阁会议在孔雀石大厅举行，克伦斯基让人在冬宫里升降红旗，以示他的到来和离开。③那年夏天，他抽出时间在冬宫内请著名肖像画家伊里亚·列宾为其画像。夏末，彼得格勒智者戏称其为“亚历山大四世”。④克伦斯基本人没有 205
阐明这一决定，尽管他的回忆录证实，自从学生时代，当他在瓦西里岛的大学宿舍里，看到冬宫的巨大规模之时，就对冬宫有了特殊的感

---

① Johnson, *How St. Petersburg Learned to Study Itself,* 76—78. 挑战贝诺瓦和高尔基的领导人包括弗拉基米尔·马雅科夫斯基（Vladimir Mayakovsky）和弗谢沃尔德·迈耶霍尔德（Vsevolod Meyerhold）。同时参见 Maddox, *Saving Stalin's Imperial City,* 30—31。

② N. N. Sukhanov, *The Russian Revolution, 1917: A Personal Record* (Princeton, NJ: Princeton University Press, 1984), 498. 苏汉诺夫（Sukhanov）说克伦斯基 7 月 18 日入住冬宫；齐明认为是 7 月 11 日。参见 *Liudi Zimnego dvortsa,* 681。

③ Richard Abraham, *Alexander Kerensky: The First Love of the Revolution* (New York: Columbia University Press, 1987), 244. 另一方面，克伦斯基和他的情妇与革命时期廉洁的“祖母”叶卡捷琳娜·布列什科夫斯卡娅（Ekaterina Breshkovskaia）同住一间皇家套房。孔雀石大厅的丝绸墙面被帆布覆盖用以保护，医院成立时，也可能这样做过。

④ Zimin, *Liudi Zimnego dvortsa,* 682—683. 他们还称其为亚历山德拉·费奥多罗夫娜。这是备受骂名的废黜皇后的名字和父姓，是对克伦斯基自己名字和父姓亚历山大·费奥多罗维奇的巧妙戏谑。

党。“流血星期日”当天，他就在冬宫广场附近。尼古拉1906年宣布成立杜马后，他急切地冲向宫殿广场，发现那里几乎没人，顿感失望。①

我们不能确定克伦斯基搬进冬宫并在其展览层处理政府事务的个人动机，但我们可以理解，这一举动将民众的注意力重新集中到这座自亚历山大二世遇刺后就不再是政府中心的建筑上。克伦斯基的举动是一种姿态，它明确无误地重新巩固了彼得格勒的公民中心，现在它被烈士的鲜血所神圣化，并因政府行政部门和政府首脑的进驻而变得庄严。这些元素的组合权重也许是为了防止城市的重心向彼得格勒苏维埃开会的塔夫利达宫、临时政府其他官员办公的马林斯基宫或列宁建立布尔什维克党的斯莫尔尼学院转移。无论如何，出于他从未认为有必要说明的原因，克伦斯基认为，冬宫是罗曼诺夫王朝继任政府的最佳办公场地。

甚至在克伦斯基正式搬进冬宫之前，领导人就已经利用冬宫来接待外国代表团，进一步扰乱了医院正在进行的各项工作。例如，在那里，临时政府接待了美国总统伍德罗·威尔逊（Woodrow Wilson）的鲁特委员会（Root Commission）和美国铁路委员会（the US Railroad Commission）的成员，他们各自被派去支持和监视新的俄罗斯领导人。作为基督教青年会国际委员会的成员，美国人爱德华·希尔德（Edward Heald）6月初参观了冬宫。他探望了伤员，并记录了冬宫和都城贫困社区之间的对比。当月晚些时候，包括赛勒斯·麦考密克（Cyrus McCormick）和查尔斯·R. 克雷恩（Charles R. Crane）在内的美国政要与约翰·莫特（John Mott）和其他基督教青年会领导人一起在那里举行了会议。希尔德认为冬宫“对基督教青年会会议来说，是

① Kerensky, *Memoirs,* 20, 48, 57.

一个非常具有戏剧性的场地”。①

冬宫风暴

10月底，革命浪潮再起。无论是在彼得格勒苏维埃，还是当时齐聚首都的全俄苏维埃代表大会中，列宁的布尔什维克已成时局主宰。206 他们一贯反对战争，现在看来很有先见之明。他们把街上流行的口号：“土地、和平、面包”和“一切权力归于苏维埃”作为自己的口号。这年秋季，城中普遍达成共识，认为临时政府既不能结束战争，也不能抵御反革命。对其与资产阶级勾结的怀疑加剧。

十月革命的传奇故事已被无数次讲述。但在这些具有传奇色彩的事件中，这座君主制古老宫殿已成了什么样子？正是克伦斯基恢复了冬宫作为行政管理中心的功能，为其新政府赢得传统光辉。此举重振了宫殿和城市之间的公民纽带，并在10月决定了这座建筑的命运。就列宁而言，他则要坚持等上几个令人难受的小时后，才能向第二次全俄苏维埃大会宣布布尔什维克的胜利，告诉他们冬宫已经沦陷。在1917年10月25日和26日（旧历）的事件中，忠于布尔什维克的工人赤卫队进入冬宫稍受抵抗，这在军事上不足为道。然而，几乎所有关于十月革命的记述都把众所周知的“攻占冬宫”作为其政治高潮。当时，人们普遍感受到那个地方的象征力量，无需解释。

10月下半月，彼得格勒大多数军事单位很明显已处于布尔什维

① *Edward T. Heald, Witness to the Revolution: Letters from Russia, 1916—1919, ed. James B. Gidney* (*Kent, OH: Kent State University Press, 1972*), *111.*

克主导的彼得格勒苏维埃的管辖之下。临时政府将其认为可靠的军队召至冬宫，包括哥萨克第三军团、士官生学校学员、一自行车营及妇女死亡营。著名的彼得格勒第一女子营的一位回忆者后来透露，这些女兵在完成训练后一直在城北等待任务，认为她们10月24日被召见时，是为了进行审查，之后会被派往罗马尼亚前线。她们对接到保卫临时政府的命令感到沮丧，但还是待在宫中过夜，准备按命令行事。她们领取了弹药，并在展览层朝南的房间里就位。她们席地而坐，这样就不会把家具弄脏。次日早上，她们在圣徒彼得与帕维尔教堂接受了司祭祝福。①保卫冬宫内临时政府的军队共约1800人。②10月24日，克伦斯基走街串巷，从“预备议会”代表那里为他不稳定的政府寻求政治支持，但这种支持来得有些慢。与此同时，尽管街上很安静，克伦斯基得知一支忠于布尔什维克的部队已占领中央电报电话
207 局。当天半夜，他离开冬宫，前往冬宫广场对面的总参谋部大楼。为了保卫冬宫，忠军在冬宫广场入口处设置了路障，堆起如山的木柴。

10月25日整个上午，临时政府都在试着组织保卫冬宫的行动，其尽可能集结的兵力包围了广场和堤岸上的政府建筑。许多十月革命的目击者都注意到，10月25日下午，广场上的汽车乱成一团。③虽然夜幕降临，但贝诺瓦回忆称，他三点左右乘电车穿过宫殿广场时，

---

① Laurie S. Stoff, *They Fought for the Motherland: Russia's Women Soldiers in World War I and the Revolution* (Lawrence: University of Kansas Press, 2006), 155. 当年早些时候，克伦斯基等人一起组建了彼得格勒女子部队，给妇女提供了服役机会，激励士气低落的男性士兵继续战斗。

② Sukhanov, *The Russian Revolution,* 594; Zimin, *Liudi Zimnego dvortsa,* 687.

③ 例如，路易斯·布莱恩特记述到，学员们10月25日之前就已扣押车辆，并将其带至冬宫广场，见 Louise Bryant, *Six Red Months in Russia: An Observer's Account of Russia before and during the Proletarian Dictatorship* (Portland, OR: Powell's Press, 2002), 50. 英国大使乔治·布坎南记录道，当天下午，冬宫广场上的记者等待克伦斯基逃离，但除此之外，该地区很平静，“相对正常”，见 George Buchanan, *My Mission to Russia and Other Diplomatic Memories* (Boston: Little, Brown, 1923), 2: 205—206。

可以看出堆积如山的木柴中聚集了一些人。“我当时并不知道，”他写道，“我们正在经历‘资产阶级存在’的最后几个小时。”[①]当天某个时候，克伦斯基接受了美国大使馆提供的一辆汽车，离城而去，表面上是去迎接进城保卫其政府的部队。[②]其他部长在亚历山大·科诺瓦洛夫（Alexander Konovalov）的领导下，聚集在孔雀石大厅，等待着自己的命运。[③]

在城市另一端的斯莫尔尼宫，布尔什维克控制了苏维埃代表大会和城市大部分地区，虽很焦急，但列宁坚持等待布尔什维克军队控制冬宫的消息后，才向外宣布权力已全部移交至苏维埃。争夺冬宫之战发生在10月25日傍晚。这场战斗拖拖拉拉，十分冗长。双方战斗人员似乎都不想流血或破坏冬宫。彼得格勒大部分驻军单位都站在布尔什维克一边。V. A. 安东诺夫·奥夫申柯（V. A. Antonov-Ovseenko）将这些军队部署在与冬宫隔河相望的彼得保罗要塞，将其他部队放在冬宫周围。水兵将“阿芙乐尔”号巡洋舰开至涅瓦河上，其炮口也对冬宫造成威胁。冬宫守卫在每个入口和楼梯上都设了岗哨，其他军队在涅瓦河一侧的画廊和宫殿主要大门内的庭院里转来转去。布尔什维克计划要求驻守在彼得保罗要塞的军队在准备炮击时发出最后通牒，但确定其火炮可行性的一系列持久的问题造成了长时间的拖延。在“阿芙乐尔”号和冬宫广场之上的布尔什维克军队等待开火信号的几个小

① Benois, Moi dnevnik, 198.

② 克伦斯基本人并没有乘坐那辆美国汽车，而是和其政党部分成员一起乘坐了另一辆悬挂美国国旗的大篷车。后来有谣言说他伪装成护士逃离了皇宫。Kerensky, *Memoirs,* 438.

③ V. B. Stankevich and Iu. V. Lomonosov, *Vospominaniia 1914—1919. Vospominaniia o Martovskoi Revoliutsii 1917 g.* (Moscow: Rossiiskii Gosud. Gumanitarnyi Universitet, 1994), 138—143.

时里，临时政府守卫者大多都消失不见了。①

彼得格勒总督 P. I. 帕尔钦斯基（P. I. Palchinskii）当时也在现场，十时至一时期间，武装人员从不同的入口进入冬宫。最大的队伍从艾
208 尔米塔什一侧进入，据说是仆人将他们放入。② 起初，冬宫内的士官生解除了许多入侵者的武装，但随着更多围攻者进入，军事力量平衡发生改变，随后过程逆转。“阿芙乐尔”号发出一列空弹，彼得保罗要塞最终开火。冬宫广场也有一些野战炮。不管是因为人的无能，或是因为大炮状况不佳，还是因为不愿破坏冬宫，从涅瓦河上，只有很少的炮弹击中了冬宫，冬宫广场上的则一枚没中。另一方面，南面外墙布满了数百个弹孔。在冬宫内，双方军队也发生了几次冲突。水兵向尼古拉二世之前居住的套房扔了两颗手榴弹，两名士官生受伤。

凌晨一时左右，一支由红军率领的队伍，沿着冬宫广场一侧的主楼梯（后被称为十月楼梯），最终进入位于孔雀石大厅后面的家宴餐厅，部长们正围桌而坐。经过短暂的关门谈判，临时政府残余势力不战而降。对于大多数讲述布尔什维克革命故事的人来说，这是一个高潮事件，身在斯莫尔尼宫的领导人听到这个消息后，列宁走到苏维埃代表大会会场宣布，俄罗斯的政府已掌握在他们手中。黎明前，军队将被捕的部长们运出冬宫，穿过三一桥，至彼得保罗要塞。当这座城

---

① 安东诺夫·奥夫申柯详细描述了 10 月 25 日傍晚，他在“阿芙乐尔”号、彼得保罗要塞和冬宫广场之间来回穿梭，最终在冬宫内将部长们逮捕。参见 V. A. Antonov-Ovseenko, *V Revoliutsii* (Moscow: Politicheskaia Literatura, 1983), 156—161. 罗伯特·V. 丹尼尔斯（Robert V. Daniels）在第一人称叙述的基础上进行了详细重构，参见 Robert V. Daniels, *Red October: The Bolshevik Revolution of 1917* (New York: Charles Scribner’s Sons, 1967), 178—199。

② 艾尔米塔什馆长托尔斯泰几天前就成功封锁了冬宫和博物馆之间的走廊，在“攻占”期间，没人侵入艾尔米塔什。国立艾尔米塔什网站为：http://hermitagemuseum.org/html_En/05/hm5_1_33.html（2014 年 1 月 30 日访问）。

市的其他人醒来时，冬宫和政府已经易主。[1]

有评论家讨论了10月26日凌晨进入冬宫的部队的行为。冬宫某些地方，混乱持续了数小时。有士兵发现了酒窖，还有士兵洗劫了部分房间。美国记者约翰·里德（John Reed）持有布尔什维克领导层文件，得以进入冬宫。他描述了冬宫广场入口的场景，士兵开始砸开准备撤离到莫斯科的包装箱时，大家一哄而上开始抢劫。里德记录道："有人高喊：'同志们，不要拿任何东西。这是人民的财产！'有20个声音立即喊道：'住手！把所有东西放回去！不要拿任何东西！人民的财产！'……东西很快被粗略地塞回箱子，由自封的哨兵看守。这完全是自发的。"[2]布尔什维克的指挥官们迅速派人看守，凯克斯霍尔姆团（the Kexholm Regiment）在这项任务中表现得尤为可靠。到了早晨，攻占冬宫的战士们大多已返回兵营。苏联学者A. V.西夫科夫（A. V. Sivkov）的评价非常典型，他将有限的损失归因于"起义的非凡组织和攻占冬宫参与者的革命意识"。[3]

里德的同事路易斯·布莱恩特（Louise Bryant）回忆说，大约凌 209
晨一时左右，她跟在布尔什维克部队后面，排队进入一扇小门。冬宫灯火通明，就像在举行庆祝活动一样；防守的士官生和女兵被解除武装，遣送回家。布莱恩特称，没有发生抢劫，部分原因是每个离开冬宫的人都会被搜查，"不管他站哪一边"。[4]她引用了守在门口的年轻的布尔什维克中尉的话。他向离开的人喊道："同志们，这是人民的

---

① Sukhanov, *The Russian Revolution,* 638—642.

② John Reed, *Ten Days that Shook the World* (New York: Penguin Books, 1985), 108.

③ A. V. Sivkov, "Ot Velikogo Oktiabria do 1941 g.," in Piliavskii and Levinson-Lessing, *Ermitazh,* 246.

④ Bryant, *Six Red Months,* 59.

宫殿。这是我们的宫殿。不要偷窃人民的东西……不要给人民丢脸。”这番话让士兵们把藏在口袋里的一些物品拿出来，并将其放在了门边的桌子上。让布莱恩特感到好笑的是，交出的东西没有一件有实际价值：“一把中国剑的断柄，一支蜡烛，一个衣架，一条毯子，一个破沙发垫”。① 布莱恩特认为，士兵因偷窃被抓会感到羞愧。但是，如果她对被没收物品的描述是准确的，那么思考一下士兵们拿走这些物品的意思就很有趣了。她所列举的东西似乎更像是纪念品，而不是真正的战利品。她和贝诺瓦等人，将其归结为天真，这可能反映了他们并不愿意冒险偷窃真正的贵重物品，只是希望保存一些这一不寻常夜晚的纪念品。150 年来，进入冬宫的人，大多带出来的仅是回忆。这些人曾希望能得到有形的东西来勾起他们参观冬宫的回忆，好像有人也确实得到了。

贝诺瓦和布尔什维克

10 月 27 日，新任命的布尔什维克教育人民委员阿纳托利・卢那察尔斯基（Anatolii Lunacharsky）召见贝诺瓦，和他一起参观冬宫。发现损坏有限，他们都松了一口气。最严重的破坏出现在尼古拉一世、亚历山大二世和尼古拉二世的办公室里。尼古拉一世位于一楼、面向海军部的办公室兼卧室自从他去世后就一直被保留着，里面有一些小摆设、家庭肖像和那张著名的简朴行军床。历代宫廷指挥官都曾在这

---

① Bryant, *Six Red Months,* 59. 里德讲述了抢劫减少后的相同场景，并观察到最常被偷窃的物品是衣服，“劳动人民最为需要”。Reed, *Ten Days,* 110.

里办公，包括沃尔科夫和马卡洛夫。贝诺瓦来时，房间已经被洗劫一
空，墙壁光秃秃的，文件散落一地。亚历山大二世的办公室里也有类
似的场景，这是冬宫为数不多的保留了 18 世纪装饰的房间之一。那
里一片混乱，文件散落各处。然而，一大批准备撤离至莫斯科的珍贵
玻璃及其他物品并未受到影响，这让贝诺瓦猜测，究竟是什么样的禁
忌拯救了它们。在他看来，早期解放冬宫的人似乎一直在寻找黄金 210
或金钱，但没有找到，就把其他东西留在了那里。[1] 瓦伦丁・谢洛夫
（Valentin Serov）的尼古拉二世肖像被打破，但后来被修复。11 月 3
日，画家康斯坦丁・索莫夫（Constantine Somov）陪同贝诺瓦参观冬
宫时，发现克伦斯基最近居住的西北区尼古拉二世的套房遭到了“巨
大破坏”，索莫夫认为是被炮弹击中导致。[2]

里德总结称，冬宫遭到的破坏和抢劫的金额远低于《社会主义革命报》的报道。该报声称，窃贼偷走了价值五亿卢布的物品。他指出，许多最宝贵的东西已经在 9 月被运往莫斯科克里姆林宫（在那里它们也躲过了布尔什维克的攻击）。但他估计，由于一般百姓“在冬宫被占领后的几天里被允许在冬宫内自由活动”，人们抢走了“桌上的银器、钟表、被褥、镜子以及一些价值不菲的瓷制和半宝石的不规则花瓶，价值约为五万美元”。[3] 新当局在 11 月 14 日（新历）发布了

---

[1] Benois, *Moi dnevnik,* 202—205. 贝诺瓦讲述了他在 10 月 25 日晚上听到彼得保罗要塞和“阿芙乐尔”号开火时的恐惧：“我的心被击中。这可能是冬宫存在的最后时刻吗？还有艾尔米塔什，以及俄罗斯政府的所有主要藏品，这一切对我个人来说，都是世界上最珍贵的东西！”里德在临时政府被逮捕后四处逛了大约一个小时，他证实了这一印象：最严重的掠夺发生在办公室，办公桌和柜子被洗劫一空，贵重物品却安然无恙。Reed, *Ten Days,* 110.

[2] 他还评论了沙皇抽水马桶墙上的淫秽图片。Podkopaeva and Sveshnikova, *Konstantin Andreevich Somov,* 183—184.

[3] Reed, *Ten Days,* 304—305.

两份公告，要求公民和水兵“尽一切努力找到 11 月 7 日至 8 日晚上在冬宫被盗的任何可能的物品，并将它们转交给冬宫指挥官”。①

冬宫受到的损害相对较小，与布尔什维克部队对莫斯科克里姆林宫造成的损害形成了明显的对比，那里发生了更多的真正的战斗。一支反布尔什维克部队成功地短暂占领了克里姆林宫，他们进行了抵抗，足以引发了两次炮击。我们很难知道对克里姆林宫的破坏是否代表了针对其墙内许多古老教堂和宗教机构的真正革命性的破除偶像主义，但这显然使布尔什维克领导人感到尴尬。当卢那察尔斯基得知莫斯科炮击后，他实际上辞去了新任教育人民委员的职务（后来又恢复职务）。“克里姆林宫，”他写道，“聚集了彼得格勒和莫斯科最重要的艺术珍品，现在正处于炮火之下。……我再也忍受不了了。”②

结果，冬宫和艾尔米塔什顺利地转到了新的教育人民委员会的控制之下，该委员会积极地处理了从旧有的宫廷部继承下来的行政事宜。早在 10 月 30 日，布尔什维克就下令，冬宫与艾尔米塔什一样，现在是一个国家博物馆。新的政治家们把自己看作是文化提升的传播者，他们立即向“艺术知识界德高望重者”伸出了手。③索莫夫发现
211 革命刚结束参观宫殿之时，布尔什维克在对艺术家们充满“同情和尊重”。④自从夏天高尔基委员会垮台后，贝诺瓦就被排除在博物馆工作的上层，但现在他和布尔什维克找到了共同的事业。尽管贝诺瓦有半贵族的背景，但他对艺术采取了民主的态度，他得到了高尔基和卢那察尔斯基的尊重。艾米丽·约翰逊（Emily Johnson）注意到这些上层艺术人物与布尔什维克的出人意料的密切关系，同时也观察到，像贝

---

①③ Sivkov, “Ot Velikogo Oktiabria do 1941 g,” in Piliavskii and Levinson-Lessing, *Ermitazh,* 246.

② 转引自 Merridale, *Red Fortress,* 275。

④ Podkopaeva and Sveshnikova, *Konstantin Andreevich Somov,* 183.

诺瓦这样的人也经常发现与他们的旧帝国赞助人合作令人生厌。她引用了文物保护者彼得·维纳的话，维纳为他们“与一个和我们格格不入的政党合作”的决定辩护。[①]维纳认为艺术界的使命是非政治性的，并强调他的同事们都急切地相信，他们永远无法找回早期失去的珍宝。

卢那察尔斯基劝说贝诺瓦加入艺术和国家宫殿委员会时，他很快就同意了。[②]贝诺瓦以这个身份监督了对彼得格勒及其郊区被查封的皇室宅邸的清查。[③]旧有的高尔基和戈洛文委员会的其他成员也很快加入了布尔什维克的保护计划。随后的几个月里，贝诺瓦几乎每天都在冬宫，努力理清他与这片区域新主人之间的关系。他拒绝了据说来自列宁本人的邀请，来监管新成立的艺术部。几个月后，他取代退休的托尔斯泰，担任了艾尔米塔什馆长。但卢那察尔斯基能够让他一直参与各项工作。贝诺瓦最终于 1918 年 7 月加入了国立艾尔米塔什苏维埃，并于 1918 年 8 月接受任命，成为图片馆、印刷办公室和现代雕塑部的负责人。

最吸引贝诺瓦的项目围绕如何在他和布尔什维克设想的文化提升的伟大项目中最好地部署冬宫建筑群。当冬宫和艾尔米塔什的许多工作人员完全专注于试图在内战的饥饿年代阻止文物的销售，并加快从莫斯科运回 1918 年送到那里保管的珍品时，贝诺瓦则致力于举办公共展览、讲座和培训等项目。像他的 19 世纪的前辈一样，他努力吸引更多的城市居民来到博物馆——在 1918 年参观人数下降至两千人

---

① Johnson, *How St. Petersburg Learned to Study Itself*, 80. 维纳是文物维护杂志《逝去的岁月》的编辑。

② Lunacharsky to Benois, Nov. 8, 1917, in Benois, *Moi dnevnik*, 217—218.

③ Benois, *Moi dnevnk*, 200.

的低点后，1920 年参观国立艾尔米塔什的人数是其十倍。①

早些年间，贝诺瓦和其同事成功地使艾尔米塔什和冬宫的关系发生了显著逆转。叶卡捷琳娜曾设想将冬宫建筑作为其宫殿的附属建筑，而到了 1920 年，情况发生逆转。10 月，贝诺瓦在可以俯瞰广场
212 的冬宫前第二备用房间举办了一次非常受欢迎的 17 和 18 世纪法国绘画展，这是“第一次非常成功地利用皇宫的空间来当博物馆”。② 因此，面向冬宫广场的阳光房间接纳了农民的子女，进入最初为皇宫的祖先伊丽莎白·彼得罗夫娜设计的套房，最为著名的是叶卡捷琳娜大帝就在此居住。毫无疑问，贝诺瓦选择这些房间的原因与叶卡捷琳娜喜欢它们的原因相同：自 18 世纪 60 年代以来，这些宫殿的房间一直通过一座桥与艾尔米塔什相连。③

贝诺瓦和布尔什维克之间，已对这些建筑的含义有了直觉。君主们最初认为圣彼得堡的“上堤”是俄罗斯政体的绝对中心。时过境迁，这一空间已经积累了公民意义的铜锈，有爱国纪念、统治者和被统治者之间有秩序接触、民众抗议、烈士鲜血、权力转移等。正是这些政治意义引起了列宁的注意。但对贝诺瓦来说，重要的是宫殿建筑群的第二份遗产：由无名之辈和无数君主制的舞台工人创造和维护的有形物品。这些人为君主制建立和维护了一个以君主制继承人可以保

---

① Gosudarstvennyi Ermitazh, *Zhurnal zasedanii soveta Ermitazha,* pt. 2, 1920—1926 gg., ed. M. B. Piotrovskii (St. Petersburg: Gosud. Ermitazh, 2009), 5. 1920 年夏末，在无休止的请愿之后，艾尔米塔什和冬宫的艺术品回到了彼得格勒，工作人员欣喜若狂，九个小时内解开了所有的包裹。

② Gosudarstvennyi Ermitazh, *Zhurnal zasedanii Soveta Ermitazha,* pt. 2, 1920—1926 gg., 17—18.

③ 彼得三世、叶卡捷琳娜二世和保罗都曾在这间套房居住，此后，这间套房被改建为皇家姻亲的二级公寓，比如普鲁士国王和亚历山大二世的儿子们。参见爱德华·豪的画作，Ducamp, *The Winter Palace,* 224—236。

存的美丽事物为标志的场所。在贝诺瓦的监护下，冬宫向彼得格勒人民敞开了大门。在接下来的几年里，成千上万的游客涌入这座由公共所有权和共同使命联合起来的建筑群时，他们占据了中心舞台。1922年底，一套历史悠久的房间向民众开放。当他们艰难地爬上十月楼梯，来到尼古拉一世、亚历山大二世、亚历山大三世和尼古拉二世的住所时，彼得格勒的人民面对面地看到了俄罗斯过去君主统治可利用的残余。

结 论

213 破坏圣像的革命行动均未对冬宫或艾尔米塔什造成毁坏。1871 年 5 月，巴黎公社进入高潮，巴黎公社成员放火烧了卢浮宫、杜伊勒里宫、巴黎圣母院及其他建筑，说明这种事情还是有可能发生。前进的政府军扑灭了一些大火，保住了伟大的艺术博物馆卢浮宫。但与之相邻的杜伊勒里宫却被夷为平地，至今未重建。这座宫殿位于巴黎中心，路易十四弃之，后搬至凡尔赛宫。后来经王朝相传，它与法国君主制有着不可磨灭的联系。在 1871 年城市革命热潮中，有巴黎居民打算摧毁这一令人憎恨的政府形式象征，它几乎没有任何公民价值。他们甚至想要焚毁 1793 年以人民的名义从波旁王朝没收的所有艺术品。①

相比之下，布尔什维克在 1917 年 10 月 26 日夺取冬宫之时，没有人想到放火。甚至连火炮和炮火也被长期推迟，并保持在最低限度。当晚进入冬宫的布尔什维克领导人对那些一心想要掠夺或破坏的人进行了迅速控制。他们在艾尔米塔什派了守卫，安然度过了危险一夜。在俄罗斯，没有哪个地方比彼得格勒之冬宫及与其毗邻的艺术博

① Robert Tombs, *The Paris Commune,* 1871 (London: Longman, 1999), 10—11. 巴黎公社政府曾短暂地接受了杜伊勒里宫的另一种可能。它曾在杜伊勒里宫花园举办音乐会，观众达一万五千人，表明“第二帝国宫廷娱乐场地现在已向人民开放”。Tombs, *Paris Commune,* 8.

物馆更能说明最近被废黜的帝国政权了，也没有人比布尔什维克更鄙视这个政权了，他们最终对整个皇室进行了灭门。接下来的日子里，人们把双头鹰及其他罗曼诺夫王朝标志从各个建筑上敲了下来，包括冬宫大门，然后挂上了红色的旗帜。但这些都是没收之态，而非破坏。彼得格勒人民赢得了先辈们为俄罗斯君主建造的东西。1917 年，冬宫广场无可争议地成为人民的空间。现在这个宫殿也是他们的了，他们对它既敬重又友好。尽管冬宫形式感很强，但它已成为俄罗斯的 214
象征。不久之后，学童们就会排队到里面去看一看。

对一个特定地点的研究，将我们的注意力集中在意义创造的过程之上。本书中所有文字都试图捕捉到一种莫可名状的感觉，一种圣彼得堡数代人对冬宫往往难以表达的看法。父母牵着孩子的手带他们穿过广场时，关于这座宏伟建筑，如果能知道他们跟孩子说了什么，将会很有启发，但我们却无法知晓。然而，我希望人们能清楚地认识到，这样一个地方的意义是多人劳动的成果，是劳动和生活经验积累的产物。此外，意义的建立不只是垂直的——即竖起一座越来越高的意义之山。意义的建立也是横向的，来回的，像是一场竞赛，一场谈判。只要这一建筑不倒，创造意义的过程就不会结束。

关于俄罗斯长期存在的君主制，冬宫到底能解释什么？对于询问冬宫这一问题的俄罗斯解释者来说，这个地方可以洞察到俄罗斯统治者想要体现的君主制类型，以及他们对自己统治的国家的观念。俄罗斯专制主义的实践者一直认为，君权不仅神授，他们能够统治，还因为其理应享有俄罗斯人民的爱戴。他们的行政人员和警察明显不受待见，但罗曼诺夫君王则从与部分人进行富有秩序且精心安排的互动中寻找安慰，这些人包括与皇位最接近的子民、皇室服务者、沿涅瓦河排队者、冬宫广场边缘集会者，商人、掷弹兵、退伍老兵、复活节信徒、新年狂欢者等被允许进入冬宫的人。这样的互动使女皇和沙皇相信，他们受到了平民百姓的爱戴，甚至比朝臣更甚。零碎的历史记录让人有理由相信，许多经历过与统治者直接接触的俄罗斯人，实际上对他们十分钦佩。当这样的人讲述他们的故事，写下他们的回忆录时，君主主义就会再现。

在冬宫，统治者和被统治者之间的另一个特点是皇家赞助人与有才华的艺术家或工匠之间的互动。这种接触体现了前现代（不仅是俄罗斯）的赞助人和门徒之间的关系。其间，皇室主人在全国范围内寻找未开发的人才，然后在冬宫的关怀下，为其提供培训和机会。许多贵族在艺术和手工艺方面无疑是门外汉，但罗曼诺夫王朝很多君王都是真正的鉴赏家。在我们这个时代，博物馆游客大军参观过的物品，
215 曾被冬宫统治家族以高昂的价格购买、欣赏、精心陈列，并谨慎保存。冬宫和艾尔米塔什建筑群是外国艺术的天堂，但也尤其是本土工艺的避风港。后来，通过皇家艾尔米塔什，其成为艺术收藏和保存的总部。事实证明，这一角色非常持久，冬宫政治意义不复存在，而这种精致残留却依然保持。

所以，我们可以看到俄罗斯君主制在其最后 150 年间是如何运作，以及有人敢于思考的其为何绵延如此之久的因素。那些想让专制主义生存下去的人——他们并不都是罗曼诺夫家族的人——在这里成功的时间比欧洲其他地方都长。对君主制在其主要舞台上的研究，展示了其受欢迎的原因，并揭示了长期以来为罗曼诺夫王朝服务的精明的政治直觉。在这些可靠的直觉中，最重要的是君主为了讨好首都居民，倾向于放弃以宫廷为中心的表演。最终，政府无能，君主衰落，皇室家族却对其使命的正义性坚信不疑，无法使得俄罗斯政府更加现代化，这些所激起的民众最终攻占了冬宫。事实上，20 世纪初，俄罗

斯沙皇对执政没有表现出什么兴趣，但并不愿与国家代表分享权力。这种姿态的弊端在第一次世界大战一开始就暴露无遗。与此同时，两位末代君主均试图以壁上远观而非近距离的方式，体现其作为国家和民族代表的作用。在照片和明信片中，他们扮演着父亲、丈夫和军官的角色，但与以前相比，直接体验到这些角色的圣彼得堡民众圈子要小得多。圣彼得堡工业人口激增，生活也越来越困难，沙皇来往与人民越来越没有关系。这一现代化的大都市稳步发展，变得更加纷繁复杂。即使尼古拉努力向首都人民展示自己，他也不得不扮演多种角色——而冬宫会是这种表演的适当舞台吗？

在作为君主制舞台的最后一幕中，冬宫扮演了自己。不管从字面意思还是象征意义上讲，这座宫殿都被圣彼得堡民众渗透了进去，包括伤兵、护士、武装军队、大众启蒙和艺术保护的拥护者、革命者以及渴望看到一排排窗户后究竟是什么的人。当这些新来的人进去后，他们遇到了君主制的追随者：穿制服的男仆、厨师、仆人、侍女等，在回忆录中无一例外地被描述为沉默寡言的老年人。这些人不能或没 216
有选择为自己解释。因此，1917 年，冬宫成了革命之地。在巨大的展览楼梯上，君主主义者和革命者好奇地注视着对方，双方都对对方避而远之。背景是几百名从一战的恐怖中恢复过来的士兵。不管有没有沙皇，冬宫都明确代表了俄罗斯帝国最集中的中央权力。无论前面有什么困难的竞争，守住此地——在克伦斯基看来，亲自占领此地——就意味着掌握了控制整个俄罗斯的权力。1917 年 10 月，当他在布尔什维克面前逃亡时，很明显，仅仅掌握它就已足够。夺取后，新主人就会背弃它以及它所在的城市。

最终，冬宫的命运与它所支持的城市的命运之间的密切联系被 1917 年的事件抛至冰点。对于君主制来说，这是一场灾难，但对于在宫殿群里当差的许多人来说，这不是一场灾难，而是一项新的使命。这一新的使命是从涅瓦河堤岸上的建筑多年来的现实中有机发展起来的：它们已经是一家皇家博物馆和君主制博物馆的所在地。新组建的苏联政府最终要创建新的国立艾尔米塔什博物馆之时，钥匙根本不必易手。宫廷和市民共同建立的空间代代相传，使命和人员的连续性令人瞩目。但是，在征用冬宫和驱逐君主家室的过程中，彼得格勒的革命者已经为他们的城市不再担任国家的政治中心铺平了道路。遗留下来的是帝国的遗赠，它使圣彼得堡成为俄罗斯的文化中心，中央矗立着一座古老的建筑，仍由爱的双手打理着。①

① 苏联政权统治下，圣彼得堡皇家宫殿和遗迹发生的精彩故事，以及斯大林对这一旧都历史遗产的重视详见 Maddox, *Saving Stalin's Imperial City*。

参考文献

PRIMARY SOURCES

Unpublished Works

St. Petersburg

Rossiiskii Gosudarstvennyi Istoricheskii Arkhiv (cited as RGIA).

Fond 466	Court administration
Fond 469	Office of His or Her Majesty's Court, 1730–1882 (especially opisi 14 and 15, Palace Housekeeping)
Fond 470	Hof-intendant Office, 1732–1851
Fond 475	Petrograd Palace Administration 1891–1918
Fond 480	Construction Office 1834–1882
Fond 516	Kamer-fur'erskie journals
Fond 1328	Administration of the Palace Commandant, 1881–1917

Warsaw

National Library of Poland, Special Collections

Wil. Kat Akc. 2189/66e   Francesco Rastrelli

"Relation générale de tous les edifices, palais et jardins, que moy Comte de Rastrelli, Ober-Architecte de la Cour, a fait construire pendant tout le temps que j'ai eu l'honneur d'etre au service de Leurs Majestés Imperiales, de toutes les Russies, à commencer depuis l'année 1716 jusqu'à cette année 1764"

"Relation des bâtiments, qui ont été construits sous le regne de l'Impératrice Anne, de glorieuse memoire et celui de l'Impératrice regnante, executes sous les orders du Général Architecte de la Cour, le Comte François de Rastrelli, Italien de nation."

"Bâtiments et edifices construits sous le regne de l'Impératrice Elisabeth."

"Reflexions sur la maniere et les difficulties qu'il y a en Russie pour bâtir avec la meme exactitude et perfection comme dans les autres pais de l'Europe"

Published Works

Newspapers, Court Journals, Laws, Statistical Surveys, and Guidebooks

Bakhtiarov, A. A. *Briukho Peterburga: Ocherki stolichnoi zhizni*. 1888. Reprint, St. Petersburg: Fert, 1994.

Bashutskii, A. P. *Nashi: Spisannye s natury russkimi*. 2 vols. 1841. Reprint, Leningrad: "Kniga," 1986.

———. *Panorama Sanktpeterburga*. 3 vols. St. Petersburg: Pliushar and Sons, 1834.

———. *Vozobnovlenie Zimniago dvortsa v Sanktpeterburge*. St. Petersburg: Guttenburg Press, 1839.

Coxe, William. *Travels in Poland, Russia, Sweden and Denmark*. London: T. Cadell and W. Davies, 1802.

Georgi, I. G. *Opisanie rossiisko-imperatorskogo stolichnogo goroda Sankt-Peterburga i dostopamiatnostei v okrestnostiakh onogo, s planom*. 1794–1796. Reprint, St. Petersburg: Liga, 1996.

German, Karl F. *Statisticheskaia izsledovaniia otnositel'no Rossiiskoi imperii*. Chapter 1: *O Narodonaselenii*. St. Petersburg: Imp. Ak. Nauk, 1819.

Gosudarstvennyi Ermitazh. *Zhurnal zasedanii Soveta Ermitazha*. Part 1, *1917–1919 gg*. Edited by M. B. Piotrovsky. St. Petersburg: Gosud. Ermitazh, 2001.

Gosudarstvennyi Ermitazh. *Zhurnal zasedanii Soveta Ermitazha*. Part 2, *1920–1926 gg*. Edited by M. B. Piotrovskii. St. Petersburg: Gosud. Ermitazh, 2009.

Grigorovich, D. V. *Progulka po Ermitazhu*. 2nd ed. St. Petersburg, 1875.

Ianson, Iu. "Promysl i zaniatiia Peterburgskago naseleniia po perepisi 1881 g." *Vestnik Evropy* 11 (1884): 323–62.

Kohl, J. G. *Russia, St. Petersburg, Moscow, Kharkoff, Riga, Odessa*. London, 1844.

Makhaev, M. I. *Plan de la Ville de St. Petersbourg avec ses Principales Vües dessiné & gravé sous la direction de l'Academie Imperiale des Sciences & des Arts*. 1753. http://rumsey.geogarage.com/maps/g5669010.html.

Mikhailovskii-Danilevskii, Alexander I. *Imperator Aleksandr Pervyi i ego spodvizniki: Voennaia galereia Zimiago dvortsa*. 6 vols. in 3. St. Petersburg: P. Pechatkin, 1845–1849.

Mikhnevich, Vladimir. *Peterburg: Ves' na ladoni, s planom Peterburga, ego panoramoi s ptich'iago poleta, 22 kartinkami*. St. Petersburg: Izd. Knigoprodavtsa K. N. Plotnikova, 1874.

Ministerstvo Imperatorskogo Dvora. *Glavnoe Upravlenie Udelov. Istoriia udelov, 1797–1897*. 3 vols. St. Petersburg, 1902.

———. *Kamer-fur'erskii Tseremonial'nyi zhurnal*. 1737–1817.

———. *Obshchi arkhiv*. 2 vols. St. Petersburg, 1888.

Ministerstvo Vnutrenykh Del. Tsentral'nyi Statisticheskii Komitet. *Statistcheskii tablitsy Rossiiskoi Imperii* Vyp. Vol. 2, *Nalichnoe naseleni imperii za 1858 g*. St. Petersburg, 1863.

Morell, John Reynell. *Russia as it is; and Turkey, Past and Present; Their History, Resources, Court, and People*. London: Geo. Routledge, 1854.

Nekrasov, N. A. *Petersburg: The Physiology of a City*. Translated by Thomas Gaiton Marullo. Evanston: Northwestern University Press, 2009.

Polnoe sobranie zakonov Rossiiskoi Imperii 1649–1913. 40 vols. St. Petersburg: Gos. Tip., 1830–1916. [Cited in the notes as *PSZ*.]

Pushkarev, I. I. *Opisanie Sanktpeterburga i uezdnykh gorodov S. Peterburgskoi gubernii*. 4 vols. St. Petersburg: Published by the author, 1839–1841.

Pushkarev, Ivan. *Nikolaevskii Peterburg*. 1839–1842. Reprint, St. Petersburg: Liga-Plius, 2000.

Russkii invalid. 1827.

Sankt-Peterburgskie vedomosti. 1754–1909. [Cited in the notes as *SPV*.]

Somov, Andrei. *Kartiny Imperatorskago Ermitazha*. St. Petersburg: Tip. A. Iakobson, 1859.

Storch, Heinrich. *The Picture of St. Petersburg*. London: Longman, 1801.

Svinin, P. P. *Dostopamiatnosti Sanktpeterburga i ego okrestnostei*. St. Petersburg, 1816–1828.

Svod udel'nykh postanovlenii. St. Petersburg, 1843.

Ves' Peterburga na 1894 g. Adresnaia i spravochnaia kniga. Vol. 1. St. Petersburg: Novoe vremia, 1894.

Memoirs, Diaries, and Letters

Adams, John Quincy. *Memoirs*. Vol. 2. Edited by Charles Francis Adams. New York: AMS Press, 1970.

Aleksandra Fedorovna, Empress of Russia. "Imperatritsa Aleksandra Fedorovna v svoikh vospominaniiakh." *Russkaia starina* 88, no. 10 (Oct. 1896): 5–60.

Antonov-Ovseenko, V. A. *V Revoliutsii*. Moscow: Politicheskaia Literatura, 1983.

Bardakova, Marina. "Dukhov Den' 1862 goda v Peterburge." *Russkii arkhiv* 49, no. 10 (1911, book 3): 225–32.

———. "V Peterburge 60-x godov proshlago stoletiia." *Russkaia starina* 157, no. 3 (March 1914): 686–702.

Benkendorf, Count. "Zapiski Benkendorfa." *Russkaia starina* 88, no. 10 (Oct. 1896): 65–96.

Benois, A. N. *Moi dnevnik, 1916–1917–1918*. Moscow: Russkii put', 2003.

———. *Zhizn' khudozhnika. Vospominaniia*. Vol. 2. New York: Izd. Im. Chekhova, 1955.

Boborykin, P. D. *Vospominaniia v dvukh tomakh*. Vol. 1. Moscow: Izd. "Khudozhestvennaia Literatura," 1965.

Bobrinskii, A. A. "Vospominaniia 1880–81." *Katorga i ssylka* 76 (1931): 73–111.

Bolotov, Andrei. *Zhizn' i prikliucheniia Andreia Bolotova*. Vol. 2, *1760–1771*. Moscow-Leningrad: Akademiia, 1931.

Brodskii, I. A., ed. *Gorkii i khudozhniki. Vospominaniia, perepiska, stat'i*. Moscow: Iskusstovo, 1964.

Bryant, Louise. *Six Red Months in Russia: An Observer's Account of Russia before and during the Proletarian Dictatorship*. Portland, OR: Powell's Press, 2002.

Buchanan, George. *My Mission to Russia and Other Diplomatic Memories*. Vol. 2. Boston: Little, Brown, 1923.

Bulatov, A. M. "Letter dated Dec. 25, 1825." In *Vosstanie Dekabristov: Dokumenty*, edited by M. V. Nechkina, 18:299. Moscow: Izd. Nauka, 1984.

Cathcart to Weymouth, Aug. 19, 1768 (OS). *Sbornik Imperatorskago russkago istoricheskago obshchestva*, 12:357. St. Petersburg, 1873.

Catherine II, Empress of Russia. *Love and Conquest: Personal Correspondence of Catherine the Great and Prince Grigory Potemkin*. Edited and translated by Douglas Smith. DeKalb: Northern Illinois University Press, 2004.

Choiseul-Gouffier, Sophia de. *Historical Memoirs of the Emperor Alexander I and the Court of Russia*. Vol. 1. Chicago: McClurg, 1900.

Chernukha, V. G., ed. *Aleksandr Vtoroi: Vospominaniia, Dnevniki*. St. Petersburg: Pushkinskii fond, 1995.

Cross, Anthony. "Professor Thomas Newberry's Letter from St. Petersburg, 1766, on the Grand Carousel and Other Matters." *Slavonic and East European Review* 76, no. 3 (July 1998): 484–93.

Czartoryski, Adam. *Memoirs of Prince Adam Czartoryski and His Correspondence with Alexander I*. Edited by Adam Gielgud. 2 vols. Orono, ME: Academic International, 1968.

Dallas, George M. *Diary of George Mifflin Davis while United States Minister to Russia 1837–39 and to England 1856–61*. Edited by Susan Dallas. Philadelphia: Lippincott, 1892.

de Robien, Louis. *The Diary of a Diplomat in Russia, 1917–1918*. New York: Prager, 1970.

Disbrowe, Charlotte. *Old Days in Diplomacy: Recollections of a Closed Century*. London: Jarrold and Sons, 1903.

Ekaterina II i G. A. Potemkin. Lichnaia perepiska, 1769–1791. Compiled by V. S. Lopatin. Moscow: Nauka, 1997.

Fenin, Alexander I. *Coal and Politics in Late Imperial Russia: Memoirs of a Russian Mining Engineer*. Translated by Alexandre Fediaevsky, edited by Susan P. McCaffray. DeKalb: Northern Illinois University Press, 1990.

Ficquelmont, Dorothea. *Dnevnik, 1829–1837. Ves' pushkinskii Peterburg*. Moscow: Minuvshee, 2009.

Galanina, N. V. "Gospital' Zimnego dvortsa, 5 October 1915 to 28 October 1917: Vospominaniia byvshei medsestry gospitalia." In *Gospital' v Zimnem dvortse 1915–1917. Katalog vystavki*, edited by V. F. Marishkina. St. Petersburg: Izd. Gosud. Ermitazha, 2006.

Gavril Konstantinovich, Grand Duke of Russia. *Staryi Peterburg: Iubileinyi sbornik vospominanii E. I. V. Velikago Kniaza Gavrila Konstantinovicha*. Paris: N.p., 1953.

Golovina, V. N. *Memoirs of Countess Golovine, a Lady at the Court of Catherine II*. London: D. Nutt, 1910.

Golovine, Ivan. *Russia under the Autocrat Nicholas the First*. 1846. Reprint, New York: Praeger, 1970.
Gurevich, L. Ia. "Narodnoe dvizhenie v Peterburge 9-go ianvaria 1905 g." *Byloe* 1 (Jan. 1906): 200–229.
Heald, Edward T. *Witness to the Revolution: Letters from Russia, 1916–1919*. Edited by James B. Gidney. Kent, OH: Kent State University Press, 1972.
Iswolsky, Alexander. *The Memoirs of Alexander Iswolsky: Formerly Russian Minister of Foreign Affairs and Ambassador to France*. Edited and translated by Charles Louis Seeger. Gulf Breeze, FL: Academic International Press, 1974.
Kerensky, Alexander. *The Kerensky Memoirs: Russia and History's Turning Point*. London: Cassell, 1965.
Kogan [*sic*]. "Konchina Imperatora Aleksandra II (Rasskaz fel'dshera)." *Istoricheskii vestnik* 131, no. 1 (1913): 133–35.
Konechnyi, A. M., ed. *Progulki po Nevskomu prospektu v pervoi polovine XIXv*. St. Petersburg: Giperion, 2002.
Krivenko, V. S. *V Ministerstve Dvora. Vospominaniia*. St. Petersburg: Nestor-Istoriia, 2006.
Lawrence, Kelly, ed. *St. Petersburg: A Traveler's Companion*. New York: Atheneum, 1986.
Leifert A. "Balagany." In *Peterburgskie balagany*, 25–70. 1922. Reprint, St. Petersburg: Giperion, 2000.
Lyandres, Semion, ed. *The Fall of Tsarism: Untold Stories of the February 1917 Revolution*. Oxford: Oxford University Press, 2013.
Markus, F. F. "Poslednie minuty Imperatora Aleksandra II. Rasskaz ochevidtsa." *Istoricheskii vestnik* 80, no. 4 (1900): 133–34.
Mordvinova, Z. E. "Smol'nyi Institut v epokhu Imperatritsy Ekateriny II (1764–1796)." *Istoricheskii vestnik* 136, no. 6 (June 1914): 987–1001. http://historydoc.edu.ru/catalog.asp?ob_no=14836&cat_ob_no=12316/.
Murzanova, M. "Vospominaniia A. A. Bobrinskogo (1880–1881gg)." *Katorga i ssylka* 76, no. 3 (Moscow, 1931): 73–120.
The National Gallery. "Observations on the Unfitness of the Present Building for its Purpose. In a Letter to Rt. Hon. Sir Robert Peel." NP. May 1845.
Nechkina, M. V., ed. *Vosstanie Dekabristov: Dokumenty*. 23 vols. Moscow: Izd. "Nauka," 1925–.
Nicholas I, Emperor of Russia. "Imperator Nikolai Pavlovich v ego pis'makh k Kniaziu Paskevich." *Russkii arkhiv* 1 (Jan. 1897): 5–44.
———. *Muzh, otets, imperator*. Edited by D. V. Tevekelian. Moscow: Slovo, 2000.
Nicholas II, Emperor of Russia. *Dnevnik Imperatora Nikolaia II*. Berlin: Knigoizdatel'stvo Slovo, 1923.
Nikolai II nakanune otrecheniia. Kamer-fur'erskie zhurnaly (Dekabr 1916-Fevral' 1917 gg). Edited by V. I Startsev. St. Petersburg: Skarabei, 2001.
Olga Nikolaevna, Grand Duchess of Russia. "Son iunosti: zapiski docheri Imperatora Nikolaia I velikoi kniagini Ol'gi Nikolaevny, korolevy Viurtembergskoi (otryvki)." In *Nikolai pervyi i ego vremia. Dokumenty, pis'ma, dnevniki, memuary, svidetel'stva sovremennikov i trudy istorikov*, edited by B. N. Tarasov, 2:155–91. Moscow, 2000.
Orlov, A. F. "Letter to D. P. Tatishchev, dated Dec. 24, 1837." *Russkii arkhiv* 3 (1865): 1093.
Podkopaeva, Iu. N., and A. N. Sveshnikova, eds. *Konstantin Andreevich Somov. Pis'ma. Dnevniki. Suzhdeniia*. Moscow: Iskusstvo, 1979.
Polilov-Sievertsev, G. T. *Nashi dedy-kuptsy: bytovyia kartiny nachala XIX stoletiia*. St. Petersburg: A. F. Devrien, 1900s [*sic*].
Radziwill, Catherine. *Behind the Veil at the Russian Court*. New York: John Lane, 1914.
"Razskazy ochevidtsev o pozhare Zimniago dvortsa v 1837 g." *Russkii arkhiv* 3 (1865): 1088–113.
Reed, John. *Ten Days that Shook the World*. 1919. Reprint, New York: Penguin Books, 1985.
Roskovshenko, I. V. "Peterburg v 1831–1832 gg." *Russkaia starina* 101 (Feb. 1900): 477–90.
Rybnikov, I. N. "Imperator Nikolai i moskovskoe kupechestvo na obede v Zimnem dvortse 13 Maia 1833 g." In *Nikolai pervyi i ego vremia. Dokumenty, pis'ma, dnevniki, memuary, svidetel'stva sovremennikov i trudy istorikov*, edited by B. N. Tarasov, 2:106–12. Moscow: Olma-Press, 2000.
Sheremetev, S. D. *Memuary Grafa S. D. Sheremeteva*. Moscow: Indrik, 2001.

Stankevich, V. B., and Iu. V. Lomonosov. *Vospominaniia 1914–1919. Vospominaniia o Martovskoi Revoliutsii 1917 g.* Moscow: Rossiiskii Gosud. Gumanitarnyi Universitet, 1994.

Sukhanov, N. N. *The Russian Revolution, 1917: A Personal Record.* Princeton, NJ: Princeton University Press, 1984.

Tarasov, B. N., ed. *Nikolai pervyi i ego vremia. Dokumenty, pis'ma, dnevniki, memuary, svidetel'stva sovremennikov i trudy istorikov.* Vol. 2. Moscow: Olma-Press, 2000.

Tiutcheva, A. F. *Pri dvore dvukh imperatorov. Vospominaniia, dnevnik.* Moscow: Izd. M. i S. Sabashnikovykh, 1928–1929.

Tolchenov, Ivan A. *Zhurnal ili zapiska zhizni i prikliuchenii Ivana Alekseevicha Tolchenova.* Moscow: Akademiia Nauk SSSR, 1974.

Tsamutali, A. N., T. V. Andreeva, eds. *Nikolai I: lichnost' i epokha. Novye materialy.* St. Petersburg: Nestor-Istoriia, 2007.

Varnashev, N. M. "Ot nachala do kontsa s Gaponovskoi organizatsiei v S.-Peterburge (Vospominaniia)." In *Istoriko-revoliutsionnyi sbornik*, edited by V. I. Nevskii, 1:177–208. Moscow-Petrograd: Gosud. Izd., 1924.

Viazemskii, P.A., Prince of Russia. *Staraia zapisnaia knizhka.* Leningrad: Izd. Pisatelei "Leningrad," 1929.

Vigée Le Brun, Elisabeth. *Memoirs.* Translated by Lionel Strachey. New York: Doubleday, Page, 1903.

Zasosov, D. A., V. I. Pyzin, V. A. Vitiazeva, eds. *Iz zhizni Peterburga 1890–1910-x godov.* Leningrad: Leninzdat, 1991.

Secondary Sources

Abraham, Richard. *Alexander Kerensky: The First Love of the Revolution.* New York: Columbia University Press, 1987.

Ageeva, O. G. *Imperatorskii dvor Rossii 1700–1976 gg.* Moscow: Nauka, 2008.

Akinsha, Konstantin, et al. *The Holy Place: Architecture, Ideology and History in Russia.* New Haven: Yale University Press, 2007.

Alexander, John T. *Catherine the Great, Life and Legend.* New York: Oxford University Press, 1989.

Andreeva, Galina. *Genii voiny, blaga i krasoty: Pisal Korolevskii Akademik Dzhordzh Dou.* Moscow: Ikom Rossii, 2012.

Anisimov, Evgeny V. *Empress Elizabeth. Her Reign and Her Russia, 1741–1761.* Translated by John T. Alexander. Gulf Breeze, FL: Academic International Press, 1995.

Arkhitektor Iurii Fel'ten. K 250-letiiu so dnia rozhdeniia. Katalog vystavki. Leningrad: Iskusstvo, 1982.

Baryshnikova, E. Iu., Iu. M. Denisov, A. I. Bashmakov. *Panorama Millionoi ulitsy serediny XVIII v.* St. Petersburg: Vsemirnyi Klub Peterburzhtsev, 2002.

Bassin, Mark, Christopher Ely, Melissa Stockdale, eds. *Space, Place and Power in Modern Russia: Essays in the New Spatial History.* DeKalb: Northern Illinois University Press, 2010.

Bater, James H. "Modernization and the Municipality: Moscow and St. Petersburg on the Eve of the Great War." In *Studies in Russian Historical Geography*, edited by James H. Bater, R. A. French, 2:305–27. London: Academic Press, 1983.

Batowski, Zigmunt. *Arkhitektor Rastrelli o svoikh tvoreniiakh. Materialy deiatel'nosti mastera s 65 illiustratsiiami. Pervoe russkoe izdanie.* St. Petersburg: GMZ "Tsarskoe Selo," 2000.

Benois, A. N., and N. Lanceray. "Dvortsovye stroitel'stvo Imperatora Nikolaia I." *Starye gody* (July–Sept. 1913): 173–97.

Bozherianov, I. N. *Zhizneopisanie imperatritsy Aleksandry Fedorovny, Suprugi Imperatora Nikolaia Pervogo.* St. Petersburg: Tip. Tov. "Obshchestvennaia Pol'za," 1898.

Brumfield, William Craft. *A History of Russian Architecture.* Cambridge: Cambridge University Press, 1993.

———. *Reshaping Russian Architecture: Western Technology Utopian Dreams.* Cambridge: Cambridge University Press, 1990.

———. "St. Petersburg and the Art of Survival." In *Preserving Petersburg: History, Memory, Nostalgia*, edited by Helena Goscilo and Stephen M. Norris, 1–38. Bloomington: Indiana University Press, 2008.

Buckler, Julie A. *Mapping St. Petersburg: Imperial Text and Cityshape*. Princeton, NJ: Princeton University Press, 2005.

Burbank, Jane, Mark Von Hagen, A. V. Remnev, eds. *Russian Empire: Space, People, Power, 1700–1930*. Bloomington: Indiana University Press, 2007.

Burbank, Jane, and David L. Ransel, eds. *Imperial Russia: New Histories for the Fatherland*. Bloomington: Indiana University Press, 1998.

Burim, L. D, G. A. Efimova, N. L. Lopatenko. *"Odin otvetstvovat' dolzhen— . . ." Ocherki o direktorakh Izhorskikh zavodov*. St. Petersburg: OAO Izhorskie zavody, 2001.

Bushkovitch, Paul A. "The Epiphany Ceremony of the Russian Court in the Sixteenth and Seventeenth Centuries." *Russian Review* 49, no. 1 (Jan. 1990): 1–17.

Buzinov, Viktor. *Dvortsovaia ploshchad'. Neformal'nyi putevoditel'*. St. Petersburg: Izd. Ostrov, 2001.

Cannadine, David. "The Context, Performance and Meaning of Ritual: The British Monarchy and the 'Invention of Tradition,' c. 1820–1977." In *The Invention of Tradition*, edited by E. J. Hobsbawm and Terence Ranger, 101–64. Cambridge: Cambridge University Press, 1983.

Chenevière, Antoine. *Russian Furniture: The Golden Age, 1780–1840*. New York: Vendome Press, 1988.

Clark, Katerina. *Petersburg, Crucible of Cultural Revolution*. Cambridge, MA: Harvard University Press, 1995.

Conlin, Jonathan. *The Nation's Mantelpiece: A History of the National Gallery*. London: Pallas Athene, 2006.

Darinskii, A.V., V. I. Startsev. *Istoriia Sankt-Peterburga: XVIII-XIX vv*. St. Petersburg: Glagol, 2000.

de Madariaga, Isabel. *Catherine the Great: A Short History*. New Haven: Yale University Press, 2002.

Denisov, Iu. M. "Zimnii dom Anny Ioannovny." In *Tri veka Sankt-Peterburga. Entsiklopediia v trekh tomakh*, 1:371–73. St. Petersburg: St. Petersburg State University, 2003.

———."Zimnii dvorets Rastrelli." In *Ermitazh. Istoriia i arkhitektura zdanii*, edited by V. I. Piliavskii and V. F. Levinson-Lessing, 39–64. Leningrad: Izd. Avrora, 1974.

Denisov, Iu., and A. Petrov. *Zodchii Rastrelli. Materialy k izucheniiu tvorchestva*. Leningrad: Gosud. Izd. Lit. po Stroitel'stvu Arkhitekture i Stroitel'nym Materialam, 1963.

Deploige, Jeroen, and Gita Deneckere, eds. *Mystifying the Monarch: Studies on Discourse, Power and History*. Amsterdam: Amsterdam University Press, 2006.

Descargues, Pierre. *Art Treasures of the Hermitage*. New York: Harry N. Abrams, 1977.

———. *The Hermitage Museum, Leningrad*. New York: Henry N. Abrams, 1961.

Diakin, V. S. et al., *Istoriia rabochikh Leningrada: 1703–1965*. Vol. 1. Leningrad: Izd. "Nauka," 1972.

Dianina, Katia. *When Art Makes News: Writing Culture and Identity in Imperial Russia*. DeKalb: Northern Illinois University Press, 2013.

Dixon, Simon. *Catherine the Great*. New York: HarperCollins, 2009.

Dubrovnin, N. F., ed. *Materialy i cherty k biografii Imperatora Nikolaia I i k istorii ego tsarstvovaniia*. St. Petersburg: Sbornik Imperatorskogo russkago istoricheskago obshchestva, 1896.

Ducamp, Emmanuel. "The Production of Russian Bronzes in the Late Eighteenth Century." http://christies.com/lotfinder/LotDetailsPrintable.aspx?intObjectID=5461768/.

———, ed. *The Winter Palace, St. Petersburg*. St. Petersburg: State Hermitage Museum, 1995.

Duindam, Jeroen. *Vienna and Versailles: The Courts of Europe's Dynastic Rivals, 1550–1780*. Cambridge: Cambridge University Press, 2003.

Dukes, Paul. *Catherine the Great and the Russian Nobility: A Study Based on the Materials of the Legislative Commission of 1767*. Cambridge: Cambridge University Press, 1967.

Dzhervis, M. V. "Volneniia Peterburgskikh rabochikh nakanune mirovoi voiny." *Deshevaia biblioteka zhurnala Katorga i ssylka* 46 (1926): 3–30.

Economakis, Evel G. "Patterns of Migration and Settlement in Prerevolutionary St. Petersburg: Peasants from Iaroslavl and Tver Provinces." *Russian Review* 56, no. 1 (Jan. 1997): 8–24.

Egorov, Iu. A. *The Architectural Planning of St. Petersburg*. Athens: Ohio University Press, 1969.

Eliseeva, Ol'ga. *Povsednevnaia zhiznn' blagorodnogo sosloviia v zolotoi vek Ekateriny*. Moscow: Molodaia Gvardiia, 2008.

Ely, Christopher. *Underground St. Petersburg: Radical Populism, Urban Space, and the Tactics of Subversion in Reform-Era Russia*. DeKalb: Northern Illinois University Press, 2016.

Ferro, Marc. *Nicholas II: The Last of the Tsars*. New York: Oxford University Press, 1990.

Figes, Orlando, and Boris Kolonitskii. *Interpreting the Russian Revolution: The Language and Symbols of 1917*. New Haven: Yale University Press, 1999.

Friedman, Rebecca. *Masculinity, Autocracy, and the Russian University*. Basingstoke: Palgrave Macmillan, 2005.

Gafifulan, R. R., Liubov Goriacheva, Mikhail Katin-Iartsev, A. A. Shumkov. *Kostiumirovannyi bal v Zimnem dvortse*. 2 vols. Moscow: Russkii antikvariat 2003.

Geertz, Clifford. *Negara: The Theatre State in Nineteenth-Century Bali*. Princeton, NJ: Princeton University Press, 1980.

Gleason, Abbott. *Young Russia: The Genesis of Russian Radicalism in the 1860s*. New York: Viking Press, 1980.

Glinka, V., and A. Pomarnatskii. *Voennaia galereia Zimnego dvortsa*. Leningrad: Izd. Avrora, 1974.

Gorizontov, Leonid. "The 'Great Circle' of Interior Russia: Representations of the Imperial Center in the Nineteenth and Early Twentieth Centuries." In *Russian Empire: Space, People, Power, 1700–1930*, edited by Jane Burbank, Mark Von Hagen, A. V. Remnev, 67–93. Bloomington: Indiana University Press, 2007.

Gorlanov, L. R. *Udel'nye krestiane Rossii, 1797–1865*. Smolensk: Gosud. Ped. Inst., 1986.

Goscilo, Helena, and Stephen M. Norris, eds. *Preserving Petersburg: History, Memory, Nostalgia*. Bloomington: Indiana University Press, 2008.

Gosudarstvennyi Ermitazh. *Sotrudniki Imperatorskogo Ermitazha 1852–1917*. St. Petersburg: Izd. Gosud. Ermitazh, 2004.

Gosudarstvennyi Ermitazh. *Zimnii dvorets: ocherki zhizni imperatorskoi rezidentsii*. Vol. 1. St. Petersburg: Liki Rossii, 2000.

Gosudarstvennyi Muzei Istorii S.-Peterburga. *Katalog, Franchesko Bartolomeo Rastrelli: Arkhitekturnye proekty iz sobraniia*. Compiled by G. B. Vasil'ev et al. St. Petersburg: Gosud. Muz. Ist. S.-Peterburga, 2000.

Grabar', I. E. *Istoriia russkogo iskusstva*. Vol. 8, bk. 2. Moscow: Izd. "Nauka," 1964.

Griffiths, David M. "Catherine II: The Republican Empress." *Jahrbücher für Geschichte Osteuropas* 21, no. 3 (1973): 323–44.

Grinev, S. A. *Istoriia roty dvortsovykh grenader*. St. Petersburg, 1912.

Gritsai, Olga, and Herman van der Wusten. "Moscow and St. Petersburg, a Sequence of Capitals, a Tale of Two Cities." *GeoJournal* 51 (2000): 33–45.

Guseva, N. Iu. "Zimnii dvorets." *Tri veka Sankt-Peterburga. Entsiklopediia v trekh tomakh*, 1:379–81. St. Petersburg: St. Petersburg State University, 2003.

Hamm, Michael. *The City in Late Imperial Russia*. Bloomington: Indiana University Press, 1986.

Hartley, Janet. "Governing the City: St. Petersburg and Catherine II's Reforms." In *St. Petersburg, 1703–1825*, edited by Anthony Cross, 99–118. Basingstoke: Palgrave Macmillan, 2003.

Hasegawa, Tsuyoshi. *The February Revolution: Petrograd, 1917*. Seattle: University of Washington Press, 1981.

Hayden, Delores. *The Power of Place: Urban Landscapes as Public History*. Cambridge, MA: MIT Press, 1995.

Haywood, Richard M. "The Winter Palace in St. Petersburg: Destruction by Fire and Reconstruction, December 1837–March 1839." *Jahrbücher für Geschichte Osteuropas* 27, no. 2 (1979): 161–80.

Hedda, Jennifer. *His Kingdom Come: Orthodox Pastorship and Social Activism in Revolutionary Russia*. DeKalb: Northern Illinois University Press, 2008.

Hobsbawm, E. J., and Terence Ranger, eds., *The Invention of Tradition*. Cambridge: Cambridge University Press, 1983.
Hunt, Lynn. *The Family Romance of the French Revolution*. Berkeley: University of California, 1992.
Istoriia dorevoliutsionnoi Rossii v dnevnikakh i vospominaniiakh. 5 vols. in 13. Edited and introduced by P. A. Zaionchkovskii. Moscow: Kniga, 1976–1989.
Johnson, Emily. *How St. Petersburg Learned to Study Itself: The Russian Idea of Kraevedenie*. University Park: Pennsylvania State University Press, 2006.
Kaganov, G. Z. *Images of Space: St. Petersburg in the Visual and Verbal Arts*. Translated by Sidney Monas. Stanford: Stanford University Press, 1997.
Kamenskii, A. B. "The Congress of People's Deputies of 1767." *Russian Studies in History* 33, no. 4 (1995): 35–65.
Kasparinskaia, S. A., ed. *Muzei i vlast': Sbornik nauchnykh trudov*. Moscow: Nauchno-issl. In-t kultury, 1991.
Keenan, Paul. *St. Petersburg and the Russian Court, 1703–1761*. Basingstoke: Palgrave Macmillan, 2013.
———."The Summer Gardens in the Social Life of St. Petersburg 1725–61." *Slavonic and East European Review* 88, no. 1/2 (Jan./Apr. 2010): 134–55.
Klokman, Iu. P. *Ocherki sotsial'no-ekonomicheskoi istorii gorodov severo-zapada Rossii v seredine XVIII v*. Moscow: Izd. Ak. Nauk SSSR, 1960.
Kochin, G. E. "Naselenie Peterburga v 60–90-kh godakah XVIII v." In *Ocherki istorii Leningrada*, edited by M. P. Viatkin et al., 1:294–319. Moscow-Leningrad: Institut Istorii, Ak. Nauk SSSR, 1955.
Koeppe, Wolfram. "Gone with the Wind to the Western Hemisphere—Selling Off Furniture by David Roentgen and Other Decorative Arts of the Eighteenth Century." *Canadian-American Slavic Studies* 43, no. 4 (2009): 245–72.
Komelova, G. N. "Pridvornye publichnye maskarady v Zimnem dvortse." In Gosudarstvennyi Ermitazh, *Zimnii dvorets: ocherki zhizni imperatorskoi rezidentsii*, 1:132–43. St. Petersburg: Liki Rossii, 2000.
Korshunova, M. F. *Iurii Fel'ten*. Leningrad: Lenizdat, 1988.
Kosheleva, Ol'ga. *Liudi Sankt-Peterburgskogo ostrova Petrovskogo vremeni*. Moscow: OGI, 2004.
Krasheninnikov, A. F. "Pervye gody posle Rastrelli." In *Ermitazh. Istoriia i arkhitektura zdanii*, edited by V. I. Piliavskii and V. F. Levinson-Lessing, 65–76. Leningrad: Izd. Avrora, 1974.
Lapshin, V. P. *Khudozhestvennaia zhizn' Moskvy i Petrograda v 1917 g*. Moscow: Sovetskii Khudozhnik, 1983.
Lefebvre, Henri. *The Production of Space*. Translated by Donald Nicholson-Smith. Oxford: Basil Blackwell, 1991.
Levinson-Lessing, V. F. *Istoriia kartinnoi galerei Ermitazha (1764–1917)*. Leningrad: Iskusstvo, 1985.
Lincoln, W. Bruce. *Between Heaven and Hell: The Story of a Thousand Years of Artistic Life in Russia*. New York: Viking, 1998.
———. *Nicholas I: Emperor and Autocrat of All the Russias*. DeKalb: Northern Illinois University Press, 1989.
———. *Sunlight at Midnight: St. Petersburg and the Rise of Modern Russia*. New York: Basic Books, 2002.
Liubomirov, P. G. "Iz istorii lesopil'nogo proizvodstva v Rossii v XVII, XVIII i nachale XIX vv." In *Istoricheskie zapiski*, edited by B. D. Grekov, 222–49. Moscow: Ak. Nauka, 1941.
Lotman, Iu. *Semiotics of Russian Cultural History*. Edited by A. D. Nakhimovsky and A. S. Nakhimovsky. Ithaca: Cornell University Press, 1985.
Lukomskii, G. K. *Sankt-Peterburg: Istoricheskii ocherk arkhitektury i razvitiia goroda*. Munich: Orkhis, 1923.
———. *Staryi Peterburg: Progulki po starinnym kvartalam*. Petrograd: Svobodnoe iskusstvo, 1917.
Luppov, S. P. *Istoriia stroitel'stva Peterburga v pervoi chetverti XVIII v*. Leningrad: Izd. Akademii Nauk SSSR, 1957.
Lur'e, F. M. *Starye gody: Khronologicheskaia rospis' soderzhaniia, 1907–1916*. St. Petersburg: Iz. Dom "Kolo," 2007.

Maddox, Steven. *Saving Stalin's Imperial City: Historic Preservation in Leningrad, 1930–1950*. Bloomington: Indiana University Press, 2015.

Maiorova, Olga. *From the Shadow of Empire: Defining the Russian Nation through Cultural Mythology, 1855–1870*. Madison: University of Wisconsin Press, 2010.

Marishkina, V. F. *Gospital' v Zimnem dvortse 1915–1917. Katalog vystavki*. St. Petersburg: Izd. Gosud. Ermitazha, 2006.

Martin, Alexander M. *Enlightened Metropolis: Constructing Imperial Moscow, 1762–1855*. Oxford: Oxford University Press, 2013.

Martynov, E. I. *Tsarskaia armiia v fevral'skom perevorote*. Moscow: Naarkomvoenmor, 1927.

Matthews, Mervyn. *The Passport Society: Controlling Movement in Russia and the USSR*. Boulder, CO: Westview Press, 1993.

McClellan, Andrew. *Inventing the Louvre: Art, Politics, and the Origins of the Modern Museum in Eighteenth-Century Paris*. Berkeley: University of California Press, 1999.

McGrew, Roderick E. *Russia and the Cholera, 1823–1832*. Madison: University of Wisconsin Press, 1965.

Merridale, Catherine. *Red Fortress: History and Illusion in the Kremlin*. New York: Metropolitan Books, 2013.

Meyer, Caspar. *Greco-Scythian Art and the Birth of Eurasia: From Classical Antiquity to Russian Modernity*. Oxford: Oxford University Press, 2013.

Miasoedova, N. Iu. "S. A. Gedeonov i Imperatorskii Ermitazh." In *Peterburg i Moskva: Dve stolitsy Rossii v XVIII–XX vekakh*, edited by Iu. V. Krivosheeva et al., 62–69. St. Petersburg: St. Petersburg University, 2001.

Mikaberidze, Alexander. *Russian Officer Corps of the Revolutionary and Napoleonic Wars, 1792–1815*. New York: Savas Beatie, 2005.

Mikhailov, G. V. "Zimnie dvortsy Petra I." In *Tri veka Sankt-Peterburga. Entsiklopediia v trekh tomakh*, 1:366–70. St. Petersburg: St. Petersburg State University, 2003.

Mil´čina, Vera. "Nicolas Ier et la politique intérieure de la France à l'époque de la Restauration: deux épisodes." *Cahiers du Monde Russe* 43, no. 2 (2002): 355–74.

Miliukov, Paul et al. *History of Russia*, vol. 2. *The Successors of Peter the Great: From Catherine I to Nicholas* I, trans. Charles Lam Markmann. New York: Funk and Wagnalls, 1968.

Mironov, B. N. *Russkii gorod v 1740–1860 gg*. Leningrad: Nauka, 1990.

Mitel'man, M., et al. *Istoriia Putilovskogo zavoda, 1801–1917*. Moscow: Izd. Sotsial'no-ekonomicheskoi lit., 1961.

Monod, Paul Kléber. *The Power of Kings: Monarchy and Religion in Europe, 1589–1715*. New Haven: Yale University Press, 1999.

Mumford, Lewis. *The City in History: Its Origins, Its Transformation, and Its Prospects*. New York: Harcourt, Brace Jovanovich, 1961.

———. *The Culture of Cities*. New York: Harcourt, Brace Jovanovich, 1970.

Munro, George E. *The Most Intentional City: St. Petersburg in the Reign of Catherine the Great*. Madison, NJ: Fairleigh Dickinson University Press, 2008.

Nardova, Valeriia. "Gorodskie golovy Sankt-Peterburga, 1873–1903 gg." *Otechestvennaia istoriia* 3 (June 2003): 20–39.

Nekrasov, Nikolai, ed. *Petersburg: The Physiology of a City*. Translated by Thomas Gaiton Marullo. Evanston, IL: Northwestern University Press: 2009.

Norman, Geraldine. *The Hermitage: The Biography of a Great Museum*. New York: Fromm International, 1998.

Omel'chenko, Oleg A. "The 'Legitimate Monarchy' of Catherine the Second: Enlightened Absolutism in Russia." *Russian Studies in History* 33, no. 4 (1995): 66–94.

Ospovat, Kirill. *Terror and Pity: Aleksandr Sumarokov and the Theater of Power in Elizabethan Russia*. Boston: Academic Studies Press, 2016.

Ovsiannikov, Iu. *Franchesko Bartolomeo Rastrelli*. Leningrad: Isskustvo, 1982.

Paneiakh, V. M. "Masterovye i rabotnye liudi vo vtoroi polovine XVIII v." In *Istoriia rabochikh Leningrada*, edited by V. S. Diakin et al., 1:46–71. Leningrad: Izd. "Nauka," 1972.

Paolucci, Antonio. *Great Museums of Europe: The Dream of the Universal Museum*. Milan: Skira Editore, 2002.

Petrov, P. N. *Istoriia Sankt-Peterburga s osnovaniia goroda do vvedeniia v deistvie vybornago gorodskago upravleniia, 1703–1782*. St. Petersburg: Izd. Glazunova, 1885.

———. "Materialy dlia biografii grafa Rastrelli." *Zodchii: arkhitekturnyi i khudozhestvenno-tekhnicheskii zhurnal* year 5 (1876): 55–57.

———. *Sbornik materialov dlia istorii Imperatorskoi Sanktpeterburgskoi Akademii Khudozhestv za sto let eia sushchestvovaniia*. Vol. 1. St. Petersburg: Tipografiia Kommisionera Imp. Akademii Khudozhestv Gogenfel'da, 1864.

Piliavskii, V. I. *Dvortsovaia ploshchad'*. Leningrad-Moscow: Isskustvo, 1958.

———. *Zimnii dvorets*. Leningrad: Gosud. Izd. Lit. po stroitel'stvu, arkhitekture i stroit. materialam, 1960.

Piliavskii, V. I., and V. F. Levinson-Lessing, eds. *Ermitazh. Istoriia i arkhitektura zdanii*. Leningrad: Izd. Avrora, 1974.

Piliavskii, V. I., and R. D. Liulina. "Novyi Ermitazh." In *Ermitazh. Istoriia i arkhitektura zdanii*, edited by V. I. Piliavskii and V. F. Levinson-Lessing, 223–44. Leningrad: Izd. Avrora, 1974.

Piotrovskii, M. B., ed. *Istoriia Ermitazha. Kratkii ocherk; materialy i dokumenty*. Moscow: Izd. Iskusstvo, 2000.

Piotrovskii, M. B., L. E. Torshina, et al. *Ermitazh: Istoriia zdanii i kollektsii*. St. Petersburg: Gosud. Ermitazh, 2001.

Pisarenko, Konstantin. *Elizaveta Petrovna*. Moscow: Molodaia gvardiia, 2014.

———. *Povsednevnaia zhizn' russkogo dvora tsarstvovanie Elizavety Petrovnya*. Moscow: Molodaia Gvardiia, 2003.

Plunkett, John. *Queen Victoria: First Media Monarch*. Oxford: Oxford University Press, 2003.

Pogosjan, Jelena. "Masks and Masquerades at the Court of Elizabeth Petrovna (1741–1742)." *Russian and Soviet History from the Time of Troubles to the Collapse of the Soviet Union*, edited by Steven A. Usitalo and William Benton Whisenhunt, 34–50. Lanham, MD: Rowman and Littlefield, 2008.

Pravilova, Ekaterina. *A Public Empire: Property and the Quest for the Common Good in Imperial Russia*. Princeton, NJ: Princeton University Press, 2014.

Presniakov, A. E. *Emperor Nicholas I of Russia: The Apogee of Autocracy, 1825–1855*. Gulf Breeze, FL: Academic International Publishers, 1974.

Proskurina, Vera. *Mify imperii. Literatura i vlast' v epokhu Ekateriny II*. Moscow: Novoe Literaturnoe Obozrenie, 2006.

Pyliaev, M. I. *Staryi Peterburg. Razskazy iz byloi zhizny stolitsy*. St. Petersburg: Suvorin, 1887.

Ransel, David L. *A Russian Merchant's Tale: The Life and Adventures of Ivan Alekseevich Tolchënov, Based on His Diary*. Bloomington: Indiana University Press, 2009.

Rashin, A. G. *Naselenie Rossii za 100 let, 1811–1913 gg.; Statisticheskie ocherki*. Moscow: Gos. Stat. Izd., 1956.

Rey, Marie-Pierre. *Alexander I: The Tsar Who Defeated Napoleon*. DeKalb: Northern Illinois University Press, 2012.

Riasanovsky, Nicholas V. *Nicholas I and Official Nationality in Russia, 1825–1855*. Berkeley: University of California Press, 1959.

Rowley, Alison. *Open Letters: Russian Popular Culture and the Picture Postcard, 1880–1922*. Toronto: University of Toronto Press, 2013.

Ruble, Blair. "From Palace Square to Moscow Square: St. Petersburg's Century-Long Retreat from Public Space." In *Reshaping Russian Architecture: Western Technology Utopian Dreams*, edited by William C. Brumfield, 10–42. Cambridge: Cambridge University Press, 1990.

Ryndziunskii, P. G. *Gorodskoe grazhdanstvo doreformennoi Rossii*. Moscow: Ak. Nauk, 1958.

Sablinsky, Walter. *The Road to Bloody Sunday: Father Gapon and the St. Petersburg Massacre of 1905*. Princeton, NJ: Princeton University Press, 1976.

Schama, Simon. "The Domestication of Majesty: Royal Family Portraiture, 1500–1850." *Journal of Interdisciplinary History* 17, no. 1 (Summer 1986): 155–83.

Schilder, N. K. *Imperator Nikolai Pervyi: Ego zhizn' i tsarstvovanie*. 2 vols. St. Petersburg: A. S. Suvorin, 1903.

Schönle, Andreas, Andrei Zorin, and Alexei Evstratov, eds. *The Europeanized Elite in Russia, 1762–1825*. DeKalb: Northern Illinois University Press, 2016.

Shaich, Michael, ed. *Monarchy and Religion: The Transformation of Royal Culture in Eighteenth-Century Europe*. Oxford: Oxford University Press, 2007.

Shapiro, A. L. "O roli Peterburga v razvitii vserossiiskogo rynka v XVIII–pervoi polovine XIX v." In *Goroda feodal'noi Rossii: Sbornik statei v pamiati N. V. Ustiugova*, edited by V. I. Shurikov, 386–96. Moscow: Nauka, 1966.

Shepelev, L. E. *Chinovnyi mir Rossii XVIII–nachalo XX v*. St. Petersburg, 1999.

———. *Tituly, mundiry, ordera v Rossiiskoi Imperii*. Leningrad: Nauka, 1991.

Sherikh, Dmitrii Iu. *Golos rodnogo goroda: ocherk istorii gazety "Sankt-Peterburgskie vedomosti."* St. Petersburg: Lenizdat, 2001.

Shevyrev, Alexander. "The Axis Petersburg-Moscow: Outward and Inward Russian Capitals." *Journal of Urban History* 30, no. 1 (November 2003): 70–84.

Shvidkovsky, Dmitry. *Russian Architecture and the West*. Translated by Antony Wood. New Haven: Yale University Press, 2007.

Sitwell, Sacheverell. *Valse des fleurs: A Day in St. Petersburg and a Ball at the Winter Palace in 1868*. London: Faber and Faber, 1944.

Skodock, Cornelia. *Barock in Russland: Zum Oeuvre des Hofarchitekten Francesco Bartolomeo Rastrelli*. Wiesbaden: Harrassowitz Verlag, 2006.

Sokolova, Tat'iana M. *Zaly Zimnego dvortsa i Ermitazha: kratkii istoriko-arkhitekturnyi ocherk*. Leningrad: Izd. Gos. Ermitaza, 1963.

Stavrou, Theofanis George, ed. *Art and Culture in Nineteenth-Century Russia*. Bloomington: Indiana University Press, 1983.

Stites, Richard. *The Four Horsemen: Riding to Liberty in Post-Napoleonic Europe*. New York: Oxford University Press, 2014.

———. *Serfdom, Society, and the Arts in Imperial Russia: The Pleasure and the Power*. New Haven: Yale University Press, 2005.

Stoff, Laurie S. *They Fought for the Motherland: Russia's Women Soldiers in World War I and the Revolution*. Lawrence: University of Kansas Press, 2006.

Stolpianskii, P. N. *Peterburg: Kak voznik, osnovalsia i ros Sankt-Piterburkh*. Petrograd, 1918. Reprint, St. Petersburg: Nauchno-izdatel'skii tsentr NeGA, 1995.

Summerlin, John. *The Architecture of the Eighteenth Century*. London: Thames and Hudson, 1986.

Suslov, Vitaly, ed. *The State Hermitage: Masterpieces from the Museum's Collection*. London: Booth-Clibborn Editions, 2001.

Tapié, Victor-L. *The Age of Grandeur: Baroque Art and Architecture*. Translated by A. Ross Williamson. New York: Frederick A. Praeger, 1960.

Tatishchev, S. S. *Imperator Aleksandr II: ego zhizn' i tsarstvovanie*. 2 vols. St. Petersburg: Suvorin, 1911.

Tombs, Robert. *The Paris Commune, 1871*. London: Longman, 1999.

Torshina, L. E., and E. Trubkina. *Zhilye pokoi. Imperatorskoi rezidentsii*. St. Petersburg, State Museum of the Hermitage, 2009.

Tri veka Sankt-Peterburga Entsiklopediia v trekh tomakh. 3 vols. St. Petersburg: St. Petersburg State University, 2003.

Veinert, N. *Rossi*. Moscow: Gosud. Izd. Iskusstvo, 1939.

Venturi, Franco. *Roots of Revolution: A History of the Populist and Socialist Movements in Nineteenth Century Russia*. Chicago: University of Chicago Press, 1983.

Verner, Andrew M. *The Crisis of Russian Autocracy: Nicholas II and the 1905 Revolution*. Princeton, NJ: Princeton University Press, 1990.

Volkhov, N. E. *Dvor russkikh imperatorov v ego proshlom i nastoiashchem*. St. Petersburg: P. Golike, 1900.

Voronov, N. V. "O rynke rabochei sily v rossii v XVIII v.: po materialam kirpichnoi promyshlennosti." *Voprosii istorii* 3 (1955): 90–99.

Werrett, Simon. *Fireworks: Pyrotechnic Arts and Sciences in European History*. Chicago: University of Chicago Press, 2010.

Whittaker, Cynthia Hyla. "Catherine the Great and the Art of Collecting: Acquiring the Paintings that Founded the Hermitage." In *Word and Image in Russian History: Essays in Honor of Gary Marker*, edited by Maria di Salvo, 147–71. Boston: Academic Studies Press, 2015.

Wilentz, Sean, ed. *Rites of Power: Symbolism, Ritual, and Politics since the Middle Ages*. Philadelphia: University of Pennsylvania Press, 1985.

Wirtschafter, Elise Kimerling. *Structures of Society: Imperial Russia's "People of Various Ranks."* DeKalb: Northern Illinois University Press, 1994.

Wortman, Richard S. "Moscow and Petersburg: The Problem of the Political Center in Tsarist Russia, 1881–1914." In *Rites of Power: Symbolism, Ritual, and Politics since the Middle Ages*, edited by Sean Wilentz, 244–74. Philadelphia: University of Pennsylvania Press, 1985.

———. "National Narratives in the Representation of Nineteenth-Century Russian Monarchy." In Richard Wortman, *Russian Monarchy: Representation and Rule: Collected Articles*, 152–69. Boston: Academic Studies Press, 2013.

———. *Scenarios of Power: Myth and Ceremony in Russian Monarchy*. Vol. 1, *From Peter the Great to the Death of Nicholas I*. Princeton, NJ: Princeton University Press, 1995.

———. *Scenarios of Power: Myth and Ceremony in Russian Monarchy*. Vol. 2, *From Alexander II to the Abdication of Nicholas II*. Princeton, NJ: Princeton University Press, 2000.

———. *Scenarios of Power: Myth and Ceremony in Russian Monarchy, From Peter the Great to the Abdication of Nicholas II*. Princeton, NJ: Princeton University Press, 2006.

———. "Solntsev, Olenin, and the Development of a National Aesthtic." In *Visualizing Russia: Fedor Solntsev and Crafting a National Past*, edited by Cynthia H. Whittaker, 17–40. Leiden: Brill, 2010.

Zaionchkovskii, Peter A. *The Russian Autocracy in Crisis, 1878–1882*. Edited and translated by Gary M. Hamburg. Gulf Breeze, FL: Academic International Press, 1981.

Zarubin, Ivan. *Almanakh-Putevoditel po Sankt-Peterburga*. St. Petersburg: Muller, 1892.

Zimin, Igor'. *Detskii mir imperatorskikh rezidentsii: byt monarkhov i ikh okruzhenie*. Moscow–St. Petersburg: Tsentrpoligraf, 2011.

———. *Liudi Zimnego dvortsa. Monarshie osoby, ikh favority i slugi*. Moscow: Tsentrpoligraf, 2015.

———. *Zimnii dvorets. Liudi i steny. Istoriia imperatorskoi rezidentsii, 1762–1917*. Moscow: Tsentrpoligraf, 2012.

中英对照表

A

Abraham，Richard　亚伯拉罕，理查德

absolutism　专制主义

Academy of Arts　艺术学院

Academy of Sciences　科学学院

Adams，John Quincy　亚当斯，约翰·昆西

Admiralty Meadow　海军部草坪

Afanasev，Pavel　阿法纳舍夫，帕维尔

Ageev，Mikhail　阿吉耶夫，米哈伊尔

Ageeva，O. G.　艾吉耶娃，O. G.

Aix-la-Chapelle，Conference of　亚琛会议

Akhmanov，Mikhailo　阿赫曼诺夫，米哈伊洛

Akinsha，Konstantin　阿金沙，康斯但丁

Aksakov，Constantine　阿克萨科夫，康斯坦丁

Alexander Column　亚历山大纪念柱

Alexander I　亚历山大一世

Alexander II　亚历山大二世

Alexander III　亚历山大三世
Alexander Kerensky（Abraham）《亚历山大·克伦斯基》（亚伯拉罕）
Alexander Nevskii Monastery　亚历山大·涅夫斯基修道院
Alexander Palace　亚历山大宫
Alexandrovsk Iron Foundry　亚历山大洛夫斯克铸铁厂
Alexei，Tsar　阿列克谢，沙皇
Alferov，Afonasii　阿尔费洛夫，阿弗纳西
Amazons　亚马逊族女战士
Andreeva，Afim'ia　安德烈耶娃，阿菲米亚
Andreeva，Galina　安德烈耶娃，加琳娜
Angiviller，comte d'　安琪维勒，伯爵
Anichkov Palace　阿尼奇科夫宫
Anisimov，Evgeny V.　阿尼西莫夫，叶甫根尼·V.
Anna Ioanovna　安娜·约阿诺夫娜
anti-Semitic violence　反犹暴力事件
Antonov-Ovseenko，V. A.　安东诺夫–奥夫申柯，V. A.
appanage peasants　宫廷农民
Apraksin，Fedor　阿普拉克辛，费多尔
Apraksin mansion　阿普拉克辛宅邸
Aprasksin Dvor　阿普拉克辛·德沃
Arabs　阿拉伯人
Arakcheev，Aleksei　阿拉克切耶夫，阿列克谢
Araps　黑人禁卫军
Arbuzov，A. P.　阿尔布佐夫，A. P.
archaeology　考古学

architects，Italian　建筑师，意大利籍

architecture，baroque　建筑，巴洛克

Architecture of the Eighteenth Century，The（Summerlin）《十八世纪之建筑》（萨默林）

Arkhitektor Rastrelli o svoikh tvoreniiakh（英译：Architect Rastrelli in his works）（Batowski）《建筑师拉斯特雷利及其作品》（巴托夫斯基）

art museums　艺术博物馆

Art Treasures of the Hermitage（Descargues）《艾尔米塔什博物馆珍宝》（德卡尔格）

Artisan Regulation　《匠户条例》

Artists' Union　艺术家联盟

asphaltum　沥青

Assembly of Russian Factory and Mill Workers of the City of St. Petersburg　圣彼得堡俄国工厂工人集会

Aurora　"阿芙乐尔号"

autocratic rule　专制统治

Avrich，Paul　保罗·阿维里奇

"Axis Petersburg-Moscow，The"（Shevyrev）《圣彼得堡-莫斯科轴心》（谢维列夫）

B

Bakhtiarov，A. A.　巴赫蒂亚洛夫，A. A.

balagany（show booths）　展台

Barock in Russland（Skodock）《俄罗斯巴罗克艺术》（斯柯达克）

Bart，I. V.　巴特，I. V.

Bartenev，Peter 巴尔捷涅夫，彼得

Baryshnikova，E. Iu. 巴雷什尼科娃，E. Iu.

Bashutskii，A. P. 巴舒茨基，A. P.

Batowski，Zigmunt 巴托夫斯基，齐格蒙特

Bauman，Ivan Iosifovich 鲍曼，伊万・约瑟霍维奇

Baumgarten，E. E. 鲍姆加滕，E. E.

Bel'skii，Efim Ivanovich 贝尔斯基，埃菲姆・伊万诺维奇

Benkendorf，Count 本肯多夫，伯爵

Benois，Alexander 贝诺瓦，亚历山大

Benois，Leon 贝诺瓦，莱昂

Benois，Nicholas 贝诺瓦，尼古拉

Benois family 贝诺瓦家族

Benois Madonna（Leonardo da Vinci）《贝诺瓦的圣母》(列奥纳多・达・芬奇)

Bergholts，Franz Wilhelm von 伯格霍茨，弗朗茨・威廉・冯

Berlin Altes Museum 柏林老博物馆

Bestuzhev，Alexander 贝斯图热夫，亚历山大

Betskoi，I. I. 别茨科伊，I. I.

Bibikov，A. I. 比比科夫，A. I.

Biron，Ernst Johann von 比龙，恩斯特・约翰・冯

Blessing of the Waters/Epiphany 圣水仪式

Blond，Jean-Baptiste Alexandre Le 布隆，让-巴蒂斯特・亚历山大・勒

Bloody Sunday 流血星期日

boards 板材

Boborykin，P. D.　波波里金，P. D.

Bolotov，Andrei　博洛托夫，安德烈

Bolshevik Party　布尔什维克党

Bolshevik Revolution　布尔什维克革命

Bolsheviks　布尔什维克

"Bolshoi Ermitazh"（Liulina）《大艾尔米塔什》（柳里那）

bread and salt　面包和盐

Breshkovskaia，Ekaterina　布列什科夫斯卡娅，叶卡捷琳娜

bricks/brickmaking　砖 / 制砖

British Museum　大英博物馆

Briullov，A. P.　布里乌洛夫，A. P.

Briullov，K. P.　布里乌洛夫，K. P.

Brius，Count　布里乌斯，伯爵

Bronze Horseman，The（Schenker）青铜骑士（辛克）

Brown Company　布朗公司

Brumfield，William Craft　布伦菲尔德，威廉·克拉夫特

Brun，Elisabeth Vigée Le　布伦，伊丽莎白·维杰·勒

Bruni，Ch. A.　布鲁尼，Ch. A.

Bruni，F. A.　布鲁尼，F. A.

Bryant，Louise　布莱恩特，路易斯

Buchanan，George　布坎南，乔治

Buckingham Palace　白金汉宫

Buckle，Henry Thomas　巴克尔，亨利·托马斯

Buckler，Julie A.　巴克勒，朱莉·A.

Bulatov，A. M.　布拉托夫，A. M.

Cazanova，Giovanni　卡扎诺瓦，乔瓦尼

Centralization　中央集权

changing of the guard（wachtparad）禁卫军换岗

Charles I　查理一世

Charles X　查理十世

Chenevière，Antoine　舍尼维尔，安托万

Chicherin，N. I.　契切林，N. I.

Chinovnyi mir Rossii XVIII—nachalo XX v.（Shepelev）《18 世纪至 20 世纪初的俄罗斯官场》（舍甫列夫）

Choiseul-Gouffier，Sophia de　乔伊瑟尔-高菲，索菲亚·德

cholera　霍乱

Church of the Resurrection of the Lord　主复活教堂

City in History，The（Mumford）《城市发展史》（芒福德）

Clark，Katerina　克拉克，卡捷琳娜

"Collecting the Fatherland"（Thomas）《收集祖国》（托马斯）

College of Foreign Affairs　外交学院

Commissariat of Enlightenment　启蒙委员会

Commission for Oversight of the Electromagnetic Telegraph　电磁电报监督委员会

Commission on Art and National Palaces　艺术和国家宫殿委员会

Commission on Construction　建筑委员会

Company of Palace Grenadiers　皇家掷弹兵连

Comte，Auguste　孔德，奥古斯特

Conference of Troppau　特拉波会议

Conlin，Jonathan　康林，乔纳森

Dannenberg，Brigadier　丹能伯格，准将

Dawe，George　道，乔治

Decembrist Rebellion　十二月党人起义

Dedication of the Alexander Column（Raev）《亚历山大柱落成典礼图》（拉耶夫）

Del'sal'，Aleksei Petrovich　德尔萨尔，阿列克谢·彼得洛维奇

Demut-Malinovsky，Vasili　德穆特-马林诺夫斯基，瓦西里

Deneckere，Gita　德内克尔，吉塔

Denisov，Iu. M.　杰尼索夫，Iu. M.

Dennison，Tracy　丹尼森，特蕾西

Deploige，Jeroen　德普鲁瓦热，杰若恩

Descargues，Pierre　德卡尔格，皮埃尔

Descent from the Cross（Poussin）《十字架下的基督》（普桑）

"Description of the Palace of Pavlovsk"（M. F. Romanov）《巴甫洛夫斯克宫的说明》（M. F. 罗曼诺夫）

Di Rocco Wieler Collection　迪·罗科·维勒收藏中心

Dianina，Katia　狄安娜，卡蒂亚

Diary of a Diplomat in Russia，1917—1918，The（de Robien）《一位驻俄外交官日记，1917—1918 年》（德·罗比安）

Dibich，General　迪比希，将军

Diderot，Denis　狄德罗，德尼

Disbrowe，Charlotte　迪斯布鲁，夏洛特

Dixon，Simon　狄克逊，西蒙

Dolgorukii，Prince　多尔戈鲁基，亲王

Dolgorukova，Catherine "Katia"　多尔戈鲁科娃，叶卡捷琳娜·"凯瑟琳"

《1812、1813、1814及1815年，亚历山大一世及其伴侣》（米卡洛夫斯基–丹妮列夫斯基）

Empress Elizabeth（Anisimov）《伊丽莎白女皇》（阿尼西莫夫）

"Epiphany Ceremony of the Russian Court in the Sixteenth and Seventeenth Centuries，The"（Bushkovitch）《十六世纪和十七世纪俄罗斯宫廷的主显节仪式》（布什科维奇）

Ermitazh，Gosudarstvennyi 艾尔米塔什，国立

Ermitazh. Istoriia arkhitektura zdanii（Levinson-Lessing/Piliavskii）《冬宫建筑史》（莱文森–莱辛 / 皮利亚夫斯基）

Ermitazh：Istoriia zdanii i kollektsii（Piotrovskii）《艾尔米塔什：建筑及收藏史》（彼得罗夫斯基）

Europeanized Elite in Russia，1762—1825，The（Schönle）《1762—1825年俄罗斯的欧化精英》（薛恩勒）

Exercisehaus 演练场

F

Fabergé，Karl 法贝热，卡尔

Fabergé eggs 法贝热彩蛋

Family Romance of the French Revolution，The（Hunt）《法国大革命的家庭罗曼史》（亨特）

family ruble 皇室卢布

Farmakovskii，B. V. 法马科夫斯基，B. V.

Felten，Yurii（Georg Veldton） 费尔滕，尤里（格奥尔格·威尔德顿）

Fenin，Alexander 费宁，亚历山大

Fermor，V. V. 菲默，V. V.

G

Gadun，Efim　加敦，埃菲姆

Galanina，N. V.　加拉尼娜，N. V.

Gambs，Edward　甘布斯，爱德华

Gambs，Heinrich　甘布斯，海因里希

Gambs，Peter　甘布斯，彼得

Gapon，Georgii　加邦，乔治

Gatchina　加特契纳

Gedeonov，Stepan Aleksandrovich　格杰奥诺夫，斯捷潘·亚历山大罗维奇

Geertz，Clifford　格尔茨，克利福德

Geisler，Christian　盖斯勒，克里斯蒂安

General Staff building　总参谋部大楼

Genii voiny，blaga i krasoty（Andreeva）《战争、善与美的天才》（安德烈耶娃）

Georgi，I. G.　格奥尔基，I. G.

Georgi，Johann　格奥尔基，约翰

Gérard，François　热拉尔，弗朗索瓦

German，Karl　格尔曼，卡尔

German Settlement　德国定居点

Gintsenberg，Vasilii Iakovlevich　金森伯格，瓦西里·雅科夫列维奇

Glinka，V.　格林卡，V.

Glyptothek　雕塑展览馆

godparents　教父教母

Gogol，Nikolai　果戈里，尼古拉

guilds 行会

Gurko，General 古尔科，将军

Guseva，N. Iu 古塞瓦，N. Iu

Gustavus III 古斯塔夫三世

Gustavus IV 古斯塔夫四世

H

Hau，Eduard Petrovich 豪，爱德华·彼得洛维奇

Haywood，Richard M. 海伍德，理查德·M.

Heald，Edward 希尔德，爱德华

Hedda，Jennifer 赫达，詹妮弗

Hermitage Theater 冬宫剧院

hired（vol'nye）people 受雇人员

His Kingdom Come（Hedda）《他的王国降临》(赫达）

Historical Memoirs of the Emperor Alexander I and the Court of Russia（de Choiseul-Gouffier）《亚历山大一世和俄罗斯宫廷回忆录》(德·舒瓦瑟尔-高富耶）

History of Russia，vol. 2，The Successors of Peter the Great（Miliukov）《俄国史》第二卷,《彼得大帝的继任者们》(米留可夫）

History of Russian Architecture，A（Brumfield）《俄国建筑史》(布伦菲尔德）

Hofburg 霍夫堡皇宫

Holstein，Princess of 赫尔斯泰因，公主

Holy Place，The（Akinsha）《圣地》(阿金沙

Hospital in the Winter Palace 冬宫医院

I

Interpreting the Russian Revolution（Figes/Kolonitskii）《解读俄国革命》（费吉斯 / 科隆尼茨基）

Inventing the Louvre（McClellan）《创造卢浮宫》（麦克莱伦）

Iordan，F. I.　约尔丹，F. I.

Istoriia kartinnoi galerei（Levinson-Lessing）《历史艺术馆》（莱文森-莱辛）

Istoriia Putilovskogo zavoda，1801—1917（Mitel'man）《普提洛夫工厂的历史，1801—1917》（米特尔曼）

Istoriia Sankt-Peterburga s osnovaniia goroda do vvedeniia v deistvie vybornago gorodskago upravleniia，1703—1782（Petrov），《圣彼得堡从建成到引入市政选举管理的历史，1703—1782》（彼得罗夫）

Istoriia stroitel'stva Peterburga v pervoi chetverti XVIII v.（Luppov）《18 世纪前二十五年圣彼得堡的建设史》（卢波夫）（18 世纪初期圣彼得堡建设史）

Iswolsky，Alexander　伊斯沃尔斯基，亚历山大

Ivan III　伊凡三世

Ivan IV（Ivan the Terrible）　伊凡四世（伊凡雷帝）

Ivanov，Ivan　伊万诺夫，伊万

Ivanov，Vasilii　伊万诺夫，瓦西里

J

Jakobi，B. S.　加科比，B. S.

Johnson，Emily　约翰逊，艾米丽

Jolly Company　快乐剧团

Jones，Inigo　琼斯，伊尼戈

Klaver，Lieutenant　克拉夫，中尉

Kleinmichel，P. A.　克莱因米歇尔，P. A.

Klentz，Leo von　科伦兹，利奥·冯

Kliukvin，I. A.　克里乌克文，I. A.

Kobyliatnikov，Ivan　科比利亚特尼科夫，伊万

Koeppe，Wolfram　科佩，沃尔弗拉姆

Kohl，J. G.　科尔，J. G.

Kokovin family　科科文家族

Kolonitskii，Boris　科隆尼茨基，鲍里斯

Komarov，V. A.　科马洛夫，V. A.

Komelova，G. N.　科米洛娃，G. N.

Komissarov，Osip　科米萨洛夫，奥西普

Konovalov，Alexander　科诺瓦洛夫，亚历山大

Korzhukova，Varvara　科茹科娃，瓦尔瓦拉

Kosheleva，Ol'ga　科舍列娃，奥尔加

Kostin，Andrei　科斯京，安德烈

Kostin，Mikhail　科斯京，米哈伊尔

Kozlovskii，M. I.　科兹洛夫斯基，M. I.

Krafft，P.　克拉夫，P.

Kramskoi，N. I.　克拉姆斯科伊，N. I.

Krashennikov，A. F.　克拉什尼科夫，A. F.

Kremlin　克里姆林宫

Kremlin Armory　克里姆林宫军械库

Kremlin Cathedral of the Assumption　克里姆林宫圣母升天大教堂

Kreuger，Franz　克鲁格，弗朗茨

Lincoln，W. Bruce　林肯，W. 布鲁斯

Liudi Sankt-Peterburgskogo ostrova Petrovskogo vremeni（Kosheleva）（Kosheleva）《彼得大帝时期圣彼得堡岛的人民》（科舍列娃）

Liulina，R. D.　柳里娜，R. D.

Livadia　里瓦迪亚皇宫

livery　制服

Lomonosov，M. V.　罗蒙诺索夫，M. V.

Loris-Melikov，M. T.　洛里斯·梅利科夫，M. T.

Louis XIV　路易十四

Louis XVI　路易十六

Louvre　卢浮宫

Ludwig I　路德维希一世

Lukomskii，G. K.　卢克姆斯基，G. K.

Lunacharsky，Anatolii　卢那察尔斯基，阿纳托利

Luppov，S. P　卢波夫，S. P.

L'vov，Ivan　利沃夫，伊万

M

Madariaga，Isabel de　马达里亚加，伊莎贝尔·德

Maddox，Steven　马多克斯，史蒂文

Madonna Conestabile（Raphael）《康纳斯圣母》（拉斐尔）

Madonna Litta（Leonardo da Vinci）《哺乳圣母》（列奥纳多·达·芬奇）

Maier，I. G.　迈尔，I. G.

Makarov，P. M.　马卡洛夫，P. M.

历山大一世的通信》（查托利斯基）

Menshikov，A. D.　缅希科夫，A. D.

Merridale，Catherine　梅里代尔，凯瑟琳

Meshcherskii，Prokofi Vasilievich　密歇尔斯基，普罗科菲·瓦西里耶维奇

Meyer，Caspar　迈耶，卡斯帕尔

Meyer，Christian　迈耶，克里斯蒂安

Meyerhold，Vsevolod　迈耶霍尔德，弗谢沃尔德

Michael Castle　米迦勒城堡

Michael Garden　米迦勒花园

Mify imperii（Proskurina）《神奇的帝国》（普洛斯库丽娜）

Mikhailovskii Theater　米哈伊洛夫斯基剧院

Mikhailovskii-Danilevskii，Alexander　米哈伊洛夫斯基-丹尼列夫斯基，亚历山大

Mikhnevich，Vladimir　米赫涅维奇，弗拉基米尔

Military Gallery　军事画廊

military reviews　军事检阅

Miliukov，Paul　米留可夫，保罗

Ministry of Public Instruction　国民教育部

Ministry of the Imperial Court　宫廷部

Miriskusstva（World of Art）《艺术世界》

Mitel'man，M.　米特尔曼，M.

Mitrokhin，A. F.　米特罗欣，A. F.

Moi dnevnik，1916—1917—1918（A. Benois）《我的日记，1916—1917—1918》（A. 贝诺瓦）

Nalimov family 纳利莫夫家族

Napoleon I 拿破仑一世

Napoleonic Wars 拿破仑战争

Narodnost'（official nationality） 官方民族性

Narva Gate 纳尔瓦大门

National Gallery 国家美术馆

National Library of Poland 波兰国家图书馆

Nation's Mantelpiece，The（Conlin）《国家的壁炉台》（康林）

Nazis 纳粹

Negara（Geertz）《国家》（格尔茨）

Neliudova，Varvara 涅利乌多娃，瓦尔瓦拉

Nevskii，St. Alexander 涅夫斯基，圣亚历山大

Nevskii，V. I. 涅夫斯基，V. I.

Nevskii Brick and Tile Factory 涅夫斯基砖瓦厂

New Hermitage 新艾尔米塔什

Newberry，Thomas 纽贝里，托马斯

Nicholas Hall 尼古拉厅

Nicholas I 尼古拉一世

Nicholas II 尼古拉二世

Nicholas II（Ferro）《尼古拉二世》（费罗）

Nike 尼姬

Norman controversy 诺曼争论

Northern Bee（Severnaia pchela）《北方蜜蜂》

Northern Union of Russian Workers 俄国北方工人协会

Notes from the Underground（Dostoevsky）《地下室手记》（陀思

妥耶夫斯基）

Notes of the Fatherland（Otechestvennye zapiski）《祖国纪事》

O

Obshchestvo pooshchreniia khudozhnikov（Society for the Encouragement of Artists） 鼓励艺术家协会

October Revolution 十月革命

October Stairway 十月楼梯

Odoevskii，V. F. 奥多耶夫斯基，V. F.

Office for the Construction of the Winter Home 建设冬宫事务管理局

official nationality（narodnost'） 官方民族性

Olsuf'ev Palace 奥尔苏夫耶夫宫

Open Letters（Rowley）《公开信》（罗利）

Opisanie rossiisko-imperatorskogo stolichnogo goroda Sankt-Peterburga i dostopamiatnostei v okrestnostiakh onogo，s planom（Georgi）《俄罗斯帝国首都圣彼得堡及其交通附规划图》（格奥尔基）

Order of St. Anna 圣安娜勋章

Order of St. Catherine 圣凯瑟琳勋章

Order of St. George 圣乔治勋章

Orlov，Alexei 奥尔洛夫，阿列克谢

Orlov，Grigorii 奥尔洛夫，格里高利

orpiment 雌黄

Ospovat，Kirill 奥斯波瓦特，基里尔

"Overcoat，The"（Gogol）《套中人》（果戈理）

Ovsiannikov，Gerasim 奥夫齐尼科夫，格拉西姆

Ovsiannikov，Iu.　奥夫齐尼科夫，Iu.

P

palace，temporary　宫殿，临时

Palace Construction Office　宫廷建设办公室

Palace Embankment　冬宫堤岸

Palace of Facets　多棱宫

Palace Square　宫殿广场

Palchinskii，P. I.　帕尔钦斯基，P. I.

Paléologue，Maurice　帕莱奥洛格，莫里斯

Panin，N. I.　帕宁，N. I.

Panorama Millionoi ulitsy serediny XVIII v.（Baryshnikova）《十八世纪中叶的米里纳亚大街全景图》（巴雷什尼科娃）

Paolucci，Antonio　保卢斯，安东尼奥

Paris Commune　巴黎公社

Paris Commune, 1871, The（Tombs）《巴黎公社，1871 年》（托姆斯）

Parisian Fédérés　巴黎公社成员

Parisian poliment　巴黎涂金胶料

Paskevich，Prince　帕斯凯维奇，亲王

"Patterns of Migration and Settlement in Prerevolutionary St. Petersburg"（Economakis）《革命前圣彼得堡的移民和定居模式》（伊科诺马基斯）

Paul I　保罗一世

Pavlovskii Regiment　巴甫洛夫斯基团

peasant question　农民问题

Peel，Robert　皮尔，罗伯特

people of various ranks（raznochintsy）　杂色阶层

People's Will Party 民意党

Perezinotti，Antonio 佩列济诺季，安东尼奥

Peter and Paul Fortress 彼得保罗要塞

Peter I（Peter the Great） 彼得一世（彼得大帝）

Peter I Gallery 彼得一世画廊

Peter II 彼得二世

Peter III 彼得三世

Peterhof 彼得霍夫

Petersburg，Crucible of Cultural Revolution（Clark）《彼得堡，文化革命的熔炉》（克拉克）

"Petersburg Yardkeeper，The"（Dal'）《彼得堡的园丁》（达尔）

petition 请愿书

Petrograd 彼得格勒

Petrov，N. N. 彼得罗夫，N. N.

Petrov，P. N. 彼得罗夫，P. N.

Petrov，V. I. 彼得罗夫，V. I.

Petrov，V. P. 彼得罗夫，V. P.

Philip II 腓力二世

Pictures of the Imperial Hermitage for Visitors to this Gallery（Kartiny Imperatorskago Ermitazha dlia posetitelei etoi gallerei）（Somov）《皇家冬宫图鉴（画廊游客专用）》（索莫夫）

Piliavskii，V. I. 皮利亚夫斯基，V. I.

Pimenov，Stepan 皮门诺夫，斯捷潘

Pinakothek 绘画陈列馆

Piotrovskii，M. B. 皮奥托夫斯基，M. B.

Pisarenko，Konstantin　皮萨连科，康斯但丁

Pius V　庇护五世

plague　鼠疫

Plehve，V. K. von　普列夫，V. K. 冯

Plow，the Hammer and the Knout，The（Kahan）《犁、锤和鞭》（卡汉）

Plunkett，John　普朗克特，约翰

podriadchiki（contractors）承包商

Pogosjan，Jelena　波戈斯扬，耶莱娜

Poliakov，Alexander　波利雅科夫，亚历山大

Police Bridge　警察桥

police socialism　警察社会主义

Polignac，Jules de　波利尼亚克，儒勒·德

Polilova，Juliana　波利洛娃，朱莉安娜

Pomarnatskii，A.　波马尔纳茨基，A.

posad people　颇沙德人（波萨德人）

Potemkin，Grigorii　波将金，格里高利

Potocki，Counts　波托茨基，伯爵

Poussin，Nicolas　普桑，尼古拉斯

Povsednevnaia zhizn' russkogo dvora tsartvovanie Elizavety Petrovnya（Pisarenko）《俄罗斯女皇伊丽莎白·彼得罗夫娜的日常生活》（皮萨连科）

Power of Kings，The（Monod）《王权》（莫诺德）

Pozdniakov，D.　波兹尼亚科夫，D.

Prado　普拉多博物馆

Pravilova，Ekaterina　普拉维洛娃，叶卡捷琳娜

Premazzi，Luigi　普雷马兹，路易吉

Preobrazhenskii Guard　普列奥勃拉任斯基近卫军团

Preservationists　文物保护主义者

“Pridvornye publichnye maskarady v Zimnem dvortse”（Komelova）《冬宫的私人公开化装舞会》（科米洛娃）

“Production of Russian Bronzes in the Late Eighteenth Century，The”（Ducamp）《十八世纪晚期俄罗斯青铜器的生产情况》（迪康）

Proskurina，Vera　普洛斯库丽娜，维拉

provincial deputations　省代表

Provisional Government　临时政府

Public Empire，A（Pravilova）《普世帝国》（普拉维洛娃）

Pugachev，Emelian　普加乔夫，叶梅利安

Pugachev rebellion　普加乔夫叛乱

puppet shows　木偶戏

Pushkarev，Ivan　普什卡列夫，伊万

Putilov　普提洛夫村

Putilov stone　普蒂洛夫石

Pyliaev，Mikhail　皮里耶夫，米哈伊尔

Q

Quarenghi，Giacomo　夸伦吉，贾科莫

Queen Victoria（Plunkett）《维多利亚女王》（普伦基特）

R

Raev，Vasily　拉耶夫，瓦西里

Raguzinskii，Count　拉古任斯基，伯爵

Ransel，David L.　兰塞尔，大卫·L.

Raphael　拉斐尔

Rasputin，Grigorii　拉斯普京，格里高利

Rastrelli，Bartolomeo Carlo de　拉斯特雷利，巴尔托洛梅奥·卡洛·德

Rastrelli，Bartolomeo Francesco de　拉斯特雷利，巴尔托洛梅奥·弗朗西斯科·德

raznochintsy（people of various ranks）杂色阶层（不同阶层的人）

Razvod karaula na Dvortsovoi ploshchadi（Maier）《宫殿广场卫队分列式》（迈尔）

rebellion in Poland　波兰叛乱

Red Cross　红十字会

Red Fortress（Merridale）《红色堡垒》（梅里代尔）

Red October（Daniels）《红色十月》（丹尼尔斯）

Reed，John　里德，约翰

"Reflexions sur la maniere et les difficultés qu'il y a en Russie pour bâtir avec la même exacitude et perfection comme dans les autres pais de l'Europe"（F. Rastrelli）《关于在俄罗斯以与欧洲其他国家相同的准确性和完美性进行建筑的方式和困难的思考》（F. 拉斯特雷利）

"Religious Ritual at the Russian Court"（Dixon）《俄罗斯宫廷宗教仪式》（狄克逊）

Repin，Il'ia　列宾，伊里亚

reserve apartments　备用房间

Revolution of Peter the Great, The（Cracraft）《彼得大帝的革命》（克拉夫特）

Rey, Marie-Pierre　雷伊，玛丽-皮埃尔

Rinaldi, Antonio　雷那蒂，安东尼奥

Rites of Power（Wilentz）《权力仪式》(威伦茨）

Road to Bloody Sunday, The（Sablinsky）《通往流血星期日之路》（萨布林斯基）

Robertson, Christina　罗伯逊，克里斯蒂娜

Robien, Louis de　罗比安，路易斯・德

Roentgen, David　伦琴，大卫

Roentgen cabinet（x-ray chamber）　伦琴室（X 光室）

Romanov, Alexandra Fedorovna　罗曼诺夫，亚历山德拉・费奥多罗芙娜

Romanov, Catherine　罗曼诺夫，叶卡捷琳娜

Romanov, Constantine　罗曼诺夫，康斯但丁

Romanov, Ekaterina Alekseevna　罗曼诺夫，叶卡捷琳娜・阿列克谢夫娜

Romanov, Elizabeth Alekseevna　罗曼诺夫，伊丽莎白・阿列克谢夫娜

Romanov, Maria Alexandrovna　罗曼诺夫，玛利亚・亚历山德罗芙娜

Romanov, Maria Fedorovna　罗曼诺夫，玛利亚・费多罗夫娜

Romanov, Maria Nikolaevna　罗曼诺夫，玛利亚・尼古拉耶芙娜

Romanov, Michael Aleksandrovich　罗曼诺夫，迈克尔・亚历山大

罗维奇

Romanov，Michael Pavlovich　罗曼诺夫，迈克尔·帕夫洛维奇

Romanov，Nicholas Alexandrovich　罗曼诺夫，尼古拉·亚历山德罗维奇

Romanov，Olga Nikolaevna　罗曼诺夫，奥尔加·尼古拉耶芙娜

Romanov family　罗曼诺夫家族

Root Commission　鲁特委员会

Roots of Revolution（Venturi）《革命的根源》（文图理）

Roskovshenko，I. V.　罗斯科夫申科，I. V.

Rossi，Carlo　罗西，卡罗

Rowley，Alison　罗利，埃里森

Ruffo，Marco　鲁福，马可

"Rules for the Administration of the Imperial Hermitage,"《皇家艾尔米塔什管理条例》

Rundale Palace　伦达尔宫

Russian Archive（Russkii arkhiv）《俄罗斯档案》

Russian Furniture（Chenevière）《俄罗斯家具》（舍尼维尔）

Russian Merchant's Tale，A（Ransel）《一个俄罗斯商人的故事》（兰塞尔）

Russian mosaic　俄罗斯马赛克

Russian Rebels，1600—1800（Avrich）《俄罗斯叛乱者，1600—1800》（阿维里奇）

Russian Revolution（1905）　俄罗斯革命（1905）

Russian Revolution（1917）　俄罗斯革命（1917）

Russian Revolution，1917，The（Sukhanov）《1917 俄罗斯革命》

（苏汉诺夫）

Russkii arkhiv（Russian Archive）《俄罗斯档案》

Rutkovskii，A. V. 鲁特科夫斯基，A. V.

Rybnikov，Ivan 雷布尼科夫，伊万

Ryleev，Konstantin 雷利耶夫，康斯坦丁

Rysakov，Nicholas 利萨科夫，尼古拉

S

Sablinsky，Walter 萨布林斯基，沃尔特

Sadovnikov，Vasily 萨多夫尼科夫，瓦西里

St. George's Cross 圣乔治十字勋章

St. George's Hall 圣乔治厅

St. Isaac's Cathedral 圣以撒主教座堂

St. Petersburg 圣彼得堡

"St. Petersburg and the Art of Survival"（Brumfield）《圣彼得堡和生活的艺术》（布伦菲尔德）

St. Petersburg and the Russian Court，1703—1761（Keenan）《圣彼得堡和俄罗斯宫廷，1703—1761》（基南）

St. Petersburg Society for the Protection and Preservation of Russian Monuments of Art and Antiquity 圣彼得堡俄罗斯艺术古迹保护协会

St. Petersburg University 圣彼得堡大学

Sankt-Peterburgskie vedomosti 《圣彼得堡公报》

SavingStalin's Imperial City（Maddox）《拯救斯大林的皇城》（马多克斯）

sawmills 锯木厂

Scenarios of Power（Wortman）《权力展演》(沃特曼）

Schama，Simon 沙马，西蒙

Schenker，Alexander M. 辛克，亚历山大·M.

Schoenbrunn Palace 美泉宫（申布伦宫）

Schönle，Andreas 薛恩勒，安德烈亚斯

School for Court Masters and Servants 御前工匠及仆人学校

Second All Russian Congress of Soviets 第二次全俄苏维埃大会

Second Reserve Battalion of Sappers 工兵第二预备营

Semenov，Nikolai 谢苗诺夫，尼古拉

Seriakov，Lavrentii Avksentievich 塞里亚科夫，拉夫连蒂·阿夫克森季耶维奇

Serov，Valentin 谢洛夫，瓦伦丁

Seven Years' War 七年战争

Seven Years' War，The（Marston）《七年战争》(马斯顿）

Severnaia pchela（Northern Bee）《北方蜜蜂》

Shchuko，B. A. 休科，B. A.

Shepelev，D. A. 舍甫列夫，D. A.

Shepelev Palace 舍甫列夫宫

Sherikh，Dmitrii Iu 谢利克，德米特里·鲁

Shevyrev，Alexander 谢维列夫，亚历山大

shipbuilding 造船

show booths（balagany） 展台

Shreder，G. 施雷德，G.

Shrovetide 忏悔节

Shtakenshneider，E. A. 施塔肯施奈德，E. A.

Shubin，Fedot　舒宾，费多
Shuvalov，A. P.　舒瓦洛夫，A. P.
Shwarts，Johann-Gotlieb　施瓦茨，约翰-戈特利布
Sidorov，Ivan Sidorovovich　西多罗夫，伊万·西多洛维奇
Sipiagin，Dmitrii　西皮亚金，德米特里
Sivkov，A. V.　西夫科夫，A. V.
Six Red Months in Russia（Bryant）《在俄的红色半年期》（布莱恩特）
Skabichevskii，A. M.　斯卡比切夫斯基，A. M.
Skodock，Cornelia　斯柯达克，科妮莉亚
Small Hermitage　小艾尔米塔什
Smolensk　斯摩棱斯克
Smolny Institute for Noble Girls　斯莫尔尼贵族女子学院
Society for the Encouragement of Artists（Obshchestvo pooshchreniia khudozhnikov）鼓励艺术家协会
Solari，Pietro Antonio　索拉里，彼得罗·安东尼奥
Soloviev，Alexander　索洛维约夫，亚历山大
Somov，Andrei I.　索莫夫，安德烈·I.
Somov，Konstantin　索莫夫，康斯坦丁
Soviet of the State Hermitage　国立艾尔米塔什苏维埃
Speak，Memory（Nabokov）《说吧，记忆》（纳博科夫）
Stalin，Joseph　斯大林，约瑟夫
Starye gody（Bygone Years）《逝去的岁月》
Stasov，Vasilii P.　斯塔索夫，瓦西里·P.
State Museum of the Hermitage　国立艾尔米塔什博物馆
Stoff，Laurie S.　施托夫，劳里·S.

Stolypin，P. A.　斯托雷平，P. A.

stone/stonecutting　石料 / 石刻

Storch，Heinrich　斯托奇，海因里希

Strelna Palace　斯特雷纳宫

Stroganov，Alexander　斯特罗加诺夫，亚历山大

Stroganov，S. G.　斯特罗加诺夫，S. G.

Stroganova，Aleksandra　斯特罗加诺娃，亚历山德拉

student movement　学生运动

Sukhanov，N. N.　苏汉诺夫，N. N.

Sumarokov，Aleksandr　苏马罗科夫，亚历山大

Summer Annenhof　安娜霍夫夏宫

Summer Garden　夏园

"Summer Gardens in the Social Life of St. Petersburg 1725—61，The"（Keenan）《圣彼得堡社会生活中的夏园，（1725—1761 年）》（基南）

Summer Palace　夏宫

Summerlin，John　萨默林，约翰

Sunlight at Midnight（Lincoln）《午夜阳光》（林肯）

Suvorov，Alexander　苏沃洛夫，亚历山大

Sviatopolk-Mirskii（Interior Minister）　斯维亚托波尔克-米尔斯基（内政部长）

Svinin，Pavel　斯维宁，帕维尔

Swedish Revolution　瑞典革命

Swedish War　瑞典战争

T

Table of Ranks　官秩表

Tabuntsov，F.　塔邦佐夫，F.

Tamanov，A. I.　塔马诺夫，A. I.

Tapié，Victor-L.　塔皮耶，维克多-L.

Tauride Palace　塔夫利达宫

temporary palace　临时宫殿

Ten Days that Shook the World（Reed）《震撼世界的十天》（里德）

Terebenev，A. I.　捷列别尼奥夫，A. I.

Terror and Pity（Ospovat）《恐惧与怜悯》（奥斯波瓦特）

theater state　剧场国家

They Fought for the Motherland（Stoff）《他们为祖国而战》（施托夫）

Third Section　御前办公厅第三处

Thomas，Kevin Tyner　托马斯，凯文·泰纳

Thompson，George　汤普森，乔治

Tolchenov，Ivan　托尔切诺夫，伊凡

Tolly，M. A. Barclay de　托利，M. A. 巴克莱·德

Tolstoy，Dmitrii　托尔斯泰，德米特里

Tombs，Robert　托姆斯，罗伯特

Torshina，L. E.　托尔希纳，L. E.

Travels in Poland，Russia，Sweden and Denmark（Coxe）《在波兰、俄罗斯、瑞典和丹麦的旅行》（考克斯）

Trent，Council of　特伦特会议

Trezzini，Domenico　特列吉尼，多美尼科

Troppau，Conference of　特拉波会议

Trubnikov，A. A.　特鲁布尼科夫，A. A.

Tsaritsyn Meadow　察里津草坪

Tsarskoe Selo　皇村

Tuileries Palace　杜伊勒里宫

Turkish War　土耳其战争

Twelve Colleges　十二院

U

Ukhtomsky，Konstantin A.　乌赫托姆斯基，康斯坦丁 · A.

Underground St. Petersburg（Ely）《圣彼得堡的地下世界》(伊利)

US Railroad Commission　美国铁路委员会

Uvarov，Sergei　乌瓦洛夫，谢尔盖

V

V Revoliutsii（Antonov-Ovseenko）《在革命中》(安东诺夫-奥夫申科)

Valuev，P. A.　瓦卢耶夫，P. A.

Varfolomeev，Fedor Vasil'evich　瓦费罗米耶夫，费多尔 · 瓦西里耶维奇

Variagi i Rus'（Gedeonov）《维京人与罗斯》(格杰奥诺夫)

Varnashev，N. M.　瓦尔纳舍夫，N. M.

Vasil'chikov，Alexander A.　瓦西里奇科夫，亚历山大 · A.

Vatican Museum　梵蒂冈博物馆

Veiner，Peter　维纳，彼得

Veinert，N.　维内特，N.

Veldton，Georg（Iurii Felten） 威尔德顿，奥尔格（尤里·菲尔顿）

Venturi，Franco 文图理，弗朗科

Vereshchagin，V. A. 韦列沙金，V. A.

Verner，Andrew M. 弗纳，安德鲁·M.

Versailles 凡尔赛宫

Victoria，Queen 维多利亚，女王

View of the Winter Palace from the Admiralty（Sadovnikov）《从海军部观望冬宫》（萨多夫尼科夫）

Voennaia galereia Zimnego dvortsa（Glinka/Pomarnatskii）《冬宫军事画廊》（格林卡 / 波马尔纳茨基）

Volkhov，N. E. 沃尔霍夫，N. E.

Volkonskii，M. P. 沃尔康斯基，M. P.

Volkov，E. N. 沃尔科夫，E. N.

vol'nye（hired）people 自由受雇人员

Voltaire 伏尔泰

Voronezh Regiment 沃罗涅日军团

Voronikhin，Andrei 沃罗尼金，安德烈

Vorontsov，Elizabeth 沃龙佐夫，伊丽莎白

Vrangel'，N. N. 弗兰格尔，N. N.

W

wachtparad（changing of the guard） 禁卫军换岗

Wanderers 巡回画派

War of the Austrian Succession 奥地利王位继承战争

warming stations 取暖站

Werrett，Simon　威瑞特，西蒙

White Hall　白厅

Whittaker，Cynthia Hyla　惠塔克，辛西娅·海拉

Wilentz，Sean　威伦茨，肖恩

Wilson，Woodrow　威尔逊，伍德罗

Winter Annenhof　安娜霍夫冬宫

Winter Palace　冬宫

Winter Palace，St. Petersburg，The（Ducamp）《圣彼得堡冬宫》（迪康）

Winter Palace Construction Office　冬宫建设办公室

"Winter Palace in St. Petersburg，The"（Haywood）《圣彼得堡冬宫》（海伍德）

World of Art（Mir iskusstva）《艺术世界》

World War I　第一次世界大战

Wortman，Richard S.　沃特曼，理查德·S.

Wusten，Herman van der　乌斯滕，赫尔曼·范德

X

X-ray chamber（Roentgen cabinet），　X 光室（伦琴室）

Y

Yakovlev，Vasily　雅科夫列夫，瓦西里

Yatmanov，G.　亚特曼诺夫，G.

YMCA　基督教青年会国际委员会

Z

Zaitsev，Gavril 扎伊采夫，加夫里尔

Zakharov，A. D. 扎哈罗夫，A. D.

Zakharov，Semyon 扎哈罗夫，谢苗

Zankevich，M. I. 赞科维奇，M. I.

Zasulich，Vera 扎苏里奇，薇拉

Zemtsov，M. 泽姆佐夫，M.

Zhdanov，Leon 日丹诺夫，莱昂

Zheliabov，Andrei 热里亚波夫，安德烈

Zhil'，F. A. 齐尔，F. A.

Zhukovskii，V. A. 茹科夫斯基，V. A.

Zicheim，I. B. von 齐克海姆，I. B. 冯

Zimin，Igor' 齐明，伊戈尔

"Zimnii dom Anny Ioannovny"（Denisov）《安娜·伊凡诺夫娜的冬宫》（杰尼索夫）

Zimnii dvorets（Piliavskii）《冬宫庭院》（皮利亚夫斯基）

Zimnii dvorets：liudi i steny（Zimin）《冬宫：人与墙》（齐明）

Zimnii dvorets：ocherki zhizni imperatorskoi rezidentsii，vol. 1（Ermitazh）《冬宫：皇家生活素描，第一卷》（艾尔米塔什）

Zubatov，S. V. 祖巴托夫，S. V.

守望思想　逐光启航

LUMINAIRE
光启

到冬宫去：俄国君主制的登场与落幕：1754—1917

［美］苏珊·P. 麦卡弗里 著
高领亚 译

责任编辑　张婧易
营销编辑　池　淼　赵宇迪
装帧设计　徐　翔

出版：上海光启书局有限公司
地址：上海市闵行区号景路 159 弄 C 座 2 楼 201 室　201101
发行：上海人民出版社发行中心
印刷：北京盛通印刷股份有限公司
制版：南京理工出版信息技术有限公司

开本：890mm x 1240mm　1/32
印张：11.75　　字数：225，000　　插页：2
2023 年 1 月第 1 版　　2023 年 1 月第 1 次印刷
定价：89.00 元
ISBN：978-7-5452-1963-0/D · 1

图书在版编目(CIP)数据

到冬宫去：俄国君主制的登场与落幕：1754—1917/
(美) 苏珊 · P. 麦卡弗里著；高领亚译 .—上海：光启
书局，2022
书名原文：Winter Palace and the People：
Staging and Consuming Russia's Monarchy，1754-
1917
ISBN 978-7-5452-1963-0

I. ①到… II. ①苏… ②高… III. ①君主制–研究
–俄罗斯–1754–1917 IV. ①D751.221

中国版本图书馆 CIP 数据核字（2022）第 195561 号

The Winter Palace and the People:

Staging and Consuming Russia's Monarchy, 1754—1917

by Susan P. McCaffray

an NIU Press book published by Cornell University Press